Geboren 1938 hatte der Autor alle Chancen, sich den Weltkrieg von unten anzuschauen und da er gleichzeitig Pfarrerssohn und so mit Sicherheit in der Obhut des lieben Gottes war und zudem seine Oma ein wachsames Auge auf ihn hatte, konnte ihm dabei nichts passieren. Er ist in Hessen geboren, in Hessen zur Schule und Hochschule gegangen, hat hier sein Geld verdient und für seine vierköpfige Familie ausgegeben und lebt immer noch in seinem Hessen, kein Wunder, dass er neben Hochdeutsch und Englisch auch Hessisch fließend beherrscht.

Zweite überarbeitete Auflage
© 2019 Christhard Richter
Herstellung und Verlag: BoD - Books on Demand, Norderstedt
ISBN 978-3-7481-7865-1

CHRISTHARD RICHTER

ISCH HAB DEN KRIEG NIT GEMACHT

Das etwas andere Tagebuch eines Dorfjungen

Aufzeichnungen seiner Eltern zu Hilfe genommen
und mit eigenen Erlebnissen bereichert

aus der Zeit
vor, während
und kurz nach dem 2. Weltkrieg

Wenn ein Stein ins Wasser plumpst,
wirbelt er es dort am meisten auf, wo er es getroffen hat.
Je weiter weg,
desto weniger nimmt das Wasser die Störung wahr.
Jeder ist ein solcher Stein.
Ist der Stein abgesunken und verschwunden,
dann beruhigt sich das Wasser, als wäre nichts gewesen.

Bevor ich als Stein in das Vergessen absinke,
möchte ich für meine Frau,
für meine Kinder und Enkel
und allen, die sich für meine Vita interessieren,
festhalten, welcher Kiesel mit mir eines Tages absinken wird.

Das Tagebuch beschreibt ein paar Wellen, die ich verursacht
habe.
Sie werden bald verschwunden sein.
Kennt ihr meinen Kiesel, dann könnt ihr ihn vielleicht durchs
Wasser wiedererkennen,
wenn sich die Wellen geglättet haben.

Christhard Richter
Schwalbach, Frühjahr 2019

Meinen Dank
an Alma,
meiner Freundin,
die mir half,
meine Erinnerungen zu bestätigen
und sicherzustellen,
dass ich das dörfliche Leben von damals
auch in seiner sprachlichen Ausdrucksweise
einigermaßen authentisch wiedergegeben habe.

Vorgeschichte

Zufälle gibt's!

Was für ein Glück, dass sich meine Oma in den Gardehusar Ludwig verknallte. Obwohl er als Soldat das Aufpassen gelernt haben sollte, ist ihm dann doch ein Malheur passiert und er musste heiraten.

Glück für mich, denn das Malheur war meine Mutter.

Weniger Glück für meine Mutter: Sie spürte, dass sie ungewünscht war. Wie das früher bei reichen Leuten üblich war, kümmerte sich ein Kindermädchen um das 'Balg'. Ihre Mutter hatte etwas Wichtigeres zu tun.

Dass ich auf die Welt gekommen bin, habe ich einer Reihe widriger Umstände zu verdanken, die ich Gottlob nicht selbst erleben musste. Die waren meinen Eltern vorbehalten. Und die Reihe der Widrigkeiten war schier endlos.

Was kann man schon in Zeiten des Ersten Weltkriegs und in der Zeit danach anderes erwarten.

Glück für mich, dass Ruth, meine zukünftige Mutter, und Rudi, mein zukünftiger Vater, diese Widrigkeiten in ihrer ganz eigenen Art verarbeiteten, sodass sie irgendwie zueinander fanden und mich ebenso überraschend zeugten wie Ruth 25 Jahre zuvor. Diesmal geschah das allerdings in voller Absicht.

Das war kurz vor dem Krieg Nummer Zwei. Und was diesen Krieg angeht, kann ich ein Wörtchen mitreden.

Meistens sind die Geschichten aus dieser Zeit furchtbar, weil der Krieg eben furchtbar war. Es gibt aber auch Erlebnisse, die zwar mit dem Krieg zu tun haben, die aber trotzdem recht lustig sind, so wie solche, die ich in einem Odenwälder Bauerndorf erlebt hatte.

Ich habe ein ziemlich weit zurückreichendes Erinnerungsvermögen und mein Kopf ist voll von Geschichten aus dieser Zeit. Wie es aber so ist bei Kleinkindern und im Kindesalter: Im Nachhinein genau festzustellen, wann ich was erlebt hatte, ist etwas schwierig. Und da helfen eben Zeitzeugen wie meine Eltern, die mit ihrem Tagebuch bei mir die

Schleusen der Erinnerung öffnen und die Gedanken in ein Zeitkorsett bringen können.

Allerdings schildert ein solches Tagebuch, was die Eltern bewegte. Ich habe zwei Jahrzehnte nach ihrem Tode verstreichen lassen, ehe ich wagte, es in die Hand zu nehmen und darin zu lesen.

Ich hatte das Glück, in meiner frühen Kindheit ein inniges Verhältnis zu meiner Mutter und zu meiner Oma gehabt zu haben und die Beschwernisse dieser Zeit perlten an dieser Schutzhaut ab.

Mein Vater war für mich nicht wirklich da. Er war Pfarrer der Bekennenden Kirche und wohl auch deswegen frühzeitig zum Militärdienst eingezogen worden.

Meine Mutter war eine beseelte Pfarrfrau, die seine Stelle während seiner Abwesenheit, so gut es ging, ausfüllte. Und beide schrieben sich viele, viele Briefe und ein Tagebuch. Die Briefe musste ich nach dem Tod der Eltern verbrennen, das Tagebuch gibt es allerdings noch, eine wunderbare Grundlage, um meine Erinnerungen in eine Ordnung zu bringen.

Ich werde mich deshalb an das Tagebuch halten und wenn mir etwas einfällt, was meine Erinnerungen betrifft und in etwa in diese Zeitspalte fällt, dann werde ich es in **_Kursivschrift_** dort einfügen.

Dieses Tagebuch gebe ich nur insoweit wieder, als das Geschilderte auch für die Nachgekommenen von Interesse sein kann.

Passagenweise hatte auch mein Vater Einträge gemacht. Weil er aber von 1940-1945 ´im Krieg´ war, ist es im Grunde das Tagebuch meiner Mutter. Außerdem ist seine Schrift kaum zu lesen: Er kam aus ärmsten Verhältnissen und musste auch mit dem Papier knausern. Das hatte er Zeit seines Lebens nie abgelegt und wenn man ihm den Bleistift dafür gespitzt hätte, er hätte das Vaterunser auf einer Briefmarke untergebracht.

Jedenfalls kritzelte er seine Predigt auf einer DIN-A-5 Seite zusammen und verwendete die Rückseite für die Predigt des nächsten Sonntags. Wie er bei den damaligen Lichtverhältnissen auf der Kanzel der Dorfkirche dieses Gekritzel hatte lesen können, ist ein Geheimnis, das er leider mit ins Grab genommen hat.

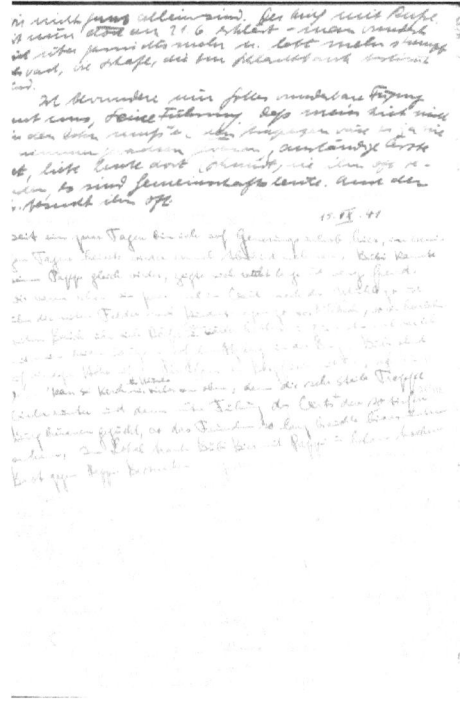

Deshalb steht die Ausbeute seiner Tagebuchbeiträge in keinem Verhältnis zu seinen Bemühungen.

Die Beziehung zu meinem Vater stand recht bald unter einer besonderen Anspannung.

Wenn er zum Urlaub nach Hause kam, wurden meine kuscheligen Verhältnisse allein durch seine Gegenwart durcheinandergebracht. Dann war ich immer wieder froh, wenn sein Urlaub zu Ende war.

Während und nach meiner Pubertät wurde die Beziehung zu beiden Eltern immer distanzierter, sogar frostig.

Das lag wohl vor allen Dingen daran, dass ich mich an die Zeiten der frühen Kindheit erinnern kann, als die Eltern zärtlich zueinander waren und wie wir drei in inniger Liebe verbunden waren. Mit der Zeit, besonders nach dem Krieg musste ich den Zerfall ihrer Verbundenheit beobachten, die einherging mit der gegenseitigen Vernachlässigung.

Das Tagebuch, das während des Krieges geschrieben wurde, beschreibt zu großen Teilen die seelische Not, die beide

3

durchlitten und wie sie sich gegenseitig getröstet haben. Insbesondere mein Vater konnte sich nicht ´satt schreiben´ über die Beobachtungen, welche Fortschritte wir Kinder in der körperlichen, sprachlichen und sozialen Entwicklung machten.

Die Gefühlslage hat sich schleichend geändert. Erst recht nach dem Krieg.

Meine Mutter war eine Frau mit einer riesengroßen Seele, die sich durch die Repressionen des Dritten Reichs nicht ihren Fähigkeiten entsprechend entwickeln durfte. Letztlich wünschte sie sich nichts sehnlicher, als Pfarrfrau für andere da zu sein und viele Kinder haben zu dürfen.

Trotz aller Widrigkeiten durch Krieg und Nationalsozialismus konnte sie sich dieser Berufung besonders hingebungsvoll widmen, wenn mein Vater als Soldat weg war. War er weg, wurden auch heiße und sehnsuchtsvolle Briefe gewechselt, die Romeo seiner Julia nicht schöner hätte schreiben können. Kaum war mein Vater zu Hause, dann kam es hin und wieder zu den unvermittelten infantilen Wutausbrüchen bei meinem Vater, die zu Haarrissen in den Liebesbeteuerungen führten und die auch bei mir unvergessen blieben. Aber dann war der Urlaub vorbei und die Liebesbriefe beschrieben wieder den Schmerz gegenseitiger Trennung.

Beim Lesen des Tagebuchs und beim Auswählen entsprechender Fotos kam ich mir vor, als wäre dieser Bub namens Christel eine andere Person, als hätte ich neben mir gestanden und hätte meine Kindheit noch einmal durchlebt.

Um das Tagebuch meiner Mutter und die Beiträge von mir besser verstehen zu können, möchte ich den Lebenslauf beider Eltern bis zur Entstehung des Tagebuchs skizzieren.

Mutters Tagebuch beginnt mit dem 25. Juni 1938. Da dürfte ich in ihrem Bauch ganz schön gestrampelt haben, denn ich werde ab dem 13. Juli 1938 die Welt bevölkern.

Folgendes erfuhr ich aus Erzählungen von Oma und meinen Eltern:

Meine Mutter - als Kind Ruthchen genannt - wurde am 11. August 1913 in Berlin geboren. Ihre Eltern hatten eine gut gehende Schneiderei für Damenmoden. Ihr Vater fuhr einmal im Jahr nach Paris, kupferte dort die Modelle ab und schneiderte in Berlin nach Maß. Seine Frau - meine geliebte Oma, Emma Siegert - hatte eine Schneiderwerkstatt mit 20-25 jungen Frauen unter sich.

LUDWIG SIEGERT
Fabrikation feiner Damenmoden
Berlin S. 59   Fernruf: Neukölln 7911   Kottbuser Damm 64

Berlin S. 59, den _____ 192_

Rechnung für _____

Ruthchen war ein Einzelkind und spielte oft in der Schneiderei. Sie spürte wenig Elternliebe. Ihre liebste Schneiderin war Rose, eine Jüdin. Ruth hatte ihrer Mutter später nie ver-

ziehen, dass sie Rose wohl deswegen entlassen und sie einem ungewissen Schicksal ausgeliefert hatte.

Mir gegenüber sagte Oma, Rose, die auch Ruthchens Kindermädchen war, hätte diese zu unflätigen Ausdrücken verleitet: „Ruthchen, sag mal Scheiße..." Das wäre untragbar gewesen.

Ich kenne Oma aber, dass sie mit solchen Worten auch nicht gerade zimperlich war.

Ruthchen war kurzsichtig, bekam eine Brille, die sie wie eine Eule aussehen ließ. So empfand sie es jedenfalls und machte das unsichere Mädchen noch scheuer. Ruth lernte, sich selbst zu beschäftigen, ´verkrümelte sich in Bücher´, war stets eine hochintelligente Schülerin, die noch Jahre nach

5

der Schule mit ihren Lehrern bzw. Lehrerinnen in brieflichem Kontakt blieb. Mit ihrer Französischlehrerin wurde grundsätzlich Französisch korrespondiert. Ihre Liebe galt allem Schöngeistigen, sie kannte sich in den Museen aus wie keine andere, stets mit Zeichen- und Notizblock bewaffnet. Ihr Abiturthema war die Philosophie des Rabindranath Tagore, ein Humanist aus dem 19. Jh. Sie wollte Kinderärztin werden, weil aber Tagore im Dritten Reich als Humanist nicht angesagt war, durfte sie nicht studieren, obwohl sie mit ´Summa cum laude´ bestanden hatte.

So wurde sie Nachtschwester. Das wollten die wenigsten, dort konnte sie aber in Ruhe lesen, wenn auf der Station ´nichts los war´. Sie wurde jedoch von ihrer Oberin - mit Parteiabzeichen - gemobbt, bis sie entnervt aufgab. Das dürfte ungefähr 1933 gewesen sein. Ihr Vater war etwa in dieser Zeit an Darmkrebs gestorben. Prof. Sauerbruch - ein jüdischer Arzt in der Charité, der noch operieren durfte, weil er auf seinem Gebiet eine Koryphäe war - hatte sich vergeblich um sein Leben bemüht.

Ruth kam also nach Hause. Zwischen Mutter und ihr hatte sich nie so etwas wie Zuneigung oder Liebe entwickelt. Ruth hatte sich über die Literatur sowieso von Elternhaus und Geschäft wegbewegt. Für Oma war Ruth immer zu wenig bodenständig und unpraktisch. Oma hatte Volksschulbildung, was Ruth machte, war für sie substanzlos. Für Ruth war die Mutter dagegen primitiv und ordinär. Sie wollte nichts mit diesen Geschäften zu tun haben, wo Juden diskriminiert oder nicht beschäftigt werden durften, nur weil dadurch Sanktionen drohten.

Ruth hielt sich damals aus allem Politischen heraus. Aber Oma hatte wohl so ohne Skrupel die Hand zum Hitlergruß heben und mit Leuten Umgang pflegen können, die es fertigbrachten, Bücher zu verbrennen.

„Stell dir vor, da verbrennen die Bücher von Stefan Zweig, Klabund, Tucholsky oder Kafka", erzählte Ruth mir mit Tränen in den Augen, als ich vor ihrem gut bestückten Bücherschrank stand und selbst etwas für mich oder für die Schule suchte, „und die Mutter sagte, es wird schon seinen

Grund haben." Also hier hatte Ruth eine eindeutige und tapfere Position bezogen, die auf ihre Weise politisch war.

Zurück zu Ruth, die gerade ´gefeuert´ worden war und verzagt wieder zu Hause anklopfte. Wie sehr hatte sie sich gewünscht, einmal in die Arme genommen und getröstet zu werden. Ihr Vater hatte das nie getan. Ihn hatte sie mehr gefürchtet als geliebt. Sie fürchtete sich vor seinem Stahlblick: „Wenn der dich anschaute, die Augen waren so hellblau, man meinte, durch ihn durch zu gucken." Er war sehr groß. Oma schwärmte, sie habe ihn als Gardehusar in Breslau kennengelernt. Mit dem „Gardepudel uffm Kobbe" war der über „zwee Meeta". Ruth musste im Sommer wochenlang zig Kirschbäume auf ihrem Bernauer Grundstück abernten, wobei die Kirschen mit der Schere abgeschnitten werden mussten. Dort ist ihr Vater einmal so ausgerastet, dass er eine Gartenschere nach ihr warf und ihren Kopf knapp verfehlte. Dies war ein traumatisches Erlebnis, das sie so verletzte, dass ich diese Geschichte immer mal wieder anhören musste. Für sie waren sie ein Zeichen mehr, ein unerwünschtes Kind gewesen zu sein, ungeliebt und entbehrlich. Und nun versagte sie sogar in ihrem Beruf und musste den Canossagang zurückgehen.

Sie kam also nach Hause und platzte in eine peinliche Situation herein: Oma saß auf dem Schoß von ´Onkel Hämchen´, wie sich für mich später herausstellte, ein langjähriger Freund des Hauses Siegert.

Oma war ´nicht von traurigen Eltern´. Die Witwe von 43 Jahren war sehr gut anzusehen und hatte ihre Liaison mit ihrem Mann eher geschäftlich gesehen. Sie erzählte mir, wie sie ihrem Ludwig den Kopf verdreht hatte. Ein Pfund, mit dem sie gewuchert hatte, waren ihre Haare: „So'ne Stunde jestriejelt un jekämmt", weil sie so füllig und dick waren, „und denn een bisken Schmalz rin, det hat jejlänzt wie bei die Zejeiner".

Er war Schneider und sie konnte auch schneidern, und da „hammwa uns zusammjetaan".

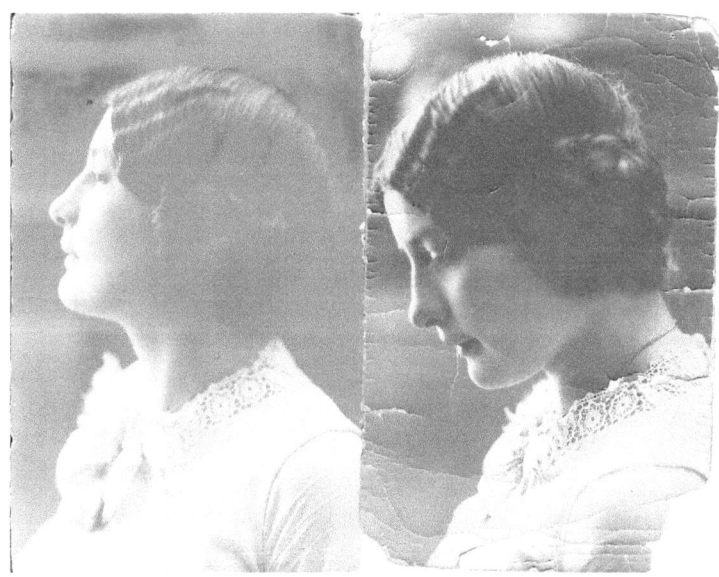

Eines dieser hinreißenden Bilder schickte Oma als Postkarte an Ludwig Siegert über seine Eltern in Neckarbischofsheim

So, und ´nu saß sie dem Hämchen uffm Schoß´.

Omas lapidarer Kommentar: „Und nu kimmste mit de Schiebe widda heeme."

(Sinngemäß: Jetzt kommst du also mit Deinem Kram wieder nach Hause.)

Für Ruth ging die Welt damit endgültig unter.

Ihr sehnlichster Wunsch war es gewesen, weg, bloß weg von zu Hause. Sie fand durch eine Anzeige einen Job als Vorleserin bei einem blinden Mann. Das waren für sie aufbauende Stunden, weil sie endlich jemanden hatte, mit dem sie tiefergehende Gespräche führen und dem sie ihr Herz ausschütten konnte. Sie zehrte sehr lange von den schönen Stunden mit diesem gütigen Mann, wie er wohl auch ihre Gesellschaft wie ein Geschenk des Himmels empfand.

Ruths sehnlichster Wunsch war, für andere da sein und vielleicht sogar eine Pfarrfrau sein zu dürfen. Der blinde Mann riet ihr dazu, doch eine Chiffre-Anzeige aufzugeben. Sie bliebe doch anonym…

Das tat sie denn auch.

Diese Anzeige hatte ein junger Vikar, Rudolf Richter, gelesen und den Kontakt zu ihr aufgenommen.

Dieser junge Vikar wurde am 9. April 1907 in Wiesbaden-Biebrich geboren. Er verlor seinen Vater, als er etwa fünf Jahre alt war. Die Richters hatten bis dahin ein großes Haus mit Garten und Terrasse. Der Vater war Chemiker in der Chemiefabrik AL-BERT in Wiesba-den und starb an einer beruflich bedingten Lungenkrankheit. Aber damals war es wohl nicht so leicht, das nachweisen zu können und die Mut-ter musste mit ihren drei Kindern Rudi, Liesel und Erika aus der Villa im noblen Wiesbaden-Sonneberg in eine kleine Mansardenwohnung nach Wiesbaden-Biebrich umziehen.

Der vom Tode ge zeichnete Vater (1859-1912).

Dann kam der 1. Weltkrieg und Rudi konnte sich nur an Hunger erinnern und an Essen aus dem Grünzeug der Rüben, an Durchfall und ständige Not an allem. Und immer dieser Hunger.

Was mir beim Durcharbeiten des Tagebuches deutlich wurde: Rudi wird sich dadurch sein Verdauungssystem nachhaltig lädieren.
Das wird ihm im 2. Weltkrieg vielleicht das Leben gerettet haben, weil er sich dann als Soldat mehr in Lazaretten aufhalten wird als an der Front.

Rudi wuchs also in einem Frauenhaushalt auf. Die Mutter war sehr streng. Ich kann mich auch nicht erinnern, dass sie einmal gelächelt hätte.

Kein Wunder, unter solchen Umständen konnte einem das Lachen vergehen. Sie hat alle drei ´durchgekriegt´ und jedem eine Ausbildung ermöglicht. Bei der Verteilung der Hände scheinen die Schwestern die rechten und Rudi alle linken Hände bekommen zu haben. Er ist deshalb auch Pfarrer geworden. Jeder andere Beruf hätte ihn verhungern lassen.

Denn für seine Fähigkeiten hätte man ihm kaum etwas gegeben. Er hätte in diesen Zeiten vielleicht als Organist Arbeit gefunden. Er war nämlich sehr musikalisch. Er konnte sich, wie Ruth, einfach an das Klavier oder an die Orgel setzen und losspielen. Und eine tolle Stimme hatte er.

Im Grunde hatten also beide, Ruth und Rudi, eine recht traurige Kindheit, die zweifellos Einfluss auf das Gemüt haben musste. Beide suchten in dieser trostlosen Zeit zwischen den beiden Kriegen ein Eckchen des Glücks, etwas gegenseitige Anerkennung und ein bisschen Liebe und Zuneigung.

Und als dieses Eckchen gefunden war, musste selbstverständlich dieses Glück protokolliert werden.

Ruth hatte schon immer Tagebuch geführt und dabei eine eigene Methode entwickelt, die Veränderungen der Umstände von Jahr zu Jahr seismisch zu verfolgen: Jeder Tag war eine Seite - das Buch hatte also 366 Seiten - und von Jahr zu Jahr wurde eine neue Episode in den jeweiligen Tag geschrieben.

Diesmal sollte aber das Glück protokolliert werden, das ihnen als innig gläubigen Menschen von Gott verliehen worden war. Dazu brauchte sie keinen Vergleich zu den Jahren davor. Es konnte nur schöner und besser werden.

Während des Durcharbeitens des Tagebuchs spürte ich leider auch, wie dieses himmelhochjauchzende Glück so ganz langsam in eine quälende Normalität herabsinkt, was ich als Kind schon registrierte. Es bleibt dem Leser nicht erspart, dass ich gelegentlich meine Kommentare hinzufüge, wenn sich die Schilderungen im Tagebuch nicht mit meinen Beobachtungen decken.

Die Korrekturen können durchaus ätzend werden.

Eine Anmerkung, damit wir mit den Personen nicht durcheinanderkommen:
Meine Mutter nannte meinen Vater im Tagebuch u.a. Pappi, er nannte sie, abgesehen von den Kosenamen auch Mammi. Meine Mutter nannte ihre Mutter auch so.
Damit die Namen nicht durcheinandergeraten, verwende ich gegebenenfalls für die drei Personen die Namen: **Ruth, Rudi** und **Oma**. (Oma ist die Mutter von Ruth; die Mutter von Rudi tritt als **Muttel** selten auf, da lohnt keine Sondervereinbarung.) Das ist mir manchmal nicht leichtgefallen, weil ich als Kind an Mama und Papa denke und nicht an Ruth und Rudi.

Eine Anmerkung, damit die Authentizität klar bleibt:
Eintragungen der Eltern bleiben normal, deren Zusammenfassungen dieselbe Schrift in **fett**, meine Meinungen und Kommentare werden, wie schon erwähnt, *kursiv* wiedergegeben.
Rudis Eintragungen werden **zusätzlich mit seinem Namen** kenntlich gemacht.

Dass meine Oma recht häufig und Laufe der Zeit immer stärker in Erscheinung tritt, liegt daran, dass ich mich immer stärker zu ihr hingezogen fühlte und wir uns nie aus den Augen verloren. Als Student wohnte ich mit ihr zusammen bis fast zu ihrem Lebensende und in dieser Zeit vermittelte sie mir so manche Episode aus der Zeit meiner Kindheit, die hier mit eingeflochten sind.

Das sei die Vorgeschichte zum Tagebuch, das am 25. Juni 1938 beginnt.

Das Tagebuch

1. Was so war, bevor ich war

Rudolf Richter (Rudi):
Als Pfarrer in Niederlauken im Taunus hatte er sich zur Aufgabe gemacht, zunächst in seiner schönsten Schrift mit einem vernünftigen Zeilenabstand zu erzählen, wie beide zusammengekommen sind. Wie bereits erwähnt hatte Ruth eine Annonce in die Zeitung gesetzt mit dem Ziel, möglichst einen heiratswilligen Pfarrer zu finden.

Am 25. Juli 1937 haben wir uns verlobt im Walde bei Bernau/Berlin. Es war ein schöner warmer Tag. Wir erzählten uns unterwegs viel aus unserem Kinder- und Jugendleben, besonders Schönes und Ernstes, was wir beide mitgemacht hatten... Als wir einige saftgrüne Grasstellen entdeckten, setzten wir uns dort nieder... und verzehrten unser Mitgebrachtes.

Sie waren beide sehr ergriffen von den Umständen, einander gefunden zu haben und verstanden diese selbstverständlich als Gottes Fügung. Sie fanden auch recht schnell den Moment, sich füreinander zu versprechen. Rudi betonte in seiner Beschreibung, dass sich ´beide keusch zurückhaltend´ verhalten hätten.

In Bernau traten wir einige Augenblicke in die alte Kirche - *um mit Sicherheit gemeinsam Gott für diese Schicksalsfügung zu danken. -*

An einem Stand leisteten wir uns eine Eiswaffel. Dann mit der Stadtbahn zurück...
Den nächsten Abend trafen wir uns an der U-Bahn am Rathaus in Neukölln, gingen noch in Neukölln spazieren, kauften einen Blumenstrauß und gingen endlich zu Mutti, die mich noch nicht kannte. Ruth sprach sehr zuversichtlich und sie kam mir auch gleich an der Tür nicht fremd, sondern sehr freundlich und lieb entgegen und hatte feines Abendbrot gerichtet. Ich musste sie aber noch um Ruth bitten. Mit Tränen in den Augen - es war ja ihre einzige Toch-

ter und sie allein - fragte sie nach diesem und jenem Äußerlichen und Beruflichen und vertraute sie mir an.

Das kenne ich von Oma aber ein bisschen anders. Dass sie auf Bedarf Wasser in die Augen zaubern konnte, das kann ich bezeugen. Als sie hörte, dass ihre Tochter „sich einen Pastor jeangelt hat, det musste ja sint, bei die villen Bücher, die die jelesen hat. Und immer inne Kirche. Selbst wenn se nüscht ausjefressen hatte. Immer inne Kirche", war sie sehr verwundert.

Und dann kam Ruth mit dem Rudi um die Ecke. Erschrocken sei sie.

„Ne richtje Hungerharke. Und ausjesehen hatta. Stell dir mal vor, im Anzug, aber so was von verschossen und faltig. Unter die Arme und der Stoff zwischen die Beene: Schweißränder! Uralte Schweißränder! Da konnste Jahresringe zählen wie beim alten Boom. Solche Luuschen!" und machte die entsprechenden weit ausholenden Hand- und Armbewegungen. Sie habe erst einmal die beiden ins Auto gesetzt, um Rudi im ersten Hause der Stadt einzukleiden. „Man schämt sich ja sonst."

Rudi hatte zu diesem Zeitpunkt seine erste Pfarrstelle in Niederlauken bei Usingen und der Abschied fiel ihnen sehr schwer. Ihm grauste es vor dem Alleinsein in diesem Haus, das für ihn alleine jetzt umso größer erscheinen wird. Er hatte dort eine Zugehfrau, das Minchen, das für ihn die Besorgungen und den Haushalt machte. Aber diese Frau wird seine Einsamkeit kaum gelindert haben können.

Mitte August kam Ruth mit ihrer Mutter überraschend mit ihrem Opel Olympia vorgefahren. Ein Telefon hatte er nicht und so kamen die beiden Berliner durch Herumfragen am Pfarrhaus schließlich an. Abgesehen davon, dass ein Auto aus Berlin etwas ganz Besonderes in diesem Ort sein musste: Durch das Herumfragen wurde das ganze Dorf neugierig und wer es sich leisten konnte, lief hinter dem Auto her, um zu sehen, was beim Pfarrer so los war.

Rudi schreibt weiter:
„Ich kam den Feldweg hinterm Haus herunter vom Garten mit der Gießkanne in der Hand. Ich war von dem dastehenden Auto überrascht… und vor den neugierig guckenden Zuschauern gaben wir uns im Scheinwerferlicht des Autos den Willkommenskuss. ..

Das dürfte ungefähr die Zeit gewesen sein, zu der Oma zusammengeschrieben hat, was den jungen Eheleuten an Möbeln fehlt. „Da gab's ja nüscht, nichma'n gescheiten Kochtopp." Sie hat dann mit dem Metermaß „die Bude vamessen".

Der Abschied war schwer und schmerzlich. Nun war ich wieder für lange Zeit allein.
Und immer lag die Sorge über uns beiden, wir könnten auseinandergerissen werden durch eine Verhaftung aufgrund einer neuen Denunziation des Lehrers, der mich nur aus persönlichen Gründen hasst und mir Steine in den Weg wirft, weil ich mich nicht seiner Tochter genähert habe, die unbedingt einen Beamten heiraten möchte und trotz eigenem Auto bis jetzt keinen geangelt hat.

Von Ruth kenne ich Folgendes zur Ergänzung:
Niederlauken ist ein Dorf, etwa 8 Kilometer von Usingen entfernt. Der denunzierte Rudi musste sich zu Dienstbeginn - nehmen wir 8 Uhr an - in einer Behörde in Wiesbaden einstellen. Um dort hinzukommen, musste er in aller Frühe nach Usingen zum Bahnhof laufen.

15

Man stelle sich diese Situation vor: Man wird zur Klärung eines Vergehens vorgeladen, man weiß nicht, um was es geht, kann schon deshalb kaum schlafen vor Angst, dann morgens um 4 Uhr aufstehen, damit man ja pünktlich um 8 Uhr vorstellig werden kann, dann wird man in einen Raum gebeten. „Sie werden gerufen." Er wartet 8 Stunden und dann sagt man ihm, er solle morgen wiederkommen.

Bis er zu Hause angekommen war, war es Zeit zum Schlafengehen.

Und das wiederholte sich VIERMAL.

Endlich - am 30. September 37 - abends konnte ich Dich am Bahnhof Wilhelmsdorf abholen… In Niederlauken haben wir dann am 5. Oktober… vor dem alten knittrigen Standesbeamten in dessen altmodischer Stube vor den Augen des Staates und der Welt die Ehe geschlossen, die am 9. Oktober in der Kirche unter Gottes Wort und Segen gestellt wurde.

Rudi schwelgt in dem Hochgefühl, das wohl jeder frischgebackene Bräutigam in dieser schönen Zeit vor und während der Hochzeit hat. Was unterschwellig aber herauszulesen ist, war, dass dieses Ereignis für Oma die Gelegenheit war zu zeigen, wie man so etwas organisiert und auch bezahlt. Rudi und Ruth hätten überhaupt nicht die Mittel dazu gehabt.

Rudis Herzenswunsch war gewesen, in der Wittenberger Schlosskirche Luthers unter dem "… herrlichen Flügelaltar Cranachs…" getraut zu werden: Kein Problem. Dann wurden eben Rudis Familie und unbekannte Freunde von Oma – wohl die eigentlichen Adressaten von Omas Können – nach Wittenberg eingeladen samt Logis und Verköstigung.

… Zurückgekehrt in den GOLDNEN ADLER fanden wir in einem altdeutschen Sälchen mit Tonnengewölbe eine herrlich gedeckte Tafel vor. Mutti hatte alles sehr schön und festlich bestellt und eine besonders auserlesene Speisefolge richten lassen…

Ruth und ich waren dann aber besonders glücklich, als wir beide endlich alleine waren.

Die Möbel waren schon vor der Hochzeit eingezogen.

Apropos Möbel: Die ganze Show war so richtig nach dem Geschmack der Oma: Für sie waren die beiden im Grunde gescheiterte Existenzen, denen sie so richtig zeigen konnte, wo die Harke hängt, um beim Zungenschlag der Oma zu bleiben. Sie hatte nach dem Tod ihres Mannes das Geschäft verkaufen müssen und sie musste dabei einen guten Schnitt gemacht haben. 1934 kaufte sie sich das Mietshaus auf dem Prenzlauer Berg für 180.000 Goldmark und kassierte persönlich und monatlich die Miete. Dazu fuhr sie mit ihrem Opel Olympia vor. Sie hatte von dem Verkauf wohl noch so viel übrig, dass sie mit 2dem Auto auch Auslandstouren bis nach Biarritz machte. Diese neureichen Allüren fanden ein Ende mit den Allüren der neuen Regierung: Das Auto wurde ca. 1939 konfisziert und machte sich einem Arzt verdient. Die Mieten wurden ´sozialisiert´, d.h. es gab wohl eine Art Mietspiegel und sie musste sich Mieterhöhungen genehmigen lassen.

Und nun kam Ruth mit dem ´Hungerpastor´.

Abgesehen davon, dass sie als erste Tat die Wohnung vermessen hatte - „Dein Rudi kann ja nich ma'n Zollstock halten" - und die Möbel aus Berlin pünktlich vor der Hochzeit nach Niederlauken hatte anliefern lassen, - „allet uff meine Rechnung".

Endlich lebten wir dort in Niederlauken ganz für uns...

Das einschneidendste Erlebnis in der bisherigen Laukener Zeit ist die Entdeckung, dass Ruth ein Baby im Bauch trägt. Sie nennt es Murkel nach dem Buch von Fallada, ´Kleiner Mann, was nun?´

3. Juli 1938, **Ruth** schreibt heimlich in Rudis Protokoll: <u>Unser</u> Jubiläumstag! Und das Kleine im Bäuchi krabbelt mit seinen kleinen Fingerchen und will bald heraus. Wir freuen uns schon so sehr drauf... Wenn wir nur zusammenbleiben dürfen, durch nichts getrennt werden, so wollen wir schon alles tragen können unter den Händen unseres Herrn Jesus. ´Sich lieben und nicht haben, ist schlimmer als Steine graben´… Gell, Rudi, wenn wir uns nur haben, dann ist ja doch alles Schwere leicht.

13. Juli 1938, **Rudi** schreibt weiter:

… Am Montag, 11.7, begannen um 2 Uhr die Wehen. Ach wenn meine Ruth geahnt hätte, was sie aushalten muss. **Ruth hatte es sehr schwer, mich auf die Welt zu bringen. Es war eine Hausgeburt.**

… Sie brach mehrmals in Tränen aus: „Rudi, ich halt es einfach nicht mehr aus, ich kann, ich kann einfach nicht mehr…"

Gott sei Lob und Dank: Es ist alles gut, sogar am Ende sehr gut gegangen: Unser Christhard ist heute, am 13. Juli um 20 ¼ Uhr angekommen, gut 7 Pfund, Kopfumgang 36, Länge 50 cm…

Er ist ein goldiger putziger Kerl, guckt einen so verschmitzt an, gähnt viel… Kratzen kann er am besten. Mit seinen Nägelchen kratzt er sich immer wieder rote Streifen ins Gesichtchen… Den beiden Omas habe ich ein Telegramm geschickt, des Inhalts: ´Endlich ist das Bübi da, grüßt die liebe Omama´.

Viele in der Gemeinde freuten sich mit uns und schickten Eier und Gemüse…

Die Oma reiste aus Berlin an und übernahm das Kommando.

2. Meine Zeit in Niederlauken

Ende Juli 1938, **Rudi** schreibt:
Oma interessiert sich jetzt sehr für Bübi und, obwohl sie ein viel kleineres zartes Mädchen in einem Nachbarort für viel schöner erklärt hatte, verhätschelt sie ihn und schwärmt über Bübi vor allen Leuten, neulich im Laden von Metzger Dahlem, in den höchsten Tönen.
Ohne es zu wollen bringt Oma durch ihre Art ... ei-

ne für mich sehr fühlbare Störung in unser Leben. Mich braucht man nicht, nur dann und wann soll ich mal springen...

Selbstverständlich werde ich im Tagebuch in allen Lebens- und Bauchlagen beschrieben, wie intelligent ich schon vom zweiten Tag an die Welt beäuge, wie toll ich strampeln und meinen Po in die Höhe strecken kann.

... Wir hatten die Frauenhilfe geladen zum Betrachten der Laukener Hauptperson. Er wurde zur Besichtigung auf einem großen Kissen auf den Tisch gelegt. Rufe des Staunens und der Bewunderung übertönten sich: „Des is awwer e Kerl! Herr Parrer, mit dem kennese sich sehe lasse!"

8. August 1938; ab jetzt kommt **Ruth** verstärkt zum Schreiben:
Tante Hedi, die Oma aus Berlin, Muttel (Rudis Mutter) waren angereist.

Heute hielten wir die Taufe.

*Ein Wort zu meinen Vornamen **HAILAR CHRISTHARD**, die ja sogleich benötigt werden:*

Besonders glücklich war ich mit meinen Namen nicht und ich hatte selbstverständlich nachgefragt, wie man mir solche komplizierten und außergewöhnlichen Bezeichnungen verpassen konnte. Meine Eltern erzählten mir, dass der Standesbeamte eine selten dämliche Person war, der mit seiner Parteizugehörigkeit glaubte, an der Definition echten Deutschtums mitwirken zu können: Den Deutschen erkenne man auch an seinem Namen.

Deshalb haben Rudi und Ruth zunächst einen Namen gebastelt, der gerade in dieser unchristlichen Zeit eine christliche Komponente haben sollte und damit das von dem Bauernschädel – Ruths Wortwahl - akzeptiert wurde, haben sie eine germanische -sprich arische - Silbe drangehängt CHRIST - HARD.

Abgesehen davon, dass ich später doch einige Male auf diesen Namen gestoßen war, deren Entstehungsgeschichten wohl nicht so kompliziert gewesen sein konnten: Ich hatte mit diesem Namen besonders in der Schulzeit nur Probleme und erst im Beruf hatte ich mich dazu entschlossen, mich CHRIS nennen zu lassen, schon, um dem Buchstabieren aus dem Weg zu gehen.

Der erste Name ist ebenfalls konstruiert, mehr dazu angetan, den Beamten auf den Arm zu nehmen und um den Hauptnamen mit Sicherheit durchzubekommen: Hail, mit Absicht mit ai geschrieben, sollte einerseits das göttliche Heil auf mich bringen, auf der anderen Seite klang es ja wie das Heil aus ´Heil Hitler´, was den Beamten beeindrucken sollte, und um auch hier noch seine Denkstrukturen weiter anzudienen, haben sie noch eine germanische Silbe -ar angehängt.

In diesem Dorf waren Haustaufen üblich und ich dürfte die erste Taufe vor der Gemeinde gewesen sein. Das muss für die Leute so interessant gewesen sein, dass die Kirche ausnahmsweise proppenvoll war, obwohl die Leute in dieser Zeit der Ernte normalerweise zu müde dafür waren.

… Nach der Taufe warteten wir, bis die Leute aus der Kirche waren, sonst hätten bestimmt dieser und jener den Kleinen mit seinen dreckigen Fingern angefasst…

11. August 1938

Mein Geburtstag... Der erste Gratulant war natürlich Rudi gleich nach Mitternacht. Lange durfte ich nicht ins Esszimmer, da waren 25 kleine Lichtchen auf das Tablett gepappt... Mama hatte einige Tage vorher einen kleinen Kinderwagen und eine große Flasche Himbeersaft als Geburtstagsgabe geschenkt...

Mein erster Geburtstag als junge Frau. Und doch war er trotz aller Liebe wie jeder andere...

16. September 1938

Unser Kleiner entwickelt sich immer weiter zu einem prächtigen goldigen Kerlchen. Er macht uns so viel Freude.

Aus ihrer mütterlichen Schwärmerei lese ich, dass ich grundsätzlich gut aufgelegt war.

Wenn man am Bettchen steht, guckt es einen sofort an. Guckt in Richtung von Geräuschen und verfolgt Rudi mit den Augen, wenn er von der rechten Seite des Wägelchens zur linken geht...

Goldig ist er in der Badewanne. Da plätschert und planscht er mit seinen Füßchen... Und dann die Juchzer! ...

21. September 1938, **Rudi** schreibt:

... Wir sind in diesen Tagen in großer Besorgnis über den Frieden und in innerlicher Unruhe über die Nachrichten aus sudetendeutschem Gebiet. Es ist ja die Heimat meiner Vorfahren väterlicherseits, an der ich sehr hänge, zumal ich sie vor zwei Jahren besuchte. Damals schon waren die Bedrückungen durch die Tschechen groß, aber jetzt ist es ja furchtbar dort... Auch Ruths Vorfahren mütterlicherseits wohnen an der Grenze dort...

28. September 1938, **Rudi** schreibt:

...Wir beide haben in diesen Tagen schwere Sorgen, ob es Krieg gibt oder nicht. Gott sei Dank sind in München wieder Verhandlungen...

29. September 1938

Frieden! Heute früh das Ergebnis der Viererkonferenz abgehört. Gott sei Lob und Dank…

Das erste Mal war Murkel dabei, als das Radio die Nachrichten über die Verhandlungen in München brachte. Da wurde Pappi wütend, weil Murkel ihn am Hören hinderte, und schrie, dass ich von unten nach oben gestürzt kam, denkend, Murkel habe einen Löffel verschluckt oder es fehle ihm sonst was. Dann dachte ich, das Radio dementiere den Frieden wieder und es sei Krieg. Jedenfalls nahm ich Murkelchen, der so erschreckte Äugelchen machte wegen Papis Tigergebrüll und dann brüllte er erst los und Papi auch, weil er jetzt erst recht nichts mehr hörte…

30. September 1938

… Aber bei einem jungen Mädchen, das nie von der Mutter weg und aus Berlin herausgekommen war, dann aus einer Stadt auf das platte Land, dann ist das doch etwas anderes. Dazu gleich die Verantwortung einer Hausfrau ganz allein zu tragen und nicht nur einer Hausfrau allein, sondern auch der Pfarrfrau. Es war doch alles so neu! Die Abende waren so oft mit Hausbesuchen ausgefüllt. Da kam man zu so fremden Menschen, fremd schon durch den so andersartigen Menschenschlag. Sie sprachen eine andere Sprache, die man zu verstehen erst lernen musste, und hatten so andere Auffassungen. Waren für mich Städter so unverständlich und schwerfällig. Auch ich musste mir angewöhnen, anders zu sprechen, langsamer und vor allen Dingen in einfachen Sätzen…

Weihnachten hatte ich mitgeholfen, die Aufführungen einzuüben, hatte das Krankensingen mitgemacht in dickem Schnee und eisiger Kälte und Bübi im Bauch, hatte manchmal aushilfsweise die Orgel gespielt, wenn der Lehrer nicht wollte oder ´nicht konnte´. Am 18. März bekam ich das Organistenamt und übte viel. Trotzdem fiel es mir immer schwer. Bin zu unmusikalisch. Rudi setzt sich ran und spielt und ich muss mich krampfhaft an jede Note klammern…

Ruth spielt hier ihre Fähigkeiten herunter. Später, in Oberklingen, durfte ich neben ihr an der Orgel sitzen und den Blasebalg betätigen. Das war ein Hebel direkt neben dem Organisten so nah, dass ich mich im Nachhinein frage, ob im Notfall vom Organisten erwartet wurde, gleichzeitig zu spielen und den Hebel zu betätigen. Jedenfalls pumpte ich eifrig die Luft, wenn Ruth spielte und ich bewunderte sie, weil sie alles gleichzeitig tun konnte: mit zwei Händen spielen, die Noten lesen und sogar mit beiden Füßen die großen Tasten da unten betätigen. Ich musste nur mucksmäuschenstill dabei sein.

14. Oktober 1938

Nun sind wir schon über ein Jahr verheiratet…

Im Dorf versucht man doch immer wieder, unermüdlich zu stänkern, zu wühlen und zu hetzen. Die alte Bürgermeisterin, deren Sohn Unterschlagungen gemacht hat und der allein durch Eingaben des Lehrers dafür nicht bestraft worden ist, …

Ruth hatte nie das 'Heil Hitler' über die Lippen gebracht. Später bekam ich aber mit, wie übel das manchmal von ganz normalen Leuten aufgenommen wurde. Oma hatte da weniger Skrupel. In meinen Augen sah es nur sehr komisch aus, wenn Oma den rechten Arm so schräg in die Höhe streckte.

Und das sagte ich ihr auch. Dann machte sie das nur noch im Rathaus.

Selbst in diesem kleinen Kuhdorf wurde das Klima für Leute, die nicht die nationalsozialistische Haltung einnahmen, unerträglich gemacht. Sie wussten wohl nicht viel von den 'Deutschen Christen' (DC) oder der 'Bekennenden Kirche' (BK). Rudi, dieser BK-Pfarrer, war eben von der 'falschen' Sorte, gegen die man sich ungestraft Dinge herausnehmen konnte, die unter geordneten Verhältnissen nicht möglich waren oder einfach nicht gemacht worden wären.

Da wird unter den Frauen hinten herum gegen die Kirche gestänkert, sodass der Kirchenchor sich immer mehr ausdünnte, bis schließlich nur noch die

'Parrersleut' übrig blieben. Und sie sangen weiterhin trotzig und schön.
Da wird das Schlüsselloch der Kirche zum Erntedankfest mit Holzstängel verstopft, sodass man sie nicht betreten konnte.
Da wird die Konfirmandenschar von der Jungmädelführerin zum Boykott der Konfirmandenstunde überredet und als Rudi sie zur Rede stellte, kam ihr Vater - ein roher Kerl, der seine eigenen Eltern von Haus und Hof geprügelt hatte - und schnauzte Rudi an, er werde das beim Landrat und Probst melden.

29. November 1938
Ich muss das Bett hüten, 39 Fieber, dicker Hals, konnte nicht orgeln. Rudi lief abwechselnd zur Orgel rauf und dann wieder runter, am Schluss gab er nur den Ton an und dann ging's auch ohne Orgel. Oma schickte gestern ein Paket mit wunderschönen Murkelsachen, wie Mäntelchen, Häubchen, Hemdchen, Jäckchen, Handschuhe, Gummiunterlage, Strampelhose und Trauben, Feigen, Maronen, Gänsebrust…

29. November 1938, **Rudi** schreibt:
Ruth ist in Sorge wegen der Widerstände in 'Laake'. Der Lehrer, der mich schon einmal angezeigt hatte, log, der Untergauführer habe den Jungmädels verboten, an meinem Krippenspiel teilzunehmen. Auf meine schriftliche Nachfrage hin bekam ich einen freundlich gehaltenen Brief des Untergauführers, der erklärte, dass von einem solchen Verbot keine Rede sein könne. Ich verlas diese Antwort von der Kanzel zur Genugtuung der meisten Gemeindemitglieder, die diese dauernden Störungen meiner kirchlichen Arbeit durch den Lehrer und seiner Verwandtschaft ablehnen.

13. Dezember 1938
Als ich im Gottesdienst am letzten Sonntag mit dem Vorspiel gerade fertig war, da krabbelt dauernd jemand hinter mir auf der Treppe herum. Ich drehe mich um und sehe einen Mann, wie er sich vorsichtig am Geländer herumdrückt, um möglichst keine Geräusche zu verursachen… Da ich ihn

nicht kannte, dachte ich erst an eine Belauschung der Predigt… Als wir nach der Kirche nach Hause gingen, kam der Kirchenvorsteher und Gastwirt - unrasiert und dreckig am Sonntagmorgen - zu uns gelaufen, der ´Herr Parre´ möge doch bitte in die Wirtschaft kommen, dort wolle ihn ein Herr sprechen. Da ich Rudi von diesem Mann in der Kirche schon erzählt hatte, dachten wir an nichts Gutes…

Für die Richters war es doch ´was Gutes´:
Es handelte sich um einen Abgesandten der BK-Gemeinde aus Heppenheim. Dort wurde die evangelische Gemeinde nämlich von zwei Pfarrern betreut: Dem DC-Pfarrer S. und einem Pfarrer der Bekennenden Kirche, für den er einen Nachfolger suchte.

*In Zukunft wird in **BK**- und **DC**-Kirche unterschieden.*
*Mehr zum Thema **BEKENNENDE KIRCHE** und **DEUTSCHE KIRCHE**: siehe **Anhang**.*

… Die BK-Gemeinde und Frauenhilfe setzen sich bis zum Äußersten für den BK-Pfarrer ein. Ein leichtes Arbeiten ist dort sicherlich nicht möglich; es gab schon einmal einen handfesten Krach, als der DC-Pfarrer seinem BK-Kollegen eine geklebt hatte und ihm öffentlich an die Gurgel gesprungen war. Andererseits locken wieder die geschilderte Standhaftigkeit und Kirchlichkeit der Gemeinde, die Stadt und auch die schöne Gegend. Unsere Sorge war auch, dass ´Laake´ wieder in BK-Hände kommt und nicht unter DC-Einfluss gerät.

Und da stand plötzlich ein Herr vor der Haustür…
Es war der Nachfolger… und ein noch strengerer BK-Pfarrer.

Murkel hat so doll meine Halskette vor Freude gedrückt, dass sie kaputtgegangen ist. Bekam das erste Mal frische Banane, hat ihm gut geschmeckt.

Wo werden wir in einem Monat sein? So schwer fällt es mir trotz allem, von hier fortzugehen.

Als ich heut am Oberlaukener Kirchelchen vorbeifuhr, musste ich schon jetzt flennen. Orgeln soll ich auch nicht mehr. Wer wird das nach mir tun? …

3. Meine Zeit in Heppenheim

Die Kirchengemeinde in Heppenheim war zu groß für einen einzigen Pfarrer. Wie auch immer man sie aufteilen möchte, sie war im Grunde aufgespalten in eine DC-orientierte und in eine BK-orientierte Gefolgschaft. Beide teilten sich eine Kirche. Rudi als der Wunschkandidat der BK-Gemeinde kam in den Wirkungsbereich des DK-Pfarrers S. und musste Wege finden, mit dieser Situation zurechtzukommen.

20. Januar 1939

… S. sagte gleich: „Sie wissen ja, wo ich stehe, aber ich bin Ihnen dennoch behilflich." Es sei eine 3-Zimmerwohnung, Ofen und Herd seien nicht vorhanden, kein Brennmaterial. Er sorge aber dafür.

So machte ich mir jetzt schon Schreckensvorstellungen von der neuen Kleinstadtwohnung. Während die vier Umzugsleute einpackten, … nahm ich mit Rudi Abschied vom lieben Kirchelchen. Wir gingen auf die Kanzel, wo er während der 2 ¾ Jahre so viele Predigten gehalten hatte, und hinauf zur Orgel. Ich schloss sie noch einmal auf, sie war mir doch so lieb geworden. Als Andenken nahm ich mir das angeheftete Bildchen mit der Aufschrift mit: ´Liebet Eure Feinde´.

… Um ½ 5 Uhr kamen wir hier an. Ich blieb im Wagen, als wir vor der Adolf-Hitler-Straße 32 hielten. Dann kam unsere Vermieterin, Frau Heckmann, so liebenswürdig an, nahm mir den Kleinen ab. Was war ich erstaunt, dass ich lieb empfangen wurde! Es hieß ja, wir kämen zu DC-Leuten ins Haus, die uns übelwollten. Es waren liebe Katholiken. Herr und Frau Heckmann halfen nachher beim Auspacken mit und bei der Beratung, wie man was stellen sollte.

Kaum waren wir da, kam Pfr. S. an, sehr freundlich und gleich mit seinem Programm, dass beide Geistliche in Frieden nebeneinander arbeiten wollten.

Wir waren selbst über die Wohnung erstaunt: Drei sehr schöne, wenn auch kleine Zimmer, die Wände geschmackvoll modern gestrichen und tapeziert… Sowohl im Esszimmer wie auch in der Küche war seit Tagen geheizt, sodass die Wohnung warm war. Ohnehin war es draußen so warm wie in Lauken kaum im Frühling.

Die Möbelpacker hatten ihre liebe Not, die schweren Möbel die engen Stiegen hinaufzuschaffen. Besonders das Klavier machte furchtbar viel Mühe. Der Kleine lag indessen im Waschkorb in der Küche bei Frau Heckmann, strampelte vergnügt und lachte jeden an, der kam, sogar Pfr. S., der aus Diplomatie dauernd kam, um dies und das zu sagen oder zu fragen. Er wollte so von vornherein auch uns zum Wohlwollen verpflichten, besonders auch mit der Einladung zum Mittagessen am Sonntag.

Am nächsten Sonntag gingen Rudi und ich zum Gottesdienst. Der DC-Kirchendiener, ein ehemaliger Katholik, war schon am Sonnabend gekommen, um den Talar zur Kirche zu tragen! Nach und nach füllte sich die Kirche und war dann brechend voll. Rudi hielt die schönste Predigt, die ich bisher von ihm hörte über das gleiche Wort wie bei der Abschiedspredigt: ´Meine Zeit steht in Deinen Händen´. Vorher und nachher ging S. möglichst öffentlich in seine Sakristei. Auch seine Frau war im Gottesdienst und viele aus der DC-Gemeinde. Welch ein Trick das war, erfuhren wir erst später. Auf diese Weise sollten wir nämlich auch ´verpflichtet´ werden, seinen Gottesdienst zu besuchen und so die Leute aus unserer Gemeinde zu ihm hinziehen, besonders aber sollten die kirchlich Lauen und Vorsichtigen in seinen Gottesdienst gelockt werden, indem sie blind annahmen, ´der Spalt zwischen den Gemeinden sei überbrückt´. So könnte es dann heißen, Heppenheim zieht zur DC-Richtung herüber, wendet sich von der BK ab - gewonnen!

Am Schluss des Gottesdienstes triumphierten beide: die BK und die DC. Beide hatten die Predigt für ihre Richtung passend gefunden. Das war das Merkwürdige: Viele sagten, eine so schöne Predigt hätten sie lange nicht gehört.

Wir warteten auf Rudi, er saß an der Orgel und spielte.

Sie wurden dann von Pfarrer S. zu einem Essen eingeladen, um sich abzustimmen und sie gingen auch in gutem Einvernehmen auseinander.

Als Rudi weg war, kamen die Vorsitzenden der Frauenhilfe, um sich über Rudi zu erkundigen. Die DC würde so triumphieren, weil sie glaubten, Rudi sei einer von ihnen und die BK sei so erregt darüber und traurig. Ich beruhigte die Frauen, dass mein Mann streng auf ihrer Seite stünde und die BK-Gemeinde nicht im Stich lasse. Erleichtert gingen sie wieder nach Hause…

28. Januar 1939

Vorgestern kam Frau S. mit ihrer Mutter, um mir Sparmarken von Schade & Füllgrabe zu bringen, die sie nicht, wie ich, sammelt… Der Hauptgrund des Besuchs wird aber sein, - wegen der Leute - einen Besuch bei uns gemacht zu haben. Rudi macht überall Haus- und Krankenbesuche… Er macht gut, was sein Vorgänger versäumte…

21. Februar 1939

Heute ist Fassnacht. Den Fassnachtszug haben wir auch gesehen und ich weiß nicht, was daran so spaßig und Aufregendes sein könnte… bei der Kälte auf die Straße, wo die Leute angemalt und mehr oder weniger doof verkleidet einher lachten. Dann kam endlich der Zug. Politische Anspielungen z.B. ´Völkerbund´: Ein Wagen, worin Kinder schlafend und spielend saßen, von einem Schaf gezogen, mit Schildern ´Rom´, ´Bourgos´, ´Tokio´ daran, hinten dran eine Judenfratze… Ich ärgerte mich auch über meine kalten Füße und die vielen hässlichen Menschen. Wir gingen heim zu Krappel und Kaffee.

2. März 1939

Montag haben wir uns einen kleinen Volksempfänger geholt, den uns der junge Heckmann anschloss. Er spielt sehr schön. Abends gibt es sehr viele Stationen.

*Der **Volksempfänger** ist ein Radio, über das die Goebbels-Propaganda und die ruhmreichen Kriegsberichte in jeden Haushalt* *gelangen sollten. Ich weiß nun nicht, ob es eine Standardausführung dafür gab oder man aus mehreren Modellen auswählen konnte, weil sie von einem ´kleinen´ Gerät sprechen. Unserer jedenfalls war aus einem schwarzem Bakelit-Gehäuse mit einem runden stoffbespannten Lautsprecher und drei Drehknöpfen.*

Später von diesem Radio mehr, als dieser Kasten mir während des Krieges zu einer unerträglichen Belästigung wurde, weil er uns ständig den Krieg ins Haus brachte und ich Frieden haben wollte.

20. März 1939

Ich bin wieder den ganzen Tag allein. Um ½ 10 Uhr ist Rudi weg und kommt erst um 10 Uhr abends nach Hause. Da fällt mir die Decke auf den Kopf. Besonders aber dann, wenn ich so meine Gedanken habe. Gleich morgens, als ich allein bin, klingelt es. Ich mache nicht auf. Es klingelt wieder - Pfr. S. Schon sein Wesen jetzt, welch Gegensatz gegen früher. Er ist enttäuscht, dass Rudi nicht in seine Kerbe schlägt, und wendet sich nun persönlich ab. Von den Umzugskosten werden uns nur 181 Mark vergütet, ein Verlust von über 100 Mark. Und dann sollen wir noch für den Herd, der von der Kirchenkasse angeschafft worden war, aufkommen. Wie es mit der Miete wird, weiß ich auch nicht, … Das sind die vielen kleinen Schikanen, die wir ertragen müssen…

27. März 1939

Neulich hat Rudi Spinat gefüttert. Da sahen beide aus, als hätten sie hinter einer Kuh gesessen. Bübi hatte das eine Auge mit Spinat verschmiert und dann kam Rudi um Hilfe rufend und hielt den verkleckerten Bübi einen halben Meter von sich ab.

… Ich mache mir Sorgen, es sieht alles so düster aus. Wenn die Klingel geht, zittere ich, so wie jetzt, und ich mag nicht aufmachen, wo ich endlich mal sitze und mir ein Rettchen - *Zigarette* - angezündet habe, was niemand wissen darf.

Ruth hatte schon immer geraucht, schon aus Protest, weil das ihr Vater verboten hatte. Sie hatte es damals heimlich gemacht und zu verheimlichen versucht, weil das ´der Frau im Allgemeinen und der Pfarrfrau im Besonderen nicht schickt´.

Wenn es also an der Tür klingelte und sie zufälligerweise gerade ihr Rettchen rauchte, dann wurde die Zigarette sofort gelöscht, der Aschenbecher und die Rauchutensilien versteckt, das Fenster aufgerissen und mit der Schürze gewedelt, was das Zeug hielt. Später, als sie es sich leisten konnte, sprühte sie noch Eau-de-Cologne hinterher, um ja sicherzustellen, dass man den Rauch an ihr nicht riechen konnte. Das waren so häufig eingeübte Bewegungsabläufe, sie beherrschte sie besser als der Bäcker das Brötchenbacken. Ich schätze, dass alle ihre Leidenschaft kannten, stellten sich aber so, als wüssten sie davon nichts. Dass ihre Zähne mit der Zeit gelb wurden, konnte sie nicht wegwedeln.

16. April 1939, **Rudi** schreibt:

… Osterfeiertage… sehr anstrengend für mich… Ich bin reichlich abgespannt und gehe Dienstag nach der Musterung in einen zehntägigen Urlaub.

18. April 1939

Murkel ist so lebhaft, dass er sich beinahe aufgehängt hat: Nach dem Baden stelle ich ihn gewöhnlich im Garten in die Sonne… Da muss ich ihn anbinden und da hat er die Beinchen (bloß wie?) über den Kopf geschmissen und hing nun wie der Bergsteiger über der Felsspalte…

Rudi wurde gemustert. Die Offiziere waren ganz nett und ein Arzt gab ihm die Hand mit guten Wünschen für die Zukunft…

20. April 1939, Hitlers 50. Geburtstag

Seit vorgestern ist Rudi zur Erholung nach Mannheim, nach mehrmaligem, ermüdendem Zureden. Und dann hätte er um ein Haar den letzten Zug verpasst…

Frau Heckmann kam hoch, um mir zu sagen, dass Pfarrer S. die Wohnung zum 1. Mai kündigen wollte. Da sie die Kündigung so kurzfristig nicht annahmen, habe er zum 1. Juni gekündigt. Somit scheint unser Schicksal hier besiegelt. …

Großer Fackelzug. Ich hatte die Fahne und die Wimpel am Fenster und Blumentöpfe mit kreuzweisen Fähnchen drin. Als ich mit Murkel aus dem Fenster sah, bemerkte ich drüben an der Ecke eine Schar Frauen, die herauflachten - also mich auslachten. Viele guckten zu uns rauf, sicherlich um zu sehen, ob wir auch dazu beitrugen, das Haus zu schmücken und ob ich die Fahne grüße. Das habe ich getan.

Es lastet so schwer auf mir, dass Leute, die ich nicht kenne, die mich nicht kennen, mit denen ich bisher kein Wort wechselte, weder im guten noch im schlechten Sinne, auf mich herabschauen, bloß weil ich die Frau eines BK-Pfarrers bin.

Auch Rudi gilt der Hass, und doch hat man nie etwas getan, was politisch unserem Reich entgegeninge. Wir spenden mehr als sonst wer, der wohl ´alter Kämpfer´ oder ´alter PG´ - *Parteigenosse* - sein mag. Keiner Sammlung schließen wir uns aus, kein Wort kommt von unseren Lippen, was gegen Führer und Staat sein könnte… und wozu diese Verachtung und Missachtung?

So nervös wird man, so ungewiss die Zukunft. Ich zittere fast vor jedem Auto, das vor der Tür hält. Ich fahre auf, wenn die Türklingel geht. Jedes Geräusch tut mir weh. Zittern tu ich mit meinen 25 Jahren wie eine alte Frau…

29. April 1939
Unser Murkelchen kriecht jetzt auf dem Boden herum… Pappi hat eine Intelligenzprobe gemacht: Hat ihm einen Keks gezeigt und unter einen Teller gelegt. Prompt nahm er den Teller runter und nahm den Keks wie etwas ganz Selbstverständliches…

Es geht über Seiten, welche Anstrengungen die Gemeinde unternimmt, bei den Kirchenämtern in Darmstadt und Frankfurt das Bleiben des Pfarrers zu erreichen.

13. Mai 1939

Heute ist Murkelchen 10 Monate alt. Gestern bekam er den ersten Kartoffelbrei mit Butter und Milch. Rudi hat ihn gefüttert und nachher sahen beide aus, als hätten sie sich im Brei gewälzt.

Er lief die ersten Schrittchen… stand neulich bei Heckmanns am ungeheizten Ofen und machte die Türchen auf und zu, dass die Asche rausflog. Als ich nachher dazukam, erkannte ich den Bübi vor lauter Dreckigkeit nicht wieder…

22. Mai 1939

Nachdem die DC am Karfreitag, an Ostern und Himmelfahrt den Hauptgottesdienst hatten, hat sich Rudi nicht durchsetzen können, den Hauptgottesdienst an Pfingsten zu bekommen. Die Spannungen haben sich vertieft, die andere Seite triumphiert.

Der Kirchendiener zählt in der Kirche nicht mehr die Besucher, weil Rudi ihm gesagt hat, dass er zu ungunsten der BK falsch zählt, damit die Statistik stimmt… Ich spielte gestern probeweise die Orgel…

Ich las Rosenbergs 'Protestantische Rompilger' und war tief erschüttert über den Zustand in der Kirche und wie alles Antikirchliche an Raum gewinnt…

Aus Wikipedia: Der NSDAP-Politiker Alfred Rosenberg hatte 1937 diese Hetzschrift gegen die evangelischen Kritiker veröffentlicht. Sie fordert u. a. die Loslösung des deutschen Volkes vom Christentum und bezeichnet die christliche Lehre von Sünde und Gnade als Lehre von der Minderwertigkeit.

9. Juni 1939

Murkel bekam sein 2. Zähnchen: oben, rechter Schneidezahn. Im Unterkiefer stehen sie auch dicht unter der Oberfläche. Vorgestern ist er geimpft worden. Er betrachtete still staunend all die vielen Kinder und lächelte bloß. Als ich ihn zum Impfen auf dem Schoß hatte und die beiden Ritzer gemacht wurden, ging es mir durch und durch. …

Er macht auch ´Backe-Backe-Kuchen´ und schlägt seine Patschhändchen zusammen… Wo ist die Tick-Tack? … Wie gut schmeckt's dem Kind? Dann klopft er sich aufs Bäuchelchen…

Gestern wurde unsere Frauenhilfsstunde durch drei DC-Mädchen in unflätiger Art gestört. Sie tobten im Garten und lachten durchs offene Fenster. Frau E. ging raus und sagte: „Schämt ihr euch nicht?" Da sagten sie: „Ihr müsst euch schämen, wir sind Deutsche!" Rudi hat es gemeldet und mehr Disziplin vom Herrn Kollegen gefordert… Die Stänkereien und Unruhen nehmen zu. Aber wir wehren uns.

9. Juli 1939
Heute hatte Rudi wieder Hauptgottesdienst. So schön das immer wieder ist: Rechte Freude kommt kaum mehr auf. Hätten wir nur einen anderen Kirchdiener. Es ist nichts mehr wie früher. Da werden absichtlich die Liedertafeln falsch gesteckt, habe es Gott sei Dank früh genug gemerkt, die Kollekte stimmt nicht, es ist immer mit Störungen zu rechnen…

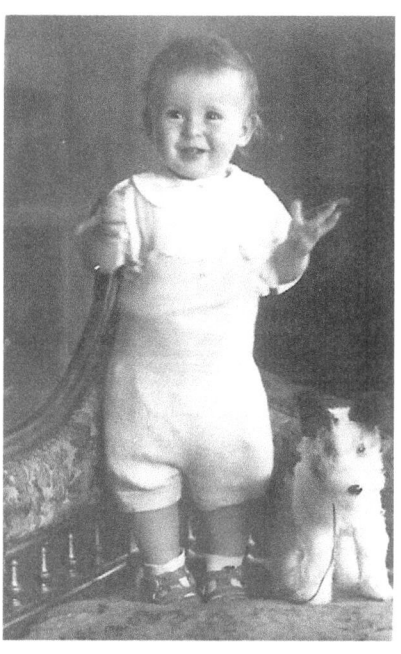

21. Juli 1939
Ich bin sehr deprimiert und traurig. Das Ungewisse lastet auf mir, lähmt. Gibt's Krieg? Muss Rudi fort? Gehe ich mit Murkel spazieren, dann habe ich immer das Gefühl, geächtet zu sein, dass mir Blicke folgen, die nicht freundlich sind…

Der kleine Murkel hat heute seine ersten freien Schrittchen gemacht. Erst ging er noch an der Hand von Rudi, dann ließ er von sich aus los, stand wackelig da und machte dann ein paar Schrittchen, mussten ihn aber dann auffangen...

25. Juli 1939

Wenn man Murkelchen auf den Arm nimmt und bei Heckmann auf dem Hof spazieren geht, bäumt er sich auf und strampelt: Er will runter. Dann marschiert er los, haste was kannste und hält sich nur an einem Finger fest... Kommt er in die Nähe des Schweinestalls, dann bleibt er stehen und geht nicht weiter, zwingt man ihn, dann fängt er an zu weinen, will man ihm die Schweinchen zeigen, dann vergräbt er sein Gesicht an Mamas Hals und weint... Bei jedem Pferd oder jeder Kuh freut er sich, aber vor dem Grunzen hat er Angst.

Übrigens, was ich noch nie bei Kindern seines Alters beobachten konnte: Heute spielte er mit seinen 9 Klötzchen seines Baukastens, den er zu seinem Geburtstag bekam: 3 blaue, 2 rote, 2 gelbe, 2 grüne. Sie lagen verstreut herum: in seinem Ställchen, greifbar außerhalb des Ställchens und auf der Truhe, an der das Ställchen angebunden ist. Er sammelte alle Klötzchen und legte sie in zwei Reihen so, dass die gelben, roten, blauen und grünen sortiert beieinander lagen.

29. August 1939

Seit Freitag (25.) erhöhte Kriegsgefahr. Seit Sonntag verkehren kaum noch Personenzüge. In der Stadt herrscht himmlische Ruhe, was den Verkehr betrifft, weil die meisten Autos abgegeben sind, ebenso Pferde. Auch fast alle Männer unter 45 Jahre, auch Pfr. S., sind eingezogen. Am Sonntag und Montag war ich kaum zu gebrauchen, die innere Spannung macht so mürbe. Es hieß, für Jahrgang 1907 seien die Gestellungsbefehle schon geschrieben, also müsste auch Rudi fort, das wäre furchtbar...

Ein Amtskollege, so alt wie Rudi, mit zwei Kindern, von denen das eine schon seit einem halben Jahr im Sterben liegt, und dessen Frau leidend ist, ist gekündigt worden. Alle nicht angestellten Pfarrer haben ihre Kündigung bekommen, innerhalb eines Vierteljahres müssen sie woanders unterkommen. Nur wir haben noch keine Kündigung, das wundert uns und wir können es nicht verstehen…

Geht es politisch noch gut aus, wird der Kampf gegen die Kirche erst richtig losgehen. Nistet sich doch in den kritiklosen Gemütern der Wahn ein, an all den außenpolitischen Auseinandersetzungen seien nur die Pfarrer und Juden schuld. Was werden soll - wir wissen es nicht.

29. August 1939, **Rudi** schreibt:

Glücklicherweise scheinen im Westen noch keine Schüsse losgegangen zu sein. Die strikte Verdunklung macht die geregelte Weiterführung der kirchlichen Arbeit unmöglich… Bibelstunden, Frauenhilfe… müssen auf Nachmittag verlegt werden.

Ruth schrieb 1979 nachträglich ins Tagebuch, dass sie mit Kommentaren zur politischen Situation sparsam sein mussten, sie hätten wiederholt Besuch von der Gestapo bekommen.

21. September 1939

Die Welt ist zu laut geworden, täglich bekommt man so viele Eindrücke aufgebürdet, dass man ganz müde wird. Der Krieg geht wohl weiter, in Polen ist wohl soweit alles fertig, nun kommt der Westen dran. Darüber braucht man kein Tagebuch zu schreiben, darüber wird später einmal genug berichtet und gedruckt. Unser Reich wird immer größer und je größer ein Sack, desto mehr geht rein an Gutem und Bösen…

6. Oktober 1939

… Der Feldzug in Polen ist beendet und man hat fast 11.000 Tote. Es sei weniger als man dachte! Hoffentlich ist bald wieder Frieden. Heute sprach Hitler im Reichstag - die Engländer müssten doch zu Verstande kommen!

Wenn es mit dem kirchlichen Frieden auch so rasch käme… Aber… alles wird verboten, es herrscht Friedhofsruhe. Ein befreundeter Amtskollege sitzt seit Anfang September im Gestapo-Gefängnis. Er hatte eine Frau (Flüchtling) mit sieben Kindern bei sich aufgenommen. Sie hat ihn denunziert…

26. Oktober 1939

Murkelchen läuft allein durch seine Welt, kürzlich mit den Filzlatschen der Oma zwischen Pappi und Mammi hin und her…

Manchmal steht er am Fußende seines Bettchens und guckt in den gegenüberliegenden Frisiertoilettenspiegel, wiegt sich und lacht sich zu und redet mit seinem Spiegelbild.

Dieser Frisierspiegel bestand aus einem festen Spiegel und zwei Flügelspiegeln, die mich auch Jahre danach beschäftigten und herausforderten. Welch andere Welten man einfach durch die verschiedenen Stellungen produzieren konnte! Wie oft habe ich mich an ihn herangeschlichen und versucht, ihn in der Schnelligkeit seiner Wiedergabe zu übertölpeln. Er ließ sich nie überraschen, gleichgültig, von welcher Seite ich geschlichen kam.

27. Dezember 1939

Die Feiertage sind nun vorüber, es sind immer Hetztage. Gestern Abend war der Abschluss in Form eines schönen Krippenspiels in der Kirche, die ganz voll war. Ich schwitzte anfangs Blut und Wasser vor Aufregung, es könnten welche steckenbleiben, der Chor könnte umfallen usw. …

Die Auseinandersetzungen mit Pfarrer S. spitzten sich zu und führten letztendlich dazu, dass Rudi nach Billertshausen versetzt wurde.

14. Januar 1940

… Eintopftag. Es wurde gesammelt mit dem Bemerken, es müssten mindestens 1% vom Monatseinkommen gegeben werden. Das macht für unseren Landrat 11,10 M, er gibt aber nur 1M, genau so viel wie wir. Wir bekommen aber Briefe von der Partei, dass unser Opfer zu gering sei und es wird deswegen bei uns noch einmal gesammelt…

Februar bis Mai 1940 (Nachtrag):

Unsere Schreibereien, doch noch von der Versetzung nach Billertshausen Abstand zu nehmen, dazu im Winter, Kohlenmangel, Krieg, kaltes Pfarrhaus und kleines Kind, hatten keinen Erfolg. Rudi fuhr dann schweren Herzens am 9. Februar weg, während ich hierblieb.

Dort ist es kalt und einsam: 1 Tisch, 1 Stuhl und 1 Bett, das waren alle Möbel. Aber Rudi ging halb krank hier fort (Rückenschmerzen), die sich unterwegs so verschlimmerten, dass er sich erbrechen musste.

In Gießen hatte der Zug abends keinen Anschluss, er konnte sich kaum halten vor Schmerzen und wusste nicht, was tun. Da fiel sein Blick plötzlich auf einen Herrn, der an der Wand stehend sich Anschlüsse notierte. Es war Pfarrer G., der bei seinen Eltern einen Besuch machen wollte. Sein Vater ist Dekan a.D. in Gießen, gelähmt. Er nahm Rudi mit zu seinen Eltern und er konnte die Nacht über dort bleiben.

Ich blieb hier mit den Gemeindesorgen ganz allein, versah Rudis Amt weiter, machte Besuche und erledigte alle Schreibereien an Pfarrer und Landeskirchenamt. Auch die Passionsandachten hielt ich. Einmal wurde unsere Frauenhilfsstunde durch Pfr. S. gestört. Es ging drei Stunden in gemeinster Debatte hin und her. So ist mit mir noch kein Mann umgesprungen. Und so etwas nennt sich Pfarrer. Sogar mit Ausweisung drohte er.

Als ich es dann nicht mehr aushielt, packte ich am 18. März meine Koffer und fuhr mit Murkel nach Berlin.

4. Intermezzo: Meine Zeit in Berlin
Ende März bis etwa Mai 1939

31. Mai 1940, Nachtrag:
Drei wunderschöne Wochen mit Rudi, Theater, Film, Oper.
Am 13. April reiste er wieder ab. Ich blieb bis zum 8. Mai
und fuhr wieder nach Heppenheim.

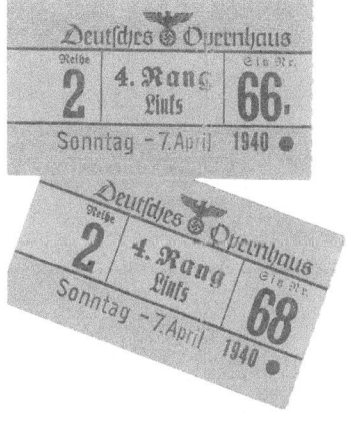

Am 14. Mai kam Rudi für eine Woche zu Besuch. Die
schönsten Tage gehen so
schnell um.
Rudi nahm drei Wochen
Krankenurlaub und kam
nachts um 4 Uhr am selben
Tag an, völlig vom Regen
durchnässt, weil er nicht ins
Haus konnte und zwei Stunden
herumgeirrt war. In seiner
Verwirrung ließ er noch
sein gesamtes Gepäck vor der
Türe stehen, das die Zeitungsfrau beim Portier abgab. Zum
Glück fehlte nichts, sogar die 50 Mark, die in der Seitentasche waren.

Merkwürdigerweise finden sich zu dieser Berliner Zeit keine weiteren Aufzeichnungen im Tagebuch, obwohl die Zeit doch so schön war. Vielleicht war einfach zu viel zu erleben.
Dafür kann ich mich noch an Einiges erinnern. So muss ich bereits hier einspringen.
Dafür überlasse ich nach Berlin wieder meinen Eltern die Führung: Ich kann mich an keine einzige Episode in Heppenheim erinnern, nur die Berliner Geschichten sind in meinem Gedächtnis geblieben:

Meine Erinnerungen unseres Berlinaufenthalts vom März bis Mai 1940

Ich erinnere mich an ein Treffen von mehreren Leuten, unter denen Ruth und Oma waren. Man hatte mich alleine auf dem Boden spielen lassen und bei dieser Gelegenheit nicht aufgepasst, was ich so tat. Mir war dabei eine Schachtel mit lauter kleinen weißen Pillen  in die Hände gefallen, die ich wohl für Bonbons hielt. Ich aß sie alle auf! Man war entsetzt, als sie die Schachtel leer sahen: Ich hatte Omas Leo-Pillen gegessen, ein Verdauungspräparat („Laxans"), ohne dessen hilfreiche Unterstützung Oma sich nicht zu größeren Anstrengungen auf der Toilette bemühte.

(Diese Erleichterung nahm sie vor dem Ereignis so regelmäßig wie das Klopapier danach, solange sie lebte. Nach ihrem Tod haben die LEO-WERKE dicht gemacht) …

Oma wusste ja nicht so genau, wie viele Pillen noch in der Dose waren. Die Dose versprach zwar ´keine Gewöhnung´ und Oma kannte die Wirkung einer einzigen Pille auf ihre Darmtätigkeit. Was aber passiert in einem Kleinkind, wenn dort zehn, zwanzig Pillen ihr Wesen treiben? Alles Fragen an mich half da wenig: Ich sagte nur „Lala" - mein Wort für Bonbon - und deutete in den Mund, bloß WIE VIELE?

Doch wurden die besorgten Menschen sogleich mit einer Überraschung belohnt, die man vor zweitausend Jahren mit ´göttlicher Fügung´ in den Büchern festgehalten hätte: Ich bekam einen fürchterlichen Stuhldrang und mit einem Schwupp fiel mir ein Spulwurm beachtlicher Größe aus den Hosenbeinen auf den Teppich.

Nun wieder zum Thema frühkindliche Erinnerung:
Selbstverständlich habe ich die Umstände zu diesem Ereignis später erklärt bekommen. Erinnern kann ich mich nur, wie diese Kreatur auf dem Teppich lag und wie mich alle Welt danach lobte und herzte und glücklich war.

Wahrscheinlich wäre ohne meine Selbsttherapie dieser Parasit so schnell nicht erkannt worden.

Ich erinnere mich an Rolltreppen. Oma meinte, als ich sie viel später danach fragte, das hätten nur die Rolltreppen im Kaufhaus Tietz sein können, wo ihr Bruder Carl Friseur war. Mir kamen die Rolltreppen vor, als würde ein Teppichläufer unvermittelte Stufen bekommen, die hoch wandern. Ich kann mich nur an hoch wandernde Teppichläufer erinnern.

Ich erinnere mich an das Nashorn und die Elefanten im Berliner Zoo. Das Nashorn lief dauernd im Kreis um etwas herum, das in meiner Erinnerung wie ein Blumentrog aussah, wohl aber nicht sein kann. Die Elefanten standen hinter dicken senkrecht gestellten Stahlrohren und waren angekettet. Der eine hatte noch Stoßzähne. Oma bestätigte mir, dass der eine Elefant sogar einen abgebrochenen Zahn gehabt hätte. Nach einer Bombennacht sei er wild durch den Zoo gerannt und musste erschossen werden. In diesem Elefantenhaus bin ich Ruth oder einer anderen Frau, die - in der typischen Haltung auf dem Boden gekauert, um ein laufendes Kind aufzufangen - in die Arme gelaufen…

Ich erinnere mich an das Auto meiner Oma insofern, als ich dort auf dem Hintersitz Bonbons im Aschenbecher finden konnte. Woran ich mich aber nicht erinnere, was mir aber Oma erzählte: Mit dieser Bonbon-Spucke verschmierte ich Omas Fenster von innen! Und ich weiß auch noch, dass Oma ihr Auto in ein kleines Garagenhäuschen fuhr. Das stand auf einem Garagenhof mit vielen anderen Häuschen dieser Art und sie musste vorher aussteigen, um ein Tor aufzuschließen.

Ich erinnere mich an eine große Bescherung: Onkel Hämchen, wohl Omas Liebhaber, hatte mir aus Holz einen kompletten Zug gebastelt mit Lokomotive, Personenwagen und Gepäckwagen. Auf den Gepäckwagen passten kleine Überseekoffer und Fässer. Als ich die kleinen Schiebetüren öffnete, sah ich darin lauter Bonbons. Und der oder die Personenwagen hatten Türen, die man auf- und zumachen und auch verriegeln konnte und Fenster, die Glasscheiben aus Zellophanpapier hatten. Und bitsch-bitsch-bitsch hatte ich mit meinem kleinen Zeigefinger sämtliche Fenster durchgestoßen. Es ´bitschte´ halt so schön.

5. Meine restliche Zeit in Heppenheim

31. Mai 1940:

Rudi ist immer noch in Billertshausen und lebt dort wie in einem Gefängnis: Tisch, Stuhl, Bett, ein Nagel an der Wand ersetzt den Kleiderhaken und Schrank, ein Tuch die Gardine. Die kahlen Wände wissen nicht viel zu erzählen und gähnen ihn an. Dazu das ungemütliche elende Essen, die Umständlichkeiten mit der Wäsche-Versorgung usw. …

Und mir geht es auch nicht viel anders. Ja, wenn wir endlich weg wären von hier… Als Frau eines abgesägten Pfarrers ist es kein Vergnügen, hier herumzulaufen. Die einen, die freundlich Gesinnten, quetschen einen aus wie eine Zitrone über Zukunftspläne und über sein Ergehen, seine Besorgnis und Bedauern, die anderen, die feindlich Gesinnten, messen einen mit herabminderndem, triumphierendem Siegerblick. Und so etwas in der Kleinstadt! Auf wie viele vakante Stellen haben wir uns schon beworben, ich weiß es nicht mehr. Stunden, Tage habe ich getippt mit Zeugnissen und immer bekommen wir Absagen. Nur von Berlin kamen Einladungen, aber nie, nie nach Berlin… Diese trostlosen, öden Straßen mit nur Häusern… Was wäre das für Murkel? Das Unpersönliche der Gemeindearbeit… Der Pfarrer tauft, traut und beerdigt und kennt kaum wen.

Dann kommt eine Einladung nach Altenkirchen bei Gießen, das für Ruth ideal gewesen wäre, für Rudi war es zu abgelegen. Er hatte große Schwierigkeiten, ihr das auszureden.

10. Juni 1940, **Rudi** schreibt:

… Bald ist wohl der Krieg aus. Heut trat Italien *in den Krieg* ein. Wir sind wohl bald in Paris und in London. Gern möchte ich ja auch Soldat sein und nicht zurückstehen. Wenn nur Ruth erst ihre Heimat hätte…

Bübi ist viel quengeliger und ängstlicher geworden, seitdem er einige Treppenstufen runterfiel… Er lässt sich auch nicht mehr so gerne hochwerfen. Früher jauchzte er und konnte nicht genug kriegen…

16. Juni 1940

Gestern ist Rudi um 14:32 Uhr wieder nach Billertshausen fortgefahren. Mir war so weh wie nie sonst. Wir haben uns gegenseitig Haarsträhnchen abgeschnitten. Ob es eine Vorahnung ist? Frau E. hatte auch so Vorahnungen, als sie ihren Lieblingssohn Jakob vom Urlaub fortgehen sah. Sie bat ihn, ihn noch einmal küssen zu dürfen (das ist ja bei den Männern hier nicht üblich), sie konnte ihm nicht nachsehen und musste laut weinen... Gestern kam die Nachricht, dass er als Sanitäter in einem französischen Dorf gefallen sei. Gleichzeitig kamen die Einberufungsbefehle für ihre beiden anderen Söhne Fritz und Peter zur nächsten Woche...

28. Juni 1940

Soeben, um 9:40 Uhr abends kam ein Telegramm, dass Rudi eingezogen wird. Wie seltsam, ich hörte das Quietschen der Fahrradbremse auf der Straße. (Jedes Mal, wenn ich so ein Quietschen hörte, dachte ich an Telegramm.) Als ich das Gattertor zuschlagen hörte und jemand die Treppe hoch polterte, wusste ich es ganz genau und war nicht einmal erstaunt, als ich das Telegramm in den Händen hielt. Zum 15. Juli muss er fort. ...

Und außerdem ist seine Einberufung für unsere Lage nur dienlich, dann kann keiner sagen: Er war nicht im Heer und man kann uns später nichts vorwerfen, man kann den Wehrpass auf den Tisch knallen und sich Raison verschaffen. Außerdem werden Soldaten bei den Stellen in der Landeskirche berücksichtigt.

Ruth war sich im Folgenden ihrer egoistischen Gedanken durchaus bewusst geworden, während sie sich in schneller Schrift dem Tagebuch anvertraute und hier über mehrere Seiten auch Trost suchte.

30. Juni 1940

Murkel wird immer mehr zum Läusert. Ich überhörte, wie Frau Heckmann der Nachbarin sagte: „Ganz krank macht einem der Bub", aber als ich dazukam, lobten sie ihn über alles.

Als er sich neulich auf dem Hof eingepullert hatte, waren ihm die nassen Hosen unangenehm, er zog sie aus und hängte sie über den Zaun zum Trocknen. Dann zog er noch einen Schuh aus und lief so, mit einem Schuh und Hemdchen an, auf die Straße. Als Herr Heckmann auf ihn deutete und mit den Zeigefingern gegeneinander wetzte und „ätsch" sagte, antwortete Murkel ihm mit genau der gleichen Geste und sagte auch „ätsch".

16. Juli 1940
Gestern kam ein Eilbrief von Rudi, dass ihm die Pfarrei Oberklingen mit Niederklingen angeboten wird. Wir haben uns gleich beworben…
Murkel spielt viel und gern mit den Kindern der Nachbarschaft. Der Sigrid hat er in Übermut und Tollpatschigkeit eine Latte auf den Kopf geschlagen und sie heulte. Als er das sah, ging er gleich hin, reckte sich zu ihr empor und küsste sie dreimal auf den Mund. Da versiegten die Tränen.
…Verstehen tut er alles, nur seine Aussprache klappt noch nicht so: ´Hießsche´ für Füßchen, ´Giga´ für Christhard, ´Jesus´ spricht er ganz deutlich aus.

20. Juli 1940
WIE GOTT UNS FÜHRT!
Wir fühlen uns von Ihm an der Hand genommen und geleitet. Der heutige Tag ist für mich ein Wundertag.

Heute erfuhr ich, dass gerade an diesem Tag auch der Oberklinger Kirchenvorstand in Darmstadt war und dort die Zusage erhielt, dass ein Pfarrer Richter aus Billertshausen am 1. August nach dort komme.

Doch ich will den heutigen Wundertag von vorn schildern. Manches mag kleinlich anmuten und zu sehr ´prophetisch´, aber ich erwähne es doch.

Gestern war ich so verzagt, dass mein Geld nicht reichen werde und ich an das saure Ersparte ranmuss. Ich hatte noch 10 Mark, davon musste ich 3 Mark unvorhergesehen an die Vorsorge-Versicherung bezahlen, dann steht die NSV - *Nationalsozialistische Volkswohlfahrt* - mit 3 bis 4 Mark in Aussicht… Aber heute kam ein Geldbriefträger mit 50 Mark von Tante Bärbe für Murkels Geburtstag. Ich hätte hopsen mögen! Murkel muss mir das Geld borgen, bis ich ihm das zurückzahlen kann.

Es war 10 Uhr, die Post kommt um ½ 10 Uhr und ich glaubte ganz verzagt, dass keine Post für mich mitgekommen ist. Wieder ein Tag ohne Hoffnungsstrahl, dachte ich. Da guckte ich doch mal in den Briefkasten und da lag ein Brief von Rudi mit einem netten Schreiben des Oberklinger Kirchenvorstehers H. Walter.

Vor so viel Freude ist mein Kopf vor Weh am Zerspringen…

23. Juli 1940

War heute in Oberklingen. Fuhr heute um 6:33 Uhr ab, …

um 7:47 Uhr ging der Zug über Reinheim nach Lengfeld und um 8:34 Uhr war ich dort. Von Lengfeld sind es noch 4 km bis hin… durch Getreide- und Kartoffelfelder… und da lag das Dörfchen… überragt von der Kirche mit dem Zwiebelturm auf dem Berg, links hinter mir auf einem Berge die gewaltigen Mauern des Otzbergs.

Als ich an den Eingang des Dorfes kam, fiel mir das erste freistehende Haus rechter Hand auf, die Läden waren geschlossen, der Garten verwildert mit zwei riesigen Wacholderbüschen, die aber erfroren waren, einem Birnbaumspalier vorn und Sträuchern ringsum, der Zaun morsch und kaputt, im Gegensatz zu den Bauernzäunen weiß gestrichen: das Pfarrhaus…

Ich fragte mich zu dem Kirchenvorsteher H.Walter durch… Er frühstückte gerade und ließ alles stehen und liegen und holte den Kirchendiener.

In der Zwischenzeit unterhielt ich mich mit dem Sohn und… beobachtete einen Franzosen, der dort in Gefangenschaft arbeiten musste. Ich suchte ein paar Brocken Französisch zusammen, denn der Mann tat mir leid. Wir sollen ja die Gefangenen mit Nichtbeachtung strafen, hatte ich kurz vorher auf einem Plakat gelesen. Dabei erzählten mir die Leute, wie sehr er sich gefreut habe, dass er einmal mit jemandem Französisch sprechen konnte. Seine Frau wohnt in Calais… Auch Polen arbeiten hier als Landhilfe. Und viele Soldaten sind im Ort.

Dann kam Herr Walter mit dem Kirchendiener Daum an, ein bebrillter Rentner mit ein paar braunen Zahnstummeln im ungepflegten Mund, der den Pfarrgarten für sich bestellte.

Wir gingen gleich ins Pfarrhaus. Eine lädierte Tür wurde aufgeschlossen, dann ein Vorraum mit Entree- und Kellertür. Ich bekam einen Schreck über die Ungepflegtheit der Böden; sie sind braun geölt und abgenutzt. Zur Rechten ein düsteres Zimmer… mit Bücherregalen voller Gemeindebücher. Schräg gegenüber einem helleren Zimmer mit Tisch und Bänken. Darin steht auch ein Ofen, der die oberen Räume durch einen Schacht mit heizt.

Durch den Wärmeschacht konnte ich später von meinem Zimmer oben mitbekommen, was unten gesprochen wurde.

Daneben das Esszimmer und die relativ kleine Küche in einem heillosen Zustand. Die Wand nicht zu beschreiben, eine verrostete Pumpe an der Wand. Wie verdecke ich die bloß?

Ruth wird einmal sehr dankbar sein, eine solche Pumpe im Haus zu haben: Mit dieser konnte man das Brunnenwasser in einen Behälter auf dem Dachboden hochpumpen: der einzige Haushalt im Ort mit fließend Kaltwasser in Küche, Waschküche, Bad und den beiden Toiletten.

Der Herd katastrophal mit gewölbten Platten und abgeplatzter Emaille. Durch eine hintere Tür gelangt man in einen kleinen Vorraum mit zwei Türen, links neben der Küche: Die Speisekammer, rechts gelangte man über eine Sandsteintreppe zum Hinterhof und Garten bzw. zur Waschküche unterhalb der Küche mit Kessel und Wasseranschluss. Neben der Küche das Klo. Oben wiederholten sich die Räume: über der Küche das Schlafzimmer, gegenüber das Badezimmer. Vom Badezimmer geht es auf eine winzige Veranda raus. Über diesem Stockwerk sind noch ein Zimmer, eine Kammer und der Speicher mit viel Gerümpel…

Dann gingen wir in die Kirche. …

Im Keller liegen noch 15-20 Zentner Koks. Ich nehme es als Ausgleich für das Gerümpel und den Dreck…

Zu Haus angelangt lag die Hiobsbotschaft vor, dass ein neues Gesetz raus ist, dass keine Transporte außerhalb einer 50-km-Zone vorgenommen werden dürfen … Ich zum Landratsamt. Dort Achselzucken. Ich müsste es halt mit der Bahn machen. Doch wie lange soll denn ein solcher Transport dauern? Wo sollen wir ohne Betten bleiben? Wer zieht den Wagen von Lengfeld nach Oberklingen, wo keine Pferde und keine Traktoren zur Verfügung stehen? Dennoch ging ich, nachdem ich auf dem Rathaus hundemüde die Lebensmittelkarten geholt hatte, zu einem Spediteur … ohne Resultat.

Da brachte Frau Heckmann mich auf die Idee, einen Darmstädter Spediteur anzusprechen, Darmstadt liegt doch innerhalb dieser Zone…

Dann Oma ein Telegramm geschickt. Dass sie endlich komme.

27. Juli 1940

Nun sind unsere Tage in Heppenheim gezählt. Gottlob! Am Mittwoch kam Herr Friedrich persönlich von der Spedition Friedrich aus Darmstadt und wir vereinbarten als Umzugstermin den 3. August.

Wir holten Oma von der Bahn ab, Murkel erkannte sie wegen ihres komischen Huts nicht und hatte Angst vor ihr…

Morgen kommt Rudi endgültig zu mir bis zu seiner Einberufung.

Am Mittwoch war der Kreisleiter bei Rudi, der ihm einmal auf den politischen Zahn fühlen wollte wegen der Festanstellung. Dahin kommen nur politisch Zuverlässige, vom Staat bestätigt. …

Nach dem 3. August 1940, Rudi schreibt:

Am 3. August. sind wir nach Oberklingen umgezogen… Gut, dass Oma uns so viel helfen konnte…

Nun sind wir fein eingerichtet, ich habe bereits die ersten Krankenbesuche gemacht. Die Leute sind nach anfänglicher Zurückhaltung sehr nett. Ich hatte schon zwei Predigten, eine Beerdigung und eine Trauung und Ruth bereits eine Betstunde in Niederklingen.

Auch mit den Leuten, vor denen wir gewarnt worden waren, der Bürgermeister und der Lehrer, scheinen wir auskommen zu können. Überall hört man mit Bedauern, dass ich am 24. August, nächsten Samstag also, zum Wehrdienst muss: zur

Sammelstelle in Offenbach dann zur Flak-Ersatz 33 in Weimar. Bübi freut sich im Garten sehr seiner neuen Freiheit, meist im Vorgarten...

Wir haben im Gemüsegarten... umgegraben, Erdbeeren versetzt.

Das herrliche Obst - Mirabellen, Reineclauden, Zwetschgen - schmeckt uns prima.

Bübi spricht jetzt immer mehr, spricht vor allem alles nach. Und überall will er helfen, bringt mir Bücher angeschleppt, macht mir die Tür auf...

Oberklingen: Blick vom Pfarrhaus

6. Meine Zeit in Oberklingen

7. September 1940

Rudi ist heute 14 Tage schon weg und ich fühle mich so einsam hier, weil er mir so fehlt. Oma ist noch da. In Berlin regnet es Bomben und sie ist wohl auch ganz froh, hier zu sein, vor allem des vielen Obstes und Gemüses wegen, was sie in Berlin nicht so bekommt und hier braucht sie niemals - *bis jetzt!* - in den Luftschutzkeller, in Berlin jede Nacht auf Stunden…

Dem Tagebuch war nicht zu entnehmen, wann Oma beschlossen hatte, für den Rest des Krieges lieber bei uns zu bleiben. Wenn sie zu Besuch war, wohnte sie in einem kleinen Zimmer unter der Dachschräge gegenüber dem Dachboden. Irgendwann einmal kam ein Möbelwagen vorgefahren und brachte Möbel, Teppiche, einigen Nippes, mit dem ich zu gerne spielte, ein Grammophon mit vielen Platten, Großstadtschnickschnack wie Zwei-Platten-Elektroherd, Bilder, darunter ein riesiges von etwa zwei Quadratmeter mit einem vergoldeten Gipsrahmen, das einmal ihr Wohnzimmer beherrschen wird, Tischlampe mit 100-Watt-Tageslichtleuchte, ein Parabol-Heizstrahler, ein Elektro-Massagegerät, bei dem in einer Glasröhre bläuliche Funken züngelten, sobald es den Körper berührte - ich hatte vor diesem Zaubergerät ziemlichen Respekt -, den Silberkasten - schwer mit echtem Silberbesteck, ausreichend für einen Hofstaat - und ´vernünftiges Geschirr´.

Mit Oma bin ich innerlich ziemlich auseinander. Es gibt nichts, was uns beide interessiert. Sie lebt ihre Art, ich meine. Die viele Nörgelei mit Vergleichen von den Bequemlichkeiten der Stadt und der Primitivität auf dem Lande (dabei möchte ich nicht für geschenkt mehr in Berlin leben) und die ewigen Ratschläge zum zigsten Male, die ich nicht anerkennen kann, weil Oma in allen Dingen ziemlich ungenau ist und flatterig… Ich werde dann wortkarg und gehe meiner Wege.

Ich werde Oma ein eigenes Kapitel widmen, in dem ich sie näher beschreibe. Hier nur dieses: Ruths Lebensweg war eigentlich auch eine

Flucht weg aus diesem Elternhaus und weg von dieser Mutter, mit der sie keine Liebe und Gegenliebe verband. Und jetzt durch die Kriegsumstände werden sie wieder zusammengezwungen. Ruth fand ihre Mutter primitiv im Denken, opportunistisch im Handeln und sich selbst ihr moralisch und geistig überlegen, durfte aber als Tochter im Persönlichen und als Pfarrfrau in der Öffentlichkeit alle bösen Gedanken und Gefühle nicht hochkommen lassen.

Viel bin ich bei den Kranken und bei den Alten, die es als wohltuend empfinden, dass sich jemand und dazu die Pfarrfrau um sie kümmert, was sie lange Jahre nicht mal vom Pfarrer gewohnt waren. Überall begegne ich freundlichen Leuten, sie grüßen freundlich wieder…

Ruth nahm mich später auch des Öfteren mit, damit ich wusste, wem ich etwas zu bringen hatte. Das waren beispielsweise zum Jahresende der beliebte Neunkirchner Kalender für das nächste Jahr, ein Abreißkalender, der den Gläubigen jeden Tag einen Spruch aus der Bibel mit einer kurzen Auslegung brachte, auch wann die Sonne auf- oder untergeht. Für was man das allerdings brauchte, hatte ich nicht ganz eingesehen. Wann die Sonne und der Mond aufgehen, sieht man doch auch so. Und wenn der Nachbar Stumpf - er ist eigentlich nur als ´der Stump´ bekannt und wird in Zukunft meistens auch so zitiert - mit seiner Pfeife an das Barometer klopfte und brummte, dann wusste ich, dass es bald regnet. Und das stand nicht im Kalender.

Als ich älter war, nahm mich Ruth auch zu alten Leuten mit. Manchmal stank es da furchtbar. Ich erinnere mich an eine alte Frau, die in einem dunklen Zimmer in der hintersten Ecke in einem Bett lag. Von der Frau sah man fast nichts, so klein geschrumpelt war sie, nur riesige Federbetten. Sie jammerte und hatte keine Zähne mehr. Als Ruth nachgucken wollte, was der Frau wehtat, sah sie, dass ihr die Fußnägel so lang gewachsen waren, dass sie unten wieder in die Zehen einwuchsen. Ich musste dann kannenweise warmes Wasser von der Küche herübertragen. Weil ich das alles eklig fand, stellte ich die Kannen vor der Tür ab. Dass Ruth sich nicht scheute, solche Arbeiten bei denen zu machen, die eigentlich zum Sterben abgeschoben worden waren, verhalf ihr im Dorf zu hoher Achtung.

16. September 1940

Ich komme langsam wieder auf die Beine, lag drei Tage mit Angina und hohem Fieber im Bett.

Murkel ist süß. Wir kommen schon seit Tagen nicht raus, weil es regnet und zuweilen sehr kalt ist. Wir wohnen im unteren Zimmerchen, wo die Akten stehen und die ausrangierten Möbel, wo wir heizen und wo es mollig warm ist. Dann holen wir für Murkel die kleine Katze von Stumpfs, mit der er mit lautem Freudengequietsche spielt, ihr Puppengeschirr unter die Nase hält zum Essen und Trinken, sie streichelt und betatscht, dann zum ´Baba´ (Schlafen) auffordert, wobei sie auf einem Kissen am warmen Ofen liegt. Und dort wird sie untersucht: ´Kitzi´ (Kätzchen), ´Fisi´ (Füßchen), ´Ocho´ (Augen), ´Orgi´ (Ohren), ´Busch´ (Mund). Woher hat er das französische Wort dafür?

23. September 1940

Ich komme kaum zu meinem Tagebuch. Es gibt eben so viel Arbeit, wo ich alles alleine mache, wo mein Einziger fort ist. Unser Vorgarten gleicht einem Park, alles Unkraut ist fort, umgegraben sind die Beete, die Wege gesäubert von Holzresten, Zweigen, Steinen, Unkraut… Die abgestorbenen Ziersträucher begann ich mit Säge und Axt auszuroden, bis sich Herr Stumpf - *unser Nachbar von gegenüber* - meiner erbarmte und die dicksten Stämme rausmachte. Auch die erfrorenen Rosenranken sind vom Zaun ab und Schneeglöckchen und Tulpenzwiebeln gesteckt, Rosen verpflanzt und Akeleien. So hat schon alles ein anderes Aussehen. Die Leute freuen sich sogar darüber, dass endlich etwas gemacht wird und staunen, dass ich alles kann…

… eine neue Rabatte angelegt und Steinbrechpflanzen und Veilchen draufgepflanzt. …

Außerdem kam diese Woche die Holzschneidemaschine. Mein Holz ist geschnitten und ich warf die Klötzer im Bogen, half anschließend auch dem Stumpf. Dann begann ich gleich zu hacken und schaffte 1/3 der zwei Raummeter, bis ich nicht mehr konnte und außerdem in die Bibelstunde nach Niederklingen musste…

Als ich auf dem Heimweg um ¼ 12 Uhr - es war Vollmond - beim kranken Himmeljoches Hannes vorbeikam, hörte ich sein lautes Schreien. Ich ging hinein und da lag er wund im

Bett und keiner kümmerte sich um ihn. Er hatte sich sehr gefreut, dass ich zu so später Stunde noch nach ihm sah. Ich betete noch mit ihm und gab Ratschläge, wie sie die durchgelegenen Stellen behandeln müssen, denn sie wuschen sie mit Wasser statt mit Öl.

Erika mit Murkel und Nachbarskindern

Ich habe Erika Keil - *Tochter von Lehrer Keil, sie wohnten im Schulhaus gegenüber* - vom Arbeitsamt als Pflichtstundenmädchen für nächstes Jahr angefordert. Sie versorgt Murkel mit großer Geduld und Freude. Ein nettes Mädel. Gestern waren wir drei bei Keils zum Kaffee mit Zwetschgenkuchen und Schlagsahne eingeladen…
Heute waren wir im Wald. Wir sind nahe an den Otzberg gegangen und haben auch Pilze gefunden.
Leider komme ich mit Oma immer mehr auseinander. Dann gehe ich mit meinem Netz lieber abseits, selbst wenn ich auch dabei keine Pilze finde.

27. September 1940
Ich würde mich wohler fühlen, wenn Oma abreiste, sich ihr Winterzeugs holte und zu ihrer Mutter nach Schlesien fahren würde, wo sie noch sicherer als hier ist. Denn in Berlin kann sie nicht sein, die Bomben und die Todesopfer erfahren wir nur aus Berliner Briefen. Radio und Zeitungen schweigen. Die Engländer hausen ja schrecklich. Noch nicht einmal im Keller sind die Leute sicher, neulich traf eine Bombe die Wasserleitung und 24 Leute sind im Keller ertrunken…

Rudi rückte am 25. plötzlich von Weimar aus… Doch dann wurde er ins Ruhrgebiet versetzt. Dort ist es ziemlich gefährlich geworden, die Engländer kommen täglich. Seine Ausbildung ist mit 4½ Wochen zu Ende und er muss seinen Dienst tun und darf nicht in den Keller.

7. Oktober 1940

Am Freitag kam ein Telegramm, dass Rudi am Samstagabend auf drei Tage Kurzurlaub käme. Oma hatte gerade eine Ente am Wickel und rupfte Federn, wollte die eine Hälfte für uns beide braten und die andere Hälfte mitnehmen, denn Samstagfrüh wollte sie nach Berlin zurück. So machten wir einen leckeren Braten der ganzen Ente für Rudi mit. Aber er kam und kam nicht, selbst um ½ 12 Uhr nachts war er noch nicht da. Oma ging zu Bett, ich nach Niederklingen in der Dunkelheit, immer lauschend, ob ich keine Schritte höre. Verzagt zog ich daheim den Mantel aus und da kam Rudi zur Tür herein. Wir waren hintereinander hergelaufen. Welche Freude! Und so schneidig und stolz, schön und herrlich sah er in seiner nagelneuen Uniform aus! War ganz verliebt. Wir plauderten noch und tranken eine Flasche Sekt zu seiner Ehre aus. Dann gingen wir todmüde schlafen. Ach Gott, wie glücklich ist man um drei lumpige Tage Urlaub… Der Samstag verging in Seligkeit, musste meinem Lieb alles zeigen und er freute sich darüber. Murkel war ganz aus dem Häuschen und erkannte ihn mitten in der Nacht…
Am Samstagvormittag kam das Auto, das Oma zur Bahn brachte. Murkel vergoss bittere Tränen und viel Geschrei, als sie davonfuhr. Aber er tröstete sich dann schnell mit Rudi. Wie schnell vergessen Kinder.

Der Samstag gehörte uns ganz alleine. Am Sonntag gingen wir zum Gottesdienst (Erntedank) nach Niederklingen, wo große Überraschung und Freude war, als Rudi plötzlich auftauchte.

Pfarrer Sehrt - *aus Überau bei Reinheim, Karte im Anhang* - fuhr uns im Auto nach Haus, wo ich Rudis schnell gewaschene und am Ofen getrocknete Staatswäsche ausbesserte und alles zurechtlegte.

Rudi ist als Kanonier fertig ausgebildet und macht eine Zusatzprüfung als Lkw-Fahrer in Kupferdreh bei Essen.

21. Oktober 1940

Rudi tut seinen Dienst… Er hat bisher einmal hinterm Steuerrad gesessen und sonst putzt und schrubbt er nur…

Ich habe seit 14 Tagen die Maler im Haus, die das Ess- und Amtszimmer und das Treppenhaus schön machen. Für mich bedeutet das einen zweiten Umzug: Gardinen ab-, dann an-, Bilder ab-, dann angemacht: Nun sieht alles herrlich aus… helle Tapete, schöne Bilder…

Gott bewahre das süße kleine Kerlchen. Vorgestern sagte er seinen ersten Satz: Er stand vorm Tor und betrachtete eine Herde Gänse. Die kamen mit langem Hals zischend auf ihn zu und er rückte aus und kam schreiend gelaufen: „Gagale beißtt Gigack". Wie schön sagt er ´beißt´.

War ja eine Sensation, den Malern zuzusehen: Der ´Schosch´ hat einen ´Babipp´ (Bleistift) und `Meter´ (Zollstock) und er tut ´lakille´ (lackieren). Das hindert ihn nicht, dass er auf die frisch lackierten Türen fasste und beim Treppenaufsteigen sein Händchen an der frisch gestrichenen Wand abdrückte.

Neulich hat er mich beim Speisekammer-Aufräumen fast zur Verzweiflung gebracht. Mohrrüben steckte er in den Herd, auf dem Mehlsack trampelte er herum (´´Taub´), dicke Kartoffeln schmiss er mit Wucht in die Kiste mit eingelegten Eiern, Wäscheklammern wanderten in volle Geleegläser und die zum Trocknen auf den Herd gestellten Blechgefäße stopfte er ins Dreckwasser, wo ich froh war, sie endlich trocken zu haben. Mühsam zusammengekehrten Dreck verteilte er wieder und ähnliche Scherze mehr. Manchmal kommt Erika Keil und spielt mit ihm. Dann ist er ganz selig über die ´Eka´. Schade, dass ich sie nicht als Pflichtjahrmädchen bewilligt bekommen habe, weil ich - *noch* - keine vier Kinder habe.

7. **November** 1940

Am Montag kommt Rudi - hurra! Nur fünf Tage mit Fahrt, macht nichts, Hauptsache, er kommt!… Ich denke ja, er kommt bald für immer, denn die sehr gut vom Lehrer Keil verfasste Reklamation läuft seit einer Woche.

Der Krieg scheint sich ja endlos auszudehnen. Jetzt kommt Amerika noch dazu! Diese Sünde des Blutvergießens!…

Murkel mit Elise

Tagtäglich wird das Haus schöner…

Morgens begrüßt Murkel ´Elsi´, die Elise mit lautem Rufen und stolpert so schnell, wie er kann, die Treppen runter, dabei rufend „Elsi, Gigack, Elsi Gigack" (Elise, Christhard).

Elise ist die Tochter vom Kirchendiener Daum und war unsere Zugehfrau, über die Jahre wie ein Familienmitglied.

Gestern war er bei Keils, während ich in Darmstadt war. Sie fanden ihn süß und goldig, und als ich gegen Abend kam, saß der Kerl schon im Nachtkittel und er sollte dort schlafen, so gern hatten sie ihn. Ist mir eine Wohltat, so liebe Menschen hier zu haben. Auch der Niederklinger Bürgermeister. Unser Bürgermeister hatte keinen Bezugsschein für Schuhe für Christel, der Niederklinger Bürgermeister eigentlich auch keinen, aber er änderte versuchsweise einen für Turnschuhe um, sodass ich dafür derbe Schuhe für Christel kriegte. Schöne hohe Spangenschuhe (*auf dem Umschlagbild zu sehen?*), innen warm gefüttert für 8,20 RM. Meine schönen schwarzen derben Halbschuhe für den Winter kosten bloß 12,50 RM, alles noch Leder und keine Ersatzware.

29. November 1940

War vor 14 Tagen eine Enttäuschung… Rudis Kompanie wurde nach Düsseldorf verlegt und alle Urlaube gestrichen… das war ein Schlag. Und dennoch fügte Gott alles zum Besten. Dienstagmittag ging das Telefon - Rudi war in Reinheim, im Kommen begriffen, der Umzug war schneller vonstatten gegangen als geplant und die Urlauber durften gehen.

Anmerkung zum Telefon: Telefone waren dünn gesät. Wer telefonieren wollte, ging zum Postamt. Ein Telefon hatte meines Wissens noch das einzige Lebensmittelgeschäft, ´s Lohnes Marieche… und die Hebamme.

Wir hatten die Nummer ´Reinheim 42´. Dazu leierte man am Telefonkasten und erzeugte mit dem Dynamo einen Stromstoß, der das Telefon mit dem Amt in Reinheim verband. Es meldete sich eine Dame: „Hier Amt Reinheim…“ Man meldete sich mit „Hier Reinheim 42, ich möchte…“ Dann legte man auf und wartete auf die Verbindung.

Ich weiß das aus eigener Erfahrung: Als ich etwa vier Jahre alt war, hatte ich genau das gemacht und mich mit der Frau unterhalten. Sie war sehr nett und sagte mir, ich soll mal die Mammi holen. Die war aber nicht da.

Rudi war erledigt und nervös gereizt durch die ewigen Alarme und Nachtwachen und am Tage hatte er auch keine Ruhe… In einer Stunde wollte er hier sein…

Er brachte für Murkel und mich allerhand mit: Einen schönen großen Wagen, Baukasten, Buddelgeschirr, Stopfwolle, Schokolade, Bonbons, Wurst, Butter, Kekse usw.

Solche kurzen Urlaubstage sind eigentlich gar nicht so schön… Man guckt dauernd auf die Uhr - schon wieder eine Stunde vorbei! Man kommt nicht zur Ruhe, man ist aufgedreht, gehetzt und findet kaum Zeit und Geduld (ja, Geduld!) sich mal still hinzusetzen, zu plaudern, sich lieb zu haben. Es ist, als säße man am Bahnhof und wartete auf den Zug, der den Liebsten auf lange Zeit entführt.

Murkel war ja rein aus dem Häuschen vor Freude. Endlich mal der Pappi wieder da! Aber die ¾ Jahr Getrenntsein sind für ihn schon so selbstverständlich, dass er Pappi gar nicht mehr vermisst, wenn er wieder weg ist. „Pappi is fort, weg!" war das Einzige, was er kalt und trocken feststellte am Sonntag, als Rudis Bett leer war.

Um ½5 Uhr standen wir am Sonntag auf, der Zug ging um ½7 Uhr und ich brachte Rudi noch bis ans Kreuz - e*in Sühnekreuz aus dem 17. Jh.* - hinter Niederklingen…

Aus dem großen Baby, das Murkel bis jetzt noch war, wird endlich ein kleines Menschlein. Jetzt spricht er schon deutlich und kann sich bemerkbar machen und sagen, was er will. So sollte er heute die Weißbinder zum Kaffee holen. (Sie arbeiten z. Zt. im Dachgeschoss.) Er ging hin und rief: „Pieter, Schosch, Paffee tinke" (Peter, Schorsch, Kaffee trinken). Er wird einmal richtiges Klinger sprechen.

Heute Abend befahl ich ihm, die Puppen zu Bett zu bringen. Das tat er und er betete mit ihnen, faltete die Hände, kniete neben deren Kiste und sagte u.a.: „Jesus, hüt liba Pappi schieht" (behüt den lieben Pappi, damit ihm nichts geschieht) und sang mit ihnen…

… Heute war das erste große Ereignis des Schnees in seinem Leben, den er zum ersten Male bewusst sah… ´Neemang´ (Schneemann)…

So ist er lieb und zärtlich, auch folgsamer als sonst und weil ich allein immer um ihn herum bin, bin ich auch sein Alles. Wie oft kommt er gelaufen, um ´ei´ zu machen und mit seiner ständig verschmierten Schnute Küsschen zu geben…

Fürchte mich vor dem Fest, das ich vielleicht alleine verbringe. Soll man da einen Weihnachtsbaum herrichten? Wie soll ich Heiligabend begehen? Tisch aufbauen für Murkel? Soll er alles haben, wenn Rudi nicht dabei ist und sich mit ihm am Jauchzen freut?

Ich schlief neben Ruth im Ehebett, meine innigste und schönste Zeit mit ihr. Wenn wir morgens aufwachten, dann war ihr erster Griff

nach einer Zigarrenkiste, die mit Zettelchen oder Karteikärtchen gefüllt war. Dann durfte ich mit meinem Zeigefinger und mit geschlossenen Augen über die aufrecht gestellten Kärtchen streichen und
Schicksal spielen. Ruth versuchte, eine innere Bestimmung für den
kommenden Tag aus dem Spruch herauszulesen und ihn zum Inhalt des Morgengebets zu machen. Dann wurde noch mal geku-
schelt und aufgestanden.

11. Januar 1941

Es ist so schade, dass ich so wenig Zeit habe für die Eintragungen. Besonders Murkels Entwicklung könnte man so
viel schöner verfolgen...
Rudi schrieb am 1. Weihnachtsfeiertag, dass er am 29. käme.
Von da an keine Post mehr. Am 29. saß ich wie in einer Fol-
ter, verglich die Ankunftszeiten der Züge mit der Uhr und
lauerte auf die Telefonklingel. Nichts geschah. Spät abends
rief es draußen im furchtbaren Sturmwind und pfiff. Freudig
rannte ich zum Fenster - es war nur Herr Stumpf, der als
Luftschutzwart mich aufforderte, die Verdunklung besser
abzudichten wegen der Flieger. So ging ich zu Bett. Im Esszimmer hatte ich den Weihnachtsbaum geschmückt und die
vielen Gaben aufgebaut.
Endlich am 30. (nachdem ich voller Angst ein Telegramm
aufgegeben hatte) klingelte um ½ 1 Uhr nachts das Telefon:
Rudi in Lengfeld. Ein Oberklinger Soldat wäre bei ihm, tragen helfen. Diese Freude! Um ½ 2 Uhr war er da und aß
erst einmal die Gänskleinsuppe und ehe wir schlafen gingen, war es 3 Uhr geworden.
So viel Gepäck hatte er mit! Der nächste Tag, der Silvester-
tag, war unser Beschertag.
Es gab Gänsebraten mit Rotkohl. Und so viele Gaben...
Konfekt aus Brüssel, Sekt für die 12. Stunde, ... eine Zigarrenkiste voll Pfeffer, womit ich bis zur Goldenen Hochzeit
auskomme, ... Schreibtischuhr, Bücher, ...
Für Murkel: Plastilin, Bilderbuch, einen großen Wagen mit
Betten, ein Bär (´Brummbrumm´), Soldatenunterstand samt
Soldaten, ein großer und zwei kleine Bälle aus Belgien, von

Keils ein ´Hottale´ (Pferd) mit Rasierpinselschwanz, … Der Tisch bog sich…

Bis zum 7. Januar hatte mein Lieb Urlaub. Dann kam die harte Trennung in aller Früh. Bis zum Kreuz ging ich mit ihm durch Schnee und Kälte. Ich brauchte drei Tage, bis ich aus dem Weinen herauskam und wieder geduldig und froh war. Nun kommt mein Lieb nach Frankreich, wir sehen uns sicher lange nicht mehr. Vorher kriegt er noch vier Impfungen…

Murkel ist fast jeden Nachmittag vier Stunden bei Trabolts. Das sind fromme Leute mit fünf Kindern. Dort ist er gut aufgehoben und spielt selig. Dort hat er sprechen gelernt - echt klingerisch. Drollig kommt jedes Wort heraus und die Leute haben auch ihre Freude an dem kleinen, süßen, hübschen Bengel, der seinem Papa aus dem Gesicht geschnitten ist. Er ist der ´kloo Parre´… Ich bin froh, dass er mit den gesunden, gut erzogenen Kindern Umgang hat. Zu Haus wäre es zu einsam und langweilig für ihn… Dort markiert er aus eigenem Antrieb zum Gaudi aller sämtliche Tierstimmen und vertut sich nie. Auch aus den Bilderbüchern erkennt er alle Tiere, selbst wenn sie auf dem Kopf stehen, macht er sie nach und bezeichnet sie…

Hört er morgens, noch im Bett, unten die Elise am Ofen hantieren, sagt er mit horchender Miene, offenem Schnäuzchen und erhobenem Zeigefinger: „Hoich, Elise Daum, Feier (*Feuer*)!“

Dass Mammi keine guten Augen hat, scheint er auch zu wissen, denn er streichelt oft meine Augen und singt seinen ´heile-heile´-Spruch dazu und setzt einen sicht- und hörbaren Punkt hinter seinen Segen, indem er am Schluss ´so´ mit Nachdruck sagt…

Heute hat er mit Freude zugeguckt, wie Mammi die ´Füllalla´ fütterte (Vögel am Fenster.)

… Gestern hat er sich Keils neuem Hund ´Parze´ vorgestellt: „Christatt…“, und machte vor ihm einen Bückling. Vor dem Hund hat er nur Angst, wenn er steht. Liegt er, dann streichelt er ihm die ´Fießi´ und zoppelt an den Ohren.

Steht Parze auf, dann rennt er weg und meint etwas ängstlich: „Noi, Wauwau beißßtit." (Nein, Wauwau beißt nicht.)
Als Neujahr die Gans auf dem Herd schmurgelte, sagte er von sich aus: „Gaga tot." Wo hat er das alles her?
Er ist ein Sonnenschein. Bekäme er nur bald sein Schwesterchen…

10. Mai 1941
Die Zeit ist zu schwer, die Sorgen nehmen den ganzen Menschen in Beschlag, daher kommt es, dass ich so lange nichts in das Buch eingetragen habe.
Später einmal, wenn alles ausgestanden ist und irgendwer von uns (vielleicht Murkel) diese Zeilen liest, wird man nicht mehr ermessen können, was man alles durchgemacht hat, durchmachen kann…
Am 24. März ging das Telefon: Rudi in Darmstadt, hat 12 Tage Urlaub bekommen. Ich holte ihn von Lengfeld ab. 12 schöne Tage. Allerdings hatte er stets Schmerzen, erst gegen Ende des Urlaubs hörten sie auf, anscheinend unter meiner Pflege…
Am 7. April musste er wieder in Wismar zum Kartoffelschälen antreten. Am 5. (wegen der 2-tägigen Anfahrt) fuhren wir nach Darmstadt, wo ich Rudi bis zur Abfahrt beistehen wollte. …
Nun ist er wieder dort im Trott und heute schrieb er, dass wohl Russland auch noch in den Krieg hineinkommt. Gott helfe uns! Er hat sich, um als Halbgesunder von dem dämlichen Kartoffelschälen enthoben zu werden, KV gemeldet (*kriegs-verwendungsfähig*).

Murkel hat unter Omas Anleitung gute Fortschritte gemacht. Von HÄNSEL UND GRETEL weiß er und ROTKÄPPCHEN und von den SIEBEN GEIßLEIN. Vom ´beesn Fiedich´ (bösen Friedrich), ´Hans-guckeduft´ (HANS-GUCK-IN-DIE-LUFT) und vom ´Suppe-kaspa´ weiß er auch. Im Wald ist sein Hauptspaß der Wasserfall „Steinche schmeißt - plumms macht".

… Als Pappi da war, brachte er vom Garten grünes ungenießbares Blattzeug, was ich als ´Snat´ (Spinat) zurechtmachen sollte. Während er der Oma dicke Tränen nachheulte, tröstete er sich mit Pappis Abfahrt sehr schnell. „Pappi kommt wieder", sagt er. Möge es stimmen!

Unterwegs sammelt er lauter Steine, ganze Felsblöcke mitunter, für den eventuell kommenden Wasserfall zum Reinschmeißen. „Teinche mit", behauptet er und hat Mühe, die Brocken alle zu halten.

Das weiß ich noch sehr genau, auch wo der Wasserfall zu finden ist. Ich hatte schon auf dem Weg dahin - Richtung Hasseroth - Schmelzmühle - Steinchen gesammelt und zunächst in die große Tasche meiner Spielschürze verstaut.

Irgendwann wurde die mir zu schwer und ich gab alle weiteren Steinchen an Ruth weiter, damit ich genug zum Schmeißen hatte. Wie sie mir später ´beichtete´, als ich die Wahrheit, ohne Schaden zu nehmen, ertragen konnte, hatte sie die meisten davon gleich wieder heimlich weggeworfen.

Mit mir ist er ein Schmuser, wie er im Buche steht. Dauernd will er Küsschen geben und ´ei. ei´ machen. „Bübi liieb, Mammi liieb", sagt er dazu, besonders auch, wenn ein Klaps fällig ist. Gestern ist er am Zaun emporgeklettert und saß dort oben auf dem Steinsockel, vergnügt in der Sonne mit den Beinen baumelnd und sein Frühstücksbrot kauend. Elise holte ihn runter.

Mein Lieblingsplatz war die Mauer unter dem Rosenbaum, so hat ihn Ruth jedenfalls genannt. Das war ein Rotdorn, der Stamm war so dick wie ich damals, vielleicht noch dicker und bestimmt sechs Meter hoch. Im Frühjahr war er über und über mit ganz kleinen roten Blüten bedeckt. Er stand in der Mauerecke im Vorgarten und auf der Mauer zur Straße hin war mein Platz. Von da aus hatte ich den Über-

blick, sah, was so al-les passierte und konnte auch zu Eckbäckers rüber-gucken. Hier konnte ich stundenlang die Ameisen beobachten, wie sie den Baum hinaufmarschierten und sich wohl an den Blüten labten und wie sie so geschäftig Material für ihren

Elise an meinem Lieblingsplatz

Bau im Steingarten unterhalb des Baums heranschafften. Interessant war, wie sie mit einem dicken Regenwurm fertig wurden und wie der von den Bissen steif wurde wie eine getrocknete Nudel. Oder mit einem Maikäfer. Wenn sie sich an die Beine klammerten, sah das so aus wie die Liliputaner, die den Gulliver festzurrten. Und dann, wie sie ihn zerstückelten und ihn portionsweise in den Bau beförderten. Da war ich Stunden beschäftigt. Auch mit der

Besorgung neuer Heraus-forderungen für meine kleinen Freunde.

Was ich von ihnen nicht ganz in Ordnung fand, war, dass sie uns den Zucker aus der Speisekammer klauten und körnchenweise davontrugen. Ruth konnte machen, was sie wollte: Den Weg in die Spei-sekammer fanden sie immer wieder. Diese machte aus Zei-tungspapier eine Pampe und verschmierte sie zwischen die

*Fensterfugen: Jene fraßen sich durch. Diese streute weißes Gift: Jene
liefen über ihre toten Kameraden.*

*Wir hatten den Zucker und den Honig in großen goldfarbenen
Blecheimern, die leider etwas verbeult waren und deshalb nicht dicht
schlossen. Wenn man Honig holen wollte, musste man erst einmal
ein paar Löffel Ameisenleichen abtragen, bevor man zum reinen
Honig gelangte. ´REINER HONIG´ war in meiner Vorstellung
HONIG OHNE AMEISEN.*

Im Garten pumpt er mit Vergnügen fast alles Wasser, deckt
den Tisch fein und hilft, wo er kann, von selbst. Klar, dass er
sein Spielzeug selbst wieder an Ort und Stelle bringt.

Als wir neulich mit Rudi einen schönen Waldspaziergang
machten, trabte er geduldig hinter uns her, wollte aber immer mal wieder getragen werden. (Er war nicht ganz auf
dem Posten.) Als wir unter einem Baum etwas ausruhten
und dann weitergehen wollten, wollte er um keinen Preis
mehr laufen. Wir gingen weiter, bis er uns aus dem Auge
verlor. Alles Rufen half nicht. Erst die Androhung von Haue
half. Resigniert suchte er zu folgen, doch als wir nicht auf
ihn warteten, ging er sichtlich bockig und eingeschnappt ohne rechts und links zu gucken, ohne auf unser Rufen zu hören, zurück. Wie ein kleiner Globetrotter! Da gab's aber
Klapse! Zu putzig, wie er mit seinen Beinchen lostapfte, die
Hände in den Taschen als wie ´Ihr könnt mich mal im Wald
und auf der Heide´.

21. Mai 1941

Er ist so zärtlich. Selbst wenn er nicht folgsam ist und Haue
angedroht bekommt, kommt er weinerlich angetrottet und
sagt: „Mucki lieb soi, lieb soi, Mammi nit haue."

Bevor er schlafen geht, dann „erst bete" und dann kann er
nicht erwarten, bis er „Jesus behüt den lieben Pappi, nit
schiet un bald kommt" sagen kann, dann intoniert er schon
musikalisch „gude Abe, gude Nach" fast richtig, die Musik
besser als die Worte…

Als ich ihn mal „Du Strolch" nannte, sagte er auch zu mir
schelmisch: „Trolch du."…

Beim Kartoffelsetzen hat er mir tapfer geholfen. Ich machte das Loch und er legte die ´Boffel´ rein mit den ´Äugelche nach obe´. Dabei kommandierte er: „Mammi, alla, allé, so noi, Äugelche obe, zu, alla Mammi weiter." Über die ´keine Wenzche´ (kleine Pflänzchen) von Mammis Saat freut er sich so wie ich.

Aber neulich hat er mich zum Heulen gebracht. Meine Freude war der üppige Busch Pfingstrosen mit etwa 30 pflaumengroßen Knospen. Er hat alle bis auf sieben abgerissen. Da hat es Haue und Einsperren gegeben, weil er genau wusste, dass er das nicht darf.

Irrtum! Ich wollte ihr eine Freude machen!

Leider kann ich das Ruth gegenüber nicht mehr aufklären. Nach all diesen überschwänglichen Beobachtungen, wie ich mit Blüten und Pflanzen umgegangen bin, ist ihre Analyse der Situation abwegig und wenn sie mir Zeit gelassen hätte, mich zu erklären, dann hätte sie mich fairer behandelt.

Ich wollte ihr eine Freude machen und hatte den ganzen Vorgarten mit der Unkrauthacke bearbeitet. Dabei hatte ich übersehen, dass die Pfingstrosen nicht zu der Kategorie Unkraut gehören. Auch hatte ich in meinem Eifer noch andere Nutzpflanzen herausgehackt, z.B. die Zwiebeln von Schneeglöckchen. Das ist erst herausgekommen, als sich der erste Ärger wegen der Pfingstrosen gelegt hatte - die Pfingstrosen standen ja unübersehbar gleich am Eingang und wurden deshalb sofort von Ruth entdeckt bzw. nicht mehr...

Als Ruth den Vorgarten näher inspizierte und die Schneeglöckchenzwiebeln herumliegen sah, fand sie zu einem weiteren Schrei Anlass.

Aber den Boden brauchte sie dafür nicht mehr aufzulockern, das hatte ich ja schon für sie erledigt.

Neulich hat er bei Stumpfs drüben seinen Finger in den Hasenstall gesteckt und der Hase hat zugebissen, sodass das Blut lief. Zuerst war das interessant, aber als die Wunde abgewaschen und sichtbar wurde, ging das Geheul los. Tagelang trug er mit Stolz seinen Verband - ich durfte ihn nicht abnehmen - und jedem erzählte er, dass das Häschen ihn gebissen hätte.

Im Sommer dieses Jahres dürfte sich folgende Geschichte abgespielt haben:

Schräg gegenüber hatte der Eckbäcker - ein Bauer, der gleichzeitig unser Bäcker war - sein Anwesen. Er hatte zwei Kinder: Die Alma und den Friedel.

Zwischen Eckbäckers und uns führte ein Feldweg zum Goldberg hoch. Der hieß Goldberg, weil er aus köstlichem, goldgelbem, fruchtbarem Lehm bestand.

Und goldgelb blieb er auch in meiner Erinnerung, weil die Getreidefelder auf dem Berg so golden aussahen.

Der Feldweg bestand also aus Lehm, eine köstliche Substanz. War sie feucht, dann verwandelte er sich in herrlichen Matsch, der von den vielen Fuhrwerken und durch die Zugtiere zu einer Edelmatschpampe gewalkt wurde.

Kann man sich vorstellen, was Kinder mit einem solch köstlich präparierten Werkstoff alles machen können? Ein gelegentlicher Kuhfladen wird dann nicht unbedingt als störend empfunden. Im Gegenteil.

Aber ich möchte von einer anderen Köstlichkeit erzählen.

Wenn nun die Sonne auf die Matschpampe scheint und scheint, dann wird der Lehm knochentrocken. Aber dann fahren die Fuhrwerke hoch und wieder runter und mahlen mit ihren Eisenrädern Krume für Krume unerbittlich, bis kein Krümel mehr da ist.

Das gibt einen so feinen Staub, dass der zwischen den Fingern durchrieselt, selbst wenn man die Finger ganz eng macht.

Wenn man sich dann in diesen Puder hineinsetzt, und sich diese unbegreifliche unbegreifbare gelbe Masse über den Kopf schüttet und das dann der Alma über den Kopf und dann macht das Alma mit mir: einfach schön.

Wenn man das nicht selbst gemacht hat, kann man kaum nachempfinden, welch herrliches Gefühl es ist, wenn dieser goldgelbe Staub bei dieser Sommerhitze so schön kühlend über Kopf und Bauch rieselt. Ich spüre es jetzt wieder, wenn ich darüber schreibe.

Übrigens: Alma pflichtet mir heute noch bei: Auch für sie ist das ein unvergessenes Erlebnis. Wie wir danach identifiziert und den richtigen Familien zugeführt werden konnten, entzieht sich meiner Kenntnis.

Wahrscheinlich hat man sich an der Körpergröße orientiert: Alma war schon damals einen Kopf größer. Das ist sie immer noch, da hat sich seit 70 Jahren nicht viel geändert.

Ich hatte damals eine Spielschürze mit einer großen Tasche vorne, so breit, dass da ein Laib Brot hineinpasste. Dem entsprechend viel des köstlichen Goldstaubs passte da rein. Ruth fand es nicht berauschend, als ich mit dem Beutel voll Staub im Haus auftauchte. Sie führte mich außen herum in den Garten und dort wurde ich erst einmal unter die Pumpe gestellt und mit der Luftschutzspritze abgespritzt.

Anmerkung: Jeder Haushalt hatte eine solche Pumpe. Das war eine Art Fußluftpumpe für zwei Personen: Einer steht in einem Steigbügel und pumpt mit beiden Händen, der andere hält den Ansaugschlauch in einen Wassereimer und mit der anderen Hand spritzt er das Feuer tot.

Da wir bisher keinen ernstzunehmenden Krieg hatten, machten wir den Ansaugschlauch ab, stellten uns mit nackten Füßen und der Pumpe in die wasservolle Zinkwanne und pumpten mit der anderen Hand. Durch diese kluge Systemveränderung bekamen wir eine Hand frei zum Spritzen: Unsere Version der Rüstungskonversion.

17. Juli 1941

Seit Karfreitag spiele ich hier Orgel, der Organist wurde eingezogen. Nachdem ich zuerst noch zitternd dran saß, geht es jetzt doch sehr gut, das sagen die Pfarrer und die Leute auch.

Der Pfarrer Sehrt kam von Überau bei Reinheim mit dem Fahrrad herübergefahren. Was mir ungemein imponierte, war, wie er sich mit seinem Holzbein aufs Fahrrad schwang. Er hatte ein steckensteifes rechtes Holzbein. Wenn er aufsteigen musste, dann stellte er seinen linken Fuß auf die verlängerte Hinterradachse, schwang das Rad nach vorne und saß erst einmal im Sattel. Dann fummelte er sich das linke Pedal nach oben und gab einen kräftigen Kurbelschub, damit das Gewackel aufhörte, schlüpfte mit dem linken Fuß in eine Art Schuhkappe, nahm sein Holzbein, besser sein rechtes Hosenbein mit der rechten Hand und legte es mit Schwung in eine Gabel unterhalb des Lenkers. Dann strampelte er mit dem einen Bein los. Ich hatte ihn um das Holzbein beneidet.

Solange habe ich nicht geschrieben. Seit 24. Mai ist Oma wieder da und an diesem Tag ist Rudi wieder ins Lazarett in Wismar gelegt worden: Er hat Enteritis (*Darmentzündung.*) Viele Spritzen, ist auf Brei gesetzt.

Der Krieg mit Russland ist am 21. Juni erklärt worden. Man wundert sich über gar nichts mehr, man lebt mehr stumpf als wach, wie Schafe, die zur Schlachtbank geführt werden…

15. September 1941, **Rudi** schreibt:

Seit ein paar Tagen bin ich für wenige Tage auf Genesungs-urlaub hier, Murkel kannte seinen Pappi gleich wieder. Ich war mit meinen beiden Schätzen zum ersten Mal auf dem Otzberg. Murkel stand auf der windigen Plattform und sah Klinge. Und der 80 Meter tiefe Brunnen, wo ein brennendes Papierknäuel so lange brauchte, bis es unten ankam… Auf dem Heimweg hörte er das Abendglöckchen: „Horch, Glocke läutet! Kinder schlafe ein, wecke auf Sterne!" sagt er sehr wichtig und aufgeregt schnell…

Immer wieder will er zu ´de Meedcher´. Wenn das zweijäh-rige Gerdasche (Enkelchen von der Elise) mitkam, schmust er oft um sie herum. Gerade weil sie sich aus seinen Küssen und Liebkosungen nicht so viel macht, reizt es ihn umso mehr.

Sehr stolz brachte er einen flach geformten Erdklumpen: „Mama Kuche." Tatsächlich glich er dem Kuchen, den Mammi heute Morgen für den zu erwartenden Besuch von Bürgermeister Himmelheber gebacken hatte. Mammi legte ihn auf den Teller zu dem anderen Kuchen auf den gedeck-ten Tisch.

Jetzt kommt auch das ´Du´ und das ´Ich´.

Mit seiner Mieze ist er ganz süß. Er sucht sie ständig. Drückt und liebkost sie immerzu, will mit ihr schlafen, gab ihr heute Morgen von seiner Grassuppe mit richtigem Kuchen ver-brockt auf ihren Teller zu essen. Zeigt ihr seine ´Billerbücher´, erklärt ihr alles genau.

Gestern rief Oma aus Berlin an, Murkel war doll aufgeregt, sauste so gut wie es mit seinen kleinen Beinchen ging, die Treppe rauf und rief in den Hörer: „Oma! Oma! Wald, Pilzche!" War danach voll Freude, auch nicht zu beruhigen: „Oma, Puffpuff - Bahn Abfahrt, Oma sagt Christel."

Wenn ich hier in dem idyllischen Eckchen mit Oma und Ruth diesen traumhaft schönen Wilden Wein sehe: Er überwucherte hier alles, den hässlichen Schuppen,  *den rostigen Maschendraht und vor allen Dingen den Apfelbaum, dessen Stamm durch das Schuppendach wuchs und den Schuppen überdachte.*

(Ich werde eines Tages, als ich gelernt hatte, mit dem Taschenmesser umzugehen und sinnvolle Betätigungen mit ihm suchte, Mitleid mit dem Apfelbaum haben, der unter dem Blätterdach des Wilden Weins zu ersticken drohte und werde die hölzerne Würgeschlange am Stamm durchschnitzen. Ich gedachte das heimlich gemacht zu haben, dachte aber nicht daran, dass daraufhin die Blätter des Wilden Weins hässlich braun werden und die heimliche Rettungsaktion 'offensichtlich' werden wird.

Der Apfelbaum war trotzdem eingegangen und bis zu unserem Wegzug griffen die dürren Äste dieses gewaltigen Apfelbaums in den Himmel und klagten mich an.)

Rudis Eintragungen sind wahrlich eine Zumutung und ohne Brille und Lupe kaum zu lesen, zumal er sie mit Bleistift geschrieben hatte. Deren Kontrast ist auf dem Papier oft so schlecht, als hätte er anschließend mit dem Radiergummi drübergewischt.

Ruth *hatte einen geeigneten Moment abgepasst, um seine Eintragungen zu kommentieren, wohl mit der Hoffnung, dass Rudi sich endlich bemüht, seine Kritzeleien auch für Dritte zugänglich zu halten:*

Ach wenn das liebe Rudilein
Wollte doch so lieb nur sein
Und nicht so schludern
ins Büchlein rein.
Denn das arme Surilein
Möchte sich doch oft
daran erfreun,
An dem, was das Rudilein
Hier notiert ins Büchlein rein.
Doch er schreibt hier wie ein
Schwein!
Verderben tut sich Surilein
Ihre lieben Äugelein.

Wirft er nur <u>ein</u> Blick hinein
In unser schönes Büchelein.
Es ist ja nicht zu lesen. Nein!
Die Äuglein fangen an zu
wein -
An viele viele Tränelein
Angestrengt ob des Lesens
Pein.
Ach, du aaaaarmes Surilein
Und du böööses
Schnükilein!
Muss denn jenes wirklich sein?

Und was macht dieses Schnükilein: Er schreibt rechts neben dem Gedicht einfach so weiter, ich finde, noch schlimmer. Sei er damit gestraft, dass ich nur Teile davon wiedergeben kann.

So unstolz auf seine Uniform scheint Rudi nicht gewesen zu sein

Habe 14 Tage Nachurlaub bekommen, Gottlob! Unsere neue Hausordnung haben wir gestern, den 25. eingeführt: Früh um 6 Uhr raus, danach Gymnastik, nachher große, gründliche und schöne Morgenandacht. Wir sind froh über die neue Ordnung und sie wird sicher immer bleiben. Hausgemeinde unter Gottes Wort! Auch die Mahlzeiten haben eine neue Ordnung. Wie erleben wir jetzt mit Freuden den Morgen, wenn wir durch pünktliches Schlafengehen ausgeruht sind.

Welcher Teufel hatte Rudi hier geritten? Hat das Soldatsein doch gewisse Seiten, die man sich als schön abgucken kann?
Ich kann mich an diese Zeit erinnern. Ekelhaft und verkrampft. Da wurde ich frühmorgens geweckt, sonst bin ich von alleine aufge-

*wacht. Dann gingen wir ins Badezimmer, die Tür zur Veranda
wurde aufgerissen, damit die 'gute' Luft reinkam. Wir mussten
uns in Reih und Glied aufstellen und mit den Armen rudern, um
noch mehr Luft hereinzuholen. Ruth kannte ich so nicht wieder. Ich
sah ihr an, dass sie das nicht gerne machte. Und das auch noch in
Unterhose! – In dieser Aufmachung hatte ich sie noch nie gesehen
und das war ihr sichtlich peinlich. - Das war nicht ihr Ding. Ab
und zu guckte Rudi in ein Heft, was wir noch so machen könnten:
Auf den Rücken legen und strampeln, auf den Bauch legen und rudern, die Arme nach vorne und hoch und runter, hoch und runter
usw. Das gefiel Rudi, uns mit schneidiger Stimme zu befehlen! Als
Rudi wieder im Krieg war, verzichteten wir auf diese Art von Ta-
gesanfang. Morgens im Bett kuscheln war viel schöner.*

27. Oktober 1941, **Rudi** schreibt:
Heute holen wir Tante Liesel, die jetzt in Frankfurt im Kin-
dergärtnerinnen-Seminar tätig ist, von der Bahn ab. „Grüß
Gott, Tante Liesel", sagte Murkel… Wir machten zwei große Spaziergänge. Murkel kam schon am Morgen in seinem
langen Hemdchen zur Liesel rübergelaufen. Sie sagte, ein so
sonniges, fröhliches und immer zufriedenes Kind habe sie in
ihrem ganzen Berufsleben als Kindergärtnerin noch nicht
kennengelernt…
Als wir im Garten saßen, und ich zum Murkel „Du Frech-
dachs" sagte, kam es prompt zurück: „Du Blechdachs" und
während wir noch darüber lachten, kam ein Dreckbrocken
geflogen und traf mich mitten auf mein offenes Hemd. Wir
kugelten uns.
Murkel schafft so gerne. Er stapelt das Holz im Holzschuppen unermüdlich.

*Immer wieder der Hinweis im Tagebuch, was hier nicht drinstehe,
sei ja in den vielen Briefen, die zwischenzeitlich hin- und hergingen,
abgearbeitet.*

**Rudi war, kaum in Wismar angekommen, mit einer
Kiefer- und Stirnhöhlenvereiterung wieder krank und
wurde ambulant behandelt. Überraschenderweise ge-
währte der Truppenarzt 10 Tage Genesungsurlaub, die**

der Spieß um vier Tage verlängerte. Um sich zu Hause anzumelden, ging alles viel zu schnell.

3. Dezember 1941, **Rudi** schreibt:
Um die Mittagszeit überraschte ich mein Frauchen, das auf mein Schellen mehrmals rief: „Wer da?" worauf ich mich stets nicht zeigte. Doch da rief es von Stumpfs rüber: „Ei, de Herr Parre is do", worauf sie antwortete: „Ach, Sie wollen mich veräppeln", worauf Herr Stumpf antwortete: „Isch werd doch Parres nit beliehe (*belügen*)." War das ein Wiedersehen!...

Murkel macht fast täglich irgendetwas kaputt, seine Spielsachen nimmt er auseinander und dann kriegt er Haue. Dann rennt er zur Mammi und petzt, dass er Haue bekommen hätte, weil er das oder jenes kaputt gemacht habe. Er fällt auch manchmal ins Wort „Derfmer nit sache" oder „Derfmer des?", z.B. wenn man schnüffelt - *die Nase hochzieht* - oder seinen Arm aufstützt.

Tante Liesel hat ihm einen Adventskalender geschickt und er brennt darauf, am nächsten Tag das Türchen aufmachen zu dürfen.

Das war ein so schöner Kalender, den ich in allen Einzelheiten vor meinem inneren Auge habe: Eine Schneelandschaft mit einem Weg und einer Steilböschung mit überhängenden Wurzeln. Man konnte mit Türchen z.B. einen Ofen der Mäusefamilie öffnen oder einen Maulwurf und einen Igel rausgucken lassen. Und ganz am Ende des Weges stand ein verschneiter Tannenbaum, den man am 24. aufklappen konnte und der selbstverständlich in voller Kerzenpracht erstrahlte. Der Kalender hielt durch den ganzen Krieg durch, bis die Türchen abfielen.

Dann kam der Nikolaus. (*In Oberklingen heißt der aber Belzenickel.*) Ich war so gut vermummt, dass sich sogar Ruth erschrocken hatte. Murkel schrie ganz laut auf und zitterte am ganzen Körper. „Ich bin so brav", behauptete er immer wieder. Der Nikolaus wusste aber, dass Christel so schlecht esse und trinke und außerdem so viel kaputt mache...

Es stimmt schon, dass ich zum Beispiel wissen musste, was in meinem Spielzeughund so quiekte, wenn ich auf den Bauch drückte. Als ich den Hund aufhatte, kam eine Menge Sägemehl heraus und auch der kleine Blasebalg. Mammi hatte ihn nicht mehr so hineinstopfen können, dass er nicht umkippte. Seitdem hatte der Hund einen dünnen Bauch und er quiekte nicht mehr.

Zu Weihnachten bekam Rudi, wie andere Amtsbrüder auch, Arbeitsurlaub.

Weihnachten 1941, **Rudi** schreibt:
Das von Ruth selbst gedichtete und ausgemalte ´Billerbuch´ begeisterte ihn am meisten und er wollte dauernd daraus vorgelesen haben. Mein gemaltes Männchebuch fand kaum Beachtung. Er bekam noch ein Vogelhäuschen…

1. Juni 1942, **Rudi** schreibt:
Eine für uns lange Trennungszeit von Weihnachten und Pfingsten lag zwischen uns. Ich war wieder im Lazarett in Wismar und Ruth besuchte mich vom 13. bis 23. Februar und ich bekam mehrmals halbtägigen Urlaub zugesprochen…
Christel will ständig auf die Gass, zurzeit zum Emmale, seiner neuen Liebe. Dreckig, mit blauen Flecken und roten Backen kommt er nach Hause, die Alma und der Friedel hätten ihn ´gehaache´, aber er haut nicht minder zurück. Ulkig seine Zurechtweisungen: „Hast ebbe noch ei gemacht und jetzt schimpfste.“

Die Emma - sie hatte wunderschöne goldene Zöpfe - wohnte neben der Schule und war in meinem Alter. Ich weiß nicht, wie lange diese Liaison dauerte. Sie dürfte durch mich ein jähes Ende genommen haben: Wir waren an der Straße gegenüber des Emma-Hauses mit ´Unkrauthacken´ beschäftigt und irgendwie hatte ich das Ziel verfehlt und der Emma hinten in die wunderschönen Haare des Hinterkopfs gehauen.
Selbstverständlich furchtbares Wehgeschrei und geblutet hatte es auch. Da kam Emmas Vater aus dem Haus gestürmt und verprügelte mich. Ich dürfte anschließend unsere Beziehung sicherheits-

halber beendet und mich auf Nachbarn konzentriert haben, die näher wohnten: Alma und Friedel.

Der Vater von Emma wurde von uns Kindern generell gemieden, weil er immer brummig und humorlos war.

Außerdem hatte er mich sowieso auf dem Kieker, wie Oma sagen würde. Die Häuser im Ort standen oft so eng beieinander, dass dazwischen nur ein schmaler Spalt blieb, in den ein dicker Mensch hängen geblieben wäre.

Einen solchen Spalt gab es auch zwischen dem Wohnhaus von Trabolts und der Scheune danebe. Wenn man als Kind da hineinging, konnte man hinten rausgucken, ohne selbst gesehen zu werden. Nur musste man dann über alles Mögliche krabbeln und steigen, was sich so an Gerümpel angesammelt, oder sich an schmalen Sachen vorbeidrücken, die man dort abgestellt hatte.

So drückte ich mich gerade an einem alten Regenfallrohr vorbei, das mehrere Meter lang und lotrecht an die Wand gelehnt war, als Emmas Vater den Spalt verdunkelte und reinrief: „Mach, dass de rauskimmst, sonst rabbelts (gibt es Hiebe)" oder so etwas Ähnliches in dieser Tonlage.

Ich muss dabei so erschrocken zusammengefahren sein, dass ich dem Regenrohr den kleinen Schubs verlieh, der ihm noch für seine labile Stellung fehlte. Jedenfalls ratschte es der Länge nach an der Mauer entlang und fiel diesem Mann auf den Buckel. Das Regenrohr lag dann in Stücken auf dem Boden und auf der Straße und ich war danach ohne seinen Schutz diesem Mann ausgeliefert. Denn ein Zurück gab es nicht und nach vorne hin konnte ich nirgends ausweichen. Und Emmas Vater war nicht zu dick.

Mir sagte er gestern, als Mammi uns vor dem vollen Teller warten ließ, weil sie noch Pfannkuchen fertig backen wollte und ich einen halben Löffel probierte: „Wart doch, Pappi, isch wart doch aach."

Er geht gerne einkaufen. Heute zog er wieder stolz los, beim Milchfritz Milch holen, Brot holen und bei Tante Frohmuth Gips holen. Er versprach Mammi, als sie sagte, er solle schnell machen, es gebe dann Essen: „Nit groine, (greinen = weinen) Mammi, isch kumm glei widder." …

Rudi schreibt gerade Tagebuch

23. Juli 1942

Du Böser hast kein einzig Wörtchen geschrieben von dem Neuen, was uns trotz all dem Trüben dieser Zeit recht viel Freude macht und uns bewegt: Dass Murkel sich ein Geschwisterchen bestellt hat. … Elise sagte mir am 17. März auf den Kopf zu: „De Christhard hat sich e Schwesterche bestellt, ich hebb de Storch ums Haus flieje seï (… den Storch um das Haus fliegen sehen).“

Ruth und Thomi im Sommer 1942

Ich merke, dass ich so langsam die Ägide übernehmen muss, um zu schildern, was an Bodenständigem passierte.

Rudis Gesundheitszustand war wirklich bejammernswert und er verbrachte mehr Zeit im Lazarett als im aktiven Soldatenleben. Dadurch konnte er mehr als ein normaler Soldat die Gelegenheit wahrnehmen, mit seiner Familie zusammenzukommen.

Wenn sie Eintragungen machen, dann werden die Tristesse der Trennung oder meine Entwicklungsfortschritte beschrieben. Aber dabei vergessen sie die eigentlich wichtigen Episoden. Die werde ich jetzt verstärkt einflechten, weil ich immer mehr in das Alter komme, wo ich immer verlässlicher auf meine Erinnerungen zurückgreifen kann. Was das Schwesterchen in Ruths Bauch angeht, was aber ein Brüderchen werden wird, hat Ruth frühzeitig versucht, mich von den Storchgeschichten von vornherein zu verschonen und hat mich jeden Morgen, wenn wir kuschelten, den Bauch befühlen lassen und ich habe gespürt, wie sich da drin etwas bewegt.

Der Milchfritz mit der Amm und Oma 1948

Ruth hatte ein dickes Gesundheitsbuch zur Hochzeit von ihren Schwägerinnen geschenkt bekommmen - mit einem schrecklichen Vorwort über völkische Reinheit, aber der Rest ist sachlich wertvoll - in dem ich gerne blätterte und u.a. auch eine aufgeschnittene Frau fand, bei der man die Gebärmutter aufklappen und das Baby an der Nabelschnur sehen konnte.

Als ich wieder einmal zum Milchfritz geschickt wurde, Milch zu holen, bedeutete er mir, er habe eine Überraschung für mich.

Zur Kühlung der Milch, die ja kuhwarm angeliefert wurde, hatte die Annahmestelle ein Bodenbassin mit Trinkwasser, das durch die Kühlschlangen der Kühlanlage gepumpt wurde.

Er führte mich zu dem Bassin, nahm den Deckel auf die Seite und ging mit einer Stange hinein.

Was sah ich ganz unten auf dem Boden:

Ein Baby, das sich zu bewegen schien, weil der Milchfritz mit der Stange im Wasser rührte. „Guck, do is doi Bobbelsche." Ich konn-

te es nicht fassen. Da ist das Baby. Er riet mir, schnell nach Hause zu rennen und ein Körbchen zu holen, mit Heu drin, dass es weich liegt; er würde mit seiner Frau reden, dass sie eine Ausnahme macht und nicht der Klapperstorch das Baby bringen lässt, sondern es mir direkt gibt.

Da seine Frau ja die Hebamme war und beste Beziehungen zum Klapperstorch hatte, war für mich ganz klar, dass das sichtbare Baby im Wasser gegenüber dem unsichtbaren in Ruths Bauch die bessere Alternative war.

Ich rannte also nach Hause und erbettelte mir das Körbchen mit Heu drin.

Ruth konnte mit ihrem Bauch keine schwerer wiegenden Argumente, die dagegen gesprochen hätten, vorbringen.

Ich kam mit dem Körbchen auf den Armen um die Ecke - und da standen viele Leute, die mir ein Spalier machten und sich mit mir freuten. Das waren die Bauern, die sowieso ihre Milch abliefern wollten und solche, die es durch die ´Dorftrommel´ gehört hatten und herbeigelaufen kamen, der Milchfritz hätte sich wieder einen Spaß erlaubt, diesmal mit dem ´Parrebub´.

Ich stand dann vor dem Milchfritz und wollte ´moi Bobbelsche´. Dann fing erst das Gelache richtig an und das Baby war auch weg, der Klapperstorch hätte es gerade abgeholt.

Als ich am 12. Juni mal zum Arzt in Darmstadt war, versuchte ich auch, einen Kinderwagen zu bekommen, denn so primitiv wie bei Murkel wollte ich es nicht mehr machen. Kinderwagen sind knapp und wenn, dann ist es Kriegsware. Ich ging in den Laden und der stand voller Kinderwagen, nur ohne Gummi-Reifen, d.h. nur mit so einer Art Holzreifen, womit der Wagen rattert und rattelt. Nur einer war mit Gummi, den aber eine Frau gerade kaufen wollte. Die verließ plötzlich den Laden, ohne zu kaufen und ich erstand mir den Wagen für 50 Mark. Gott half mir wieder…

Ruth und Rudi haben Gott für sich fest angestellt.

Nach dem Emma-Debakel wandte ich mich Alma mehr zu. Ich denke, es war eine Liebe auf den zweiten Blick. Vorher hatten wir uns mehr gestritten, aber Alma war einfach größer und stärker als ich. Wir waren ein ganzes Schulleben beisammen und sind immer noch in Kontakt. Wenn wir zusammensitzen, dann unterhalten sich Seelenverwandte. Das hat aber nichts mit Religion zu tun. Sie ist gläubiger Christ, ich nicht.

Alma wohnte schräg gegenüber in einem Eckhaus. Ihr Nachname war eigentlich Erhard. Weil ihre Eltern auch eine Bäckerei betrieben, waren das die ´Eckbäckers´. In Oberklingen hatten die meisten einen Beinamen, der geläufiger war als der Nachname, zum Beispiel der Zigaa-Hoiner (Zigarren-Heinrich, weil sein Großvater vielleicht Zigarren verkauft hatte).

Mit Alma vorm Holzschuppen und Stufen zum Garten

Bei Eckbäckers ging ich ein und aus, weil dort viel zu erleben war. Sie hatten zwei Pferde - Hermann und Lissa - mehrere Kühe, die u. a. Emma und Alma hießen und einen Misthaufen mitten im Hof und direkt vor der Backstube. Neben der Backstube und damit in der Nähe des Misthaufens und der Jauchegrube darunter - Jauche hieß hier aber Puhl - war der Abort. Alma hatte später, als sie schreiben konnte, mit großen Lettern stolz ´ABE´ auf die Tür geschrieben - der Abort hieß auf klingerisch ´des Abee´ - damit man wohl das ausgeschnittene Herz ja nicht missdeutet. Es hätte aber weder dieser Inschrift noch des Herzens bedurft, um das Örtchen auch im Dunkeln auszumachen.

Alma hatte einen etwa zwei Jahre älteren Bruder, den Friedel, der von der Natur ein bisschen benachteiligt war: Er war mit einer Nase ohne Nasenknorpel auf die Welt gekommen und die junge Mutter hatte alle Mühe, erzählte man mir, dass er besonders bei Erkältungen nicht erstickte.

Auch war er etwas gnomenhaft gewachsen mit kurzen Fingerchen, als würde ein Fingerglied fehlen. Aber das machte weder ihm noch uns etwas aus. Weil bei ihm alles so kürzer und kompakt war, hatte er Bärenkräfte. Für mich war er wie ein großer Bruder.

Wie in Rudis Tagebuch festgehalten, musste/durfte ich täglich mit der Milchkanne zum Milchfritz, Milch holen. Dann lief ich den Weg hinter Eckbäckers an dem Regengraben entlang über die Bachbrücke.

Der Milchfritz war ein Unikum, der stets zu irgendwelchen Scherzen aufgelegt war. Bei ihm wurde die Milch von den Bauern abgeliefert und man konnte bei ihm auch Milch und Butter auf Lebensmittelkarten beziehen. Direkt neben der Küche war der Abort und damit er die Zeitung lesen konnte, ließ er die Klotür aufstehen und hielt die Zeitung vor sich. Wenn Kundschaft kam, dann störte ihn das wenig dabei, er sagte einfach: „Isch bin glei ferddisch" und las die Zeitung weiter.

Die Zeitung lugte so weit aus dem Türchen heraus, man hätte auf der Rückseite mitlesen können. Dann ging die Tür kurz zu, und dann kam er mit hochgezogener Hose heraus, wobei er sich den Latz erst jetzt zuknöpfen konnte, weil es im Klo einfach zu eng war. Aber sauber ging es bei Leinerts zu, so hießen sie mit Nachnamen. Wenn die Milch kuhwarm ankam, dann wurde sie erst gespindelt, um festzustellen, ob der Bauer Wasser dazugegeben hatte, und dann wurde sie erst über eine Reinigungs- und Abkühlungsprozedur geschickt. Ich nehme an, dass ich dann einen Teil von dieser Milch in meine Kanne geschüttet bekam.

Der Weg zwischen dem Milchfritz und uns wurde im Dorf schon Milchstraße genannt, weil ich so oft mit der Kanne hingeflogen war. Meine Knie waren immer aufgeschlagen und wenn ich dazu einen Liter Milch zu schleppen hatte, dann fiel ich noch öfter hin. Und wenn ich dann heulend bei der Amm aufkreuzte, dann wusste man Bescheid und füllte mir die Kanne noch einmal. Irgendwie werden sie die Fehlmenge schon untergebracht haben.

Dass die Milch verlustig ging, war aber nicht nur dem Hinfallen geschuldet. Wenn man so eine Kanne trägt, dann kommt man ins Schlenkern, und vom Schlenkern ins Pendeln und dann überlegt man, wie weit man auspendeln kann, ohne dass die Milch heraus-

fällt und das geht dann so weit, dass die Milchkanne in vollen Kreisbögen durchgeschleudert wird. Und nichts ist rausgefallen, ein Wunder. Alma, guck mal, was ich kann.

Und dann geht es um Grenzwerterfahrung: Wie langsam kann ich schleudern, dass noch nichts passiert. Und dann geschieht eben das Unvermeidliche: Dass die Milch von oben kommt und ich von oben bis unten damit gebadet bin.

Die Milch konnte aber noch weitere Verwendungsmöglichkeiten eröffnen:

Mit Alma hatte ich Familie gespielt und unten an der Scheune, bei der Einfahrt zur Milchstraße Sandkuchen gebacken, bisher mit schnödem Wasser oder unserer Pinkel. Und jetzt kam ich mit der Milchkanne vorbei. Es erklärt sich von selbst, dass die Backerei dann eine Aufwertung erfuhr.

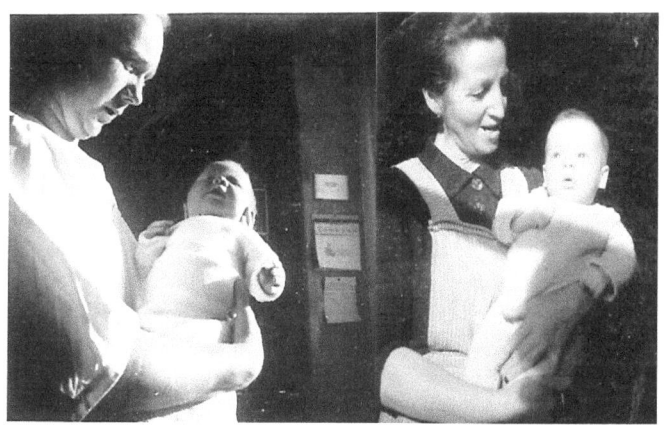

Die beiden Geburtshelferinnen:
links die Amm, die Frau vom Milchfritz, rechts Elise

19. November 1942

Liebe Zeit! Wie schnell sind die letzten Wochen herumgegangen! Damals schrieb ich nicht weiter, haben wir uns doch über unsere Briefe ausgetauscht. Dort steht alles drin.

Leider hatte uns Ruth als ihren letzten Willen aufgetragen, die gebündelten Briefe ungeöffnet zu verbrennen.

Jetzt haben wir einen so goldigen süßen Nuckel lutschenden Bengel im Körbchen liegen. Am 16. September fingen die Wehen um ½ 5 an und um ½ 12 war unser liebes süßes Thomilein da! …

Elise schlief seit dem 22. August bei mir. Wie sehr hoffte ich, es käme im August, denn so schwer war mein Bauch, ich war über die Maßen dick, dass man dachte, es wären Zwillinge…

Christel ist die personifizierte Liebe. Wie hielt er sein Brüderchen. …

Die Elise - man sagte immer die Elise, die Alma, der Fritz - wohnte bei ihren Eltern. Sie war eine Seele von Mensch und das haben die 'Mannsleut' auch ausgenutzt, als sie noch jung und unerfahren war. Jedenfalls hatte sie zwei Mädchen aufziehen müssen von Männern, die sich davongemacht hatten.

Sie wohnten am Berg unterhalb der Kirche. Deswegen war ihr Vater, Herr Daum ('de Scheï Lehnhatt' = der Schöne Leonhard) auch der ideale Kirchdiener. Solange er diesen Dienst wahrnehmen konnte, wurde er in einer preußischen Genauigkeit und Pünktlichkeit durchgeführt. Abgesehen von dem Sonntagsdienst sorgte er auch für das Brennholz und ging täglich den Berg hoch, um die Stunden zu läuten, morgens um 10, um 11 und um 12, abends um 6, 7 und 8 Uhr, damit die Bauern auf dem Feld wussten, was die Stunde geschlagen hatte: ob es Zeit war für die Brotzeit oder um sich auf den Nachhauseweg zu machen.

Wenn der Gottesdienst für Erwachsene dem Ende zuging und wir Kinder auf den anschließenden Kindergottesdienst warteten, wurde das Vaterunser mit der kleinen Glocke geläutet. Die konnten wir Kleinen gerade so bewältigen und manchmal ließ mich der alte Daum dran, nachdem sie pünktlich ihre ersten Schläge getan hatte. Und wenn die große Glocke für den Beginn des Gottesdienstes gezogen wurde, die Erwachsenen in der Kirche verschwunden waren und die Glocke noch am Ausschwingen war, dann hatte man als Knirps die Gelegenheit, sich an das Seil zu hängen, um sich bis fast an die Decke hochziehen zu lassen.

Wir Pfarrersleute hatten immer große Wohnungen und waren eigentlich in dieser Hinsicht verwöhnt. Selbst als es im Laufe des

Krieges eng in unserem Haus wurde, blieb uns reichlich Raum, mehr als so manchem im Dorf zeitlebens gegeben war. Ich war schon als Kind fasziniert, mit wie wenig Wohnung man auskommen konnte und trotzdem glücklich und mit Gott und der Welt einig sein konnte. Wie die Elise mit ihren Eltern.

Elise mit ihren Eltern 1960

Ihr Haus klebte so am Berg, dass man nur zur Talseite zwei Fensterchen für das sehr schmale Wohnzimmer untergebracht hatte. Unten im Parterre befand sich der Ziegen- und Holzstall und dann ging eine steile lange Treppe zur 'Einzimmerwohnung' der Eltern zunächst unvermittelt in die Küche. Sie bekam nur natürliches Licht, wenn man die Wohnungs- oder Zimmertür aufmachte. Das Wohnzimmer war ein Schlauch. Wenn man von der Küche aus über eine Stufe eintrat, waren die Ehebetten links, wegen der Schmalheit hintereinandergestellt, sodass die Fußenden zusammenstießen und die großen Kopfkissen rechts und links an den Stirnseiten aufgeplustert standen. Dieser Alkoven konnte mit einem Vorhang verschlossen werden. Rechts von der Wohnungstür vor den zwei Fensterchen standen zwei Bänke mit einem Tisch dazwischen, sodass man von jeder Bank durch eines der Fenster hinausschauen konnte.

Als ich als Student Anfang der 60er Jahre die Daums besuchte, saßen beide auf den Bänken gegenüber.

*Sie waren steinalt und kaum mehr fähig, die lange Treppe hoch-
und runterzugehen. Sie schauten sich den ganzen Tag an, Frau
Daum mit der Tageslosung des Neunkirchner Kalenders in der
zittrigen Hand und warteten auf den Tod. „Ach, wenn doch der
Herrgott käm un deed uns erleese (erlösen)."*
*Die Elise wohnte nebenan. Dazu musste man erst aus der Küche
raus und dann einen großen Schritt nach rechts machen - oder einen
Schritt runter auf die letzte Treppenstufe und dann hinüber - so eng
war das alles. In dem Anbau, der sich L-förmig an das Hauptge-
bäude anschloss, war Platz für ein Bett und einen schmalen
Schrank, mehr nicht. Hierhin hatte man mich ausquartiert, als
mein Bruder Thomas ('Thomi') geboren wurde. Damals - es war
der 16. September 1942 - musste es ziemlich kalt gewesen sein,
weil die Elise mir einen heißen, eingewickelten Backstein ins Bett
steckte.*

27. November 1942, **Rudi** schreibt:
Als Elise nach der Geburt Christel holte, stand er mit er-
stauntem, offenem Mäulchen da, bis sich sein Blick erhellte
und verstehend 'Bliederche' sagte, sich freute, ihn immer
wieder streichelte, lachte und jauchzte. Bald brachte er
Spielgefährten hoch, die es sehen sollten und als ich am Wä-
gelchen vorbeikam, lag ein Porzellanvögelchen drin.
Wieder einmal ist eine schöne, aber so schrecklich kurz
scheinende Urlaubszeit zu Ende. Nach Magenkrankheit und
Scharlach, weshalb ich in Hamburg, Neuruppin und Berlin-
Hermsdorf im Lazarett lag, hatte ich 14 Tage Genesungsurlaub bekommen…
… Am Abend vorher waren meine Mutter und Liesel mit
dem Auto der Firma Lutz gekommen…

*Frau Lutz aus Niederklingen hatte wohl die Lizenz zu einem
Auto als Taxi. Dazu später mehr.*

Wir gingen um ½ 10 Uhr alle zur Kirche. Der Kleine wurde
von Elise im Wagen abgeholt und wir stapften im Dreck - es
hatte tags zuvor geregnet - durchs Dorf zur Kirche hoch.
Nach meinem Gottesdienst kam es zur Taufhandlung. Vol-
ker-Thomas schrie ununterbrochen, so dass ich alle Mühe

hatte, ihn zu übertönen… Christhard hatte auch keine Ruhe, er lief und tanzte gegen Ende der Handlung vor Ruth herum, wollte die Blümchen, die Ruth als Altarschmuck angeheftet hatte, abpflücken, bis ihr der Geduldsfaden riss, ihn zornig an sich riss und ihn am liebsten versohlt hätte.

Elise mit Vater *und Enkelin* **Erika; Muttel, die Amm mit mir,** *Patin* **Tante Liesel mit Thomi und Eltern**

… Nach dem Kaffee … mit dem 70-jährigen Kirchdiener Daum, Elise und ihrem Enkelchen, die mit Christel am Kindertisch saßen, und der Amm…, machten wir noch ein paar Aufnahmen draußen.

Dann ließen wir den alten Daum bei Wein und Zigarren zurück und zogen los nach Lengfeld zum Zug.

Christel, mein kleiner Freund, wie ich ihn oft nannte, hängt an mir ebenso, wie ich an ihm: „Gell, Pappi, du gehst nimmeï (nicht mehr) fort. Nur wenn die englische Fliescha (*Flieger*) widderkumme, dann gehste schieße. Abba jetz kumme ja nur deitsche. Un dann kimmste widda un dann bringste wieda was Scheenes mit. Unn wenn der Kriesch fort is, un die englische Fliescha nit mehr kumme, dann bleibste bei uns un dann kriesch isch Hoose *(Hasen)*."

Entweder habe ich mich gut verstellt oder meine Eltern schönfärben ihre Beobachtungen: Meine Bruderliebe hielt sich in Grenzen. Thomas war kaum geboren und handlich verpackt, da musste ich schon auf ihn aufpassen. Wie soll das gehen, wenn ich da drüben

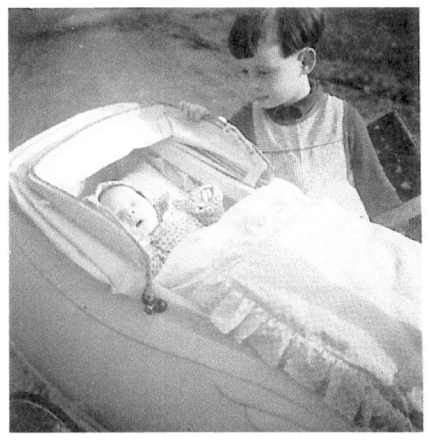

bei Eckbäckers die Kinder toben höre. Als er im Kinderwagen in den Hof unter meinen Apfelbaum gestellt wurde und ich bemerkte, wie Thomi einen Ast beobachtete, der sich im Wind bewegte, dachte ich, ich mache ihm eine noch größere Freude, wenn ich den Ast noch stärker bewege. Ich bin auf den Baum geklettert und habe ihn so wirklich zum Wackeln gebracht. Als ich ihn von da oben noch fragte, ob das schön sei, fing dieser undankbare Kerl an zu weinen. Da kam Ruth angerannt und schimpfte mit mir, ich solle aufpassen und nicht auf Bäumen herumklettern.

Einmal sollte ich mit ihm im Kinderwagen herumfahren. Es war Winter, es war bitterlich kalt und es lag etwas Schnee. Und bei so einem Wetter sollte ich ihn herumfahren.

Da zerrte ich den Wagen den Feldweg hoch bis zu der Stelle, wo die Steigung am steilsten war. Und dann ließ ich den Wagen laufen. Als ich merkte, was für ein Tempo er plötzlich aufnahm, bereute ich es, aber es war schon zu spät. Der Wagen hoppelte den Weg runter, kam zum Glück in eine festgefrorene Wagenspur und kippte nach etwa zehn Metern um.

Der kleine Thomas flog in hohem Bogen aus der Karre. Glücklicherweise hatte Ruth ihn so fest eingewickelt wie eine Puppe im Kokon, und er flog 'als Ganzes' in den Schnee. Reumütig klaubte ich ihn auf, säuberte ihn vom Schnee und machte einen weiten Bogen vom Haus weg, bis sich das Balg wieder beruhigt hatte. Ruth hatte nichts gemerkt.

Weihnachten 1942: Rudi schreibt, dass er zu Weihnachten zu Hause war.

Zu diesem Anlass brachten meine Eltern mir ein Lied bei, das ich zum Weihnachtsgottesdienst frei vortragen sollte. Normalerweise saß die Pfarrerfamilie in der Sakristei, rechts vom Altar und guckte durch ein Holzgitter mit Jägerzaunstruktur (siehe Sternzeichen). Ruth saß auf der vordersten Bank rechts und gab mir, der ich auf dem obersten Treppchen vor dem Altar stand, ganz verstohlen mit der Hand den Takt zu folgendem Liedchen:

Es hat sich halt eröffnet das himmelische Tor.
Die Engelein, die kugelten ganz haufenweise vor.
Die Bubele, die Madele,
die schlagen Putzigagele,
bald auf und bald unter,
bald hin und bald her,
bald rüber und nüber,
das gefällt uns gar sehr.

Drum halten wir fein stille und sagen kein Wort,
sonst laufen uns die Engelein gleich alle wieder fort.
Die Bubele, die Madele,
die schlagen Putzigagele,...

Da winkt ein armes Seelchen vom himmlischen Reich.
Da laufen all die Bubele und Madele zugleich.
Die Bubele, die Madele,...

Die ganze Kirche war voll bis auf den letzten Platz. Da klatschten die Leute, was in einer Kirche sicherlich unüblich ist. Und die Leute erinnerten sich noch lange an diese Episode:
Als ich als Student wieder einmal in Oberklingen aufkreuzte und mich zu erkennen gab, da antwortete die alte Frau: „Ach de Christatt", und wiegte ihren Kopf hin und her und sang dann versonnen: „Die Bubele, die Madele, die schieße Butzigagele"…

23. Juni 1943, Rudi schreibt:

Weihnachten durfte ich auch zu Hause sein. Oma aus Berlin war zu Weihnachten auch da. Der Gabentisch reich trotz des Krieges. Wie Christel jauchzte und um den Tisch herumtanzte, …
Seit Ostern hat er auf eigenen dringenden Wunsch zwei Hasen. Seitdem er für die das Futter besorgen muss, ist die erste Begeisterung für sie aber vorbei.

Ich glaube, nicht das Futterholen war der Begeisterung abträglich, sondern die Auflage, sie auch ausmisten zu müssen und dafür Streu zu besorgen. Davor hatten sie mich immer gewarnt: Wenn du Hasen haben willst, dann musst du für alles sorgen, Ruth und Elise hätten dazu keine Zeit. Ich hatte mir das anders vorgestellt und mit dem Misten manchmal zu lange gewartet. Erst als ich merkte, dass die Hasen nasse Läufe bekamen, der Kasten scharf nach Pinkel roch und Maden im Mist zappelten, kam ich darauf, dass ich mir selbst einen Gefallen mache, wenn ich die Ausmisterei nicht zu lange aufschiebe. Mit zunehmendem Alter hat mir das auch immer mehr Spaß gemacht und ich glaube, der Nachbar ´Stump´ hatte mir einen Kasten nach dem anderen hingestellt, zumal er sie schlachten durfte und dafür einen Teil vom Hasen bekam.
Ich hatte am Ende etwa sechs Hasenställe, die mit mindestens einem Stallhasen bestückt waren. Das waren richtige Kawenzmänner von Hasen, die ununterbrochen am Fressen waren. Die Hasen waren meine Freunde und ich hatte meine Verantwortung für sie nie als Belastung empfunden.
Futter besorgen hieß, dass ich jeden Tag an den benachbarten Wiesen entlang, am Weg, an der Wegböschung oder am Bach entlang Löwenzahn und ´Rindflaasch´ (Bärenklau) sammelte. Die Bauern hatten etwas dagegen, wenn man diese Pflanzen auf ihren Wiesen

suchte, obwohl gerade da die saftigsten Exemplare zu finden waren. Es war deshalb schon der eigenen Auslegung überlassen, wann die Böschung aufhört und die Wiese anfängt.

Im Winter war ich oft auf die Nächstenliebe der Bauern angewiesen. Ohne die politischen Hintergründe wissen zu können, spürte ich recht bald, bei welchem Bauern die Runkelrübe von Herzen kam und dass diese Leute auch der Kirche im Allgemeinen und meiner Mutter im Besonderen gewogen waren.

(Mir wurde auch einmal ein Hase geklaut. Die Ställe waren ja nicht abgeschlossen, so wenig, wie alles andere im Dorf. Im Dorf bestahl man sich nicht. Da hing der Schlüssel auch an einem Nagel hinterm Tor und man brauchte nur herumzugreifen, um ihn sich zu holen und aufzuschließen. Es war einfach undenkbar, dass sich ein Unbefugter dieses Schlüssels bedient hätte. Insofern war ein solcher Diebstahl auch sofort ´im Dorf rum´. Wer stiehlt dem ´Parrebub soi Haase´, eigentlich ein Frevel. Ruth hatte jemanden aus der Nachbarschaft in Verdacht, weil der Nazi war und uns einen Streich spielen wollte. Der hatte uns auch einmal die Türklinken mit Scheiße eingeschmiert und uns einen Haufen gleichen Materials vor die Haustür gesetzt. Bloß wo hatte er diesen Hasen mit wem verzehrt? Er konnte unmöglich den Hasen zu Hause abgezogen und gebraten haben, ohne dass das die Nachbarschaft mitbekommen hätte.)

Jeder Hase hatte einen Namen und wenn die Zeit gekommen war, kam der Stump herüber und deutete einen von ihnen aus. Er ließ mir immer Zeit, mich von ihm zu verabschieden. Er bekam von mir eine Extraportion Streicheleinheiten und tröstenden Zuspruch. Ich wusste ja, dass es nicht wehtun würde und das sagte ich ihm auch.

Der Stump nahm dann den Hasen zu sich rüber und brachte ihn ausgenommen zurück. Mir haben die Hasen immer geschmeckt, obwohl ich das Fleisch persönlich kannte.

Herr Stumpf hatte auch dafür gesorgt, dass es regelmäßig Nachwuchs gab. Wahrscheinlich hatte er beim Ausdeuten zum Schlachten dafür gesorgt, dass noch ein Rammler dafür zur Verfügung blieb. Jedenfalls war der Blick zwischen die Hinterläufe Standard.

Ein Erlebnis hing mir lange nach und ich litt sehr darunter:

Eigentlich wollte ich es den Häschen besonders schön machen und nagelte Lederschlaufen an die Gittertüren, die als Scharniere dienen sollten.

Nicht bedacht hatte ich, dass eine Häsin mit einem Wurf Junge im Nest durch diese lautstarke Nagelei besonders nervös werden muss-te. Jedenfalls hatte sie in der Nacht darauf alle Jungen tot gebissen und als ich da fassungslos vor ihr stand, guckte sie mich so verbies-tert mit Blut an der Schnauze an, als wäre ich der Nächste.

Rudi schreibt weiter:
Nun habe ich nach mehrmonatigem Lazarettaufenthalt (Hamburg und Berlin) wegen des Magenleidens einen 14-tägigen Genesungsurlaub. …
Christel ist ein richtiger Klinger Dorflausbub nicht immer im besten Umgang… Er ist noch immer sehr verspielt und langsam, wenn es schnell gehen soll. Mammi muss oft stun-denlang auf ihn warten, obwohl sie ihm anbefahl, gleich zu kommen.

Rudi scheint ja wirklich keine Ahnung gehabt zu haben, was für ein Kind wichtig ist und was nicht und welcher Umgang ihm gut tut.

Unterwegs gab es für mich tausend Sachen, die es zu beobachten gab.

Schon die vielen Berufe, die es im Dorf gab.

Wenn ich beim Schmied vorbeikam und ein Gaul beschlagen wur-de, wie wunderbar der brennende aufgefauchte Koks roch und der kokelnde Huf stank, wenn das heiße Eisen angepasst wurde. Und schließlich musste der Huf vorher schön zurechtgeschnitzt werden. Das war dem Gaul manchmal unheimlicher als das heiße Eisen selbst. Dann hätte es zu gerne hinten Augen gehabt und wenn der Schmidt beim Ausschälen zu nah an den Nerv kam, dann scheute er und musste beruhigt werden, für alle um das Pferd herum eine ge-fährliche Angelegenheit. Da konnte ich doch nicht weitergehen.

Und dann kam ich beim Wagner vorbei, der das Kunstwerk eines Wagenrades zusammengefügt hatte und nun mit mehreren Män-nern den heißen Reifen auf das Rund zwang. Das musste schnell gemacht werden, solange das Eisen heiß war. Dann wurde Wasser daraufgegossen und es passte! Da konnte ich nicht einfach weiter gehen, bevor es fertig ist.

Christel singt mindestens 20 Lieder, kennt Märchen, die ich ihm immer wieder vorlesen muss, auswendig, zumindest korrigiert er mich, wenn ich einen Satz auslasse oder ein anderes Wort gebrauche, kann die großen Buchstaben des ABC, die Uhr und die Wochentage.

Ich wurde von Ruth zu Nachbarorten wie Niederklingen und Lengfeld auf den Weg geschickt, um Besorgungen zu machen. Ich hatte ein selbstgestricktes rotes Mützchen mit einer Bommel auf, wenn sie mich losschickte.

Sie schärfte mir ein, diese Mütze herunterzureißen und mich im Chausseegraben flachzulegen, wenn sich ein Flugzeug am Himmel zeigt.

Warum musste ich unbedingt diese Mütze tragen, wenn sie so gefährlich für mich war, frage ich mich jetzt.

Nach Niederklingen waren es 1 Kilometer, nach Lengfeld 4 Kilometer. Da ich noch nicht lesen konnte, machte sie mir kleine Briefchen fertig, auf denen bezeichnet war, für wen sie bestimmt waren: Ein Schweinchen bedeutete Metzger, eine Arzneiflasche die Apotheke, eine Brezel der Bäcker und ein Schlüssel hieß, den Kirchenvorsteher in Niederklingen zu besuchen. In den Briefchen war dann die Einkaufsliste für die Geschäfte in Lengfeld mit Geld und Abschnitte aus der Lebensmittelkarte oder ein Brief. Und überall bekam ich etwas Leckeres auf den Weg: Eine Wurstscheibe, ein Bonbon oder eine Brezel.

Und immer wieder der Blick zum Himmel und auch nach hinten. Der Flieger könnte ja auch von hinten kommen. Aber ich kam nie in die schlimme Situation, mich in den Graben werfen zu müssen. Was das Vorlesen anging, war ich ein aufmerksamer Zuhörer. Zu gerne war ich schon deshalb bei meiner Oma, in ihrem Zimmerchen ganz oben, das zur Kirche rüberschaute. Sie konnte mit einer Engelsgeduld mir dieselben Bilderbücher immer und immer wieder erklären. Aus dieser Zeit entstand ein geflügeltes Zitat, das nur wir beide kannten: 'Kopp jestoßen, Rad kaputt'. Das bezog sich auf

ein Bild, auf dem ein Junge mit einer dicken Beule am Kopf und ein verbogenes Rad auf dem Boden liegen, weil er an einem Baum gelandet war. Wenn einer von uns irgendein Pech hatte, dann kam als Entschuldigung oder Erklärung mit Sicherheit: „Kopp jestoßen, Rad kaputt."

Im Ort gab es die Babbett. Das war ein kleines Hutzelfrauchen, das in einem kleinen dunklen Zimmerchen wohnte. Wenn man zu ihr wollte, musste man eine lange Stiege hoch. In meiner Erinnerung war sie schwarz gekleidet und sah aus, wie ein Kind sich eine Hexe vorstellt, bloß war sie eine liebenswürdige Hexe. Sie machte den Fehler, mich in ihr Zimmerchen hoch gelockt zu haben, mich mit frischen Kräppeln zu füttern und mir Märchen zu erzählen. Das war so kuschelig und gespenstig schön bei ihr, dass ich am nächsten Tag bei ihr mit dem dicken 'Grimms Märchenbuch' aufkreuzte und sie bat, mir vorzulesen. Und das in dem dunklen Zimmerchen mit einem winzigen Fensterchen! Die Babbett gab sich viel Mühe, genug, um mich für einen weiteren Besuch zu begeistern. Das machte sie dann auch, danach allerdings mit der Bitte, nicht mehr kommen zu wollen. Das würden ihre Augen nicht mehr mitmachen.

21. September 1943**, Rudi** schreibt:

Im September hatte ich Genesungsurlaub, anschließend begleiteten mich Ruth und meine anderen beiden Schätzchen nach Kühlungsborn, wo sie erst bis Weihnachten bleiben wollten, nachher über das Fest bis zum 3. Februar dort blieben. Ich bekam dann auf ärztliches Attest vier Tage Urlaub, um meine Lieben nach Hause zu begleiten.

7. Intermezzo in Kühlungsborn
September 1943 bis etwa Februar 1944

Im Tagebuch sind keine Eintragungen zu finden. Insofern kann ich nur das wiedergeben, was in meiner Erinnerung geblieben ist. Zeitlich gesehen waren wir vielleicht sechs Monate im Jahr 1943 in Kühlungsborn. Thomi konnte noch nicht laufen, aber bereits die Treppenstufen in der Kühlungsborner Wohnung hoch- und runterrutschen.

Die Fahrt nach Kühlungsborn schien für mich tagelang gedauert zu haben. Wir fuhren mit der Holzklasse der Bahn, die mit einer Dampflokomotive gezogen wurde. Tagsüber konnte ich stundenlang den durchhängenden Drähten der Strom- oder Telefoneitungen nachschauen, die so lustig hoch- und runtergingen. Und immer das Rattern der Stoßkanten, rattatta--rattatta--rattatta. (Heute fast unbekannt: Die Schienen damals waren meines Wissens 11m lang und mit einer Dehnfuge hintereinandergelegt.)

Rudi mit Dienstfahrrad
Wir wohnten nach hinten

Wir fuhren an Ruinen vorbei, bei denen manchmal nur noch der Kamin schwarz in den Himmel ragte, standen ziemlich lange in einem Bahnhof mit großen Glasgewölben, wo aber der Regen durch die kaputten Glasscheiben tropfte (Hamburg?) Nachts rückten die Erwachsenen auf den Sitzen etwas nach vorne, damit ich mich hinten längs legen konnte. Wir blieben auch einmal lange - nur mit angeschalteter Notbeleuchtung - in einem Tunnel stehen. Komischerweise flüsterten die Leute. Und die Lok: toktoooooch --- toktoooooch --- toktoooooch. Dann ging's weiter.

In Kühlungsborn wohnten wir in einer kleinen Wohnung im ersten Stock im Bülowweg. Im Wohnzimmer stand ein Kachelofen, hinter dem Brennholz lagerte. Ich spielte auf dem Boden mit einem Roller fahrenden Affen, ein Spielzeug, das aufgezogen werden musste und bei dem man den Wendekreis des Lenkers einstellen konnte.

Im Zimmer lag wohl auch mein Bruder Thomas im Bettchen. Ich war so konzentriert beim Spiel, dass ich nicht merkte, wie das Brennholz hinter dem Ofen Feuer fing. Ich weiß nicht, wie man darauf aufmerksam wurde, jedenfalls wurde plötzlich die Tür von einer fremden Frau aufgerissen.

Mordsgeschrei, Kinder rausgerissen aus der Wohnung und dann hatte man das Feuer sicherlich schnell gelöscht. Ruth war erst später gekommen und war ganz aufgelöst. Man machte ihr lautstarke Vorhaltungen, sodass sie anschließend die Tür hinter sich verschloss, sich zu uns auf den Boden setzte, uns beide in die Arme nahm und hemmungslos weinte.

Kühlungsborn war für einen Dorfbub wie mich eine Großstadt. Wie

Ostseebad Brunshaupten   Bülowweg

viele Menschen und Autos und Häuser! Ich hatte mir schon damals ausgemalt, den Lebensweg der Menschen zu beeinflussen, indem ich mich den Leuten absichtlich in den Weg stellte. Man musste ja ausweichen und da dachte ich mir, dass es für diese Leute anders weitergehen würde, als wäre ich nicht da gewesen.

Ich fuhr mit Rudi auf dem Fahrrad. Dazu setzte er mich vorne auf die Lenkstange und ich musste für die Balance selber sorgen. Einen Kindersitz hatten wir nicht. (Später nahm er uns auf die Querstange und das musste man auch stundenlang aushalten, war aber zwischen den Armen des Vaters sicherer als auf dem Lenker.) Von diesem erhöhten Sitz grüßte ich jeden, den wir trafen oder überholten: guten Abend, … guten Abend, … guten Abend…

Irgendwann wurden Rudi die erstaunten Reaktionen der Begrüßten überdrüssig und er verbot mir, jeden zu grüßen. Ich konnte das nicht verstehen: Die sind doch alle verwandt mit uns über Adam und Eva… Hast du doch erzählt, Papa…

Während unseres Besuchs wurde Rudi so krank, dass er ins Lazarett der Kaserne kam. Ich besuchte Rudi mehrmals, um ihm Milch zu bringen. (Warum? Hatte die Wehrmacht nicht genug Milch für kranke Soldaten? Ich kann es nicht mehr erfragen.) Jedenfalls stellte Ruth mir eine Flasche oder Kanne in ihre Handtasche aus hellbraunem Leder und ich musste aufpassen, dass das Gefäß in der Tasche nicht umkippte. Vielleicht war das Gefäß henkellos und konnte von einem Kind schwerlich anders getragen werden.

Zur Kaserne musste ich an Vorgärten vorbeigehen, bei denen die Häuser ganz weit hinten standen und die Gartentürchen Klingelknöpfe hatten. So etwas gab es in Oberklingen nicht und ich wusste nicht, was es mit den Knöpfen auf sich hatte. Ich drückte unbekümmert einen nach dem anderen und bekam einen ziemlichen Schrecken, als aus dem einen Haus ein Hund herausgefegt kam und einen Mordsterror machte. Ich rannte weg und dabei fiel mir diese Flasche in der Handtasche um. Da sie aus Leder war, bemerkte ich das erst gar nicht und kam zum Militärposten. Der fragte mich, wohin ich wolle, ich sagte ihm, ich wolle zu meinem Papa, der sei krank, ich solle ihm Milch bringen. Der guckte in meine Tasche und da erst merkte ich, was passiert war. Der sagte wohl, oweia, dann wird er sich aber freuen, und ließ mich durch. Ich wusste den Weg, lief an marschierenden Soldaten vorbei durch einen langen Gang in der Kaserne zu Rudi, der im Bett lag.

Im Zimmer war nur ein Bett. Er stand auf und stand vor mir in einem weißen langen Nachthemd, wie ein Nachtgespenst. Er sah sofort das Malheur, machte mir aber keine Szene, sondern sagte immer, die schöne Tasche, die schöne Tasche und versuchte, sie auszureiben. (Die Tasche hatte innen ein Seidenfutter und die Nässespuren waren auch außen zu sehen. Sie war noch jahrelang in Benutzung, aber nichts mehr zum Angeben.)

Plötzlich hörte man draußen einen harten Stiefelschritt, ein Tür-Aufgereiße, schnarrende Befehle, Tür-Zugebumse, und das mehrere

Male. Rudi schob mich rasch hinter die Tür, ein Uniformierter knallte rein, schrie Rudi an, Rudi im Nachthemd machte Meldung, Tür knallte zu. Die Situation war für mich wie vom anderen Stern, wie so eine Uniform vor einem Nachthemd stand. Und als die Uniform weg war, dieses Nachthemd so zitterte und dafür sorgte, dass ich so schnell wie möglich verschwand. Danke und weg.

Ich ging also denselben Weg wieder zurück und das wurde eine Art Spießrutenlaufen für mich: Die Häusle-Leute standen wie bestellt vor ihrem Türchen und drohten mir: Das war er... Dass du das ja nicht mehr machst... Wir jagen dich mit dem Hund... (oder so ähnlich), was von den kläffenden Kötern auch noch bekräftigt wurde. All das nur wegen des Klingelputzens.

Ostseebad Kühlungsborn, Bülow-Weg

Ich wurde mit dem Einkaufsnetz zu einem Fischgeschäft geschickt, ich solle einen Schellfisch kaufen, wie viel stand auf dem Zettel im Um-schlag mit den Lebensmittelmarken und dem Geld. Ich weiß noch jetzt, wo ungefähr das Geschäft lag. Ich musste den Bülowweg - kein Weg, eine richtige breite Straße - hinunterlaufen und wo die Straße eine Linkskurve Richtung Stadt macht, musste ich Richtung Strand weiter. Ich stellte mich in die Käuferschlange - es roch so herrlich nach frischem Fisch - und wiederholte im Geiste oder flüsterte: Schellfisch - Schell-fisch, bis ich drankam: „Na, was möchtest Du, junger Mann?" -

„Ein Pfund (?) Klingelfisch." Das Gelächter der Leute war mir sehr peinlich, aber was danach kam, war mir noch peinlicher: Ich hatte nun dieses Stück Fisch in einem Einkaufsnetz, dessen Henkel so lang waren, dass ich es dauernd mit hoch gestreckten Armen tragen musste, um zu vermeiden, dass es auf den Boden aufkam. Das war so anstrengend für mich, dass ich einen fürchterlichen Drang bekam, auf das Klo zu müssen. Und der Weg war so weit. Ich kam an dieser Kurve vom Bülowweg an und hätte eigentlich auf die andere Straßenseite gemusst, konnte aber nicht, weil eine Militärkolonne vorbeifuhr, ein Auto am anderen, ich stand da mit dem Fisch auf der Hochstrecke und musste so dringend. Es war furchtbar. Und dann konnte ich es nicht mehr halten und musste es gehen lassen. Ich schämte mich maßlos.

Für mich waren diese Tage in Kühlungsborn wie ein Umzug in eine andere Welt: Das Meer, dieser Duft, den ich immer noch in mir trage und bei dem sofort die Erinnerungen hochkommen, wenn ich ihn in Annäherung dazu rieche, dieser Sand, diese Menschenmassen, die Geschäfte. Da gab es solche Holzstege, auf die Ruth bis zum äußersten Ende mit dem Kinderwagen fuhr, um dort zu stricken und ich konnte in dem unendlich großen ´Sandspielkasten´ mit Förmchen spielen und herumschippen, herrlich. Die Förmchen brachte ich mit nach Oberklingen und in den Haushalt mit Alma ein.

Rudi war Flakhelfer und wir waren hier selbstverständlich nicht vom

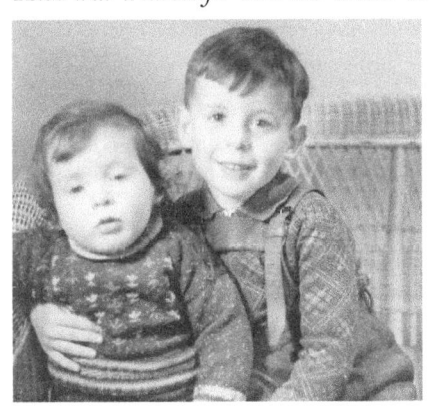

Krieg vergessen und verschont. Wenn die Sirene ging, mussten wir in den Hauskeller. Dann hörte ich allerlei Geballer. Eines Nachts knallte es ganz laut und dann hörte ich, dass irgendetwas den Giebel unseres Hauses runtergeholt hatte.

Im Parterre des Hauses wohnte ein Junge, - er hieß Dieter Thomas Heckler, später bekannt als der Moderator Dieter Thomas Heck - der eine kleine Dampfmaschine hatte. Wenn man da Wasser in den Tank gab und eine Flamme drunter stellte, dann fing das Gerät an, mit viel Geräusch eine Kurbel zu drehen. Er hatte auch eine Eisenbahn auf Schienen, die ich nicht anfassen durfte, nur zugucken.

In schrecklicher Erinnerung ist mir die überstürzte Einlieferung in ein Kühlungsborner Kinderheim, die mir nie schlüssig erklärt worden war und über die ich im Tagebuch auch keinen Hinweis gefunden habe.
Mir wurde auch nicht gesagt, wo mein Bruder Thomi steckte. Ich war in einer Horde Kinder, von denen ich keines kannte und auch nicht kennenlernen wollte. Spät abends kam Rudi vorbei - er musste mich wecken -, um mir zu sagen, dass Ruth ins Krankenhaus musste und dass ich tapfer sein müsse, dass es Thomi gut gehe und dass er morgen wieder käme. Jetzt fehlte mir der Bruder und die Mutter umso mehr. Das alles war wie ein böser Traum.
Ich nehme an, dass Ruth eine Fehlgeburt hatte.
Als wir von Kühlungsborn zurück nach Oberklingen kamen, liefen wir wahrscheinlich den ganzen Weg von Lengfeld - das sind mehr als 4 km, weil der Bahnhof am anderen Ende des Ortes lag - nach Hause.

Etwa 50m Richtung Niederklingen stand ein Transformatorenhäuschen, das den Ort mit Strom versorgte (genauer gesagt: auf 220 Volt herunterspannte). Als wir von diesem Häuschen um die Kurve kamen und schon unser Haus sahen, kam mir Alma auf meinem Roller entgegen.
Diese Freude nach so langer Trennung!
Doch was hatte sie getan? Mein Roller war ein Rolls-Royce unter den Rollern, weiß der Himmel, wer ihn mir geschenkt hatte, wahrscheinlich die Tante Liesel: Er hatte große Vollgummiräder, die nicht jedes Loch ausrollten und eine Fußbremse in Form eines Bremsklotzes, den man auf das Hinterrad drücken konnte. Und was hatte diese Alma gemacht? Sie hatte die Gummis auf beiden Rädern eliminiert, sie waren einfach weg, und sie fuhr sozusagen auf den Felgen über diese Schotterstraße!
Sie hatte sich so gefreut auf dieses Wiedersehen. Und auf meine wütende Reaktion antwortete sie lapidar: „Des fährt doch noch!"

Unser Haussegen hing absolut schief für eine ganze Weile.
Mindestens für zwei Stunden.

8. Wieder daheim in Oberklingen

2. Juni 1944, **Rudi** schreibt:
Nun habe ich vom 9. bis 23. April meinen Jahresurlaub gehabt… Christel, der wieder mal mit seinem Roller weg war, trafen wir am Bach an der Wiese vor Eckbäckers bei seiner Alma. Da er nicht kam, obwohl wir mehrmals riefen, bekam er eine Ohrfeige.

Das geschah sehr militärisch: „Hände an die Hosennaht." Dann musste ich strammstehen und ihm ins Gesicht sehen, um meine Backpfeife zu empfangen. Duckte ich mich oder zuckte ich, wurde das Spiel wiederholt.
Die ausgefeiltere Art sicherzustellen, dass die Backpfeife auch da landete, wo sie vorgesehen war,

Sommer 1944:
Wir bringen für Tante Liesel
ein Paket mit Äpfeln zur Post

wurde bei mir eingeübt und dann auch bei seinen Schülern und Konfirmanden auf eine breitere Basis gestellt:
Dazu wurde man an den kleinen Härchen zwischen Augen und Ohren, die man bei Erwachsenen auch als Koteletten kennt, ergriffen und sachte so hochgezogen, dass man letztlich auf den Zehenspitzen stand, um den Schmerz zu reduzieren. Nachdem Rudi sich ausreichende Zeit zum Maßnehmen genehmigt hatte, kam dann die Backpfeife auf der anderen Seite an. Wurde man links angehoben, kam sie rechts und umgekehrt. Das war das einzige Berechenbare an der Geschichte. Auf alle Fälle jagte es einem schon vorher einen Vorrat Tränen in die Augen, weil man auch nicht wusste, wann er endlich die Haare losließ.
Es konnte der - für Rudi - widrige Umstand eintreten, dass man gerade beim Friseur gewesen war und Rudi keine Gelegenheit fand, genügend viele Haarspitzen zwischen seinen Fingernägeln zu finden, die einen Körperhub ermöglichten. Für diesen Fall musste man

seine Ohren zur Verfügung stellen. Das war günstiger, weil dieser Schmerz dem Schmerz der ersten Variante nachstand. Das konnte aber zum Teil ausgeglichen werden, indem Rudi das Ohrläppchen zusätzlich um 120 Grad im Uhrzeigersinn drehte. So konnte auch der Schwebezustand länger durchgehalten werden. Stand ich danach tränenüberströmt vor ihm, dann wurde ich mit der Maßgabe entlassen, dass ein Junge nicht weint.

Er verteidigt seine Alma und bekennt sich mutig zu ihr: „Ja, isch habb se gern, die Alma macht nie ein Tier tot und quält sie nit so wie der Friedel." Er hat sich seit Kühlungsborn geistig enorm entwickelt. Ist nur manchmal - obwohl sonst lebhaft und an allem sehr interessiert - nörglig, störrisch und verträumt und langsam. Er hat einen Spruch aufgeschnappt, den er gerne wiederholt: „Isch habb den Kriesch nit gemacht."

2. Juli 1944

Seit 12. Mai ist Oma bei uns. Seit dem 26. April habe ich so genannte Einquartierung: Pfr.i.R. – *Pfarrer im Ruhestand* - Dettmer mit seiner Ollen. Viel Aufregung, Ärger und Reiberei bedeutet die Aufnahme stock- und wesensfremder Menschen in ein Haus, das als Einfamilienhaus gedacht ist.

Es bedurfte schon viel Zurechtrückens, damit die Leute nicht unsere Kreise stören und uns vom Leibe bleiben.

Dettmers bekamen das Zimmer im Parterre gleich neben der Toilette. Er war ungefähr 70, schwerhörig und hatte ein Hörrohr, in das seine Frau immer hineinbrüllen musste. Trotzdem verstand er nicht und schrie Häääää zurück.

Sie waren verbittert und unfreundlich und bekamen dementsprechend von Oma und mir Zunder. Dettmers benutzten das untere WC. Die Küche mussten wir uns teilen und es mussten Zeiten vereinbart werden, wann wer kochen wollte: Oma, wir oder Dettmers. Wie in den kommenden Aufzeichnungen von Ruth deutlich werden wird, haben Dettmers und später auch Frau Jacob keine Gelegenheit ausgelassen, uns im Allgemeinen und Ruth im Besonderen das Leben schwer zu machen. Dass dann vonseiten der Oma entsprechende Reaktionen kamen, war logisch und selbstverständlich.

Sie hatte sich nicht nehmen lassen, jede sich bietende Gelegenheit zu gewissen Bosheiten auszunutzen und ich machte dabei gerne mit, weil sie in meinen Augen Lausbubenstreiche waren. Wir beide freuten uns danach diebisch und stachelten uns auch gegenseitig an, wie wir es noch besser machen könnten. Das verband uns beide zu einer Kampfgemeinschaft, in deren Codex Ruth nicht eingeweiht war.

Wie ich jetzt in dem Tagebuch lesen muss, war die eigentlich Leidtragende Ruth geworden. Das hatte ich damals nicht so empfunden.

Dettmers wohnten ja im Parterre. Im Sommer und Herbst stellten sie Backbleche in den Fensterrahmen, um Pilze, Pflaumen und Apfelschnitze für den Winter in der Sonne zu trocknen. Diese wusste Oma zu ihrem eigenen Vorteil zu korrigieren: „Die liegen viel zu dichte!" Im Winter, als die Spannungen noch unerträglicher wurden, zog sie sogar einige Weckgläser auf, die auf einem Regal in der Waschküche standen.

Das allerdings fand ich damals nicht gut, und sie schien es dann auch einzusehen, weil sie mich bat, es Ruth nicht zu erzählen.

Aber als wir uns eine Weihnachtsgans zurechtmachten, zog Oma die Gurgel, den Knorpelschlauch von etwa 30 cm Länge aus dem Hals. Sie hielt ihn pendelnd hoch, sah mich an und meinte zu mir, den könnte man doch dem Dettmer ins Hörrohr... Ich wusste gleich, was sie meinte, und ich wusste auch, wo der Mann sein Rohr hingelegt hatte. Ich nahm die Gurgel und schüttelte sie vorne hinein bis dahin, wo das Rohr eng wird. Ruth wusste von alle dem nichts, das hätte sie mir verboten, so was konnte ich nur mit der Oma machen.

Der Dettmer hatte das irgendwann rausgekriegt. Ich meine: rausgekriegt, warum das Rohr nicht mehr funktionierte, und dann die Gurgel rausgekriegt. Sie war ja lang genug. Und dann hatte er sich wohl schnell ausgerechnet, wer im Haus so einen Quatsch zu tun in der Lage war und passte mich ab.

Ich kam ahnungslos ins Haus und hatte die Gurgelgeschichte längst vergessen, als er aus der Klo-Nische mit seinem Stock herausgeschossen kam und zum Schlag ausholte. Ich schoss um die Ecke und die Treppe hoch. Unterwegs beim Rennen hatte ich mir gleich meinen Notplan zurechtgelegt. Ich wollte mich im Bad verschanzen, wusste aber, dass der Schlüssel außen steckte. Ich musste also den

Schlüssel richtig greifen, rausziehen, Tür aufreißen, rein, zu und Schlüssel rein und rum. Das hatte ich mir in meiner Angst geistig zurechtgelegt, und so funktionierte es: Auf der Treppe hatte ich gegenüber dem alten Mann einen Vorsprung erlaufen, sodass ich den Schlüssel gerade herumgedreht hatte, als er mit vollem Gewicht gegen sie ankam und dann an ihr herumratterte und in der Lautstärke eines Tauben herumbrüllte, bis Ruth kam und ihn wohl fragte, was er in unseren privaten Räumen zu suchen hätte.

Ich hatte natürlich keine Ahnung, was der Mann plötzlich gegen mich hatte.

Dettmers konnten nicht mehr so ohne weiteres ihre Schuhe oder Klamotten draußen hängen lassen, ohne dass dann gewisse Veränderungen geschahen.

Oma hatte ihnen einmal alle linken Schuhe aus dem Fenster geschmissen, ich hatte mir den Schal vorgenommen und verknotet, die Ärmel auf links gedreht, die Schuhbändel miteinander verknotet, um nur einige Gemeinheiten aufzuzählen.

12. **August** 1944

Der Krieg ist mit dem Attentat auf den Führer noch totaler als total geworden… Wenn Thomi zwei Jahre alt ist - *am 16.September* - und Oma bei mir, muss ich auch zum Arbeitseinsatz (Heimarbeit). Obwohl ich vier Jahre lang freiwillig Kriegsdienst leiste. Nur ist meine Arbeit in den Augen der Maßgebenden keine solche…

Am 14. Juli bekam ich ein Telegramm von Rudi, dass er an die Front käme, ich solle ihn noch einmal in Wittenberg besuchen… Meine Hinreise war furchtbar. Total volle Züge, keine Stecknadel ging mehr rein, unfreundliches Personal und überhaupt die Menschen von einer Gereiztheit, dass sie explodierten, wenn man sie nur anredete. Und ich mit einem Koffer und einem Karton zitterte, nicht mitgenommen zu werden und Rudi nicht mehr anzutreffen. Vier- und fünfmal umsteigen in der Nacht. Nur mit List und Lüge gelang mir das Mitkommen, indem ich jammerte, ich müsste zu meinem verwundeten Mann. Einmal wurde ich durch das Abteilfenster geworfen, drei Soldaten fingen mich auf. Am Samstag fuhr ich, denn sonntags fuhren keine Schnellzüge und montags darf man nur mit Sondergenehmigung fahren…

Die Heimfahrt verlief viel schöner, fast leerer Zug, Sitzplatz in der 2. Klasse, ein Kriegsblinder mir gegenüber.

Zu Haus alles wohl angetroffen, bloß seit Dettmers bei uns wohnen, fühle ich mich nicht mehr wohl.

Leider sind aus der schlimmsten Zeit, die Oberklingen vom Krieg mitbekommen hat, überhaupt keine Eintragungen im Tagebuch und ich muss jetzt voll aus meinem Fundus der Erinnerung schöpfen.

Folgende Episoden haben sich wohl in diesem Zeitrahmen abgespielt:

Hoscherbritter

Was haben mich die ständigen Nachtalarme genervt. Wir wurden schon gar nicht mehr mit dem Nachthemd ins Bett gelegt, sondern schon mit Unterwäsche und Strümpfen angezogen, sodass ich nur noch in die Hose schlüpfen brauchte und in die Schuhe.

Als den Hauptmissetäter hatte ich das blöde Radio ausgemacht, das ständig lief und wenn ein Wecker zu hören war, dann spitzten die Erwachsenen die Ohren. Ich hörte als Ticken immer 'Hoscherbritter - Hoscherbritter'.

Als mir das zu bunt wurde, riss ich dieses Radio mit dem Stromkabel einfach herunter, wo es dann mit zerbrochenem Gehäuse endlich zu quatschen aufhörte. Ruth war sehr bestürzt und verzweifelt und versohlte mir den Hintern. Sie bekam es aber so repariert, dass es wieder ticken konnte. Das Gehäuse hatte sie, wie sie alles zu kleben pflegte, mit Leukoplast geheilt.

Diese Kiste war ja nicht nur für diesen nächtlichen Weckdienst gut, mit ihm lauschten sie ja auch den BBC-Meldungen zum tatsächlichen Kriegsgeschehen. Und das war strengstens verboten. Wenn man ausforschen wollte, welcher Weg zum nächsten KZ der kürzeste ist, dann brauchte man sich nur dabei erwischen zu lassen. Deswegen teilten sich Ruth und Oma die Arbeit. Während Ruth dem Radio lauschte, saß Oma vor dem Haus im Gebüsch und passte auf, dass niemand in der Nähe des Hauses war, auch der Stumpf nicht. In solchen Angelegenheiten ging Vorsicht vor.

Solange wir keine Einquartierungen hatten, konnte Oma mit der Hausklingel warnen, danach fiel eine Flasche neben dem Radio um. Diese hatten sie an eine lange Kordel gebunden, die durchs Fenster in den Vorgarten herunterbaumelte. Wenn Oma daran zog, war Ruth gewarnt.

Und nachdem Ruth sich so schlau gemacht hatte, durfte sie nie vergessen, wieder ´den Goebbels´, den Heimatsender, einzustellen.

Das alles hatte ich natürlich nicht selbst mitbekommen, sondern hatte es viel später von Ruth und Oma erzählt bekommen.

Gluck-gluck-gluck

Zu Eckbäckers mussten wir rüber, wenn ´der Stump´ Alarm gepfiffen hatte.

(Herr Stumpf war der Luftschutzbeauftragte für unsere Dorfecke.)

Es war für Ruth eine Sache von Minuten, beide Kinder zu schnappen und mit dem Kinderwagen zu Eckbäckers hinüber zu laufen… Thomas lag dann im Wagen und ich saß auf dem Rand zwischen dem Schiebebügel und hielt mich an den beiden Holmen fest.

Wir mussten in diesen Keller, weil Eckbäckers Keller ein Tonnengewölbe hatte, während der Pfarrhauskeller eine flache Decke hatte, die im Falle eines Bombentreffers durch den darauf fallenden Schutt eher durchgebrochen wäre. Wir hoppelten so oft nächtens zu Eckbäckers auf der Schotterstraße hinüber und meist war ich so schlaftrunken, dass ich in irgendeiner Ecke weiterschlief. Die Bomber flogen auch immer über uns weg und ließen uns in Ruhe. Dann kam Entwarnung und wir hoppelten wieder heim.

In der Nacht vom 11. auf den 12. September 1944 wurde Darmstadt in der so genannten Brandnacht durch gezieltes Bombardement der britischen Royal Air Force im Rahmen des Moral Bombing mit anschließendem Feuersturm weitgehend zerstört (Wikipedia).

An diese Bombennacht kann ich mich schon deshalb erinnern, weil sie so kurios war.

Diese Spätsommernacht war sternenklar und ich war nur mit einem Nachthemd bekleidet. Wir waren wieder zu Eckbäckers hinübergelaufen und ich wurde von einem Erwachsenen übernommen und die Kellertreppe hinuntergetragen und erst einmal auf einem Apfelweinfass abgesetzt. Ich saß nun da oben und beobachtete das geheimnisvolle Wirken der Erwachsenen von einer ungewohnten Warte.

Überhaupt hatten diese Bombennächte etwas Geheimnisvolles an sich, jeder flüsterte - wahrscheinlich wegen der anderen kleinen Kinder -, als käme der Weihnachtsmann und man war gegeneinander sehr rücksichtsvoll.

Ich saß also auf diesem Thron, als jemand von oben herunterrief: „Kummt mol ruff, schnell, die setze Christbeem."

Mit Christbäume bezeichnete man die Leuchtmarkierungen, mit denen ein Vorauskommando der Royal Air Force das Gebiet im Himmel absteckte, wo dann etwas später die Bomber ihre Ladung hineinwerfen sollten. In diesem Falle wurde das Gebiet über Darmstadt markiert.

Alles was Beine hatte, rannte die Treppe hoch.

Nun wollte ich auch gerne die Christbäume sehen. Ich hatte ja keine Ahnung, dass das etwas höchst Unchristliches war und nichts mit Weihnachten zu tun hatte. Ich versuchte, vom Fass herunterzurutschen. Da das Fass auf Rollen lag, rollte es herum und warf mich so herunter, dass ich unter ihm zu liegen kam. Und gluck-gluck-gluck kam der Apfelwein aus dem Spund gegluckert auf mein Nachthemd. Ich lutschte am nassen Ärmel und es schmeckte nicht schlecht. Als die Erwachsenen endlich herunterkamen, war ich in einem sehr heiteren Zustand.

Wahrscheinlich war ich der Einzige in dieser Gegend Deutschlands in dieser glücklichen Verfassung, denn da gab es nichts zu lachen: Darmstadt brannte. Oberklingen ist etwa 15 Kilometer Luftlinie von Darmstadt entfernt. Als wir aus dem Keller durften, war der Horizont über dem Goldberg blutrot. Es war ein flackerndes Rot, nicht wie ein Sonnenuntergang. Und Ruth stand da und weinte bitterlich, sie konnte den Wagen nicht schieben, so weinte sie. Ich hätte sie gerne getröstet und konnte gar nicht verstehen, warum sie wegen dieses schönen Anblicks weinte.

Und in diese stille Idylle - was heißt still: Aus der Ferne hatte man bestimmt noch das Wummern der Abwehrgeschütze hören können, aber in meiner Erinnerung war es still - gab es plötzlich ein Zischen von hell nach dunkel und einen ohrenbetäubenden Knall und dann war die Stille danach noch stiller. Und Ruth sagte: „Eine Sekunde." Und sie fing unvermittelt zu beten an und dankte Gott. Wir standen immer noch in der Dunkelheit zwischen Eckbäckers und unserem Haus.

Viel später fragte ich Ruth, was sie damals mit ´einer Sekunde´ gemeint hätte. Sie sagte: Hätte der Pilot da oben diese Luftmine eine Sekunde früher oder später ausgeklinkt, dann wären wir nicht mehr.

Wir liefen am nächsten Tag in den Wald hinter die Schmelzmühle, wo diese Luftmine niedergegangen war. Dort öffnete sich ein Riesenkrater, die Bäume rundherum waren trichterförmig abgesägt.

Christel und die Flüchtlinge und die Ausgebombten

Am nächsten Tag kam eine ganze Karawane Leute, die in Darmstadt ausgebombt worden waren. Müde Augen, versengte Haare, dreckige Kleider, mit Leiterwägelchen oder nur mit Taschen, gepackt mit irgendwelchen Sachen, die sie noch retten konnten. Diese Leute suchten eine Bleibe und wurden auf verschiedene Höfe im Dorf zwangsweise einquartiert. Wir haben auch das Haus vollgekriegt. Ruth hatte schon mit den Dettmers genug. Jetzt bekamen wir aber noch eine Frau Jacob. (Später kam eine dreiköpfige Familie Schwartzkopf, mit denen wir sehr gut auskamen.) Wie das mit dem Bad geregelt worden war, weiß ich nicht mehr.

Frau Jacob war eine alte Frau, sehr zurückgezogen und zu Beginn eine liebe Frau, die niemandem lästig werden wollte. Sie wohnte gegenüber von Dettmers. Sie hatte fast keine Haare mehr auf dem Kopf von der Hitze und hatte Probleme, bis sie ihre Hände wieder verwenden konnte. Dann allerdings staunte ich, was sie für ihre Enkelchen machte: Ich dachte, sie hätte mein ´Max und Moritz´ abgemalt, aber Ruth sagte, sie hätte dafür Pauspapier und Stricknadel verwendet. Aber immerhin: Sie hatte etwas Vernünftiges getan und die Enkel werden sich bestimmt gefreut haben. Später ließ sie sich von Dettmers einwickeln und dann hatte Ruth furchtbaren Zoff mir ihr.

Die Nachfolger von Dettmers waren die Schwartzkopfs mit der Tochter Ulla, die vielleicht fünf Jahre älter war als ich und schon Busen bekam. Sie hatte die Kammer ganz oben neben der Oma *und wenn sie ins Bett musste, dann rannte sie wie ein Wiesel, damit man sie nicht zu sehen bekam.*

Mit der Küche hatten wir ausreichend Gelegenheit zum Streit. Jetzt gab es vier Parteien und einen einzigen Herd. Und Oma sorgte dafür, dass es genug Zunder gab und nie langweilig wurde. Ruth war schon deshalb manchmal am Ende ihrer Kräfte. Irgendwie wurden Zeiten vereinbart, die dann nicht eingehalten wurden. Oder der Herd wurde in unordentlichem Zustand hinterlassen oder die Holzvorräte waren nicht aufgefüllt und Elise musste sagen, dass sie die Hilfe für die ´Frau Parrer is un für sonst koon´.

Ruth hatte Oma erwischt, wie sie den anderen heimlich in die Suppe spuckte. Da waren alle dem Krieg entronnen, aber dankbar dafür waren sie nicht.
Darmstadt hatte tagelang gebrannt. Ruth stand abends und nachts oben auf dem Dachboden und schaute aus dem obersten Fenster zum rotglühenden Horizont. Und weinte. Jetzt wusste ich warum.

Die ganze Nacht war Sonnenuntergang. Darmstadt lag ja Richtung Westen.
Die Darmstädter waren nicht die ersten Flüchtlinge, glaube ich. Ich hatte mir keine Gedanken gemacht, was hinter diesem Begriff stand. Wenn eines Tages ein fremdes Gesicht auftauchte und in diesem Zusammenhang das Wort Flüchtling fiel, wusste ich Bescheid. Wenn ein grünes Männchen aufgetaucht wäre und man hätte mir gesagt, ´Marsmännchen´, dann wäre das genauso durchgegangen.

Da war zum Beispiel Frau Schneider, die sommers barfuß herumlief und winters barfuß mit Strohsohlen auskam und im Schulgebäude ganz oben wohnte. Sie hatte einen Riesenrock, der fast den Boden berührte und wohl mit einem Reifen ausgestellt war. Wenn sie so lief, dann hatte es bei aller Ärmlichkeit etwas Gravitätisches, wie der Rock mit jedem Schritt hin- und herwankte. Ihre ganz andere Kleidung war mit dem Wort ´Flüchtling´ erklärt.
Sie brachte etwas sehr Wertvolles mit: Paprika. Ruth ließ sich von ihr Paprikasamen geben und züchtete dann wie sie diese Pflanze im Blumentopf. Frau Schneider - eine Ungarndeutsche - brachte außerdem eine Sitte mit, die bei uns bisher verpönt war: Das Essen

von Knoblauch. Knoblauch wurde bisher allenfalls bei der Wurstherstellung beim Schlachten verwendet.

Christel als Kriegsteilnehmer

So friedlich bei uns der Krieg abzulaufen schien, er war immanent einfach da, wie ein Drache hinter dem Hügel, dessen Schnaufen seine bedrohliche Nähe in Erinnerung brachte.

Wir Kinder hatten ihn nicht so gefährlich einzuschätzen gelernt, er war eben schon immer da und wir wurden ständig gewarnt wie vor einem bissigen Hund, der angekettet ist.

Da findet man Eisenteile oder es steckt sogar so ein langes Ding im Boden, was hinten einen Propeller dran hat, schon wird gewarnt, dass man die Propeller ja nicht drehen darf.

Da beobachtet man am Himmel, wie zwei Flugzeuge ´Fängsches´ (Fangen) spielen, anderntags - ich bin zufälligerweise in Reinheim - schleppen sie ein kaputtes verdrecktes Flugzeug durch die Hauptstraße und alle Fuhrwerke, die ihm entgegenkamen, mussten rückwärts Platz machen und in den Nebenstraßen abwarten, bis es vorbei war. Da macht sich kein Kind einen einzigen Gedanken, was für ein Drama sich vorher hier abgespielt hat.

Vom Himmel kamen noch andere Boten, die mit dem Krieg zu tun hatten: bündelweise Lametta-Streifen. Sie wurden von den Fliegern abgeworfen, um das Suchradar zu stören. Das Zeug hing büschelweise in den Bäumen und Sträuchern. Wir hätten sie zu gerne zum Spielen verwendet, aber die Erwachsenen haben uns gesagt, die sollten wir um Gottes Willen nicht anfassen. Die seien vergiftet.

Apropos: Himmel-und-was-so-runterkommt:

Geschenk des Himmels

Ich musste mein Mittagschläfchen machen, wahrscheinlich, weil wir die Nacht davor wieder unterwegs waren. Dann wurden die Fensterläden zugeklappt und ich musste ins Bett. Ich war aber nicht müde und stand heimlich wieder auf und linste hinter dem Fensterladen aus dem Fensterspalt. Es war Sommer, ein wunderschöner Sonnentag und ich hörte Kinderstimmen. Und ich sah, wie sich Ruth auf der Hauptstraße zwischen Eckbäckers und Trumpfellers - Nachbarn gegenüber vom Eckbäcker - mit einer Frau unterhielt.

Auf einmal guckten die Frauen nach oben und schrien, duckten sich ab und hielten sich die Ohren zu. Und dann rummste es dumpf 'wummm'. Und vor den Frauen direkt da, wo der Feldweg zum Goldberg hochgeht, lag so ein Trümmerberg aus silbrigem Kram. So schnell war ich noch nie aus dem Haus, um zu gucken.

Wie sich herausstellte, handelte es sich um einen Zusatztank aus mit Aluminium überzogener Pappe. Das Benzin dieses Tanks wurde für den Hinflug verbraucht und der Tank abgeworfen, sobald er leer war. Für den Rückflug reichte dann die normale Tankfüllung.

Als dieses Teil vom Himmel heruntertrudelte, dachten die Frauen, es sei eine Bombe und ihr letztes Sekündchen habe geschlagen. Und hätten sie 10 Meter weiter zum Goldberg gestanden, dann hätte es auch gestimmt. Anlass für viele Gebete des Dankes.

Des Dankes voll war auch unser Nachbar Stumpf. Die ganze Ecke stank nach Benzin, reine Ambra für den Pfeifenraucher. So schnell habe ich ihn noch nie humpeln sehen. Der kam mit Schöpfkelle und vielen Fläschchen und rettete den letzten Rest dieser kostbaren Flüssigkeit für sein Feuerzeug, wo immer er noch eine Pfütze in dem Pappgewirr ausmachen konnte, bevor es gänzlich verdunstet war...

So verschieden können Geschenke des Himmels sein.

Der Bauer und der Pilot

Tiefflieger erlebte ich auch. Mehrmals. Die Geschichte, die höchstens für mich recht lustig war, ereignete sich direkt an unserem Haus:

Meinen Apfelbaum neben der Hofmauer hatte ich bereits mehrfach erwähnt. Auf ihn konnte ich recht leicht hochklettern, entweder über den Maschendrahtzaun oder über das Hoftor auf die Mauer, dann rüber auf den Apfelbaum, fertig. Da saß ich dann nur zum Gucken.

Ich beobachtete einfach gerne Leute, ohne selbst gesehen zu werden.

Auf dem Feld Richtung Niederklingen war ein Bauer mit einem Schimmel zugange.

Plötzlich kam ein Tiefflieger von hinten unsere Straße heruntergefegt, so tief, als käme er zwischen den Häusern durch. Schien es jedenfalls, ich hatte ja hinten keine Augen. Der flog erst einmal Richtung Niederklingen, als würde er überlegen: Ei da war doch was. Er drehte und kam zurück. Der Bauer indes rannte hinter den dicken Baum auf dem Nachbargrundstück. Der Pilot ballerte in den Baum hinein, drehte und kam zurück. Der Bauer stand jetzt auf der anderen Seite des Baumstamms und der Pilot schoss wieder. Und ich saß in meinem Baum und guckte mir das an wie im Kino.

Dieses Spiel wiederholte sich ein-, zweimal, bis es dem Piloten zu bunt wurde, er dem Schimmel in das Hinterteil schoss und nach Niederklingen weiterflog. Dort schoss er mit Leuchtspur eine Scheune in der Schützenstraße in Brand und verschwand.

Der Schimmel war wie verrückt mit allem, was an ihm hing, abgehauen und hatte sich irgendwo verfangen.

Der Bauer allerdings kam hinter dem Baum hervor und zitterte wie Espenlaub. Er schaffte es bis zu unserem Haus und wollte sich auf die Treppenstufe setzen. Das bekam er aber nicht hin, sondern rutschte bis zur untersten Stufe runter. Dann kam Ruth, hielt ihm seinen Kopf und streichelte ihn, weil er weinte.

Christel und Weihnachten

Weihnachten und der ganze Zauber drum herum war das Schönste im ganzen Krieg. Solange wir Kinder unsere Mutter für uns ganz alleine hatten, konnte uns sowieso nichts passieren. Das war eine übersichtliche eingespielte Gefühlswelt, die eingebettet war in eine übersichtliche harmonische Nachbarschaftlichkeit.

So jedenfalls für uns Kinder.

Die Adventszeit beleuchtete den schummrigen Weg zum Weihnachtsfest und da war jeder Tag näher zu Weihnachten hin ein kleines Abenteuer. Schon das Öffnen eines neuen Türchens in meinem geliebten Adventskalender. Der musste jedes Jahr von neuem ans Fenster, bis sämtliche Türchen vom vielen Knicken abgefallen waren.

Und dann die Plätzchenbackerei. Wir hatten glücklicherweise keine Not, zu Mehl, Eier und Schmalz zu kommen. Auf dem Dorf gab es auch liebe Leute, die das eine oder andere für uns übrighatten. Am besten schmeckte der Teig, der zwangsläufig beim Ausstechen übrigblieb. Und der Duft aus dem Herd!

Und die Vorbereitungen für den Christbaumschmuck. Ruth hatte wohl aus Friedenszeiten Bögen aus buntem Papier, von denen sie

Streifen von etwa einem Zentimeter Breite schnitt. Dann durfte ich ihr helfen, bunte Ketten mit dem Klebstoff 'Pelikanol' zusammenzukleben. Das war ein Töpfchen mit einer weißen relativ festen Paste, welche köstlich nach bitteren Mandeln roch.

Irgendwoher hatte ich die Weisheit aufgeschnappt, 'wie es riecht, so schmeckt's'. Und in einem unbeobachteten Moment nahm ich eine tüchtige Portion auf die Spachtel und strich sie mir in den Mund.

Es war schrecklich. Ich bekam den Mund kaum auf. Als ich ihn endlich aufhatte, dann floss der inzwischen mit Speichel verdünnte Kleister sonst wo hin, auch den Rachen hinunter. Und das alles durfte Ruth nicht mitbekommen. Ich litt den ganzen Tag, um den ekelhaften Geschmack von der Zunge zu bekommen.

Die Marke 'Pelikanol' hat sich seitdem unvergesslich in meinem Gehirn festgemacht. Wahrscheinlich ist ein Teil dieser Brühe dorthin geflossen.

26. März 1945

Es geht keine Post mehr, ich kann meinem Lieb nicht mehr schreiben, also muss ich alles im Tagebuch notieren…

Den gestrigen Palmsonntag werden wir wohl nie vergessen.

In der Nacht wurden unsere letzten beiden Soldaten, die die Pferde zu betreuen hatten, herausgeklopft und sie zogen sofort ab. Jetzt war unser Ort frei von Militär. Gottlob! Es hatte all die Tage die Tiefflieger magnetisch angezogen.

Wir hatten etwa fünf deutsche Soldaten in unserem Haus, sie kampierten auf unserem Dachboden. Ruth hatte ihnen Matratzen zur Verfügung gestellt. Einer von ihnen hatte es mit dem Magen. Jedenfalls vertrug er nur Haferschleim, den Ruth in der Küche kochte. Sie waren sehr freundlich, zurückgezogen und ich habe sie als traurig in Erinnerung. Sie kletterten auf Telegrafenmasten mit großen Klammern, die sie sich an den Schuhen festmachten und zogen Drähte. Dann leierten sie an eigens mitgebrachten Telefonboxen und telefonierten dauernd aufgeregt herum.

Sie hatten ein Jeep-ähnliches Auto mit Plane und zwei Pferde, die auf den umliegenden Wiesen grasen durften. Damit diese nicht abhauten, hatten sie ihnen die Vorderfüße so locker zusammengebunden, dass sie nur kurze Schritte machen konnten.

Mit dem Auto durfte ich mitfahren. Als wir kurz vor der Hohl waren - das ist eine Art Hohlweg, wo rechts und links die Böschung sehr steil nach oben geht - schnappte mich der Soldat am Kragen und flog mit mir aus dem Auto in den Straßengraben. Und dann hörte ich warum und dann war es auch schon vorbei: Ein Tiefflieger ballerte kurz auf das Auto und war wieder weg.

Wir blieben etwas liegen, bis er sagte, der komme nicht mehr wieder. Erst beim Aufstehen merkte ich meine Schrammen und meine Knochen. Beinahe wäre ich in eine Brombeerhecke geflogen. „Ein Soldat weint nicht", sagte er und wollte wieder ins Auto. Da sah er eine Pfütze, es machte gluck-gluck-gluck: Der Benzintank war getroffen. Der Soldat sagte nur „Gottverdammte Scheiße", dann durfte ich ans Lenkrad und steuern, und er schob das Auto vom Weg herunter in den Straßengraben. Ich musste etwas tragen helfen und dann liefen wir durch den Ort nach Hause. Er fluchte und jammerte den ganzen Weg bis nach Hause. Eines Tages verabschiedeten sie sich Hals über Kopf und waren weg: „Die Amis kommen."

Als ich endlich gegen Morgen eingeschlafen war, weckte mich Oma, die mir zuflüsterte, dass die schwere Artillerie der Amerikaner in der Ferne donnere. Nun begann ein fieberhaftes Gerenne und Geschleppe aller nötigen Sachen in den Keller, denn wir mussten damit rechnen, Kampfgebiet zu werden. Über all der Arbeit vergingen die Stunden schnell. Ich versuchte festzustellen, woher dieser Donner kam: Er fing hinterm Haus an, teilte sich nach Norden und Süden, floss im Osten zusammen und verebbte in der Ferne. Dieses Verebben war um die Mittagszeit. Ich ahnte richtig und kam zum richtigen Schluss: Wir waren umgangen, wir waren eingeschlossen, wir waren gnädig verschont!

… Es ist wahr, alles ging ohne Tote ab, ein paar Übernazis ausgenommen, die entweder sofort erschossen oder mitgenommen wurden (in Habitzheim und Dieburg).

Viele Panzer rollten durch Habitzheim in Richtung Aschaffenburg, taten keinem Fußgänger etwas zuleide, die Soldaten streuten Bonbons und Schokolade heraus an die Kinder und winkten den Frauen zu. Alles war dort weiß geflaggt, nur am Parteilokal war die Hakenkreuzfahne gehisst und das Führerbild mit Blumen geschmückt. Es wurde in Grund und Boden geschossen und die Besitzerin mitgenommen.

Gegen 12 Uhr war alles ruhig weit und breit, von einzelnen Jägern abgesehen, die die Gegend absahen, ob irgendwo Militär aufmarschiert. Angstlos machte ich mich auf den Weg nach Niederklingen, mir war herrlich leicht zumute. …

Vor einer Woche wäre es unmöglich gewesen, angstlos auf der Straße zu gehen, weil die Tiefflieger dauernd herumkreisten und herumballerten. Doch von den vielen Schüssen traf keiner, ich weiß von keinem Toten, nur ein Verletzter und eine Scheune in Niederklingen brannte aus und hier in Oberklingen wurden im Wald 6 LKW und das Auto von unseren Soldaten zerschossen. Ein paar Pferde und Ochsen wurden auch getroffen.

Gestern in Niederklingen fielen wir uns um den Hals beim Bürgermeister (*Himmelheber*). Wir alle hatten Angst, dass wir Kampfgebiet würden: Besonders wenn der Volkssturm sich einmischte, ist das Dorf stets vernichtet worden. Und nun war alles vorbei... In Reinheim liegt amerikanische Infanterie… in Brensbach soll Militär zur Abwehr bereit liegen…

Die Wachleute der Franzosen haben sofort Zivil angezogen und die Franzosen können jetzt machen, was sie wollen, sie sind frei. Eine Fröhlichkeit herrscht unter den vielen Ausländern…

Nun standen wir gestern einen guten Teil des Tages auf der Straße in Erwartung der Panzer - doch sie kamen nicht. In Niederklingen wurde eine weiße Fahne auf dem Kirchturm gehisst. Jetzt wollten sie es hier auch gerne so machen, d.h. sehen wollten sie alle die weiße Fahne, aber aufstecken wollte sie keiner. Die größten Nazis sind die größten Hosenscheißer im wahrsten Sinne des Wortes! Der Feigling von Lehrer hätte gerne den Befehl gegeben, der hatte aber Angst vor den Nazis. Alle hatten Angst, dass die Amerikaner wieder rausgehauen werden könnten und die frühzeitigen Flagger an die Wand gestellt würden… Der *Oberklinger* Bürgermeister ist ganz abgemagert und was hatte der für eine Schnauze… Jetzt schwenkt er bereits, grüßt mit ´Guten Tag´

und selbst mir schleudert er kein Heil Hitler mehr ins Gesicht, sondern nickt mir den Gruß, um nicht zu sehr in seinem Gesinnungswandel aufzufallen.

Vorher hatte er immer einen Grund gehabt, auf den Boden zu spucken, wenn sich ihre Wege kreuzten, weil Ruth nie mit ´Heil Hitler´ antwortete. Um nicht in Verlegenheit zu kommen, den rechten Arm zu heben, hatte sie oft provokativ die Hand zum Händeschütteln entgegengestreckt, danach sich aber vor ihrer Hand so geekelt, als hätte sie in Scheiße gefasst und hatte die nächstmögliche Gelegenheit gesucht, ihre Hände zu waschen.

Nächtelang haben diese ´großen Charaktere´ Parteisachen verbrannt, alle nationalsozialistischen Embleme ausgemerzt - es ist zum Lachen! Kommt es anders herum, fallen sie immer auf die Pfoten. Männer sind das nicht, sondern erbärmliche Waschlappen.

Genau so der Liese Philipp, der sich den Wagen zur Flucht zurechtgemacht hat. Der Bürgermeister hatte sich sogar vorübergehend in einem Haus hier versteckt, weil im Dorf ein Auto erschien und er glaubte, er würde abgeholt.

Er war spätabends ins Pfarrhaus gekommen. Ruth sagte danach zu Oma, den Persilschein habe sie ihm nicht gegeben. Ich konnte mit diesem Begriff überhaupt nichts anfangen. Persil gab es beim Schmidts-Mariechen, aber doch nicht bei uns.

Heute Nacht wollte ich in Erwartung der Panzer wach bleiben, aber da gingen abends die Lichter aus und da kann man ja, so übermüdet wie wir waren, nicht wach bleiben. Ich schlief angezogen auf der Chaiselongue - die erste Nacht seit langer Zeit herrlich ruhig, ungestört durch Flieger mit einem erleichterten Gefühl…

Der heutige OKW-Bericht sagt: Panzerspitzen nach Eroberung Darmstadts und Aschaffenburgs in den südlichen Odenwald, leichte Kämpfe… oh, diese Unmengen Flieger über uns! Dieses Getöse durch mehrere Stunden, diese fortwährenden Bombeneinschläge, das ganze Haus bebt.

29. März 1945

Heute ist der letzte Tag unseres politischen Deutschseins. Schon seit Tagen erwarten wir die Panzer, wie viel Aufregung all die Tage, niemand arbeitete, dauernd stand alles auf der Straße, um nach den Panzern zu sehen, denn am Montag waren sie bereits in Niederklingen, nur bei uns waren sie noch nicht. Das kam wohl daher, dass im Brensbacher Wald viel deutsches Militär den Amerikanern gegenüberlag...

Wir schwammen all die Tage in Milch, weil keine mehr abgeliefert werden konnte.

Was wir nicht an Milch und Butter verbrauchen konnten, wurde weggeschüttet...

Oma machte hier aus dem Überfluss eine Tugend: Sie besorgte sich ein Butterfass, und schickte mich zu den Bauern nach nicht entrahmter Milch. Und Oma entrahmte sie und butterte wie eine Besessene. Was an Butterklumpen herauskam, wurde geknetet und gewalkt, damit die Molke herauskam.

Es gab nichts Köstlicheres als diese selbstgemachte Butter auf einem Eckbäcker-Brötchen.

Weil nun Oma mehr Butter machte, als sie verbrauchen konnte - „für Notzeiten, ihr werdet mal an mich denken" - wurde der Rest eingesalzen oder in Weckgläsern eingemacht. Das sah nachher zwar nicht mehr wie Butter aus, aber zum Kochen und Backen hatte Oma für eine lange Zeit ausgesorgt.

Oma wusste, was auf uns zukommt: „Hab ich alles schon erlebt: Erst Krieg, dann nüscht zu fressen, dann Inflation un det Geld kannste verbrennen, weil de nüscht für kriegst. Jehste hin mit ner Handtasche voll Scheine un zurück kommst mit ner Jurke".

Nachdem ich die Deutsche Fahne wie die anderen auch vernichtet und auch die NS-Embleme beseitigt hatte, legte ich mir die weiße Fahne und entsprechende Schilder (Parsonage) zurecht. (= *Pfarrhaus*)

'Die Amis kommen.' Ein merkwürdiger Spruch, der Leute erstarren, der sie leiser sprechen ließ. Wenn man die Erwachsenen so sah, dann konnte einem Angst werden. Was ist das, was da kommt? Ein Drache? Muss jemand geopfert werden?

115

Ein unbestimmtes, dumpfes Grummeln kam übern Otzberg her-
über. Wie ein Gewitter ohne Wolken. Ein Drache hinterm Berg?
Es waren kaum Leute auf der Straße, kein Fuhrwerk, ungewohnte
Stille im Dorf, weil wohl niemand seiner Arbeit nachging.
Ruth war nervös und rannte im Haus hin und her, disputierte mit
Oma, mal laut, mal flüsternd.
Dann hörte ich den Drachen. Der Lärm kam aus der Richtung
Niederklingen. Dunkles Röhren, dass die Erde vibrierte und dazu
ein helles Klirren – Stille. Dann wieder das Röhren und Geklirre.
Es zog im Magen. Die Leute kamen langsam zu unserem Haus
rüber, weil man von hier aus übers Feld nach Niederklingen gu-
cken konnte. Man steckte die Köpfe zusammen und flüsterte mit
angstvollen Mienen.
Da krochen Panzer die Straße rauf, blieben stehen, drehten ihre
Türme und fuhren wieder ein Stück. Dahinter kamen Jeeps mit
Soldaten. So ging das eine Zeitlang, bis sie zwischen Lichthäuschen
und uns angelangt waren und stehen blieben.
Da fiel am Kirchturm ein weißes Bettlaken aus dem Gitter, hinter
dem die Glocken hingen. Und der Krieg war für Oberklingen aus.
Jetzt fiel mir erst auf, dass Ruth gar nicht da war und ich an der
Hand von Oma hing.

Viele hatten ja schon die weiße Fahne gehisst und die nationalsozialistischen Feiglinge und Großschnauzen prophezei-
ten denen das Standgericht, hätten aber wohl gerne selber
gehisst und waren nachher, als die Amerikaner da waren, sofort gut Freund mit denen, unterhielten sich mit ihnen, ohne
allerdings das Parteizeichen angesteckt zu haben.
Ich steckte meine Bettlaken in die Handtasche, sagte Oma
Bescheid und stahl mich weg zur Kirche. Dort verschloss
ich die Kirchentür hinter mir, verstellte sie mit Stühlen aus
der Sakristei, ging in den Turm, verrammelte die Seitenein-
gangstür mit dem Jahrhunderte alten Gerümpel aus dem
Turm und stieg weiter zur Turmuhr hoch.
Dort wartete ich mit Bangen. Das Herz schlug mir bis zum
Hals. Ich betete inniglich um Hilfe unseres Herrn. Dann
wagte ich den Blick nach Niederklingen und sah eine Pan-
zerschlange auf der Straße stehen, dazwischen Soldaten hin-

und herlaufen. Sie schienen dem Frieden nicht zu trauen. Dann kamen sie langsam näher, blieben stehen, fuhren weiter. Ich wäre diese Strecke schneller gelaufen, als sie gefahren sind. Als sie an der Kurve beim Lichthäuschen angekommen waren, ließ ich das Laken aus der Schallöffnung des Turms herunterfallen und beschwerte es oben mit mehreren Backsteinen.

Jetzt kam der kritische Moment, wie die paar Möchtegernvolksstürmer und die Amerikaner darauf reagieren. Ich blieb deshalb im Turm und beobachtete die Panzer, bis sie mit mehr Schwung und mit geöffnetem Turm in das Dorf fuhren.

Dann wagte ich mich heraus. Merkwürdigerweise traf ich niemanden; das ganze Dorf war wohl entlang der Dorfstraße zu finden, um die Amerikaner zu begrüßen.

Zuhause angekommen war Christel verschwunden, auch Oma wusste nicht, wo er steckte. Ich rannte die Straße herunter, um ihn zu suchen. Ich hatte Angst, weil doch die Gewehre und Kanonen immer noch schussbereit angeschlagen waren und auf der Straße ein Fahrzeug dem anderen folgte. Dieser permanente Stress heute machte, dass ich in Tränen ausbrechen musste. Ich fand ihn nicht, ging nach Hause und da war er längst.

Ich erfuhr von Leuten aus Niederklingen über die anständige Behandlung vonseiten der Amerikaner. Alles war anders, als die Propaganda uns weisgemacht hatte. Die Panzer und Autos fahren sehr vorsichtig, den Fußgängern ausweichend und abstoppend. Vor der Wirtschaft (*Gastwirtschaft, s.u.*) kam der lange Zug ins Stocken, alles hielt…

Jetzt trauten sich die Amis weiter und fuhren mit geöffneter Luke an uns vorbei in den Ort und wir wagten uns zu winken. Und die Soldaten lachten und winkten zurück.

Ich wunderte mich, dass viele von ihnen so schwarz waren und ich dachte, die wären dreckig oder verrußt. Ich kannte zwar das Kinderbuch 'Zehn kleine Negerlein', diese Figuren hatte ich aber nicht mit richtigen Menschen in Verbindung gebracht.

Das Pfarrhaus war groß und geräumig, hatte eigenes Wasser und Toiletten und lag am Ortsrand, kurz: Logistisch und strategisch gesehen war das Pfarrhaus ideal für ein 'Headquarter'. Und so wurde es auch vereinnahmt.

30. März 1945

Ich war bei der Walters-Kett *(Walters-Käthe, die die Gastwirtschaft ZUR TRAUBE betrieb)*, als Soldaten reinkamen und Wein verlangten. Sie bekam Angst und rannte in den Keller. Ich wollte auf die Kasse aufpassen, da schlurften die Amerikaner auf mich zu und fragten, ob ich ein Foto für sie habe. Ich konnte verneinen und es wurde mir dann doch etwas unheimlich und ich ging. Von draußen sah ich, wie ein Soldat einer nach dem anderen mit Flaschen und sogar Würsten herauskam. Für uns gab es damals nichts, wenn wir mal was gebraucht hätten.

Zu Hause angekommen sah ich, wie zwei Soldaten unsere Hoftür aufmachten, um Autos abzustellen. Ich sprach sie auf Englisch an, was sie da machen. Sie wünschten da rein zu fahren, außerdem brauchten sie Raum für eine Unterkunft. Ich sagte ihnen, dass das Haus belegt sei. Sie machten keinen unangenehmen Eindruck auf mich, besonders als ich englisch sprach. Oma kam auch angerannt und radebrechte ein gebrochenes Deutsch wie ein Ausländer. Die zwei Soldaten wollten sich nicht abweisen lassen, da brachte Oma mein Schild 'PARSONAGE' *(=Pfarrhaus.)* „A Parsonage", sagte er zu seinem Kollegen, „then we can't get in" oder so ähnlich, ich konnte ja den Sinn ihrer Gespräche verfolgen. Er fragte noch nach der Konfession, ich nannte beide Konfessionen. Sie selbst waren Katholiken. Dann wies er auf Stumps Haus und da ich wusste, dass sie im Notfall die Leute rauswerfen konnten, sagte ich, einen Raum mit Schlafmöglichkeiten könnte ich im Notfall abgeben. „Can I see that room?" Wir gingen rein und er sagte, er wolle mit sieben Kameraden drin schlafen.

Auf dem Dachboden wurden dieselben Matratzen zurechtgelegt, die fast körperwarm von den deutschen Soldaten zurückgelassen worden waren. Auf dem Acker neben meinem Mäuerchen wurde die Küche eingerichtet, unter dem Rosenbaum auf dem Nachbargrundstück stand ein Funkwagen mit langen Peitschenantennen und unsere Haustür durfte nicht mehr zugemacht werden, weil da ein ständiges Kommen und Gehen war.

Ruth rannte aufgeregt mit dem Wörterbuch herum - wären es Franzosen gewesen, sie hätte nicht die Sprachprobleme gehabt wie jetzt - und versuchte die GIs gütig zu stimmen, indem sie darauf aufmerksam machte, dass es sich hier um ein Pfarrhaus handele. „Parsonage-parsonage", rief sie immer oder so etwas in dieser Richtung. Ich weiß nicht, ob die Amerikaner das verstanden haben, denn in den USA habe ich diese Bezeichnung für Pfarrer oder Pfarramt nie gehört, sondern reverend, minister oder priest. Aber davon abgesehen, ich kann mich an keine Situation erinnern, an der man uns schlecht behandelt hätte.

Man hatte sich zum Beispiel zunächst in unserer 'Guten Stube' breitmachen wollen, die sich gleich im Erdgeschoss geradeaus befand. Es kamen Soldaten, so dreckig wie sie eben waren, erst einmal rein, sahen das Sofa und die Stühle und freuten sich, die Beine endlich mal langlegen zu können. Sie legten ihre 'Knarren' auf das Glanzlackbuffet.

Da kannten sie aber meine Oma schlecht. Sie kannte zwar kein Wort englisch, aber sie nahm sich die Männer gleich vor: Sie kam mit Zeitungspapier, nahm die Gewehre auf die Seite, legte das Zeitungspapier auf das Buffet, legte die Waffen wieder zurück, drohte mit dem Finger und sagte „Dududu" und - man entschuldigte sich.

Oma hatte recht bald das Kommando inne, allein durch die Art und Weise, wie sie mit den Männern umging. Sie hatte mit ihrem dicken Busen und ihrem etwas koketten Auftreten bei den Männern, die so lange nicht bemuttert worden waren, den richtigen Nerv getroffen. Als diese so dreckig durch das Haus marschierten und auch streng rochen, machte sie mit der Hand die Geste des Kopfwaschens, Kopfnicken, Lächeln. „Oh, yes, Mommy…" und dann fing die Kopfwascherei an. Es war ja warm genug und im Hof standen sie Schlange, um von Oma den Kopf gewaschen zu bekommen. Die Ami-Küche nebenan produzierte das heiße Wasser, die Amis hatten auch das bessere Shampoo, aber wir hatten die besseren Hände dafür. Und die GIs waren überglücklich und träumten vielleicht anschließend von diesen Händen. Aber vorher revanchierten sie sich mit köstlichen C-Rationen (siehe **Anhang**), Kaffee und Corned Beef und und und. Wir schlemmten bis in die Nacht hinein, wir wollten gar nicht mehr ins Bett. Konnten wir auch nicht, solange Oma draußen die Köpfe massierte. Sie war danach fix und fertig, aber überglücklich, nicht nur, weil sie endlich einmal eine vernünftige Zigarette rauchen konnte.

Am nächsten Morgen, nehme ich an, wurde unser Haus auf den Kopf gestellt. Das fing frühmorgens damit an, dass Amis die Treppe hoch polterten und, ohne groß anzuklopfen, Türen aufrissen. In das Zimmer, in dem mein Bett in der Ecke stand, kam ein GI; einen so großen Mann hatte ich noch nie gesehen. Er füllte den ganzen Türrahmen aus bis obenhin. Ich stand im Bett, hielt mich am Fußende fest und musste die Augen und den Mund so aufgerissen haben vor Staunen oder Furcht, dass er die Zigarre aus dem Mund nahm, lächelte und mir auf dem Kopf herumtätschelte und mich zu beruhigen versuchte.

Ruth war sehr aufgeregt. So viel hatte ich schon mitbekommen, dass die Amis nach Waffen suchten. Außerdem sollten wir Fotoapparate und Ferngläser abgeben.

Wir hatten ein Luftgewehr, völlig unmartialisch, aber ein Gewehr, eine Voigtländer-Kamera und auch ein Fernglas, die Ruth mit meinem Wissen versteckt hatte.

Sie hatte alles in meinem Spielzeugschrank verborgen. Am kritischsten war das Gewehr. Es wurde zum Laden gespannt, indem man den Lauf herunterknickte, bis die Feder einschnappte. Dieses lag nun geknickt in dem obersten Fach ganz hinten. Aber welche Spielsachen wir auch immer davor basteln und stellen konnten: Den geknickten Bügel konnten wir nicht ganz verbergen und wenn man genau hinschaute, dann sah man ihn.

Die Kamera lag in einem Behälter, in dem ich hunderte von kleinen Sachen aufbewahrte, Bauklötze, Soldaten, Püppchen. Das Ding war randvoll. Das Fernglas hatte Ruth untauglich gemacht, indem sie die Linsen herausgeschraubt und separat versteckt hatte. Beim Durchschauen sah man nichts mehr und es war ganz offensichtlich als Spielzeug in meinem Schrank ganz vorne platziert.

Als der Ami kam, der mein Zimmer durchsuchen wollte, stürzte er sich gleich auf meinen gut bestückten Spielzeugschrank und begann, sich ihn genauer anzusehen. Natürlich hatte er gleich das Fernrohr in der Hand und ich fing an zu jängern. Er guckte durch und sah, dass es nicht mehr kriegstauglich war und gab es mir zurück. Jetzt nahm er sich meinen Spielzeugbehälter vor und begann, ihn auszukippen. Da machte ich wirklichen Terror und heulte. Das wurde ihm doch zu blöde und er hielt mit seiner Gießerei inne. Ich schaufelte die Teile schleunigst zurück und erreichte damit auch, dass ich ihn vom Gewehr abgelenkt hatte.

Bevor die Amis kamen, hatte Ruth aber weitere Gegenstände beseitigen müssen: Die Hakenkreuzfahne und Fähnchen, die wir öfter - zumindest an Hitlers Geburtstag - hatten hissen müssen. Die große Fahne steckte unter der Dachschräge auf dem Balkon. Wohin mit diesem sperrigen langen Ding? In unsere Jauchegrube. Dazu musste der Stump uns erst einmal den schweren Deckel hochheben und dahin wurde sie eingerollt versenkt, in ein Versteck, das ihrer wert war.

Oma meinte zwar, schade um den schönen Stoff und hatte sich deshalb vorher ein paar quadratische Stücke herausgeschnitten. Als wir im Jahr später die Jauchegrube leeren ließen, war von dem Stoff fast nichts mehr übrig. Die Stange ließen wir in der Grube stecken, weil wir uns so ekelten.

Dann war da der Grundstock der Bibliothek eines jeden deutschen Haushalts: Hitlers ´Mein Kampf´. Wir hatten eine so große Bibliothek edleren Genres, dass ein solches Buch so leicht zu verstecken war wie ein Blatt im Walde.

Wie gesagt, die Ami-Küche war direkt vor unserem Haus und begann, herrliche Düfte zu verbreiten, bevor Oma die Idee mit der Kopfwäscherei hatte umsetzen können. Es roch nach Bohnenkaffee, Erbsensuppe und frischem Brot. Zum ´Essenfassen´ standen die GIs dann Schlange mit ihrem Kochgeschirr und was sie nicht mehr essen konnten, landete in einer großen Grube, die sie auf dem Grundstück danebn ausgehoben hatten.

Wir konnten damals nicht verstehen, wie verschwenderisch man mit dem Essen umgehen konnte. Sie hatten ein Weißbrot, das so weiß war wie ein Blatt Papier und sehr, sehr weich. Wie oft wurde die

Scheibe einfach angebissen und landete in der Grube. Oder die Speisereste. Etwas aus der Grube als Schweinefutter zu holen, ließen sie nicht zu: Nach einer Weile wurde Kalk darauf gestreut und war danach sowieso unbrauchbar. Und das Essgeschirr wurde in Kaffee abgewaschen. Welch eine Verschwendung dachten wir bzw. die Erwachsenen. (Erst viel später erfuhr ich, dass das seinen Sinn hatte: Damit der Zinkgeschmack des Essgeschirrs nicht so den Geschmack der nächsten Mahlzeit beeinträchtigte, hatte man ein paar Tütchen Nescafé ins Spülwasser getan.)

Dass wir Kinder aber trotzdem zu unserem Recht kamen, das versteht sich von selbst. Schnell hatten wir die wichtigsten Schlüsselwörter drauf, die die Herzen unserer neuen Freunde öffneten: ´Hellou´, ´haudujudu´, ´plies giff mie schuingomm´. Zigaretten zu erbetteln kam mir persönlich nicht in den Sinn, da Ruth und Oma damit bestens versorgt waren, aber andere taten es für ihren Vater oder Bruder.

Für die Ami-Küche stapelten sich die Vorräte in unserem Haus. Sackweise. Da gab es getrocknete Kartoffeln und auch getrocknete Karotten. Sie sahen aus wie Pommes Frites und waren so trocken, dass man einen solchen Schnitz den ganzen Vormittag im Mund haben konnte. Er weichte nicht auf, bloß die Spucke lief einem dauernd die Backe herunter.

Dann gab es bei uns sackweise Milchpulver. Man brauchte es nur mit Wasser verrühren und schon war die Milch fertig. Schlimm aber war ein gelbes Pulver: Eigelb. Erst steckte ich den Finger rein und leckte ihn ab, schmeckte lecker. Deswegen holte ich mir einen Löffel aus der Küche und nahm einen Mundvoll.

Ich bekam den Mund nicht mehr auf. Zusammen mit der Spucke war im Mund ein Kleister entstanden, der mir Zunge und Zähne zusammenklebte. Ich kam weder mit der Zunge noch mit den Fingern an diesen Kleisterkuchen. Hätte ich Schnupfen gehabt, ich wäre erstickt.

Aber es schmeckte wenigstens besser als Pelikanol.

Ein Farbiger, vielleicht der Koch, hatte einen besonderen Narren an der Oma gefressen, wahrscheinlich hatte sie ihn besonders schön gekrault. Vielleicht war er einfach dankbar und glücklich, dass er in

Deutschland so lieb empfangen wurde und dass für ihn der Krieg zu Ende war.

Jedenfalls bekam ich von ihm bei jeder sich bietenden Gelegenheit ein Streifchen 'Schuingomm'. 'Senkju' wusste ich auch schon.

Eines Tages, als die GIs anderweitig beschäftigt waren und die GI-Küche geschlossen war, kam er und guckte über das Mäuerchen, winkte mir zu, dass ich 'Mommy' holen solle. Mommy war die Oma. Als nun Oma und ich im Hof vor der Mauer standen und auf das warteten, was kommen sollte, linste er um die Ecke, wo die Mauer in den Maschendraht überging, wie der Kaspar im Kasperletheater: SEID IHR ALLE DA? Dann verschwand er wieder und nach einem kleinen Weilchen stellte eine unsichtbare Hand ganz langsam, als würde sie für jede Büchse auf einen Applaus warten, eine Pyramide auf: zunächst eine Reihe 1-2-3-4, darauf 5-6-7, dann die dritte Reihe 8-9 und schließlich die letzte der 10 Büchsen ganz oben drauf. Mit dem breitesten Grinsen guckte er an diesem Turm vorbei: „That's all yours", dürfte er gesagt haben.

Der Austausch der Dankesbezeugungen und Erwiderungen waren eindeutig genug, obwohl jede Seite ihre eigene Sprache verwendete und Oma hatte die Schürze voll Büchsen, die sie nach oben in ihre 'Kamurke' schleppte. Wie ich sie kenne, hatte sie davon allenfalls Ruth etwas abgegeben, aber den 'Pachulken' - unseren Flüchtlingen im Hause - bestimmt nichts.

Diese Büchsen hätte man einzeln in Weihnachtspapier einwickeln sollen. Es waren Blechbüchsen, die den Dosenöffner auf dem Deckel aufgeschweißt hatten, den man nur noch abzubrechen, in eine Lasche an der Seite hineinzustecken und die Büchse aufzudröseln hatte. Danach wurde man beschenkt mit drei Zigaretten, einer Lage Keksen, Süßigkeiten und - wenn ich mich richtig entsinne - Corned Beef. Es kann auch sein, dass es verschiedene Sorten dieser Büchsen gab. Jedenfalls machten viele GIs diese Büchsen nur wegen der drei Zigaretten auf und warfen den Rest einfach weg.

Die GIs rauchten viel. Im Gegensatz zu den Männern im Dorf, die wir nur Pfeife rauchend kannten, rauchten sie Zigaretten. Ruth und Oma rauchten auch Zigaretten, Ruth ziemlich oft und heimlich und über die Lunge, Oma nur so eine am Tag, nach einem guten Mittagessen, als Belohnung. Als 'Dame von Welt' natürlich mit Spitze. Oma fand stets Mittel und Wege durch den ganzen Krieg zu Zigaretten, die auch gut rochen.

Die Bauern rauchten ein fürchterliches Kraut, das sie selbst pflanzten, den sogenannten ´Scheierbambel´ (der in der Scheune baumelte).

Da konnten wir Kinder nicht nachstehen. Die GIs warfen ihre Zigaretten oft nach 2/3 weg und es blieb noch ein guter Rest zum Fertigrauchen. Besser war es - und das war meine Methode - sie zu sammeln und sie einem Bauern zu schenken, der mir auch etwas für meine Hasen gegeben hatte.

Trotzdem hatte es mich gejuckt zu erfahren, was es mit dem Rauchen auf sich hatte. Wir haben uns deshalb in den alten Steinbruch verkrümelt, wo es Haselnussbüsche gab. Mit Zeitungspapier und zerkleinerten, trocknen Haselnussblättern aus dem Unterholz haben wir uns Zigaretten gedreht, angezündet und ein paar Züge gemacht. Es hat nicht lange gedauert, bis es uns fürchterlich schlecht wurde, und wir gar nicht mehr aus dem alten Steinbruch herauskamen. Die restliche Zeitung benötigten wir dringend für etwas anderes. Ich blieb seitdem überzeugter Nichtraucher.

Unter dem Rosenbaum hatte sich die Funkzentrale eingenistet. Dieser Wagen wurde überhaupt nicht mehr bewegt und aus ihm drangen die elektronischen Befehle und Gespräche, die dann mit amerikanischem Gequatsche mit Kaugummi im Mund beantwortet wurden. Das Ergebnis dieser Tätigkeiten waren haufenweise Batterien, die weggeworfen wurden, weil sie wohl leer gequatscht worden waren. Die Batterien waren Dinge, mit denen man etwas machen konnte, wir wussten bloß nicht was. Wir nahmen sie erst einmal auseinander und stießen auf einen schwarzen Kohlestift, der sich zum Malen eignete. Und zum Aufheben für schlechtere Zeiten, weil wir so viele von den Stiften hatten. Außerdem konnte ich sie mit anderen tauschen, die nicht über solch exzeptionellen Quellen verfügten wie ich.

Während dieser Funkwagen sich nicht von der Stelle bewegte, fuhren Jeeps zu ihm und wieder weg und manchmal durfte ich mitfahren. Der GI fuhr dann absichtlich nicht auf der Straße, sondern raste über die Äcker, dass ich fast ´rausgedotzt´ wäre. Wahrscheinlich wollte der Ami angeben, wie toll er fahren kann. Den Bauer

wird es auch gefreut haben, auf diese Weise seinen Acker gepflügt
zu bekommen.

Am 30. März 1945 berichtet Ruth weiter über die Geschehnisse mit den Amerikanern. Ich beschränke mich hier auf ihre Beobachtungen, die ich nicht selbst gemacht habe oder machen konnte.

Frau Jacob sprach viel und lebhaft über alle möglichen Probleme mit den Soldaten, sie klopften sogar an ihre Tür und gingen zu ihr rein... Und dann ging die Ortsschelle, dass von 7 bis 7 Uhr Ausgehverbot sei. Gefangen im Haus, aber ein Trost: Dieses Dorf ist eines der wenigen, das noch keinen Schuss gehört hatte. ...

Die Ortsschelle wurde vom Ortsdiener bedient: Wann immer das
Dorf eine Mitteilung wissen musste, wurde er vom Bürgermeister
auf die Gassen geschickt, wo er alle 50 Meter stehenblieb, eine Glo-
cke schüttelte und nach einer Kunstpause und dem stereotypen
'BEE-KANNNTMACHUNG!' von einem Blatt ablas. Er wurde
auch stets von einer Kinderschar begleitet und umringt, die sich
ständig ausdünnte und von anderen aufgefüllt wurde, weil sich Kin-
der nie zu sehr von Zuhause wegbewegten. Der Ortsdiener musste
deshalb jedes Mal erneut Ruhe um sich herum einfordern.

Telefon und Licht wurden gelegt. Der Arzt *(der Amis)* saß am Schreibtisch und las. Jetzt wurden sie unnahbarer. Sicher wollen sie ihre Ruhe haben. Vorher hatte ich - welch Glück - alles noch rausgeräumt, Sessel, Koffer, nur eben die Bücher konnte ich nicht forträumen. Ich hoffe, dass keins fehlt, sie scheinen durchgesucht, sind unordentlich in den Reihen.
Wohl an die 20 werden raus- und reingegangen sein. Wir schliefen kaum, schon wegen des herrlichen Bohnenkaffees nicht. Die ganze Nacht patrouillierten die Streifen. Laut pfeifend und singend. Wie anständig unsere Einquartierung war, erfuhr ich heute. Viele andere mussten ihre eigenen Betten zur Verfügung stellen. Dem Milchfritz nahmen sie alle Eier weg... Aber das ist Krieg. Wir sind es zufrieden, die Russen wären anders mit uns umgesprungen.

Heute Morgen machten sie sich ein feudales Frühstück mit Eiern, Schinken, Marmelade und Bohnenkaffee. Wir erbten einen Topf davon und Kekse. Um 5 Uhr standen sie auf, um ½ 8 Uhr rasten sie davon…

Bald werden wir kein Brot mehr haben, der Strom fehlt seit drei Tagen, keine Mühle kann mehr mahlen und Lebensmittelmarken gibt es auch nicht mehr. Jetzt lernen wir Milchsuppe essen.

Ich fand einen ganzen Sack getrockneter Kartoffeln im Abfallhaufen. Eiserne Ration.

2. April 1945 (Ostermontag)

Nun ist das einst so schöne Osterfest vorüber - dieses wird wohl unvergessen sein!

Die Stürme des Krieges sind ohne Blutvergießen, nur voller Aufregung gnädig an uns vorbeigezogen. Nun liegt eine dunkle Zukunft vor uns mit einer anarchischen Zwischenzeit, da keiner Rechte, aber auch keine Pflichten hat…

Die - ehemaligen Fremdarbeiter - Polen und Russen treiben ihr Unwesen, in Darmstadt und Frankfurt plündern und morden sie und hier hat auch jeder Angst. Deshalb wurde angeordnet, dass unsere Haustüre stets verschlossen sein soll, was aber nicht beachtet wurde.

Alma erzählte mir später, dass die Fremdarbeiter von hier sich nur die Bauern vornahmen und verprügelten, von denen sie schlecht behandelt worden waren. Eckbäckers und Trabolts passierte nichts. Alma erzählte, dass eine Gruppe Polen zur Eckbäckern – also zu ihrer Mutter - kam mit den Händen voller Eier und verlangte von ihr Brot dazu. Sie weigerte sich. Darauf schoben sie sie in die Stube und schlossen von außen ab. Als der Eckbäcker vom Feld kam, saßen sie immer noch da herum und verlangten nun Brot von ihm. Er gab jedem einen Laib, kochte ihnen auch die Eier und dann rückten sie dankbar ab. Er schärfte seiner Frau ein, dass in Zukunft solche Angelegenheiten lieber so zu regeln sind, um nicht Gefahr zu laufen, dass eines Nachts die Scheune brennt.
Die einzige Geschichte, bei der es grob zuging, ereignete sich in der Heidemühle (´Hahremiehl´), eine der beiden Mühlen zwischen Niederklingen und Unnötig. Dort waren die Fremdarbeiter schlecht

behandelt worden und so bekamen der Mann und seine Frau Prü-
gel. Anschließend wurden sie in den Keller gesperrt.

Eine Episode dazu, die skizziert, wie man im Krieg mit Fremdar-
beitern zusammenlebte: Der Friedel Koch hatte seinen Vater recht
früh im Krieg verloren und seine Mutter - sie hieß Elise - musste
mit ihm 'die Wertschaft' alleine bewerkstelligen. Deshalb bekamen
sie einen Franzosen als Hilfe zugesprochen.

Das Gehöft war sehr armselig, zwei Kühe, die zudem auch noch als
Zugtiere dienen mussten. Die Mutter war nachlässig und schmud-
delig. Ich war einmal bei ihnen, als sie gerade zu Mittag aßen. Der
Tisch bestand aus zwei Brettern mit einem dicken Spalt dazwi-
schen, der mit Essensresten fast zugekleistert war. Sie löffelten aus
einer einzigen Schüssel. Als sie mit dem Essen fertig waren, leckten
sie ihren Löffel ab und legten ihn in die Schublade zurück.

Die Elise hatte so grauenvoll gekocht, dass der Franzose sie deshalb
verprügelte. Das geschah aber schon während der normalen Kriegs-
zeit. Und alle Nachbarn hatten ein Einsehen: „Räächt geschieh-
ter!" (Recht geschieht ihr).

… Gehe ich dagegen nur mal zu Stumps rüber, wird sie von
Dettmers prompt aus Schikane hinter mir abgeschlossen.

Ich kam nun gestern vom Milchholen und fand die Tür
sperrangelweit offen, da aber Frau Dettmer um die Ecke
stand, ließ ich sie offen. Ich war längst oben, als der Wind
sie zuwarf.

Frau Dettmer, mit der ich seit Tagen kein Wort mehr gesprochen hatte, dachte wohl, ich hätte sie zugeworfen. Sie
ging zu ihrem Ollen rein und schnauzte: „Das will ein deutsches evangelisches Pfarrhaus sein! Ob Ostern, Pfingsten,
Weihnachten, die gleichen unfreundlichen Gesichter, die
gleichen Schikanen."

Später sagte ich ihr: „Wenn ich genau so niederträchtig wäre
wie Sie, dann würde ich längst nicht mehr hier wohnen."
Worauf sie ausfallend frech wurde…

Frau Dettmer hatte mir aufgelauert und sagte: „Sie wollen
eine vorbildliche Pfarrfrau sein? Sie sollten sich was schämen! So was habe ich noch nicht gesehen. Hass, Zank,
Neid, Missgunst, Zwietracht - das sind Ihre Tugenden."

Ich war sprachlos. Ich sagte mir, dass ein solcher Mensch mich nicht beleidigen könne und ging rauf. Ich schrieb sofort die Kündigung, ließ sie von Pfarrer Sehrt unterschreiben und überreichte sie ihr.

Nun ging es erst los: Alle Leute im Dorf seien sich einig, sollte Rudi eines Tages nach Hause kommen, würden sie ihn von der Kanzel herunterprügeln. Sie würde den Leuten erzählen, was hier im Pfarrhaus wirklich ablaufe. „Ich werde auspacken! Ihnen wünsche ich, dass Sie das Pfarrhaus räumen und in einer Scheune hausen müssen."

Ich war empört. Ich war fertig.

So anberaumte ich zu heute eine Kirchenvorstandssitzung, zumal die Dettmer dauernd zu Hammen rennt um sich mit denen zu bereden. Das Dumme nur, Hammen steht auf dem Index.

Weil der Lehrer Hammen ein strammer Nazi war und mit dem deutschen Gruß den Unterricht begann, hatte Ruth mich in dieser Schule nicht eingeschult und mir persönlichen Unterricht gegeben. Ich kam nach dem Krieg gleich in die 2. Klasse zu Fräulein Kloß.

In der Sitzung legte ich alles haarklein dar und bat um Unterstützung. Diese wurde mir auch zugesagt. Das war also meine Osterfreude.

Man darf nur nach Lengfeld rein, um einzukaufen, aber keiner der Einwohner darf raus. Polizeistunde ist dort ½ 6 Uhr, in Überau um ½ 10, hier darf von 7-7 Uhr keiner auf die Straße, außer die Ausländer, die jetzt Oberwasser haben. Hier wurden am Mittwoch alle Waffen und Munition abgegeben, in Niederklingen auch Fotoapparate und Radios. Die Amerikaner haben verschiedene Radios mitgenommen, ohne zu fragen.

Unser Rathaus haben sie schrecklich demoliert, weil der Bürgermeister nicht da war und die Schränke verschlossen waren. So haben sie die Schränke aufgeschossen.

Unser Bürgermeister und der in Lengfeld sind abgesetzt. Es heißt, er würde noch abgeholt werden, ebenso der Lehrer.

Berlin und Nürnberg sollen gefallen sein. Wir leben völlig hinterm Mond ohne Radio und Zeitung. Aschaffenburg und Hanau sollen wir zurückerobert haben, daran glaube ich aber nicht. Es wird soviel geredet.

In Gedanken an Rudi bin ich ganz ruhig. Frau Straub sagt, dann geht es ihm auch gut. Erst wenn ich unruhig werde, ist was geschehen. Ich bin in fester Zuversicht und Hoffnung. Die Amerikaner sagen, in vier Wochen sei der Krieg aus.

6. April 1945
Sonst hatte man sich zu dieser Zeit auf den Geburtstag von Rudi ausgerichtet, jetzt kann ich ihm noch nicht einmal einen Brief schreiben. Es wird der letzte Geburtstag im Kriege sein.

Wenn Dettmers nicht im Hause wären, wären wir vollkommen im Frieden. Wohl tut die Ruhe, kein Auto (heute zum ersten Male ein deutsches Kartoffelauto), kaum sind Flieger da. Und selbst, wenn sie tief fliegen, dann wissen wir, dass sie einem nichts antun. Milch und Butter ist in Hülle und Fülle da, nur das Brot wird knapp, weil die Mühlen ohne Strom nicht mehr mahlen können. Ich kriege aber hie und da ein Stück geschenkt, sodass wir bis jetzt keinen Mangel hatten.

Am Montag hatte ich mit Herrn Walther vom Kirchenvorstand gesprochen; brühwarm hatte der verschwiegene und edle Herr am Dienstag es der Dettmer weitererzählt. Triumphierend singend und jodelnd trieb sie ihr Unwesen, brüllte ihrem Ollen alles Mögliche in das Ohr, bei der Kommandantur will sie uns anzeigen usw. Dann kroch sie zur Jacoben, die schon im Bett lag und da ging noch mal das fröhliche Gejodel los - die zwei, die sich vorher gegenseitig des Diebstahls bezichtigten, die sich dauernd anraunzten..., die kriechen jetzt gegen uns zusammen! ...

Dieses Hickhack zwischen der Ortsverwaltung, der Kirchenverwaltung, den Dettmers und Ruth zog sich über Wochen und Monate.

Als aber die Frau Dettmer sich frech und obszön hinstellte und sagte: „Mich kriegen sie hier nicht raus", sagte Oma: „Das werden wir ja mal sehen: Sie räumen heute noch die Küche! Ab morgen sind Sie hier nicht mehr drin!"

Stumpf kam und machte einen Schlüssel für die Küche. Es wurde abgeschlossen, zu ihren Sachen musste sie hinten herum. Ich bin zu Herrn Weber, dem Feldschütz, gegangen, der mir freudig Beistand versprach.

„Ich hebb des alles mitgemoocht *(mitgemacht)* mit meine Leit. Ich hebb se rauskrieht *(rausgekriegt)*, mer kriege ihne ihr Bagasch *(ihre Bagage)* aach enaus… Ich kumm, nemm se bei ihrm dicke Aasch un schmeiß se zum Fensta naus, ich haach er *(haue ihr)* uffs Schlappmaul, dass die Zääh enaus mache. Die soll sich nur muckse. Ich kumm. Ich schmeiß des Gewitter-Oos enaus."

Heute kam er pünktlich, stellte sich in die Küche, fragte die Dettmer, wo sie ihre Sachen hingestellt haben wolle, ob im Keller oder in die Waschküche… „'s is aanerlaa, wohie. Naus kimmts. Hebb Ihne noi geholfe, helf ich Ihne aach enaus." *(Es ist einerlei, wohin. Raus kommt's. Ich habe ihnen reingeholfen und so helfe ich Ihnen auch raus.)*
„Das können Sie nicht, das dürfen Sie nicht!"
„Ich derf nit? Des wer ich Ihne beweise", packt zu und trägt ihren ganzen Bettel in die Waschküche. Die Dettmern verkroch sich. Nun ist die Küche parasitenfrei.
Ich schlafe wie Blei, kann nicht genug schlafen. Sind das die Nachwehen zu all der Aufregung und Anspannung? Habe zu nichts Lust.

8. April 1945
Gestern um 3 Uhr ging das Licht wieder an. Es war 12 Tage weg.
Jetzt können wir wieder Radio hören, und wir waren erstaunt, wie weit sie schon fortgeschritten sind: Schon in Mitteldeutschland, Mühlhausen, Bremen, Emden. Was mag Rudi machen, wo mag er sein! …

12. April 1945

Ich renne mir schon wieder wegen Dettmers die Hacken ab und habe Aufregung über Aufregung. Nachdem wir sie nun aus der Küche heraushaben, macht sie nun zum Dekan und zu Pfr. Sehrt und erdichtet die schönsten Schauergeschichten über uns... Ich bin nun ebenfalls zum Dekan und Pfr. Sehrt, um meinerseits die Geschichten geradezurücken...

Dann nach Hause. Jetzt wird noch die Jacoben problematisch, die sich als Dolmetscherin wer weiß wie wichtig vorkommt...

Die Kinder liegen zu Bett, Keuchhusten will nicht weggehen...

Am Reinheimer Rathaus standen lange Schlangen von Männern, die sich melden mussten, weil sie desertiert waren. Amerikaner mit MP standen auch da - es hieß, gestern sei ein Lastwagen voll Deserteure abtransportiert worden.

19. April 1945

Heute vor einem Monat habe ich die letzte Post von Rudi gekriegt. Wo er nur sein mag? Christel betet viel und Thomi sagt auch schon „Mammi, bete". Thomi hat den lästigen Husten immer noch, er keucht nachts was zusammen, er schläft schon seit Wochen bei mir, die Nachtruhe ist danach.
...

Die Dettmer versucht dauernd, die Küche zurückzuerobern. Als Oma kurz das Haus verließ, hat das die Frau belauert und kam die Treppe zu mir hoch gepoltert. Ich ahnte nichts Gutes und kam ihr entgegen. Fuchsteufelwild sah sie aus und schnauzte sofort auf der Treppe los, dass ich eine Aussprache nicht verweigern dürfe...

Gestern war ich in Brensbach, aber der Zahnarzt war nicht da, obwohl er mich bestellt hatte. Zustände!

Ich sah mir ein paar Kriegsschäden von der Schießerei vor sechs Wochen an: Eine abgebrannte Fabrik, an manchen Häusern sind die Fensterscheiben kaputt. Ich ging auf den Friedhof, wo die 16 Deutschen und die drei Amerikaner begraben liegen, die das Gefecht gekostet hat. Die zehn, die auf Brensbacher Gebiet gefallen sind, haben schöne Holzkreuze, die anderen sechs waren auf Wersauer Gebiet gefallen und hatten noch keine. Die Angehörigen ahnen noch nichts von dem Tod dieser armen Männer. Der jüngste war noch keine 16 Jahre alt. Zwei sind unbekannt, weil Polen die Leichen ausgeraubt hatten und auch Papiere und Erkennungszeichen mitgenommen haben. Da lauern die Angehörigen auf ein Zeichen von ihnen und werden nie eines mehr bekommen. Die Polen haben auch alle Geschäfte in Brensbach geplündert und schreckliches Unwesen getrieben…

Dienstags, donnerstags und samstags gibt es tagsüber keinen Strom. Nur abends wird wieder eingeschaltet.

… In Lengfeld mussten viele Häuser innerhalb von ein, zwei oder drei Stunden total ausgeräumt sein, manchmal nur für Tage, manchmal zogen dann, als alles leer war, die Amerikaner doch nicht rein.

Hier ist aber alles ruhig und still. Wir merken kaum etwas, dass wir unter Militärregierung stehen. Ab und zu fährt mal ein Auto zum Bürgermeister, der noch im Amt bleiben muss, nachdem er abgedankt hat. Er wird aber, so wie der Lehrer, nicht bleiben dürfen.

Dazu kam es beim Bürgermeister nicht mehr: Er hatte sich vorher in seinem Garten erschossen.

In Überau und Lengfeld müssen ehemalige Parteigenossen alle Drecksarbeit öffentlich tun, Straßen kehren, Straßen und Häuser ausbessern…

Überall herrliche Baumblüte. Es verspricht, ein gutes Obstjahr zu werden.

24. April 1945

Mir fehlt die Freude an der Arbeit. Gut, dass Oma das Gegenteil ist, so bleibt keine Arbeit liegen. Ich bin so in Unruhe, was mit Rudi ist. Vor drei Tagen wurde Wittenberg zum ersten Mal im Radio genannt, dort streben die Alliierten zu einer Vereinigung.

Heftige Kämpfe und Bombardements in Berlin, Hamburg und Bremen, Berlin ist zu einem Drittel eingenommen und alles wird kaputtgeschlagen, unser schönes Deutschland. Eigentlich kenne ich herzlich wenig von Deutschland, war nie in Ulm, Regensburg, Nürnberg, Hamburg, Breslau, alles nie gesehen und jetzt werde ich es erst recht nicht mehr sehen können... Jetzt ist das Radio voll von den grausigsten Geschichten aus den KZ-Lagern. ...

... Weit und breit ist kein Militär mehr zu sehen. In Darmstadt - Gerüchte gehen viel herum - sollen Zwölfjährige zum Schuttwegräumen herangezogen worden sein. Begründung: Wenn sie in der Hitlerjugend haben schießen lernen können, dann können sie auch mit der Schippe umgehen...

3. Mai 1945

Die letzten Ereignisse sind viel zu schwerwiegend und doch rührt einen gar nichts mehr. Hitlers ´Heldentod´ ist ein Anlass zum Jubeln und das tat ich auch. So schmählich geht ein ´Held´ zugrunde und selbst da wird man noch beschissen: ... Gestern fiel Berlin, nachmittags 3 Uhr. Ein kurzer Schluchzer - auch das war überwunden.

Goebbels soll auch tot sein, Fritsche, dieses Lügenmaul aus der Propaganda, sei gefangen... Dönitz macht weiter. ´Der Führer ist tot, aber es wird weitergekämpft.

... Thömchen kann pfeifen, Thömchen pfeift ein Tönchen. Beide Kinder leiden immer noch furchtbar am Keuchhusten, besonders der Thomi.

8. Mai 1945
Der Krieg ist aus! Gestern Nacht um 2:41 Uhr!

Gott sei Lob und Dank, dass er uns bis hierher gebracht hat...

Frau Jacob, die Tausende zur Verfügung hat, zahlt mir seit Marz keine Miete mehr mit der Begründung, 30 Mark für möbliertes Zimmer, Schuppen, Waschküche, Keller, Geschirr und Zimmerreinigung wäre zu viel.

Ich ging zum Bürgermeister - der kann mir nicht helfen. Aber: Er gedenke, wieder in die Kirche einzutreten, ich möchte es Pfarrer Sehrt sagen.

Pfui, Teufel! Die Kirche ist doch kein Verein, in den man sich raus- und wieder reinmacht je nach der politischen Währung! So bald wird das jedenfalls nicht sein.

… Am Sonntag wurde ein Stofflager in Niederklingen geplündert. Da konnte man den wahren Charakter einiger Klinger sehen, wie sie sich mit Ellenbogen Platz an der Rampe schafften, um nachher ballenweise den Stoff nach Hause zu schleppen. Nachtrag: Alles umsonst, man musste alles wieder zurückgeben!

12. Mai 1945

Diese Tage der Ruhe und des Friedens sind für mich beinahe schlimmer als die Bombentage. Die Gedanken an Rudi zermürben mich, die Angst, dass ihm doch etwas zugestoßen sein könnte. Wenn er in Wittenberg war, ist er womöglich bei den Russen gelandet?

Strom gibt es jetzt jeden Tag. Post und Bahn sollen in 14 Tagen wieder in Ordnung sein…

Seit gestern haben wir nicht mehr verdunkelt.

Stimmt ja: Die Verdunklung. Das Thema hatte ich ja völlig vergessen. Dieses Theater mit der Verdunklung. Ich weiß nicht, ob es eine allgemeine Bezeichnung dafür gab oder ob das eine familieninterne Abkürzung war: Jeden Abend wurde erst abgeklärt: „VD erledigt?" Und trotzdem konnte es sein, dass der Luftschutzbeauftragte Herr Stumpf klingelte und vermeldete: "Kumme se mol eraus. Wenn se sich doo hinstelle und sich bicke, dann kennense Licht rausgucke sehe."

Auf dem Dorf hatte wohl jedes Fenster Fensterläden, die man abends sowieso vorklappte. Aber die hatten den Sicherheitsbestimmungen wohl nicht gereicht und man musste die Fenster noch mit Verdunklungspapier zukleben. Fenster, die nicht so oft benutzt worden waren, waren über den ganzen Krieg mit Zeitungspapier zugekleistert, die in den besseren Zimmern mit einer Art schwarzen Rollos (?) versehen, die man tagsüber beseitigen konnte. Nachts hatte man absolut kein Licht gesehen außer die vielen Sterne und den Mond.

Die Taschenlampe von der Oma war ihr ganzer Stolz. Ich glaube, die hatte sie aus Berlin mitgebracht. Sie nannte sie ´das Käuzchen´, weil sie von einem Dynamo den Strom bekam und deshalb keine Batterien brauchte. Man musste sie nur ständig kneten, um über einen Bügel diesen Dynamo anzutreiben. Das hörte sich an, als ob ein Käuzchen rufen würde: jaul, jaul, jaul. Und mit jedem 'Jaul' flackerte das Licht an und verschwand wieder.

Herr Stumpf, der uns zu einem Alarm nachts herausgepfiffen hatte, wies die Oma einmal mit 'pssst' an, leise zu sein, als sie mit dem 'Käuzchen' den Weg zu Eckbäckers ausleuchtete. Oma daraufhin: „Jetzt hörnse man uff, Herr Stumpf, un machense 'n Punkt: So nah sind nu die Amis noch nich, dasse det hörn könn."

Das als Nachtrag zum Krieg und mit der Beseitigung der Verdunklung dürften seine letzten Spuren im häuslichen Leben verschwunden gewesen sein.

Überhaupt: Als der Krieg offiziell beendet war, griff allgemeine Entspannung um sich. Die äußerte sich auch darin, dass es plötzlich Dinge gab, die man vorher nicht bekommen hatte, ohne Lebensmittelmarken sowieso nicht. Auf einmal gab es Wein, auch ohne Marken.

Und da kam der Stump eines Abends sturzbetrunken nach Hause zu seiner Lies, hing erst einmal am Gartenzaun und musste sich erbrechen.

Sie lief händeringend herum: „Ach, du lieber Gott, moin Schorsch hot Blut gebroche. Was mach isch bloß, der sterbt mer jo."

Der Schorsch erholte sich aber prächtig von seinem Rotweinkater.

Etwa um die gleiche Zeit war ich mit Oma bei der 'Walters Kett', die die Wirtschaft ZUR TRAUBE betrieb. Während die Erwachsenen den Frieden über der Tischkante feierten, saß ich darunter bei der Katze und spielte mir ihr. Einige machten sich einen Spaß und gossen heimlich der Katze Weißwein in ihren Napf. Den trank ich ebenso heimlich aus. Die Da-Oben schienen sich zu wundern, wie versoffen die Katze war und schenkten immer nach. Nach einer Weile hatte ich einen Schwips und ich hing am helllichten Tage sehr zur Belustigung des Dorfs ziemlich schräg am Arm der Oma, als sie mich heimbrachte. Ob mich Ruth ebenso belustigt empfangen hat, ist mir entgangen.

15. Mai 1945

Kriegsgefangene werden nach Russland, Frankreich und Amerika zu Aufbauarbeiten verschickt. Nur politisch unbedingt zuverlässige Berg-, Hafen- und Landarbeiter würden entlassen. „Und Frau Pfarrer", sagt Frau Straub, „Sie werden es sehen, Ihne Ihrn Monn kimmt"…

Auch ein Grund zur frühzeitigen Entlassung. Die Gefangenen aus Hessen-Nassau, weil wir uns nicht verteidigt haben.

16. Mai 1945

Bin krank, habe Fieber, die Nerven streiken. Solchen Krach wieder mit der Jacoben und Dettmers. Oma ging sogar zum Bürgermeister und nun kommen Verfahren, um dieses Gesindel los zu werden…

… Heute wurde in aller Frühe vom Landeskirchenamt mein Unterhaltsgeld gebracht, erst die Hälfte, 180 Mark monatlich, aber reichlich genug. Endlich hören die enormen Zahlungen auf. Pensionäre kriegen vorerst gar nichts, das wird ein Schlag sein für Dettmers, die doch so aufs Geld aus sind…

19. Mai 1945

Wie weh tun die Radionachrichten über Kriegsgefangene…
Ich klammere mich an jeden Strohhalm, der für das baldige Kommen von Rudi spricht: Er hat nicht gekämpft, ist älter und krank, er ist Pfarrer und ist Hesse… Wie oft renne ich auf die Straße und schau rauf und runter, aber er kommt nicht…

Christel erzählte mir eben, gestern hätte er mit einer Darmstädter Frau gesprochen und die habe nach seinem Papa gefragt, wo er wäre. „In Wittenberg." - „Na, da pass bloß auf", hat die Frau gesagt, „da geht eines Tages die Tür auf und der Papa steht da." Ich musste in Tränen ausbrechen.

23. Mai 1945

Alle Gehälter werden auf 120 Mark festgelegt. Der Briefträger verdient genau so viel wie ein Minister. (Ich bekomme wegen der Kinder 180 Mark.)

Christels unterer linker Schneidezahn wackelt.

Herr Trabolt riet mir, ich solle mir von der Oma einen Zwirnsfa-
den geben lassen, auf der einen Seite den Zahn und auf der anderen
Seite an der Türklinke festbinden, dann die Tür zuschlagen. Ich
müsse nur auf der richtigen Seite der Tür stehen. Hahaha.
Ich schaffte diese Mutprobe nicht. Den Zahn langsam dem Ausbre-
chen zuführen, ist mit einem lieblichen Schmerz verbunden, der
auch seinen Reiz hat, weil man ihn dosieren kann.

24. Mai 1945

In Oberklingen sind die ersten beiden Soldaten angekommen, die allerdings nicht gefangen gewesen waren, sondern
sich durchgeschlagen hatten. Der eine war zwei Tage in Wittenberg. Er sagte, die Russen gäben alle Gefangenen frei, sie
brächten sie sogar in großen Autos Richtung Heimat. Die
deutschen Kriegsgefangenen in Russland hätten zweimal im
Monat schreiben können, aber unsere Schweinehunde hätten die ganze Post verbrannt.

26. Mai 1945

Christel fragte, für was die Augenbrauen gebraucht werden.
Ich erklärte ihm, dass sie die Augen vor heruntertropfendem
Schweiß schützen. Da meinte er: „Dann hat der Pappi soin
Schnurrbart, domit ihm nit der Rotz in de Mund leeft."

28. Mai 1945

Frau Jacob findet doch kein Quartier hier, keiner will sie.
Dazu verriet der Bürgermeister der Oma, dass ein Denun-
ziationsbrief, den Frau Jacob an die Militärregierung geschickt hatte, ungeöffnet dem Bürgermeister zugestellt worden war ´TO BÜRGERMEISTER´. Mit Denunziationen
befassen sie sich nicht.
Ich habe ein paar Spielsachen für Rudi bereitgestellt, die er
als Mitbringsel den Kindern geben soll.

29. Mai 1945

Jetzt müssen die Namen mit Geburtstag aller, die im Haus
wohnen, an der Tür angebracht werden. Es werden Fingerabdrücke gemacht, jeder bekommt einen Pass.

Als ich heute meine Fingerabdrücke auf dem Rathaus machen ließ - das ganze Dorf muss hin -, kam ich mit Babette Rapp ins Gespräch und erfuhr von einem merkwürdigen Mittel, mithilfe eines Gesangbuchs und eingeklemmten Schlüssels, in die dunkle Zukunft zu schauen. Auf die Frage, ob tot, dreht sich das Buch im bejahenden Fall - ob nicht tot, ebenfalls, wenn der Betreffende noch lebt.

So machten wir viermal das Experiment mit Rudi,

Ach du liebes bisschen, ist der Weg zum Mittelalter so kurz?

jedes Mal mit demselben Ergebnis (eben mit Oma sechsmal gemacht, jedes Mal kam dasselbe heraus)

- Lebt er noch?   - Es drehte sich: JA! -
- In Gefangenschaft?   - JA -
- In russischer?   - NEIN! -
- In amerikanischer?   - JA -
- Wann kommt er?   - In zwei Monaten drei Tagen (das wäre der 5. August)
- Ich fragte das Buch, ob es teuflisch wäre, es zu fragen: - NEIN -
- Ist es von Gott?   - JA -

So geht das über Seiten.
Ruth weint seit Wochen seitenweise Gebete zu Gott und ihrem Heiland zu Papier. Ich habe sie hier selbstverständlich nicht übernommen, aber sie ist so voller Sehnsucht nach Rudi und voller Bangen. Oma war wohl nicht der Hort, wo sie ihre Ängste abgeben konnte. Das war eher die Frau Straub, die Oma von Trabolts, die als pensionierte Lehrerin auch ein gewisses Niveau hatte und ihr Empathie entgegenbrachte.
Abgesehen davon versuchte sie, sich über ihr Tagebuch Trost herbeizuschreiben und sie flehte Gott an mit dem Tenor, „Du hast uns bis jetzt geholfen und deine schützende Hand über uns gehalten. Jetzt führ uns endlich zusammen, sonst war das alles umsonst. Du Gott, ich kann nicht verstehen, warum du so lange wartest, Rudi und mich zusammenzuführen, ich interpre-

tiere das mit meinem kleinen Verstand, dass du uns wieder prüfen willst. Aber ist es nicht genug der Prüfung? …" Diese Gespräche mit Gott, die mit schneller Schrift über Seiten geführt wurden, haben etwas Psychopathisches an sich, die sie eher herabziehen mussten als aufbauen konnten.

So ist auch der verzweifelte Versuch zu verstehen, mit okkulten Mitteln den Willen Gottes zu hinterfragen.

4. Juni 1945

Gott verzeihe mir den Frevel! Vielleicht war ich all die Tage, besonders die beiden letzten, auch körperlich so erschöpft und nervlich fertig (konnte nachts nicht schlafen), weil ich auf den Teufel gehorcht habe… Ich fasse diesen Hokuspokus nicht mehr an…

Heute ging ich wieder zu Frau Straub - wie jeden Tag - und diese Frau ist mir von Gott gesandt. Sie fing von selbst an, über diesen Unfug zu reden und war ganz unglücklich darüber. Sie gab mir ein Buch von Modersohn über den Frevel solcher Voraussagungen mit…

6. Juni 1945, *Omas 55. Geburtstag*

Lob, Ehre, Preis und Dank sei Gott!

Gestern saß ich wieder bei Frau Straub und wir begannen gerade, die Losung des heutigen Tages gemeinsam zu lesen, da klopfte es und herein traten Elise Trinkaus und Elli Roth: „Wir bringen gute Nachricht!" - „Ist mein Mann gekommen?" rief ich. „Nein, aber er hat Nachricht gegeben über Stengels Adam, Sie sollen gleich mal hinkommen!" Ich rannte hin. Der 58jährige Sohn des Kirchenvorstehers Krämer war vor ¼ Stunde großartig im Auto angekommen… Ich bekam zuerst einen Schreck, als ich das eingefallene graubraune Gesicht des Herrn Krämer sah.

Er kam aus Büdesheim bei Bingen, wo ein Bezirk von 20.000 Morgen für 280.000 Kriegsgefangene eingezäunt ist. Durch einen Mann aus Semd erfuhr nun Krämer, dass der Oberklinger Pfarrer Richter auch dort sei und jeden Tag dort Betstunde und Gottesdienst hielte. Krämer hat Rudi nicht gesehen, er solle nur schöne Grüße ausrichten, dass es ihm gut gehe und besonders solle er nicht vergessen, seiner Schwiegermutter zum 6. Juni zu gratulieren…

Ich nehme an, dass Rudi kein Papier hatte, sonst hätte er mir bestimmt einen Brief geschrieben…
Da Rudi bei der Verwaltung sei, hätte er es besser als andere.
… Ich will nun ganz stille sein und zufrieden und herzlich dankbar und nicht mehr so ungeduldig sein…
Frau Straub fiel ich um den Hals nach dieser Nachricht, alle Leute guckten aus dem Fenster, als ich die Dorfstraße entlang rannte und fragten neugierig und teilnehmend, bloß Dettmers ist es sichtlich nicht recht, ja, die würden gerne sehen, dass er überhaupt nicht mehr kommt…
Ich konnte die ganze Nacht nicht mehr schlafen…

7. Juni 1945
Gestern für die Niederklinger Mühle Heu gewendet und Wurzeln gehackt. Heute gehe ich wieder.
… Christel sagte heute: „Mammi, ich weiß jetzt, wie man wächst: Das Essen drückt im Bauch den Kopp immer höher."

8. Juni 1945
Habe Rudis Kartei in Ordnung gebracht, alle Daten nachgetragen und sortiert. Gestern wieder Heu gemacht, heute tun mir alle Knochen weh. Heute Regen.

11. Juni 1945
Gestern war ich bei Herrn Lengfelder in Semd *(8 Kilometer)*, um ihn nach Rudi auszufragen… Ich erfuhr auch, dass ein Brensbacher oder Kainsbacher namens Buchheimer einen Brief von Rudi haben soll, den ich aber noch nicht erhalten habe.

Nachträglicher Eintrag von Rudi:
Als ich längst da war, brachte er ihn endlich.

9. Rudis letzte Tage im Krieg und im Gefangenenlager

15. Juni 1945, **Rudi** schreibt:

Am 11. Juni 1945 kehrte ich nach langen Jahren Militärdienstes und 6 ½ Wochen Kriegsgefangenschaft endlich heim - gesund und voller Freude auf die kommende Gemeindearbeit...

Ich beginne mit **Mitte März**, als die Briefe zunächst unregelmäßig nach 3-4 Wochen eintrafen und ich dann überhaupt keine Post mehr bekam und ich deshalb auch nicht mehr schrieb. Auf gut Glück sandte ich noch ein paar Male später welche, so an meinem Geburtstag noch ein Trostbriefchen. Ob sie noch irgendwo liegen und nach der Wiedereröffnung des Postverkehrs wieder auftauchen und ihren Weg hierher finden?

Lange blieb ich auf dem Krankenrevier, zuerst wegen einer Blutvergiftung am Arm, anschließend bekam ich Grippe, danach einen Furunkel nach dem anderen.

Es war die Zeit, als die Amerikaner über den Rhein drangen und die Panzerspitzen über den Odenwald und Taunus zum Main vorstießen und die Weser und Elbe erreichten...

Ich weiß noch, wie ich, ans Bett gefesselt, die gutgesinnten Ärzte verwünschte, weil sie mir keinen Genesungsurlaub genehmigten. Ich hätte dann nach Hause zu meiner Familie kommen können, als die Amis 50 km vor unserer Heimat standen.

Als ich aufstehen durfte, konnte ich den Schwestern als ´Militärischer Leiter der Station´ helfen. An der Wandkarte konnten wir - die meisten freudig - das rasche Vordringen der Alliierten verfolgen... Je näher die Amis heranrückten desto chaotischer ging es im Revier zu. Wir wurden mehrfach überbelegt mit Soldaten und Versprengten allen Alters zwischen 16 und 50 Jahren.

Am 13. bis 16. März gab es täglich eine Lagebesprechung beim ´Alten´, dem Leiter der Sanitätsstaffel, die weiblichen Büroangestellten und die Schwesternhelferinnen wurden schubweise entlassen. Der dürftige Rest musste nun die Arbeit machen. Wir bekamen Rote-Kreuz-Armbinden und -Ausweise. Vor das Gebäude wurde eine Rote-Kreuz-Fahne platziert. Eine zweite Fahne bekam die Staffel selbst, die sich zu gegebener Zeit an einer bestimmten Stelle am Wald versammeln und sich ergeben solle, weil die Kaserne nicht zu verteidigen sei.

Dann wurde beschlossen, dass bei der Ankunft amerikanischer Panzer das Kantinengebäude mit der Küche und dem Lager mit dem Rest der Musikinstrumente in die Luft zu sprengen sei. Wahnsinnigerweise sollte ja Wittenberg zur Festung erklärt und von auswärtigen Infanterietruppen verteidigt werden.

Außer einigen Gräben und ein paar Panzersperren ist keine Befestigung da. Tatsächlich soll der Ort, nachdem die Amis nicht weiter vorrückten und die Russen ihn Ende April zur Übergabe aufforderten, bombardiert und von den Amis völlig zerschossen worden sein. Aus der Flakkaserne sollten, wie es am 14. April hieß, alle KV-Leute *(Kampf-verwendungsfähig)* bei der Verteidigung dem Festungskommandanten zur Verfügung stehen… Sie hatten nur ein paar Gewehre und Panzerfäuste in der Kaserne, für vielleicht 100 Mann. Alle bedingt kriegsverwendungsfähigen Leute (BKV) kamen nach Weimar, wo sie wohl auf den Iwan *(Russen)* stießen. Ich sollte bei der Sanitätsstaffel bleiben…

Als der ´Alte´ endlich einmal frei war, ging ich zu ihm und zeigte ihm meinen Lazarettbefund. Nach einer Reihe von Formalitäten erreichte ich bis zum Abend einen Urlaubsschein.

Ich packte schnell meinen schweren Rucksack und schloss mich um ca. 11 Uhr nachts einer Gruppe Soldaten und jungen Mädchen an, die auch Richtung Dresden wollten. Die Sprengung der Elbbrücken war jederzeit zu erwarten, sobald die Amis sich näherten. Unterwegs gab es Fliegeralarm und ich kam noch bis zum Bunker. Als ich bis zum 2. Stock hoch sollte, streikte ich wegen des schweren Rucksacks. Ich verließ diese ungastliche Stätte, lief zum Bahnhof und wartete in der Kälte im Freien auf einen Zug Richtung Dresden.

Der Zug über Halle war übervoll, ich musste über Jüterbog. Dorthin um 1:30 Uhr endlich abgefahren - heim, so weit als möglich, so nah wie möglich wollte ich versuchen, nach der besetzten Heimat zu kommen, wohin auch mein Urlaubsschein lautete. Morgens 7:30 weiter nach Riesa, viermal unterwegs wegen Tiefflieger raus, meist weit in den Wald hineingerannt und wieder zurück, wenn der Zug pfiff. Ich hatte wenig Verpflegung bei mir, hatte aber wegen der Anspannung auch keinen Hunger. Züge fuhren NIE in einen Bahnhof.

Am 17. April in Aussig an der Elbe, dann an der Moldau entlang nach Prag. Mit der Straßenbahn quer durch die Stadt, für die Schönheiten der 'Goldenen Stadt' hatte ich keinen Blick, gleich weiter Richtung Pilsen, bei Beroun, 10 km vor Pilsen war die Fahrt zu Ende, alles mit Sack und Pack aussteigen, großer Fußmarsch den Gleisen entlang, schöne Landschaft, bergauf, bergab, überall Bombentrichter, teilweise deswegen über die Schwellen weiter.

Vom Hauptbahnhof Pilsen ´kein Zug von hier aus´, weitergelaufen durch die ganze zerstörte Stadt zum 'Reichsstädter Bahnhof', mit dem schweren Rucksack kaum zu schaffen.

Ich ging in der Stadt zur Kommandantur, um mir Lebensmittelkarten zu besorgen, bekam solche für drei weitere Tage, leider keine Marschverpflegung.

Weiter auf der Landstraße bis zu einem kleinen Vorort. In einem Lokal 'Deutsches Haus' bekam ich einen köstlichen Eintopf, musste dabei zweimal wegen Tiefflieger in den Keller. Da kein Zug mehr ging, weiterwandern. Dabei einen LKW erwischt mit netten Soldaten und Schwestern, die sich vergnügt unterhielten. Bis Mies. Dort nahm mich ein mit Landsern voll beladener LKW mit und es ging durch den Böhmerwald.

Ich saß hinten gegen den Rucksack gelehnt und wir waren im Nu eingestaubt von den LKW vor und hinter uns, eingepudert bis zur Unkenntlichkeit. Die Dörfer Adalbert Stifters, seine Wälder... immer höher hinauf bis hinterm Kamm nach Prostorf, wo Quartier gemacht wurde.

Ich zog mit einem Zivilingenieur in das abgelegene Gehöft und wir baten freundlich um Unterkunft. Gleich brachten die Mutter und die 3-4 Mädchen uns kaltes und warmes Wasser in Bütten zum Waschen für Körper und für die Füße, die es bitter nötig hatten.

Erquickt setzten wir uns zu Tisch, auf dem Milchkaffee, Brot, Weißbrot und Butter zu reichlichem Gebrauch bereitstanden, dazu jeder ein Ei! Nachdem wir etwas geplaudert hatten, führte uns der Alte mit der Kerze ins Hinterstübchen, wo wir in herrlichen Federbetten schlafen konnten.

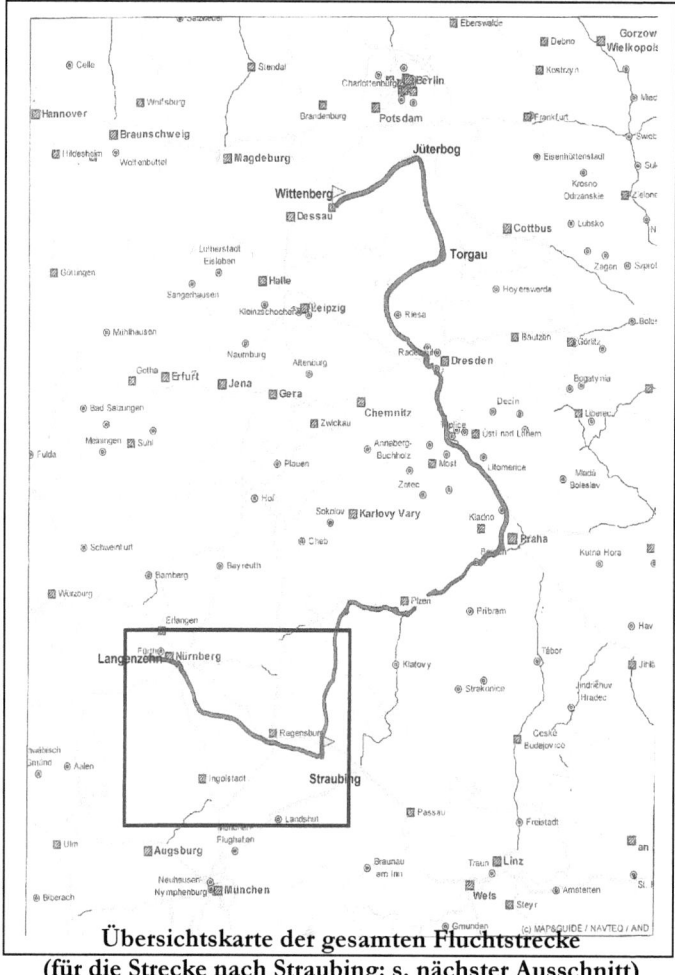

Übersichtskarte der gesamten Fluchtstrecke
(für die Strecke nach Straubing: s. nächster Ausschnitt)

18. April Um ½ 6 Uhr raus, nach 6 Uhr zu den LKW, in frischer Luft weiter Richtung Straubing. Wracks am Weg. Alle halbe Stunde runter wegen der Tieflieger. Fidele Gesellschaft. Ehe wir die Hauptstraße erreichten, kam uns ein PKW entgegen: Es war General Vlassow von der so genannten Russischen Befreiungsbewegung, er schimpfte aus voller Kehle mächtig über unsere Staubwolke hinter uns.

Überall Kreuze am Weg, bei denen ich ein stilles Gebet zu IHM sende.

Hinter <u>Cham</u> in Richtung Straubing winkt der Fahrer eines parkenden LKW uns ein Halt zu. Als unser Fahrer eine verheißungsvolle Schnapspulle in der Hand des anderen sieht, hält er an, um dem Kameraden zu helfen, die Karre wieder flott zu kriegen.

Wir warten etwa zwei Stunden…

Ich war der erste, der mit dem 16-jährigen Leo in einem kleinen Holzvergaserauto wegkam. Unterwegs machten wir Station bei einer netten Bäuerin, die ihren Mann in Russland wusste, bei Brot, Kaffee und Ei!

Ich hatte nie etwas von den Rauchermarken gehalten. Gottlob hatte ich sie in Weimar eingetauscht. Ohne meinen Tabakvorrat wäre ich nicht so schnell mitgenommen worden und weitergekommen.

Der diesmal unfreundliche Fahrer ließ uns vor <u>Straubing</u> vor einer Kreuzung allein, dort saßen und standen wir lange herum. …

Bald werde ich Zivil tragen und mich unter den Schutz der Amerikaner stellen.

Unterwegs in einem Gasthaus Station gemacht, schon wegen der Tieflieger. Da es gleichzeitig ein Notlazarett war, durften wir eine Erbswurstsuppe in der heißen Küche mitessen.

Weiter mit einem älteren Liebespaar bis nach <u>Wörth</u> mitgefahren. Die Kleinbahn nach Regensburg geht nicht mehr. Zu Fuß weiter ´nur 5 km´, wie immer ´mit dem Fuchsschwanz gemessen´, man konnte immer das Doppelte von dem Gesagten nehmen.

Dann mit einer Kompanie blutjunger Arbeitsdienst-Soldaten mit Pferdegespannen auf eine Fähre über die Donau. Plötzlich ein Schrei: „Tiefflieger!" Gottlob galt deren Angriff nur einem Schiff, das gerade an uns vorbeigefahren war.

Drüben angekommen standen wir uns die Beine an einer Kreuzung krumm, eine Kolonne nach der anderen fuhr an uns vorbei, dann nahm uns ein LKW mit, der bis hinter Ingolstadt fahren wollte. Eiskalter Wind, Regen. Unter der Zeltplane vor Kontrollen verborgen…

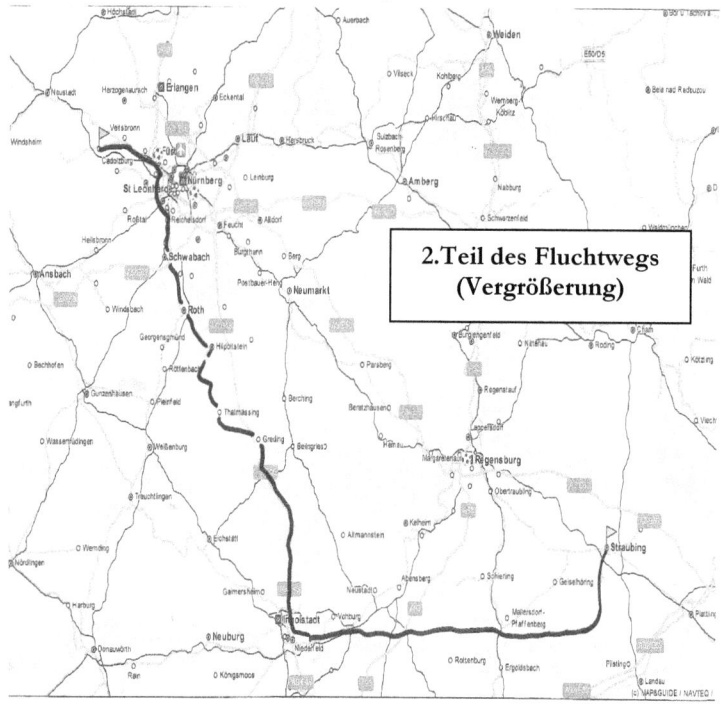

2. Teil des Fluchtwegs (Vergrößerung)

Lieber weiter…

Als endlich jemand anhält und sagt, sie führen nach Greding, Richtung Nürnberg, sprang ich kurz entschlossen hinein mit der Gewissheit, dass ER mich führt. Dabei verlor ich allerdings die Decke, die ich gegen Regen und Wind um mich geschlungen hatte.

Die Orientierung wurde schwierig, weil die Ort- und Hinweisschilder abmontiert worden waren. Endlich konnte ich eines entziffern: ´DRK Wehrmachtsunterkunft Nürnberg´, Nürnberg 55 km. Das war reichlich nahe an der von den Amis am Vortage besetzten Stadt und der Front, der es bei der Strafe des Erhängens verboten war, zu nahe zu kommen. So sagte ich kurz entschlossen, dass meine Heimat, wohin ich beurlaubt sei, nicht mehr weit sei und ich hier aussteigen müsse…

Ich bin den Waldrand entlang, der wegen möglicher Begegnungen gefährlicher war, dafür bequemer als den Berg hoch. Nach einer Weile öffnete sich der Blick auf ein Dörflein in einem Tal, von der Morgensonne vergoldet, idyllisch, wie ich noch keines sah, eingerahmt von Blütenbäumen und dunklen Tannen, überragt von der Kirche und Pfarrhaus.

An den Kreuzen auf der Kirche und am Dorfeingang erkannte ich seinen katholischen Charakter, beschloss aber doch, den Herrn Pfarrer um seine Gastfreundschaft zu bitten.

So ging ich an den schlafenden Bauernhöfen vorbei und bestieg den Kirchberg zum Pfarrhof und setzte mich auf das Steintreppchen vor der Haustür. Ich saß so etwa eine Stunde und schaute zum schlichten Gärtchen und über das stille Dorf. Ein Geist der Eintracht und Friedens ging von dieser Stätte aus und, wie ich später merkte, war das keine Täuschung. Von innen hörte ich gleichmäßiges Atmen und Schnarchen. Um ½ 7 Uhr begann die Haushälterin sich anzukleiden, man hörte einige Worte, Herumschlurfen und Hantieren am Herd.

Bis 7 Uhr bezwang ich meine Müdigkeit und Ungeduld. Dann zog ich die Klingel.

Der alten Frau sagte ich, dass ich von weither käme und ich gerne den Herrn Pfarrer sprechen möchte. Sie versuchte, mich an einen Bauern weiter zu schicken, wo ich bestimmt was bekäme.

Ich erklärte, dass es mir auf Essen und Trinken nicht ankäme, ich wollte nur eine Auskunft von dem Herrn Pfarrer erbitten. Der müsse aber um ½ 8 Uhr einen wichtigen Gang zur Nachbargemeinde machen, wenn ich heute Mittag um 1 Uhr vorbeikäme…

Ich sagte, dann müsste ich schon viel weiter sein. Sie möge von einem evangelischen Amtsbruder grüßen. Ich wartete vor der Kirche, bis um ½ 8 Uhr ein Mann über die Mauer schaute und mir freundlich grüßend entgegenkam.

Ich erzählte ihm, wie ich hierherkam, dass ich bei einem evangelischen Amtsbruder Unterschlupf suche, bis ich in Zivil nach Hause marschieren könne, dass ich von der tagelangen Reise sehr müde und erschöpft sei und bat ihn darum, hier auch auf blankem Boden ausruhen zu dürfen.

Während wir den steilen Waldweg zum Nachbarort hinaufstiegen, lud er mich sehr herzlich dazu ein, vorübergehend bei ihm zu bleiben. Ich möge zu seiner Schwester zurückgehen, - sie sei aus dem Dorf, habe dementsprechend etwas grobe Umgangsformen, die ich ihr bitte nachsehen möge - und ihr sagen, dass ich sein Gast sei. Sie möge mir alles zur ´Restaurierung´, wie er sagte, zur Verfügung stellen, also Wasch- und Schlafmöglichkeiten.

Sie war dann auch kaum wiederzuerkennen: Mit ihrer Schwester stellte sie mir alles zusammen und ich konnte mich von Kopf bis Fuß waschen, wurde wieder Mensch, bekam süßen Kaffee und Weißbrot, soviel ich essen konnte. Ich schlief dann auf der Chaiselongue in seinem Amtszimmer voller Marienbilder von ½ 10 bis 5 Uhr. Als ich dann zu den beiden herunterkam, bekam ich Dampfnudeln und Obst vom Vortag vorgesetzt, danach Kaffee und Brot.

Dabei zeigte ich ihnen Bilder von zu Hause, was die Frauen sehr interessierte. Als der Pfarrer nach Hause kam, war es schon spät. Wir hörten die Nachrichten im Radio und studierten die Karte, um den Weg auszumachen, den ich morgen am besten gehen könnte. Für heute blieb ich hier noch einmal übernacht, denn zum nächsten evangelischen Pfarrer in Thalmässing waren es 20 km.

Am 21. April nach dem Mittagessen packte ich auf und wurde von ihm freundlich bis an das Waldeck gebracht. Wir verstanden uns gut. Oft noch drehte er sich um und winkte

seinem Konfrater mit seinem schwarzen Hütchen zurück…
Wieder an zwei zerschossenen SS-Autos vorbei, die sich tags
zuvor im Wald in Sicherheit bringen wollten.

Schließlich musste ich doch aus dem Wald auf die Chaussee,
die noch für eine Stunde nach Thalmässing geht, die dauernd von Wehrmachtautos frequentiert wird. Meine neue
Freiheit schien mir sehr gefährdet und ich ging doch lieber
über Wiese und Felder weiter. Da traf ich eine Bäuerin, die
mir einen Schleichweg zu der Pfarrei schildern konnte. Ich
konnte hintenherum an das Pfarrhaus heran, ohne durch das
Dorf zu müssen. Die Kinder des Pfarrers G. saßen am Hoftor und sie riefen gleich ihren Vater. Ich bat ihn um seine
Gastfreundschaft. Seine Familie mit seinen vier Kindern
nahm mich sogleich freundlich auf.

Ich half gleich mit, den Luftschutzkeller für mich einzurich-
ten und erhielt von ihnen sogar Zivilsachen…

Mit den Buben spielte ich in diesen Tagen viel im Garten,
alle Bilderbücher… wurden mir gezeigt. Ich war bald ein gut
gelittener Freund, zumal ich den Säugling, weil ich so gut
mit Kindern umgehen kann, oft auf den Arm gelegt bekam…

Am 23. April wurde ich nachts geweckt, der Bürgermeister
habe befohlen, alle Frauen und Kinder in den Felsenkeller
am Wald zu bringen. Da der Ortsgruppenleiter von der SS
Verstärkung zur Verteidigung angefordert habe, werde der
Ort wahrscheinlich beschossen. Zwei Ortschaften in der
Nähe seien schon dem Erdboden gleich gemacht worden…

Ich bewachte das Haus. Als die Beschießerei heftiger wurde,
ging ich in den kleinen Luftschutzkeller. Zu essen stand genug herum, Eingemachtes, Eier, aber vor Anspannung kein
Appetit.

Den ganzen Tag war ich allein, die Nacht drauf war kalt und
ich fand außer einem Pelzmantel und ein paar Lumpen
nichts, um das Frösteln zu vertreiben. Unaufhörlich schlugen Granaten irgendwo ein…

Am 24. April morgens war bis auf vereinzelte Schüsse alles
ruhig… Um etwa 10 Uhr klingelte es und die evakuierte

Frau, die mit zwei Kindern hier wohnte, kam zurück. „Wissen Sie es noch nicht? Die Amis sind schon im Ort!" Und tatsächlich: Als ich den Kopf zur Haustür heraussteckte, sah ich einige Panzerspähwagen oben den Marktplatz überqueren.

Und dann kam die ganze Familie zurück und wir fielen uns vor Freude und Dankbarkeit um den Hals. Sie sagten mir mehrmals, wie beruhigt sie waren, mich dort im Haus als Bewacher zu wissen. Und wie glücklich sie waren, es unzerstört wiederzufinden.

Zu Mittag gab es ein Festessen: Der Rest einer eingemachten Gans mit Gemüse, Obst und Wein.

Um 16 Uhr standen ein paar Amis, riesige Kerle, an der Haustür und erklärten Pfarrer G., der eine ziemlich brutal: „Ihr alle raus, wir rein." Sie hatten sich nur einige der besten Häuser der Stadt zur Einquartierung ausgesucht.

Er erklärte ihnen, dass er das - allerdings sehr große - Haus voll habe mit seiner großen Familie (mit Tante sieben Personen), dazu zwei evakuierte Familien, er würde aber gerne noch zehn Mann aufnehmen wollen.

Die Amis ließen sich auf keine Verhandlungen ein und unsere Versicherung, wir seien keine Nazis, wurde nur mit einem lauten Lachen quittiert: „Wir wissen, in Deutschland ist keiner Nazi gewesen."

Pfarrer G. ging mit dem Anführer zum neuen Bürgermeister und erreichte wenigstens, dass alle in die Pfarrscheune umziehen durften…

Als wir umgezogen waren, stellten die Amis noch ein MG im Garten auf. Von 18 Uhr bis 7 Uhr früh war Polizeistunde, wir durften kein Licht machen und den Kopf nicht aus der Luke stecken, sonst würden sie schießen.

Die meisten Amis waren verständnisvoll - sie waren fast alle katholisch - und versprachen, im Haus nichts zu zerstören.

Nach deren Abreise befand sich die Küche in einem heillosen Durcheinander, aber es fehlte nichts und es war nichts zerstört worden.

Den Inhalt meines Rucksacks fand ich in meinem romantischen Lager ausgeschüttet vor, die abgetrennten Abzeichen hatten sie mitgenommen...

Am 30. April hieß es Abschied nehmen von dieser lieben Familie, am Abend vorher von den Kindern... Wie ich über den Pfarrer von Hilpoltstein erfuhr, stand meinem Rückmarsch als Pfarrer nichts mehr im Wege, wenn ich mir in Nürnberg beim MILITARY COMMANDER IN CHIEF einen Pass ausstellen lassen würde. Ich beschloss daher, über Nürnberg zu marschieren...
Viele Polen, Russen, Franzosen und Deutsche in Zivil oder Halbzivil mit viel Gepäck unterwegs.
Endlich in Roth angekommen. Die amerikanischen LKW, die an uns mit hohem Tempo kolonnenweise vorbeisausten, ließen uns in Ruhe...

Am 1. Mai ging es weiter über Katzwang bis nach Nürnberg-Gartenstadt, wobei ich Umwege machen und über Notbrücken balancieren musste. Ganze Wälder waren durch Bomben umgemäht, riesige Trichter.
... Da kein Gasthaus oder Rasthaus in all den Trümmern zu finden war, setzte ich mich erst einmal auf einen Stein und packte mir das mitgebrachte Brot und die Kaffeeflasche aus. Ich hatte wunde Füße und meine Glieder schmerzten.
Nach der kurzen Stärkung ... kam ich schließlich an einer Kreuzung am Bahnhof an. Dort sah ich zum ersten Mal einen amerikanischen Posten, der mich heranwinkte.
Ich fragte ihn, wie ich zum MILITARY COMMANDER IN CHIEF kommen könne. Er wies mich zu zwei Kontrollposten, die einer Reihe Männern, Frauen und Kindern Ausweise abverlangten. Meine Zivilausweise reichten ihnen nicht; sie wollten die Kennkarte, ein Arbeitsbuch oder ordentliche militärische Entlassungspapiere sehen. Auf meinen Schein hin, dass ich bis auf weiteres beurlaubt bin, stellten sie fest, dass ich pro forma noch Soldat sei.
Einer der Schwarzen mit Gewehr im Anschlag wies mich zum ersten LKW. Dort wurde ich wegen meiner Baskenmütze von den dort sitzenden Franzosen für einen der ihren

gehalten und mit Hallo begrüßt, nachher saß ich zwischen deutschen Zivilisten und Italienern, die alle ohne genügende Ausweise waren. Sie hofften alle, gesammelt zu dem MILITARY COMMANDER IN CHIEF gefahren zu werden, um von dort wieder nach Hause geschickt zu werden. Manchem der Zivilisten wurde die Zeit inzwischen zu lang, weil sie von der Arbeit oder sonst einem Geschäft kamen und aufgegriffen worden waren. Und niemand von Zuhause wusste ja davon. Sie werden sich noch sehr in Geduld üben müssen.

… Nach zwei Stunden des Sammelns sprangen die Soldaten endlich auf den Wagen und sausten los…

Wir fuhren durch die Stadt nach Fürth und übers Land nach <u>Langenzenn</u>.

Ein allgemeiner Schreckensruf. So weit wir sehen konnten, reihte sich Kamp an Kamp, umzäunt mit Stacheldraht auf den Wiesen und Feldern, dazwischen ein Gewimmel unzählbarer Männer: ein Kriegsgefangenenlager.

Wir raus, Soldaten trieben uns mit Stöcken rein, jeder bekam schnell sein Tagespäckchen ´Breakfast´, ´Dinner´ und ´Supper´. Wie wir später sahen, hatten wir noch Glück, dass wir so etwas bekamen.

Nun standen wir hinter Stacheldraht. Um uns herum hungrige, stachelbärtige, zerlumpte Gestalten, junge und alte mit halben und ganzen Uniformen, von Märschen und vom Lagerleben verdreckt und mit merkwürdigen, oft phantastischen, turbanähnlichen Kopfbedeckungen. Das war unsere stolze Wehrmacht, die ´tapfersten Soldaten der Welt´. Jetzt, da der Drill wegfiel, war weder durch Befehl noch durch gutes Zureden Ordnung unter sie zu bringen. Jeder dachte an sich. Keiner gönnte dem anderen was oder gab ab ohne Gegenleistung. Die Essensausgabe ohne Stockeinsatz und Prügelei war undenkbar. Wer keine Decke oder Zeltplane hatte, konnte nicht daran denken, in eine ´Höhlengemeinschaft´ aufgenommen zu werden.

… Kein Mensch kümmerte sich um einen, niemandem konnte man seine Unschuld darlegen, Tag für Tag stand man rum und wartete auf etwas. Aber was?

Die erste Nacht verbrachte ich auf blankem Boden. Am nächsten Tag hoffte man auf Autos, die Gefangene wegbrachten, wohin auch immer, aber es tat sich nichts. Ich machte mir Gedanken über Ruth, was sie sich wohl für Sorgen machen mag und ich konnte ihr kein Zeichen geben.

In der nächsten Nacht hörte ich Schüsse, Jaulen und Schreien, als ein Ausreißer mit Stockschlägen traktiert wurde.

Das Wasserbassin ist oft stundenlang leer, Waschen verboten, ich tue es heimlich.

Kein Kochgeschirr, keine Decke, nur der Mantel.

In der Nacht darauf finde ich eine ´Erdlochgemeinschaft´, nur unfreundlich dulden sie mich, weil ich keine Decke oder Plane mitbringe. Dafür helfe ich beim Graben mit Konservendosen, weil wir sonst nichts zum Graben hatten. Dann bringe ich noch zwei Kameraden in die Gemeinschaft, die Decken haben und sie an die Zeltplanen anknoten können. Jetzt hocken unter dem Dach zehn bis zwölf Männer wie in einem Hockegrab, Knie und Körper eng aneinandergedrückt, dass einer den anderen wärmt.

Bis gegen Morgen geht das, dann dringt die Kälte durch, ab 5 Uhr geht man dann auf und ab mit den vielen, die schon die ganze Nacht wanderten, die Knie tun den ganzen Tag weh.

Dann kamen kalte und regnerische Nächte. Ich konnte mir nur dank meiner Tabakvorräte die ewig schimpfenden und unerfreulichen Kumpane der Hockgemeinschaft gewogen halten. War man nicht drin, wurde man weggeekelt: Hau da ab, zwei Meter Abstand, sonst kriegst du was ins Kreuz.

Das eine Päckchen pro Tag ist zum Leben zu wenig, zum Sterben zu viel. Im ´Breakfast´ war Nescafé, das auch als kaltes Pulver gut schmeckte, im ´Dinner´ waren ein paar Kekse, Corned Beef und Bouillonpulver, das ich langsam mit der Spucke im Mund zergehen ließ, am beliebtesten war ´Supper´ mit einem Riegel Schokolade und getrockneten Feigen. Viele schlangen das in ein paar Minuten herunter und hatten dann den ganzen Tag Kohldampf, ich verbrachte damit Stunden.

Am 5. Mai schrieb der deutsche Unterarzt alle AV-Leute *(alt-verwundet?)* mit ihren Leiden auf. Ein Gedränge, eine Disziplinlosigkeit. Es war unmöglich, die Leute in eine Reihe aufzustellen. Lebensgefährliches Gedrücke nachmittags am Toreingang, als die LKW kamen, um die AV-Leute zum Stammlager *(Stalag)* abzutransportieren, zuerst sollten die Verwundeten drankommen. Viele Gesunde drängten sich mit vor. Unmöglich und beschämend. Der Stock der Amis musste wie bei der Essensverteilung dazwischensausen.

„Su-rick - Su-rick! Go Back!" Auch beim Aufsteigen, das nicht schnell genug gehen konnte. Mit einem Schluchzer fiel ich auf meinen Rucksack.

Alles freute sich auf das Stammlager, das bei Mainz, Frankfurt oder Aschaffenburg vermutet wurde. Ich hoffte auf Mainz, weil ich glaubte, von da einmal entlassen zu werden. Möge es bald sein! Jeder Tag mit diesem Hunger, dieser Hitze tagsüber und der nassen Kälte mit diesem ständigen Wind des Nachts ist eine reine Qual gewesen.

Nun hofften wir, da die Verwundeten und Kranken herausgesucht worden waren, ein Dach oder Zelt über den Kopf zu bekommen, vielleicht sogar eine Betreuung. Und wirklich, spät abends in der Dunkelheit kamen wir weit hinter Mainz an großen Spargel- und Obstfeldern vorbeifahrend bei Heidesheim an dem Haupttor des riesigen Lagers mit vielen sehr großen Camps an. Es goss in Strömen, als wir bei tiefer Finsternis ausgeladen wurden. Wir standen gleich am Tor tief im Matsch, obwohl dort die Zelte der Lagerleitung und des Lagerarztes standen. Zu unserer Freude empfing uns ein deutscher Arzt, sortierte uns nach unseren Leiden, nahm von den etwa hundert Mann zwei Verwundete mit und dann sahen wir von ihm nichts mehr.

Wir standen danach diese Nacht und die Tage darauf in diesem Regen, der ohne Unterbrechung herunterprasselte.

Das ganze Lager stand auf einem Lehmboden, man sank bei jedem Schritt ein, außer unter den wenigen Zelten gab es keinen trockenen Flecken. Die meisten wanderten so wie ich zwischen den Ein-, Zwei-, Vier- bis zu Zehn-Mannlöchern

umher, die zumeist irgendwie mit Planen und Decken zugedeckt waren. Man musste aufpassen, damit man nicht daneben trat und hineinfiel.

Ich hatte es aufgegeben, mir eine solche Kuhle zu graben,
weil sie kaum gegen die Kälte und Nässe schützte.

Ich wanderte dann doch lieber umher, möglichst in der Nähe der Latrine, weil sie beleuchtet war; dort war auch ein
größeres Feuer, an dem man ab und zu eine Möglichkeit
wahrnehmen konnte, sich aufzuwärmen.

Ich gesellte mich auch zu einer lebenden Mauer, Menschen,
die unter einer Plane an einer Campseite standen und versuchten, im Stehen zu schlafen. Dabei lehnte man sich gegenseitig an; ich war aber zu müde und fiel zu oft auf die
anderen, was die Mauer zum Wanken und die anderen gegen
mich aufbrachte. Ich war aber nicht der Einzige, der die
Mauer zum Einsturz und zu dem Geschnauze der anderen
brachte. So ging das drei Tage und vier Nächte: wandern,
wandern.

In den letzten beiden Nächten ging ich an einer nicht so
matschigen Stelle auf und ab, sprach einigen Mut zu, die zu
verzagen drohten, einige hockten lethargisch herum; bei alten, abgezehrten Männern wusste man oft nicht, ob sie am
Sterben waren. Ich schlief manchmal im Stehen ein und fiel
dabei auch des Öfteren einfach hin.

Viele bekamen in diesen Tagen die Ruhr, auch als das Wetter umschlug und die glühende Hitze das Lager zum Damp-
fen brachte und mit dem Rauch der vielen Feuerchen zusammen eine Suppe bildete, die eine Fernsicht unmöglich
machte.

Die Epidemie hielt an. Wenn man am Haupteingang zum
Essenfassen oder zum Erhaschen von Informationen stand,
wurden permanent auf Bahren Tote abtransportiert, meist
Alte mit eingefallenen, stoppelbärtigen Gesichtern, täglich
zwischen 40 bis 50 Mann. Ließ ein Kranker etwas unter sich
gehen, so gab es ein großes Geschrei: „Kerl, mach, dass du
zum Sani kommst", „Du Sau" und anderes Rücksichtslose.
Selten, dass einer ihm half. Der Arzt ist überbeansprucht,

schnauzt jeden Kranken an, bei Sterbenden nur kurz: „Legt ihn da hin." Da lagen sie nebeneinander, Tote und Sterbende, danach kamen sie ohne Zeremonie in ein Massengrab hinter dem Lager. Die Angehörigen wussten von nichts und werden vergeblich auf sie warten.

Keiner kümmerte sich um einen, jeder hatte mit sich selbst genug zu tun.

Den schweren Rucksack schleppte ich immer mit mir herum. Als ich zu müde war, ließ ich ihn bei ´Kameraden´ zurück. Ich wollte zum amerikanischen Kommandanten, kam allerdings nur bis zu seinem deutschen Vertreter, der mich vertröstete. Als ich zurückkam, waren diese Kameraden samt Rucksack weg. Tagelang suchte ich nach diesen Menschen, vergeblich. Mein Rucksack hatte alles, was ich brauchte, reichlich enthalten, dazu Geschenke an Ruth und die Kinder, in Thalmässing beim Ausverkauf noch ergattert, dazu der wichtige Tauschtabak. Ich war nun arm wie eine Kirchenmaus. Am unangenehmsten war mir der Verlust unserer Briefe in einer Lederbrieftasche. Hätte ich nur das eine Paar Strümpfe, die ich schon immer gegen meine verschlammten wechseln wollte, aber nie einen geeigneten trocknen Platz zum Hinsetzen gefunden hatte.

Als die Sonne schön heiß herunterbrannte und ich tatsächlich in der Nähe einer Kochgemeinschaft - neun Alte und ein 17jähriger Junge - ein Plätzchen fand, konnte ich endlich meine Schuhe mit Mühe abziehen: Meine Füße hatten von dem Moorwasser eine blaugraue Färbung angenommen und waren ganz schrumpelig. In der Sonne fingen sie an aufzuquellen und wurden so prall, dass ich sie kaum in die Schuhe zurückbekam. Sie blieben seitdem wochenlang gefühlsempfindlich, ich konnte kaum auftreten und es stach wie mit Nadeln. Wie mir später der Sani im Revierzelt sagte, eine Vorstufe zur Erfrierung.

Da man sich inzwischen setzen und ausstrecken konnte, hatte man Gelegenheit, seine Wäsche nach Läusen abzusuchen. Jeder fand Läuse, ich meinerseits trotz eifrigen Suchens nur ein bis zwei davon, manche ganze Kolonien. Und ich lag doch so oft neben Leuten, die permanent am Knacken von Läusen waren. War ich doch sauberer als die meisten?

Ich schloss mich einem biederen sächsischen Bauern – Kurt - an, kochte mit ihm abwechselnd auf dem Loch, auf das er einen Rost aus Draht anbrachte. Diese Stolperdrahtrolle hatte ich als Kopfunterlage zum Schlafen eingebracht. Später kochte nur er, weil mir trotz aller Bemühungen immer das Feuer ausging, und ich schleppte dafür das Wasser herbei und machte die Laufarbeiten. Ich gab ihm auch den größeren Anteil des Essens. Unangenehm an unserem Platz war seine Nähe an den Latrinenkästen, von denen oftmals des Nachts die Deckel zum Verfeuern geklaut wurden, selbst die Pfähle vom Donnerbalken wurden abgeschnitten. Der Gestank wurde bei Tageshitze fast unerträglich, wir mussten aber am Platz bleiben, weil einem sonst die Utensilien unterm Hintern geklaut wurden.

Als einige hundert Mann abgezogen und einige Höhlen leer wurden, zogen wir um und nahmen einen 17jährigen Jungen mit, der seine Trockenration ungekocht zerkaute und herunterschluckte. Viele machten das aus Trägheit und Antriebslosigkeit und wurden davon krank.

Jedes Camp war in Hundertschaften eingeteilt, diese wieder in Gruppen zu 20 Mann zur Verteilung von Verpflegung und anderen organisatorischen Vorgängen. Zuerst empfingen die Blockführer die Verpflegung für ihre 200 Mann, dann wurde sie den Gruppenführern anteilig weitergegeben und nach drei bis vier Stunden rief der Gruppenführer seine Leute, die sich mit Büchsen, die sie sich mit der Zeit organisiert hatten, im Halbkreis um ihn herumstellten. Mit Ess- und Teelöffeln ging er von einem zum anderen und verteilte: 2 EL Erbsen, 1-2 EL Mehl, 1-2 EL Trockenmilch, 1 EL Zucker, manchmal 1 EL Eipulver, 2-3 EL Trockenkartoffel - manchmal sogar richtige, die man dann mit Dosendeckel schälte -, manchmal Brausepulver, selten Salz. Alles zusammen hätte in einer Tasse Platz gefunden. So machten wir uns abends aus der Mischung eine Art süße Milchsuppe, weil wir die Erbsen und Kartoffeln über Nacht einweichen mussten. Mit der Kartoffel-Erbsensuppe konnten wir uns bis ca. 11 Uhr hinhalten. ´Der Hunger ist der beste Koch´ war uns zwar ein Trost, aber wir durften nicht zu schnell aufstehen, sonst wurde einem schwarz vor Augen. Zwei Tage waren wir auch ohne Verpflegung, an einem Tag gab es keinen Tropfen Wasser. Wir konnten gut sparen und aufheben, während wir andere sahen, wie sie bei der Verpflegungsverteilung die Trockenmilch und Mehl verschlangen und die Erbsen kauten.

´Übersetzung´:
Bitte an das nächste Pfarramt! Ich bitte den Herrn Amtskollegen herzlich, meine Frau, die seit ½ Jahr nicht weiß, ob ich noch lebe, irgendwie, möglichst durch Boten Bescheid zu geben, dass ich seit 1. Mai in

Einer der Zettel (Original 6x10 cm), die Rudi beim Transport hinauswarf, als er durch unsere Gegend gefahren wurde

amerikanischer Kriegsgefangenschaft bin in Civil mit Soldaten und wie sie behandelt. Es geht mir gut. Sie möchte sich ans LKA (= Landeskirchenamt) zur Vermittlung wenden. Bin bis heute 13.V. im Lager Mainz-Heidesheim; heute verlegt, weiß nicht wohin. Adr.: Pfr. R. Richter, Ober-Klingen Tel. Reinheim 42

Eines Abends sollten sich die anwesenden Pfarrer melden und so wurde ich von einem Kollegen erfasst. Zu meiner Enttäuschung bekam ich am ersten Sonntag nichts zu tun, sondern musste vernehmen, dass es evangelische und katholische Gottesdienste ohne meine Beteiligung gab.
Es gab immer noch patschige Stellen, man sank aber längst nicht mehr so tief ein und konnte die Schuhe wieder sauber kriegen.

Am 9. Mai hieß es, das ganze Lager würde geräumt, 5.000 Mann sollten sich melden, die an diesem Tag fort sollten. Wer weiterhin diese schlechte Verpflegung haben wollte, könnte ja bleiben.

Ich hatte versucht herauszufinden, wo es hingehen würde, aber weder vom Lagerführer noch vom Dolmetscher war etwas zu erfahren. Nach aller Überlegung spekulierte ich darauf, dass es nicht weit weg sein kann, vielleicht nach Frankfurt, wohin es gehen kann und ich beschloss, mich zu melden, Kurt machte mit. Wir stellten uns in die Fünfer-Reihen zum Ausgang.

Die deutsche Polizei zählte wieder Hundertschaften ab und wir mussten im Laufschritt zu den bereitstehenden LKW rennen, die aber nicht Richtung Frankfurt fuhren, sondern in die entgegen gesetzte Richtung, über Gau-Algesheim durch allerlei Dörfer, wo uns die Leute traurig nachblickten. Einige bekamen auf Brot-Rufe Brot hineingeworfen. Schließlich wurden wir hinter Bingen bei Büdesheim in ein neues Großlager ausgeladen.

Wir humpelten die lange Straße bei der Sonnenglut in das Camp 5a hinauf. Im Grunde war es mit dem vorigen Camp zu vergleichen, aber insofern besser, als es an einem Weinhang lag auf einem harten Steinboden, von dem das Wasser abfloss. Wir konnten uns unter einem Baum einrichten und waren in der Nähe des Wasserbassins. Wir gruben uns wieder eine Feuerstelle. Viele versuchten, sich die Weinblätter garzukochen, das dauerte aber zu lange und kostete zuviel Brennholz. Wir machten das nicht, obwohl wir uns in der Nähe der Bäume mit Holzreiser besser versorgen konnten als andere. Leider durften wir nicht lange an diesem schönen Platz bleiben. Bald hieß es, in Hundertschaften anzutreten

Es war Nachmittag, kurz vor der Essensverteilung. Die Rationen lagen bei dem Lagerführer bereit. ́Fertigmachen zum Durchschleusen.́

Endlich waren wir so weit. ́Durchschleusen ́ war nämlich die Vorbereitung und Voraussetzung zur bevorstehenden Entlassung. Wieder ein Schritt näher zum Ziel. Einen Tag zuvor hatten die Blockführer von jedem einen Zettel mit seinen Personalien eingesammelt, das erste Mal, dass man von dem Einzelnen Notiz nahm. Die Herde wurde die Straße hinunter zum ´Durchschleusungscamp´ getrieben. Dort rückte man nach stundenlangem Stehen in schmale Drahtverhauzellen hinein, immer zwei Mann nebeneinander. Dann stülpte man den Inhalt seines Rucksacks auf eine Decke - ich hatte von der Lagerverwaltung in Heidesheim einen bekommen, der meinem alten sehr ähnlich sah, außerdem eine Decke und ein Handtuch… Bei der Durchsicht meiner Familienfotos sagte ich: „I am pastor, this is my family." Daraufhin lächelte er freundlich und gab mir ein Zeichen, dass seine Kontrolle beendet sei. Meine Uhr und alles andere blieben unbehelligt.

Kurt und ich waren inzwischen Freunde geworden und bemühten uns, in derselben Hundertschaft zu bleiben. Wir marschierten nun in das Camp 4a. Es war auf einem baumlosen Hochplateau, die Sonne hatte die Wiese schon braun gebrannt, wir lagerten nebeneinander.

An diesem Abend gab es eine Art Meuterei. Viele wurden ausfallend und schrien laut und tobten gegen die Lagerführung, die versäumt habe, die Verpflegung vom Lager 3a mitzunehmen. Diese war mittlerweile an die neu hinzu gekommenen Männer verteilt worden, für uns war jedenfalls nichts mehr da. Es wurden Rufe laut „wenn der sich zeigt, wird er totgeschlagen", es war ziemlich kritisch für uns alle. Den Hunger zu ertragen war auch deshalb für uns so schwer, weil das Essen in den letzten Tagen vormittags ausgegeben worden war und wir diesen Tag überhaupt nichts bekommen hatten.

Der Lagerführer ging mehrmals zum Hauptlager, auch zum amerikanischen Lagerführer und erreichte, dass wir die Portion am nächsten Tag zusätzlich nachbekommen sollten. Das geschah dann auch, aber bis dahin mussten wir mit dem Hunger fertig werden. Wir bekamen am nächsten Tag um 12 Uhr die eine Portion, dann um 18 Uhr die zweite, allerdings knapper bemessen.

Wasser gab es den ganzen Tag nicht, weil die Leitung kaputt war. Und als sie endlich ganz war, bekamen wir eine übelschmeckende braune Brühe. Kurt und ich kochten es lieber ab…

Dann kam nach einem Abendgewitter ein lang andauernder Wolkenbruch, der immer mehr und immer größer werdende Hagelkörner beimischte. Man konnte seinen Kopf nur mit hochgezogenem Mantel und den Händen zu schützen versuchen.

Als Kurt sich bereitfand, seine Zeltplane zu den zweien der drei Thüringer hinzuzugeben, anstatt sich darin einzuwickeln, konnten wir ein Zelt zusammenbauen, worin wir dann wie die Heringe lagen. Da ich nichts an Zeltmaterial hatte beisteuern können, lag ich an der äußersten Wand gepresst. Wir waren schon in der nächsten Nacht sehr froh, ein Zelt zu haben, als der Regen auf die Plane trommelte. Gegen Morgen wachte ich allerdings kalt und frierend auf, weil ich im Matsch lag und bis auf die Haut nass war. Auf dieser Seite hatten wir den Graben nicht vorschriftsmäßig gemacht und ich holte das nach, dichtete die Löcher ab und beschwerte die Plane mit Steinen.

Kurt und ich kochten uns weiterhin unsere Milchsuppe morgens (ca. 11 Uhr) und abends (ca. 7 Uhr) unsere Erbsen-Kartoffelsuppe, diesmal in einer großen Konservendose; früher hatten wir nur kleine dafür. Im Laufe der Zeit wurden wir vornehmer. Für die Liliput-Portionen, auf die wir ja den ganzen Tag warteten, hatten wir inzwischen eine Menge kleiner Dosen organisiert, die in der Zeltecke, unserer Speisekammer, standen.

An Pfingsten hielt ich den ersten Gottesdienst, am zweiten Pfingsttag die erste Abendandacht, am Morgen danach um 7 Uhr die erste Morgenandacht an schlichten Holzkreuzen, die in der Nähe des Lagereingangs auf Anweisung der Amerikaner errichtet worden waren. Ich hatte meist den schwarzen Zivil-Lodenmantel, später, wenn es das Wetter zuließ, den blauen Zivilanzug an.

… Um 8 Uhr hielt der mir sehr lieb gewordene katholische Präfekt Walter S. aus Lingenfeld/Pfalz seine Maiandacht, danach begrüßte ich ihn immer - bei Tage saßen wir oft zusammen auf der Wiese - und seine Leute und dann begann ich meine Abendandacht. Abends kamen 200 bis 250 Mann, morgens 50 bis 100. Ich begann mit einem Lied, das zum Text passte, dann las ich ihnen aus der Apostelgeschichte… Vaterunser… Segen… und ein Abendlied.

Am Morgen las ich eine andere Reihe: Zuerst Psalmen, danach Philipperbrief… Manches, ein bis dahin unbekanntes Morgen- oder Abendlied nahmen die Männer mit, ich wiederholte es öfters mit ihnen, damit sie es lernten…

Anschließend blieben wir bei schönem Wetter abends zum Singen beisammen sitzen und sangen geistliche oder weltliche Volkslieder wie ´Am Brunnen vor dem Tore´, ´Sah ein Knab´, ´Im schönsten Wiesengrunde´, ´Kein schöner Land´ schallten zur Reben bewachsenen Nahe und zu den Rheinbergen hinüber, während die Sonne golden unterging.

Nach der Andacht stand oft eine Gruppe Männer um mich herum und wir sprachen über Kirche, Politik und Familienverhältnisse und was immer das Herz bedrückte. Oft hatte ich mit Einzelnen seelsorgerische Gespräche, die sehr tief gingen…

Ich ging aus dieser Bewegung innerlich gestärkt hervor und konnte von da an vieles leichter ertragen und wurde selber froh und glücklich dabei.

Durch eins dieser Gespräche fand ich als wahren Geistes- und Seelenfreund Walter von Fritschen aus Torgau, einen feinen und edlen Menschen, der möglicherweise seine kranke Frau und Kinder so schnell nicht sehen wird, weil sie im Osten sind und er nicht weiß, wo. Geb's Gott, dass ich ihn und sie nach der Gefangenschaft noch einmal treffen kann.

Immer wieder sehe ich sein abgehärmtes, voll Güte lächelndes Gesicht. Er ist Gewerbeschullehrer und Kunstschriftsteller. Als er so lebendig am Kreuz über deutsche Baukunst sprach, sammelte sich im Nu eine große Zuhörerschaft um ihn. Viele hatten Derartiges noch nie gehört. Er hatte durch die bittere Erfahrung, wie sich menschliche Gemeinheit und der hässliche unkameradschaftliche Geist im Camp offenbart und was bei ihm im Innern passiert, bei sich selbst die allgemeine Sünde entdeckt, die Notwendigkeit der Erlösung durch Gott, und durch den Menschen, der sich im geschichtlichen Jesus zu erkennen gibt, verstanden und Demut lernend den Verstandeshochmut der Gebildeten abgestreift...

Die Verbindung zu Walter von Fritschen blieb bestehen und er besuchte uns sogar in Lampertheim etwa 1949/50 - er wohnte in der damaligen DDR. Er sagte mir, ohne die selbstlose Hilfe von Rudi hätte er wohl das Lager nicht überlebt. Ich durfte diesem liebenswürdigen Mann über die Schulter zugucken, wenn er mit einer unbeirrbaren Sicherheit und Verve Zeichnungen von den umliegenden Gebäuden und der Kirche sofort in Tusche anfertigte. War die Zeichnung fertig, kolorierte er sie mit Wasserfarben und so hatte er binnen einer Stunde

Walter von Fritschen schenkte mir diesen Lebensweg zu meiner Konfirmation. Das kleine Brückchen durch die lieblichen Auen der Kindheit ist mit meiner Konfirmation der Übergang zum Erwachsenwerden. Der Weg wird danach immer schroffer und steiler mit den Höhen und Tiefen, die man so erlebt, bis man in den Himmel entrückt...

eine verkaufsfertige Ansicht fertig.

Seine Schilderungen des Lagerlebens sind es wert, nicht in Vergessenheit zu geraten:

Aus Walter von Fritschens Tagebuch:
(Hatte Rudi in seinem Tagebuch mit übernommen.)

Trübe versinkt der Tag über dem Lager. Über die zertretenen Weingärten steigt langsam der blasse Mond und der hohe Stacheldrahtzaun verschwindet in der Dämmerung. Ringsum verblauen die rebenbepflanzten Höhen, nur die Kirchtürme ferner Winzerdörfer ragen wie Schatten empor. In den vielen Zelten und Erdhöhlen sinken die Ersten in dumpfen Schlaf. Andere wärmen sich an der Glut ihrer kunstvoll gebauten Erdöfen.

Gesprächsfetzen: „Ich reiße das MG hoch, da sackt der Iwan zusammen"… „Weil diese Verbrecher ihr Leben verlängern wollten, deswegen müssen wir jetzt in der Scheiße liegen"… „müssen immer mehr Städte in Klump geschossen werden"… „die letzten Brücken kaputt gemacht werden…" … „heute aus der Trockenmilch und den Nudeln eine süße Suppe, morgen mit den Erbsen und den Kartoffeln, den Morgen über halten wir das durch"… „Die Lagerpolizei hat natürlich wieder die besten Mäntel erwischt"… „Verdammt, ich habe zehn Tage nicht scheißen können und jetzt muss ich Tag und Nacht laufen"…

„Weinen könnte man, wenn man die zertrampelten Weinberge sieht. Das dauert mindestens acht Jahre, bis wieder geerntet werden kann"… „Anständig von den Amis, dass sie unsere Verpflegung nicht aus der Bevölkerung herausquetschen. Hätten die nur nicht so viel nach Kartoffeln geschrien und gemeckert. Allerhand, was die aus Amerika herankarren für die Millionen Kriegsgefangenen"… „Die Russen sollen aber noch besser ernährt leben, habe ich gehört, als wir Entlassene bei dem Arbeitskommando in K. trafen"… „Ich würde auf alle Verpflegung verzichten und barfuß nach Hause tippeln, wenn sie mich rausließen"… „Heut wär' die Behandlungsstunde beendet, sagt der Sani und Tabletten gegen die Scheißerei gibt es erst wieder Montag ab 9

Uhr"... „Hau bloß ab, du Hund, und trampele mir nicht auf meinen Platz"... „Und Anfang Juni sollte es auf die Welt kommen, wenn ich nur wüsste, ob sie bei dem letzten Angriff heil davongekommen ist"... „He, Mensch, geh vom Zaun weg, der Ami schießt dir sonst ein Loch ins Hemd"... „Ihr Blindgänger"... „Du unmilitärischer Nichtschwimmer"... „Du Querschläger"... „Du Sau, da drüben ist die Latrine, du kriegst gleich einen Knüppel ins Kreuz"...

Als ein Dieb mit dem Schild um den Hals 'Ich habe einen Kameraden bestohlen' durchs Lager geführt wird, schreien die größten Maulhelden und Rowdys: „Schlagt das Schwein tot."

Weiter mit Rudis Tagebuch:

Anfang Juni sprach der leitende Pfarrer mit mir, drückte seine Anerkennung über meine Arbeit aus, unser Camp sei, was die kirchliche Betreuung angeht von allen das fortschrittlichste, sagte, auf Anordnung des amerikanischen Kommandanten soll in jedem Camp für beide Konfessionen ein Pfarrer offiziell zum Lagerpfarrer ernannt werden. Ich solle es für Camp 3a sein und in dem Lagerführerzelt, mit dem Lagerführer, dem Dolmetscher, dem Schreiber und den Polizisten zusammenwohnen. Da diese Leute arbeiten müssten und nicht stillsitzen können, bekäme ich wie sie auch doppelte Ration. Aus Gefälligkeit nahm ich zusätzlich noch das Amt des Lagerhygienikus an, das ziemlich verantwortungsvoll war, weil die amerikanische Lagerführung vor allem nach Hygiene schaute, wenn sie mit ihrem 'Flitzer' durch das Camp fuhren.

Ich musste Arbeitskommandos zum Ausheben von Müllgruben, die in ein bis zwei Tagen wieder voll waren, von Pisslöchern und zum Ausheben von Gräben für die Wasserleitung anfordern, dann mussten auch die Abortkästen abgedichtet und desinfiziert werden… Als in den letzten Tagen warme Mahlzeiten ausgegeben wurden, kam die Überprüfung der Hygiene in der Küche und des Kessels hinzu. Ich wurde kultivierter, konnte mich rasieren und den Bart abnehmen…

Die Trennung von meinen Kameraden ist mir nicht leichtgefallen, ich besuchte sie aber täglich und steckte ihnen Essen zu, was immer ich erübrigen konnte. Das brachte mir allerdings Neid bei den anderen ein…

In den ersten Junitagen wurden die ersten zur Entlassung aufgerufen, zunächst aus allen Lagern die Bauern und Bergarbeiter aus dem Rheinland und Hessen, … SS-Leute mussten bleiben.

Am 7. Juni gab mir der Lagerleiter des Entlassungscamps, in dem etwa 20 Zelte standen, ein Zeichen, dass ich herüberkommen könne: Der Gau Hessen und der Gau Thüringen sei freigegeben. Auf Empfehlung des deutschen Arztes wurde ich beschleunigt durchgeschleust, obwohl Beamte, Pfarrer und andere geistige Berufe nach neuerlichem Befehl vorerst zurückgestellt werden sollten.

Ich hatte von den vielen Freunden - darunter Walter von Fritschen - und guten Bekannten des Camps 3a Schreiben mitgenommen, mit der Hoffnung, dass ich ihnen ebenfalls zur schnellen Entlassung helfen konnte. Es fiel mir schon schwer zu sehen, wie sich das Camp leerte und man selber war nicht dabei. Und jetzt kam dieser Entlassungsschein wieder zu plötzlich.

Mit meiner ´Chaplain´-Binde - *Kaplan bzw. Geistlicher* - konnte ich in die einzelnen Camps nach Belieben wechseln und mich in Camp 2a erkundigen, wann BLAU, das ist Hessen, aufgerufen worden war.

Am 9. Juni war ich den ganzen Tag im Camp 2a bei zwei Thüringern, um ja nichts zu verpassen, ging abends zurück und hielt meinen letzten Abend- und Abschiedsgottesdienst. Danach kam ein Mann und dankte mir in herzlichen, einfachen Worten für die Stärkung, die er durch mich habe erfahren dürfen.

Am nächsten Morgen um 6 Uhr kam ein thüringischer Kamerad, um mir zu sagen, dass mein Name aufgerufen worden sei... Stundenlang standen wir zunächst vor dem Entlassungscamp, bis es so weit leer war, dass wir rein durften. Auf der rechten Seite waren die Stellplätze der LKW, die raus- und reinfuhren. Auf der linken Seite waren Drähte in 15-20 m Abstand gespannt, die Areale abgrenzten und beschildert waren mit: ´Obertaunuskreis´, ´Wiesbaden´, ´Frankfurt-Stadt´, ´Frankfurt-Land´, ´Kreis Erbach´, ´Kreis Dieburg´... Ich legte mich neben einen alten Mann, mit dem ich dann nachts Rücken an Rücken schlief, um uns gegenseitig zu wärmen. ... Dann kamen die vielen Saarländer dran, die Hessen und die Nassauer noch nicht. Auf einmal hieß es ´Darmstadt´. Wir sprangen hin und mein Name war dabei! Ich stieg ein wie in einem Traum, doch dann mussten wir wieder alle raus, weil Unaufgerufene versucht hatten, sich hineinzuschmuggeln. Irgendwann ging es los. Welch ein Gefühl! Es regnete und wir wurden nass. Das konnte uns aber nicht mehr tangieren. Jeder Regentropfen war ein Tropfen näher in die Freiheit und nach Hause.

Zum Thema **RHEINWIESEN-Kriegsgefangenenlager:**
siehe **Anhang**

10. In Oberklingen, nach Rudis Heimkehr

4. Juli 1945, **Rudi** schreibt:

Nun bin ich schon drei Wochen da und die Zeit kommt mir so kurz vor. Ich hatte mir noch 14 Tage Urlaub zur Erholung genommen. Wir blieben zu Hause. Ich brauchte ihn, damit ich mich noch etwas schonte. Ich merkte schon sehr, besonders in den ersten Tagen, an der geringen Widerstandsfähigkeit und leichten Ermüdbarkeit, wie sehr ich körperlich und nervlich herunter war. Doch jetzt geht es schon besser…

> *Er hatte seine ersten Konfirmandenstunden gehalten, Religionsstunden vom Lehrer Keil übernommen, die erste Beerdigung und die erste Taufe gehalten.*

Zwei Abendgebete von Christel möchte ich hier noch festhalten, die er ganz aus sich heraus gebetet hat. Wir wissen nicht, woher er das alles hat:

Lieber Gott, du hast uns den Pappi geschickt. Du bist groß und stark und hast mein Gebet geheert. Du hast uns den Kriech ausgemacht und hast den Hitler tot gemacht un de Himmler. Un den Deenitz hast du gefangen genommen. Wir danken dir dafier. Mach doch, dass die Dettmers aus dem Haus komme un die Jacoben. Und dann haben wir keinen Streit mehr im Haus. Wir sin in deinem Herz drinne und du in meinem. Hilf uns weiter. Du bist stärker als die Englänner un die Amerikaner un die Russe un die Deutsche und du bist barmherzisch gege alle Mensche.

Heute betete er:

Du hast uns gedankt und wir danken dir dafür. Heut war aber ein scheener Tag. Heut hatten wir Religionsstund in der Kirch. Das war aber schee. Wir danken dir dafier. Heut war der Pappi wieder Parrer. Wir danken dir dafier. Heut war eine Beerdigung. Das war schee. Wir danken dir dafier. Du hast mein Gebet geheert. Morje muss die Jacoben fortmache. Du kannst ja werklisch alles mache.

Mach, dass Pappi und Mami mich nich schimpfe misse.

Er ist ja ein braver Junge, er kriegt meist nur Strafe, weil er wieder bei den Eckbäckerkindern, insbesondere bei der Alma war, die ihm nur schlechte Manieren und Ausdrücke beibringt.

Also wenn schlechte Manieren, dann höchstens von Friedel, ihrem Bruder, auf den ich in den Episoden noch näher eingehen werde.

Rudi kommt aus dem Krieg, hat keine Ahnung, was inzwischen gelaufen ist und was für ein Kind wichtig ist, aber das erste, was ihm einfällt: Strafe.

Was heißt denn hier schlechte Manieren? Bestimmt nicht, Spatzen mit der Flotsch (Zwille) abzuschießen. Das kriegt der Rudi ja nicht mit und das wären für mich schlechte Manieren. Oder Nester ausheben.

Rudi meinte wohl, dass man flucht, wenn man sich auf den Daumen gehauen hat oder solche Wörter wie ´Scheiße´ in den Mund nimmt. Was ist das im Vergleich zu Nester ausheben oder Vögel abschießen? Rudi hatte keine Ahnung. Mir waren die Manieren von der Alma und auch vom Friedel viel lieber als die, die Rudi haben wollte. Und hatte er im Krieg nicht selbst Gründe genug gehabt zu fluchen?

Gute Manieren in Rudis Vorstellung waren, am Tisch gerade zu sitzen, mit dem Messer in der Rechten und der Gabel in der Linken mit geschlossenem Mund zu essen und dann nur etwas sagen zu dürfen, wenn er das Wort freigegeben hatte. ´Beim Essen spricht man nicht´, redete aber selbst am laufenden Band und hatte dabei nicht immer den Mund leer.

Was gehört sich denn und was nicht?
Da gingen unsere Vorstellungen weit auseinander. Dazu zwei Gegebenheiten:
Bei Himmelhebers in Niederklingen war eine uralte Oma, die einen einzigen Zahn im Mund hatte, der mich in seinen Bann zog. Es war einer der oberen Schneidezähne, der als Einziger die Stellung gehalten hatte, alle anderen Zähne waren nicht mehr vorhanden. Selbst wenn diese Frau nicht lachte, schienen das die Augen ohne ihren Mund zu tun, weil das ganze Gesicht über und über mit Lachfalten verschönt war. Wenn sie dann aber einmal richtig lachte, dann waren die Augen zu und der weiße Zahn schien seine ei-

gentliche Existenzberechtigung nachweisen zu wollen, weil ihr Lachen durch ihn noch schöner und interessanter wurde. Alle Falten schienen auf ihn zu zielen.

Zum Essen war er ihr von geringem Nutzen. Wie sollte sie schon etwas abbeißen können ohne sein Gegenüber.

Wenn die alte Frau etwas zu essen bekam, - und ich war zufälligerweise dabei - dann war das ein ´Kumpe´ voll warmer Milch oder Kaffee mit Milch. Den schüttete sie sich schluckweise in die Untertasse, schon, damit sie ihn abgekühlt über den Tellerrand schlürfen konnte. Vorher bröckelte sie sich Brot und auch Kuchen hinein und löffelte das Aufgeweichte auf.

Das fand ich so stark und nachahmenswert. Ich fing bei der nächstgebotenen Gelegenheit an, den Kuchen oder die Brotscheibe zu zerteilen, in die Untertasse zu legen und mit Milchkaffee zu übergießen. Zugegeben, diese Oma hatte darin mehr Übung und es ging dabei weniger daneben. Rudi diskutierte nicht viel, nahm mich beim Unterarm, rammte ihn auf die Tischplatte und schimpfte: „Das hast du dir wohl bei den Bauerlümmeln abgeguckt! Hier wird anständig gegessen!"

Das andere Beispiel:

Auch hier war mein Vorbild ein alter Bauer. Der hatte allerdings ausreichend viele Zähne im Mund. Ich kam zu ihm, als er gerade zu Mittag essen wollte und er fragte mich, ob ich Lust auf Brot und Schinken hätte. Klar, dass ich zusagte.

Er holte zwei Brettchen aus dem Spind, einen Laib Brot und ein großes Stück Schinken und legte alles auf den Tisch. Dann säbelte er zwei Scheiben Brot und zwei tüchtige Scheiben Schinken herunter und dann kam das, was ich so männlich stark und nachahmenswert fand:

Er schnitt sich abwechselnd ein Stück Brot und ein Stück Schinken von den Scheiben, legte sie sich mit der Gabel übereinander und während er diese Portion mit der Gabel in den Mund schob, hielt er das Messer mit der Spitze nach oben in der Faust neben dem Brettchen. Sobald die Linke ihre Ablieferung zum Mund erledigt hatte, sank sie mit der Gabel nach oben auf den Tisch neben das Brettchen und dazwischen über dem Brettchen mahlte ein zufriedenes Gesicht, als gäbe es nichts Schöneres auf der Welt.

Selbstverständlich machte ich es ihm nach und wenn das mit dem Schinkensäbeln nicht so hinhaute, dann half er mir dabei. Und so saßen wir beide wie zwei Buddhas uns gegenüber, säbelten, aßen, hatten unsere Esswerkzeuge furchtbar martialisch in unseren geballten Fäusten, grinsten uns an und genossen das Leben. Ich fühlte mich bei ihm und durch ihn sehr ernst genommen.

Das musste ich zu Hause unbedingt einführen, allerdings überzeugten meine Erklärungsversuche die Eltern überhaupt nicht, sondern sie erkannten darin den verrohenden Einfluss meines Umgangs mit den 'normalen' Menschen.

Als ich mein Essbesteck wieder einmal so martialisch in meinen Fäusten hielt, wurde ich mit der verhaltenen Bestrafung geahndet, die bei Tisch so üblich war, denn eine ausholende Backpfeife hätte möglicherweise den Tisch leergefegt: Ein rascher Griff zum aufgestemmten Unterarm und in die Tischplatte rammen.

Strafe bekommt er nur wegen schlechter Manieren, Zimperlichkeit, Lügen und Klatschen (Thomi verpetzen) Zu weich ist er noch, gleich kommen die Tränen. Bei mir lernt er allmählich, weniger empfindlich und straffer zu werden.

Thomi dagegen ist ein 'enfant terrible', heute wieder:

Es können zwei, drei Tage vergehen, da beträgt er sich, aber es gibt Tage wie heute, da passiert etwas am laufenden Band: Verstreut Puder auf dem Boden und in die Schuhe, schmeißt Waschlappen und Zahnbecher in den Badeofen und das dreimal, nascht an der Marmelade, pinkelt in die Hose, macht Omas Puderdose kaputt, steckt das Feuerzeug an und lässt es brennen während unserer Abwesenheit! Er musste im Badezimmer deshalb mit verschränkten Armen eine Stunde stehen und musste sich einprägen, was er getan hatte. *(Thomi war noch keine drei Jahre alt!)*

Er ist aber verschmitzt und im Nu über alles hinweg.
(Denkste.)

Immer wieder Gottes Hilfe: Wegen der fehlenden Wasserleitungen im Dorf bleiben wir von einer amerikanischen Besatzung verschont…

Wir bekommen von Herrn Stumpf einen weiteren Hasenkasten…

Nachdem Rudi aus dem Krieg zurückgekommen war, fühlte er sich an der Ehre gepackt, das Hasenschlachten selbst zu übernehmen. Er hatte das noch nie gemacht und er fragte mich, wie das der Stumpf machen würde. Ich sagte ihm, dass der Stumpf den Hasen erst am Kragen packe, dann hänge der Hase ganz still und zappele nicht mehr und dann nähme er ihn mit der linken Hand an den Hinterläufen so hoch, dass der Hinterkopf rechts sei und dann nähme er einen Prügel und haue ihm auf den Hinterkopf, um das Genick zu brechen. Dann sei er tot und müsse nur noch in den Hals gestochen werden, damit das Blut laufen könne.

Das klang alles so kompliziert, dass er mir sagte, ich solle ihm die einzelnen Schritte sagen, wenn sie dran seien. Wir nahmen also einen Hasen heraus und ich zeigte ihm, wie man einen Hasen trägt, ohne dass er zappelt. Wir gingen dann zusammen in den Holzschuppen, wo auch der Hackklotz und das Beil waren.

Ich übergab den Hasen, er bekam ihn auch tatsächlich am Kragen und er legte sich das Beil zurecht. Er wollte mit der stumpfen Seite des Beils dem Hasen den Garaus machen.

Jetzt traute er sich nicht zu, den Hasen mit einer Hand hochhalten zu können und befahl mir, ich solle ihn mit beiden Händen an den Hinterläufen hochhalten. Er würde ihm dann auf den Kopf hauen. Ich hielt ihn mit all meinen Kräften an den Hinterläufen - ein Stallhase wiegt mehrere Kilo und wenn diese Kilos zappeln, dann werden sie mehr - und Rudi versuchte, den Kopf zu treffen. Das hatte er zu halbherzig gemacht, ich hatte sogar das Gefühl, er hatte dabei die Augen zugekniffen und das darf man bei solchen vitalen Situationen nicht. Jedenfalls zappelte der arme Hase in seiner Not so heftig, dass ich ihn nicht mehr halten konnte. Er haute ab und flüchtete unter ein Gestell. Dort mümmelte er uns mit stieren Augen an.

Jetzt bekam ich alles ab. „Warum hast du ihn losgelassen? Das arme Tier! O Gottogott, Herr verzeih mir, das-arme-Tier-was-machen-wir-bloß, wie-kommen-wir-da-ran, was-habe-ich-bloß-getan? …"Letztendlich musste der Stumpf kommen und wir angelten den Hasen gemeinsam heraus und führten ihn seiner Erlösung zu. Rudi aber legte beim Essen die Gabel auf die Seite und sagte, er könne davon nichts essen. Mir hatte das nichts ausgemacht.

Immer diese Aufregungen im Haus wegen den Dettmers, die uns im Dorf schlecht machen wollen, was Ruth sehr grämt. Sie waren sogar beim Landeskirchenamt vorstellig gewesen.

6. Juli 1945, **Rudi** schreibt:
Christel lernt ´Müde bin ich geh zur Ruh´ und hat nach jedem Vers allerlei Fragen. Er macht sich um alles tiefgründige Gedanken. So flink er auch springt, wenn er Lust dazu hat, so langsam ist er gewöhnlich aufgrund einer gewissen geistigen Schwere, er träumt und sinniert viel. Thomi scheint da leichter veranlagt zu sein, er wird ohne viel Bedenken schnell fertig…

24. September 1945, **Rudi** schreibt:
Festlich mit einer Deklaration der Kinder wurde das Erntedankfest gefeiert. Da Christel von den größeren Buben von seinem Platz verdrängt worden war, fiel er in der Kirche dadurch auf, dass er laut mit den Jungen babbelte und von mir von der Kanzel aus drohend zurechtgewiesen werden musste.

Das war etwas anders. Wir Kinder saßen in den vorderen Bänken und ich saß in der zweiten Reihe. Ich merkte, dass die vordere Bank kippelte und ich hatte mir nichts dabei gedacht, sie nach vorne zu kippen, um die vorderen allesamt runterrutschen zu lassen. Dass das mit Geräusch verbunden war, hatte ich nicht einkalkuliert. Ich hatte die Bank dann so schief gehalten, dass man zum Sitzen keinen Halt mehr fand. Dann wurde es eben laut.
Mein Vater hielt mit seiner Predigt inne, guckte mit stieren Augen wie ein Geier von seiner Kanzel herunter und rief ´CHRISSSSSTHAAAARD´.
Dann wusste ich, was es geschlagen hatte.
Ich durfte nicht am Kindergottesdienst teilnehmen und sollte zu Hause überlegen, was ich getan hatte und mich für eine Strafe vorbereiten.
Wird wohl eine Variation mit dem Teppichklopfer geworden sein.

… Thomi ist weit für sein Alter, hat einen viel größeren Wortschatz als Christel in seinem Alter. Er lernt eben viel von den größeren Kindern, mit denen er den ganzen Tag spielt und spricht ein Klinger Dialekt. Er weiß sich wunderbar mit Gesten und Minenspiel auszudrücken…

Bei Christel muss man gegen seine übergroße Phantasie ankämpfen, bei der er oft Wahrheit und Lüge nicht zu unterscheiden vermag und in seiner Renommiersucht vor der Lüge nicht zurückschreckt. Das Klatschen (*Verpetzen*) über den Thomi habe ich ihm schon sehr abgewöhnt.

Was heißt Lüge: Als er mich einer solchen 'Lüge' überführen wollte, nahm er mich mit der Linken am Kinn, zog den Kopf so zurecht, dass ich ihm in die Augen schauen musste und fuhr mit dem rechten Zeigefinger buchstabenweise über meine Stirn und sagte: „Ich kann Gedanken lesen: Hier steht, na, was steht denn hier: V-E-R-Z-E-I-H M-I-R I-C-H H-A-B-E G-E-L-O-G-E-N. Stimmt's?" Und als ich mit Sicherheit rot angelaufen war, galt ich als ertappt und weil ich gerade eine so praktische Körperhaltung einnahm, bekam ich gleich eine 'gekleistert'.

Hat er dabei nicht auch gelogen, meine Gedanken abgelesen zu haben?

Er stellt sich noch zu oft mit Thomi auf die gleiche Stufe, bedenkt zu wenig, dass der so viel jünger ist. Hasenfutter holen oder Tischdecken vergisst er zu oft, an selbständige Pflichterfüllung gewöhnt er sich nur langsam, nur immer raus zu den 'Kinner'…

31. Oktober 1945, Rudi schreibt:

Heute sind Dettmers endlich ausgezogen. Im Amtszimmer blieb mir nicht erspart zu hören, was sie ihrem Alten ins Ohr schrie: Wenn sie raus müssten, dann müssten wir auch raus, sie würde in jedes Bauernhaus gehen und mich unmöglich machen, auch zum Landeskirchenamt ginge sie…

Christel und Thomi vertragen sich sehr gut miteinander, weil er für sein Alter doch recht kindlich ist, Thomi hat die meisten Einfälle, auf die Christel eingeht und mitmacht, oft Spaßworte nachmacht oder nachäfft und sich schüttelt vor Lachen.

Als ich mit Christel auf dem Weg von Niederklingen im Dunkeln nach Hause ging, konnten wir uns sehr klug über die Sterne unterhalten. Wir kamen auf die Geschlechtsunterschiede bei den Tieren z.B. Katze-Kater, Kuh-Ochse*(!)* zu sprechen und andeutungsweise beim Menschen.

12. November 1945

Ein Ruhetag im Bett, den ich zum Eintragen nutzen möchte, sonst komme ich nie dazu…

Mit der Oma hat sich ein großer Bruch vollzogen, da sie dermaßen frech, unverschämt und beleidigend zu uns ist, dass wir ihr das wohl nie vergessen und den Tag herbeisehnen, der uns hoffentlich für lange Zeit voneinander trennt. Wir wollen ungestört in unserer Welt leben können.

Ich bin trotzdem zu ihr hoch in ihr Zimmer.

Diese Diskrepanzen waren nie ein Thema. Die Eltern konnten das schlecht verbieten, höchstens mit ´musst du unbedingt zur Oma?´ kommentieren oder so ähnlich.

Nur an eine Bemerkung von Oma kann ich mich erinnern, die in der Zeit fiel, als sie noch im Pfarrhaus wohnte. Wenn sie sich über Rudi äußerte, dann kam das meistens in Hochdeutsch, und das klang aus ihrem Munde ziemlich abfällig: „Und was sagt mein lieber Schwiegersohn? Ich soll nach Berlin zurück! Das Erbe hochhalten! Hat selber nüscht! Aber ich soll det Erbe hochhalten! Nüscht krieen die! Wenn eener watt erbt, dann bist du det. Erbe hochhalten! Eine Unverschämtheit…“

Und dann sinnierte sie über zwei Fotos von ihrem Mietshaus und sagte mir, dass das ich einmal kriegen soll. Ich konnte mir aus all dem keinen Reim machen.

Sie hatte ihre Abneigung zu meinen Eltern mir gegenüber kaum verhehlen können. Sicherlich war sie klug genug, das nicht zu offensichtlich werden zu lassen, aber die Aversionen zueinander waren auch für mich spürbar. Vielleicht hatte mich das Unwohlsein bei meinen Eltern auch immer stärker zur Oma hingedrängt und abfällige Bemerkungen von ihr fanden immer öfter ein stillschweigendes Einverstandensein.

Viel später, nachdem wir nach Lampertheim gezogen waren und ich als Pfadfinder mit Rudi und den Jungs aus Lampertheim auf dem Breuberg in der Jugendherberge waren - Rudi hatte sogar den

Thomi auf dem Lenkrad sitzend mitgenommen -, ergab sich eine solch typische Situation:

Thomi dürfte etwa 8 Jahre alt gewesen sein und ich war mit 12 der jüngste Pfadfinder (ein Wölfling). Die anderen mit 14 bis 16 Jahren hatten sicherlich ein Programm drauf, das den Thomi langweilen musste. Der jängerte herum: „Pappi, wann fahrn wir nach Hause?" und ging damit allen auf den Keks. Da kam ich - mit welchem Hintergedanken wohl -, auf die Idee, den Thomi zur Oma nach Oberklingen zu bringen. Dann könnte die Gruppe später nachkommen und uns dort abholen und mitnehmen. Rudi war sichtlich erleichtert, diesen Störenfried auf so elegante Weise loszuwerden und gab seine Zustimmung.

Er zeigte mir auf der Straßenkarte, wie zu fahren sei und dann nahm ich mit meinem Gepäck auf dem Gepäckträger und dem Thomi auf der Querstange diese Tour auf mich. Gleich unten in Sandbach stand so ein oberschlauer Polizist und hielt uns an: Ich dürfe keine Personen auf einer Querstange sitzend befördern.

Quintessenz: Thomi wurde jedes Mal abgeladen und rannte neben mir her, sobald wir in einen neuen Ort kamen und dahinter sprang er wieder auf.

Nach etwa 30 Kilometern des Auf und Ab sowohl, was diese Fahrradbenutzung als auch die Landschaftsbewältigung anging, kamen wir bei Oma an. Völlig überraschend, versteht sich: Für eine Ankündigung per Post war diese Entscheidung zu kurzfristig und Telefon hatte Oma nicht. Im Übrigen war man damals nicht so pingelig mit Ankündigungen und ähnlichen Höflichkeiten. Wenn man da war, war man da.

Wir hatten herrliche Tage bei der Oma, schöner als bei Rudi. Und irgendwann stand Rudi mit seinen Pfadfindern ebenso überraschend vor der Haustür bei Eckbäckers, - bei denen wohnte die Oma inzwischen -, um uns beide wieder nach Hause mitzunehmen.

Oma guckte so aus dem Fenster und sah die Jungs, wie sie gerade ankamen und zur Pumpe von Eckbäckers eilten, um sich frisch zu machen.

Und wie Rudi so hochguckte, ob wir da und sie bemerkt worden sind, sang sie die Polka von Paul Linke:

Siehste wohl, da kimmt er,
lange Schritte nimmt er.
Siehste wohl, da kimmt er schon,
der versoffne Schwiegersohn.
Nichtsdestotrotz hatte sie im Nu für die ganze Gruppe Sitzgele-
genheiten organisiert, ebenso Kaffee, Wasser und sogar Blechkuchen.
Vorgewarnt war sie ja. Ich weiß nicht woher, ich glaube, es waren
Zwetschgen- und Streuselkuchen und Rudi hatte Probleme, die
Jungs loszueisen, weil sie noch 60 km bis nach Lampertheim vor
sich hatten. Mit Thomi auf der Lenkstange.
Ich glaube, seinen größten Fehler machte Rudi in diesen Minuten
und verspielte ein und für alle Male seine Chancen bei der Oma:
Anstatt bei seiner Gruppe unten zu sitzen, hatte er sich bei uns in
der Wohnung von Oma niedergelassen. Dass Thomi und ich nicht
gleich unten bei den anderen saßen, war gar nicht so aufgefallen,
aber Rudi hätte lieber da unten bleiben sollen.
Jetzt saß er bei uns im kühlen Zimmer am Tisch bei Bohnenkaffee
und ließ sich von Oma verwöhnen. Und wie er so dasaß und spürte,
dass seine Füße auf den drei übereinandergelegten Teppichen ver-
sanken, da fiel ihm nichts anderes ein festzustellen, dass Oma im
Reichtum versinke, ob sie nicht einen Teppich zu viel hätte. Und
im Übrigen: Warum sei sie noch hier und nicht in Berlin, das Erbe
hochhalten…
So sprachlos hatte ich meine Oma noch nie erlebt. Sie japste wie ein
Fisch ohne Wasser, bis sie ihre Fassung wiederfand. Ich glaube,
Rudi brauchte man danach nicht mehr loszueisen. Oma wird ihm
„Beine gemacht haben".

30. November 1945, **Rudi** schreibt:
Heute Nachmittag brachten Amis ein Reh vorbei zum Aus-
nehmen. Wir bekämen einen Anteil dafür. Christel bedauer-
te es sehr. Herr Stumpf wird es machen.
Christel zählt schon die Tage bis Weihnachten, heute war er
selig über den Adventskalender und über die Bilder vom
Leben Jesu, die ich im Kinderzimmer aufgehängt habe.
Stundenlang betrachtet er sie mit heißem Kopf, jedes Bild
hinterfragend. Seine Fragen sind für sein Verständnis sehr
tiefgründig und manchmal nicht beantwortbar. Zum Beispiel

bei der Szene in der Wüste, wo der Teufel Jesus alle Reiche der Erde anbietet, wenn er ihn anbete. „Dem lieben Gott gehört doch schon die ganze Welt. Wie kann er dem Jesus etwas anbieten, was ihm nicht gehört?"

Er hat Angst, dass er nicht in den Himmel käme, weil er schon so viel Böses getan habe. Da sagte ich ihm, wenn es ihm leidtäte und er sich vornehmen würde, es nicht mehr zu tun, dann wird Gott ihn gerne aufnehmen. Dann fragte er: „Wie lange dauert es, wenn man gestorben ist, bis man im Himmel ankommt?" Ich sagte, das sei wie ein Augenblick. Da meinte er: „Gell, das ist wie beim Schlafen, da meint man auch, das sei nur ein Moment und dabei war es die ganze Nacht."

12. Dezember 1945, **Rudi** schreibt:

Am 5. Dezember ist Christel überraschend schnell Schulbub geworden. Am 3. Dezember erfuhren wir durch Ausschellen, dass eine neue Lehrerin ihr Dekret bekommen hätte, hier als Lehrerin zu arbeiten.

… Wir bekamen die Erlaubnis, Christel in den Jahrgang zu schicken, der im Herbst 1944 angefangen hatte. Am Donnerstag, den 6. Dezember 1945 ging er zum ersten Mal zur Schule. Stunden vorher hampelte er schon herum, endlich gehen zu dürfen. Vorher hielten wir bei brennenden Kerzen eine Morgenandacht, auf dem Tisch prangte eine Brezel für Christel.

Er fängt mit dem Schreiben mit ´i´ und ´a´ wieder an, auch beim Rechnen ganz am Anfang, obwohl ich mit ihm schon das ganze Buch durchhatte.

22. Dezember 1945, **Rudi** schreibt:

Sonst aber macht er im Schreiben gute Fortschritte. Vorgestern bekam er ja bis zum 7. Januar seine ersten Ferien. Im Rechnen sei er bei weitem der beste Schüler, sagte seine Lehrerin mir. Ich könne stolz auf ihn sein. Vorgestern bekam ich die offizielle Erlaubnis vom Schulrat, dass er die 2. Klasse besuchen darf.

Als neulich beide Buben unverträglich waren, sperrte ich sie in das dunkle Zimmer. Thomi blieb wie immer ruhig, Christel, der Große, aber heulte. Ich ließ Thomi daraufhin raus, Christel aber blieb zur Strafe drin. Wenn er nicht mehr weine, dürfe er raus.

Sein Bock, - *so wurde die kindliche Starrköpfigkeit genannt: „Hast du wieder dein Böckchen?"* - über den ich mich sehr freute, hieß ihn standhaft bleiben, bis wir zwei kamen, um ihn zu erlösen. Auf meine Frage, ob er noch weine, antwortete er: „Man muss sich noch zu Tode ärgern."

29. Dezember 1945, **Rudi** schreibt:
Nun haben wir sehr stramme Wochen hinter uns. Abgesehen von den üblichen Veranstaltungen an beiden Orten kamen ja das Einüben der Krippenspiele dazu und das Kurrende-Singen mit den Schulkindern bei Kranken und Alten hinzu. Die Kirchen waren übervoll.

Christel sang zum Ober-Klinger Krippenspiel mit Luischen Trabolt zweistimmig drei Lieder: ´Es hat sich eröffnet das himmlische Tor´, ´Es blühen die Maien in kalter Winterzeit´ und ´Mein Josef, ach ich bitte…´ und alleine ´O heilges Kind, wir grüßen dich´. Die Aufführungen haben, wie man hört, großen Eindruck gemacht.

> *Luischen kam zu uns in die Wohnung zum Üben. Was immer der Grund war: Ihr Kommen überschnitt sich mit unserer wöchentlichen Baderei.*
>
> *In der Zinkbadewanne wurde ja ein Kind nach dem anderen gewaschen, der Thomi zuerst, dann ich. Und als ich so nackend dastand und darauf wartete, in die noch warme Brühe einsteigen zu dürfen, kam das Luischen und wurde hoch gebeten. Da das Zimmer wohl das warme Zimmer war, wo sich auch alle aufhielten, wurde sie hereingebeten, sie möge einstweilen Platz nehmen. Das war mir so peinlich. ´Christel, stell dich nicht so an´ oder so etwas wird man wohl gesagt haben, aber sowohl Luise als auch ich guckten überall hin, bloß nicht zueinander.*

Die Buben bekamen für die karge Zeit eigentlich zu viele Geschenke. Zur Bescherung hat auch Oma ihre Geschenke unter den Christbaum gelegt.

… Jeden Abend betet Christel, dass Mammi ein Schwesterchen kriegt: „Ich hab das nicht nur bei dir, lieber Gott, bestellt, sondern auch bei der Mammi. Und wenn es wieder ein Brüderchen sein soll, dann ist es dein Wille und auch gut. Hauptsache, es ist gesund und hat kein Loch im Kopf und dass Mammi auch gesund dabei bleibt." Das mit dem Loch im Kopf muss er aus dem dicken Gesundheitsbuch haben, in dem er immer wieder schmökert, obwohl ich es ihm verboten habe.

Ruth war schwanger, aber im Tagebuch bisher kein Wort davon.

31. Dezember 1945, **Rudi** schreibt:
Als wir von einer Beerdigung zurückkamen, hatte Christel Tinte über Ruths Hochzeitsgeschenk, eine Tischdecke, geschüttet. Kaum hatte er die Haue und Schelte verarbeitet, verschüttete er durch seine Tapsigkeit seinen Kaffee. Nachher sagte er zu Ruth: „Wenn nur die Sünde wieder aus meinem Herzen wäre."
Beim Betrachten des Bildes von Christi Himmelfahrt meinte er: „Wieso können die Jünger das Licht sehen, wo es doch so heilig ist?"

25. Januar 1946, **Rudi** schreibt:
Ruth hat Christels beide Manteltaschen geleert. Folgendes kam zum Vorschein:
Verheddertes Strippenbündel, 1 Tüte Holznägel f. Schuhe, 1 Prospekt f. Pflanzensäfte, 3 Hobelspäne, 25 Fotopapierchen, verschiedene bunte Papierchen, ½Nussschale, 1 Briefchen mit Rasierklingen, 1 kleines Auto, 2 Nägel über 5cm, Reißnägel, 1 Tornisterschnalle, 1 Distanzring, 1 Hufnagel, 1 verrostete Eisenschnalle, 2 Hufeisen f. Männerschuh, Nägel, 1 Patronenhülse, 1 Stück Leder, 1 Eisenmutter 1 6cm lange Schraube mit Mutter, 1 Autobrille
Ich kann immer noch nichts wegwerfen, was von Wert sein könnte, wickle die Paketkordel auf und bücke mich nach einer Schraube…

26. Januar 1946, **Rudi** schreibt:
Heute sind wir ganz früh aufgestanden, um Thomis Handschuhe am Bach zu suchen, die er dort gestern verloren hat-

te. An der Brücke haben wir sie tatsächlich gefunden. Wieder hat Gott geholfen.

Es ist erstaunlich, wie Gott keine Gelegenheit auslässt, den Richters zu helfen.

Christel hat eine hintendrauf gekriegt, weil er seine schönen Sonntagsstrümpfe an den Knien durchgerutscht hat.

Apropos Strümpfe: Ruth war in jeder freien Minute am Stricken und wenn irgendein Strick ausgewachsen war, wurde er aufgedröselt und der Wollfaden für ein anderes Kleidungsstück wiederverwendet. Das Aufdröseln war eine Arbeit von normalerweise zwei Personen, bei der z.B. ich das Gestrickte festhielt und Ruth den Faden auf einen Knäuel aufwickelte, schon damit der gewellte Faden sich durch die Straffung im Knäuel wieder glatt wurde.

Unsere gestrickten Kleidungsstücke - Pullover, Handschuhe, Strümpfe, Socken, sogar Unterhosen - waren entsprechend bunt. Ist der rote Faden ausgegangen, dann wurde halt mit grün oder blau weitergestrickt. Die Strümpfe waren ausnahmslos bunt gekringelte Schläuche - vielleicht gab es ja einfarbige für sonntags - und damit die nicht herunterrutschten, hatten wir untendrunter ein sogenanntes Leibchen an, an dem unten für jeden Strumpf ein Gummiband mit einer Schnalle hing. Der Strumpf wurde also vorne unter die kurzen Lederhosen gezogen, während der Oberschenkel hinten entblößt seine Gänsehaut zeigen konnte. Wenn man in der Schulbank saß, dann zogen die Gummis die Beine unweigerlich nach oben.

Da alles Gestrickte bunt war, fiel eine Stopfstelle kaum auf. Patchwork war bei mir schon immer angesagt, weil ich meine Knie immer aufgeschlagen hatte.

In dieser Sache machte ich meine erste Erfindung, die Ruth in die Lage versetzte, manches Gestrickte ohne meine Hilfe aufzuwickeln: Wenn es sich um etwas Rundes handelte wie einen Strumpf, dann brauchte sie nur einen Stuhl anders herum auf den Tisch zu stellen, sodass die Beine nach oben ragten. Dann den Strick über ein Bein stülpen und abdröseln. Beim Fadenziehen dreht sich der Wollfetzen von alleine. Sagte Ruth zu Rudi: „Auf so was kämst du nicht, Päppchen, oder?" was mich stolz machte, zumal Rudi eine rote Birne und stiere Augen bekam, schluckte und verkniffen wegging.

21. Februar 1946, **Rudi** schreibt:

Christel hat heute einen Schmutzeimer im Klo umgeschmissen. Als er uns sah, wie wir in Eile das Wasser aufwischten, damit es nicht durch die Decke zum Klo der Schwartzkopfs durchregnete, sagte er mit ganz erschütterter Stimme: „Ach Mammi, reg dich doch nicht so auf, lass mich das doch machen, du musst dich so viel bücken, das ist nicht gut für das Schwesterchen, ich kann's doch auch machen."

Nachher, als wir zu den beiden ins Kinderzimmer kamen, sagte er: „Thomi hat ganz recht. Ich bin auch wirklich böse."

Heute hat Christel eine besondere Leistung vollbracht, auf die er mit Recht stolz ist:

Wir schickten ihn wie jeden Samstag nach Lengfeld einkaufen. Während er unterwegs war, verstärkte sich der Wind so sehr - hinzu kamen Regen, Schnee und Hagel -, dass der arme Kerl ganz rot gewaschen und völlig durchnässt und verzaust zu Hause ankam. Seinen schwarzen Regenmantel hat der Wind ihm von oben bis unten durchgerissen, sagte er. „Das war ein Un-Weg, das war bestimmt die Strafe von Gott, weil ich gestern so bös war…"

Als er auf dem Chaiselongue saß, seine Füße im Eimer warmen Wassers hatte und wir um ihn wie seine Dienerschaft herumsaßen, schmusten die beiden Buben miteinander, als hätten sie sich wochenlang nicht gesehen. Als Ruth zu mir sagte, sie überstürzten sich ja mit Zärtlichkeiten, meinte Christel: „Ja, meint ihr, wir wärn nur böse Menschen?"

13. März 1946

Gestern betete Christel wieder: „Und hilf doch, dass wir zwei Schwesterchen kriegen und sie nicht schwach oder tot sind, bloß gesund und stark und gut und schön… Mach doch die Sünde aus meinem Herzen und dass wir nicht tun, wo du nicht gern hast."

Heute betete er: „… und mach doch, dass ich's schaffe, die Sünde ausm Herzen zu machen und dass ich nur mache, was Mammi Freude macht."

Wenn ich in dem Tagebuch lesen muss, wie meine Eltern uns diese verkorksten Vorstellungen von Sünde und Teufel einzupflanzen versuchten, dann wird mir ganz eng ums Herz. Was haben sie uns angetan, dass wir unsere kindlichen Verfehlungen gleich als einen Sündenfall ansehen mussten, für den wir Abend für Abend über das Nachtgebet Für- und Abbitte leisten mussten. Sie merkten gar nicht, wie sie uns systematisch verbogen und waren so stolz auf diese Gebete, die sie als Indiz sahen, wie sehr wir ihre Vorstellungen verinnerlicht hatten.

Sie sprachen nie über das Für und Wider einer Aktivität, einer Äußerung oder einer Reaktion mit uns Kindern und bezogen nie die Überlegungen aus der Sicht des Kindes mit ein, wenn es zu einem Konflikt zwischen Kind und Eltern kam. Hier herrschte die Vorstellung der Eltern, was gut oder schlecht _im spontanen Moment_ zu gelten hatte. Ein ähnlicher Konflikt unter anderen Bedingungen konnte durchaus anders von ihnen gelöst worden sein, so dass wir oft gar nicht verstanden, was wir jetzt verkehrt gemacht hatten, wo es doch unter einem anderen Vorzeichen richtig gewesen war. Die einzig verlässliche Konsequenz bei Konflikten war, dass Rudi immer recht hatte, auch Ruth gegenüber. Wenn sie das bezweifelte, dann war Explosionsgefahr.

Für Rudi musste ich zierlicher Junge einerseits soldatische Tugenden zeigen, die Rudi zu zeigen verwehrt waren, andererseits erhoffte er sich, in mir einen beseelten Christen heranzuzüchten, der später einmal in seine Stapfen treten sollte. Deshalb schimmern aus seinen Tagebuchaufzeichnungen Enttäuschung oder Glücksgefühl heraus, je nachdem, ob und wie ich gerade in sein Erwartungsmuster hineinpasste oder nicht.

Mir wird erst jetzt durch das Lesen des Tagebuchs bewusst, wie sehr ich mich damals bemühte, auch seine Liebe zu verdienen. Dass unsere Eltern uns ständig die Messlatte anlegten, inwieweit wir wieder gefehlt und Sünde auf uns geladen hatten und uns dadurch ein ständiges schlechtes Gewissen einpflanzten, ist furchtbar und unverzeihlich. Ich hatte mich wohl solange in dieses System einbinden lassen, bis mir diese Perversion aufgefallen war, dass Rudi beispielsweise auf der Kanzel Liebe predigte, zu Hause aber Ruth noch am selben Tag ohrfeigte. Noch vor der Konfirmation in Lampertheim ging meine Abnabelung so weit, dass ich mit Absicht kurz vor der Einsegnung die Reihe vor den beiden Pfarrern wechselte und dadurch nicht von Rudi, sondern von seinem Kollegen Wolff - mit dem er sich gar nicht gut verstand - eingesegnet wurde. Ich wusste, wie wichtig ihm die Einsegnung durch ihn gewesen wäre. Ich wollte ihm damals nur eins auswischen und mir wurde erst später bewusst, welch grandiose und mutige Entscheidung das war, weil ich beiden Eltern das Zeichen gesetzt hatte: Ich lasse mich von euch nicht mehr manipulieren.

Das Donnerwetter zu Hause kann sich jeder vorstellen, aber das war es mir wert. Wert waren die Auseinandersetzungen in den kommenden Jahren mit ihm, als ich ihm sagte, dass ich auf keinen Fall Pfarrer werden wolle und - das war allerdings erst mit etwa 16 Jahren in Bärstadt - ich nicht mehr in die Kirche gehen würde und auch nichts mehr für die Kirche tun würde, es sei denn, ich würde dafür bezahlt.

Ich hatte nämlich alle Dienste - Holzhacken, Glocken läuten, Blasebalg treten und ähnliche Tätigkeiten - kostenlos gemacht und ab 16 Jahren hatte ich ein Motorrad und brauchte schon deswegen Geld.

Während es mir einigermaßen gelungen war, diese Schuldgefühle abzubauen, indem ich mich meinen Eltern auch emotional völlig entzog, ist mein Bruder Thomas daran zugrunde gegangen. Er war bis zu seinem Tod - er ist als Alkoholabhängiger mit etwa 30 Jahren gestorben.

Ich werde versuchen, in Zukunft auf die Wiedergabe solcher Gebete zu verzichten, weil ich nicht nur die Nerven des Lesers schonen möchte.

18. März 1946, **Rudi** schreibt:

Christel hat den heißen Ofenring auf das Wachstuch des Kindertischchens gelegt und das Tuch ist bis auf das Holz durchgebrannt. Christel fragt, ob das Loch nicht zuwachsen könne, es hieße doch **Wachs**tuch.

28. März 1946, **Rudi** schreibt:

Ab heute ist Lehrer Thierolf Christels Lehrer, weil die Lehrerin Wagner nach Niederklingen versetzt wurde. Die Kinder haben Angst vor ihm, weil er schnell mit dem Stock draufhaut. Christel sagt: „Meinetwegen konn er misch haache, Hauptsach, isch lern viel." So etwas hat ihm kein Mensch eingeredet, ganz aus sich selber!

Gestern hat Thomi die Milch von der Amm geholt, ohne einen Tropfen zu verschütten. Als Ruth ihm das Jäckchen danach etwas grob auszog und seine Arme oben etwas zusammengedrückt wurden, sagte er, auf seine Armkugeln deutend: „Moanst, isch hebb do Droht *(wie bei einer Puppe)*?"

18. April 1946, **Rudi** schreibt:

Thomi sollte beim Bäcker Weißbrot einkaufen. Als er die lange Schlange vor der Theke der Eckbäckern stehen sah, ist er einfach an ihr vorbei und unter dem Thekenbrett durchgelaufen, knallt der Eckbäckern das Geld und die Bezugsmarke auf die Theke, sagt: „Ich will ein Weißbrot", nimmt es sich aus dem Regal und verschwindet zum Vergnügen aller auf dem gleichen Weg.

Wenn Frau Erhard den Laden öffnete, dann schlug sie die Tür zurück und klappte ein Brett als Ladentisch zwischen der Türfüllung herunter.

5. Mai 1946, **Rudi** schreibt:

Ruth hat alles im Haus saubergemacht, alles weggestopft und geflickt und sich auf die Geburt vorbereitet, sogar die Tipparbeiten der bevorstehenden Kirchvorstandswahl erledigt.

Hatte wieder eine schlaflose Nacht und habe mich zur gleichen Zeit wie die Kinder zu Bett begeben. Christel meinte dazu: „Musst du keine Schularbeiten machen? - „Wieso Schularbeiten?" - „Ei für die Kerch - für die nächste Kerch."

Mit seinen ´schlaflosen Nächten´ terrorisierte er uns fast jeden Morgen, vor allen Dingen Ruth. Nachdem sie *schon seit zwei Stunden den Ofen angemacht, die Hühner gefüttert und die Kinder zur Schule geweckt und abmarschbereit gemacht hatte und die Räume schön warm waren, kam er mit verknittertem Gesicht herunter, rieb sich die Schläfen und jaunerte: „Ich habe die ganze Nacht nicht geschlafen."*

9. Mai 1946, **Rudi** schreibt:

Gottlob und Dank für seine große Güte. Heute Nacht um ¾ 2 Uhr ist das Schwesterchen, wie von Christel im allabendlichen Gebet und von uns allen gewünscht, endlich angekommen… 8 Pfund, 51 cm lang, 36 cm Köpfchen…

Oma und Christel waren von oben heruntergerufen worden und nachher kam auch Thömchen, die schlaftrunken ihr Schwesterchen betrachteten. Christel ist ganz selig, dass er ein Schwesterchen hat und Gott ihn erhört hat.

Heute früh stritten die beiden Jungs um ihr Schwesterchen; jeder behauptete, es gehöre ihm. Thomi meint, wir bräuchten noch eins, damit jeder eines heiraten kann.

17. Mai 1946

Oftmals am Tage hören wir Sprengungen von Darmstadt. *(Nach dem Krieg mussten die baufälligen Ruinen gesprengt werden, aber auch die Blindgänger.)*

Thomi erlebte ein mächtiges Gewitter mit Blitz und Donner. Da meinte er, das wären auch Sprengungen und fragte: „Wer tut denn das Feuer uff die Wolke?"

Bin gestern und vorgestern schon aufgestanden, - *vom Wochenbett* - nächste Woche werde ich meine Hausarbeit wieder aufnehmen.

22. Mai 1946, **Rudi** schreibt:

Ruth war gestern einen halben und heute schon den ganzen Tag auf und machte das ganze Haus. *(Selbst in einer solchen Ausnahmesituation kommt Rudi nicht auf die Idee, diese Arbeiten zu übernehmen oder zu helfen.)*

Das Baby schreit viel. Vorige Nacht hat Ruth zum ersten Mal das Kind rausgestellt und brüllen lassen. Es muss ja lernen, bis um 6 Uhr durchzuhalten…

5. Juni 1946, **Rudi** schreibt:

Christel hat gestern und heute wie ein Berserker geschafft, so dass ihm der Schweiß von der Stirne lief: Das Holz in den Holzstall fertig reingetragen und sauber aufgeschichtet, den Hof gesäubert, die Wege vom Unkraut befreit, sogar den Abfluss frei gehackt.

Am Samstag nach dem Essen nahm ich Christel auf dem Fahrrad mit zum Bahnhof in Lengfeld. Ob Muttel, Liesel und Erika mit dem ersten oder mit einem späteren Zug kommen werden, wussten wir nicht.

Sie kamen alle im ersten Zug. Nun wurden die großen Koffer und vielen Taschen um das Rad herumgehängt und die Karawane konnte sich nach Hause bewegen. Am Himmel drohte ein heftiges Gewitter, es verzog sich aber.

Schon am Abend freundete sich Erika mit den Buben, besonders mit Thomi an. Tante Liesel übte Wettküssen mit ihm, immer lange Wartepausen, dann Überraschungskuss und Revanche.

Erika und Liesel schliefen bei Stumpfs in einem Bett. Statt des hohen Federbettzeugs nahmen sie lieber eine Kolter von mir.

Mitten in der Nacht gegen 3 Uhr wurden wir von einem sehr starken Gewitter mit starkem Wind und Regen geweckt.

Hier kann ich authentischer berichten:
Wahrscheinlich auch von dem Gewitterlärm aufgewacht, musste ich kurz auf mein Töpfchen. Weil Gewitter mich schon immer fasziniert haben, hatte ich den Fensterladen etwas aufgestoßen und schaute auf das Naturschauspiel da draußen. Es hätte wahrlich noch gefehlt, dass Thor mit seinem Ziegengespann über die Wolken gekommen wäre, denn die germanischen Sagen kannte ich schon.
Auf einmal zischte ein Blitz mit einem gleichzeitigen Knall auf den First der Eckbäcker-Scheune gegenüber. Er schien sich zu zerteilen, weil nach beiden Seiten hin die Dachziegel aufzuleuchten schienen, bis sie an den Regenrinnen angekommen waren. Dann war ein Sekündchen nichts und dann machte es WUSCHSCH, Dachziegel flogen auf die Seite und Flammen schlugen heraus.
Ich wusste zunächst nichts anderes zu tun, als zu meiner Oma - Rudis Mutter -, die neben dem Kinderzimmer schlief, herüberzurennen. Die kam mir aber schon entgegen und war wohl die erste, die aus dem Fenster FEUER, FEUER schrie, mit sich überschlagender Stimme. Danach war sie ganz heiser.

Man wurde wach, Haus für Haus, auch bei Eckbäckers gingen dann die Lichter an und das Lamento. Bei so was hört man komischerweise nur die hellen Stimmen der Frauen.

Rudi, der ja das einzige Telefon in unserer Ecke hatte, telefonierte die umliegenden Ortschaften an - so steht es im Tagebuch - und hat von da an im Fenster gestanden und angstvoll den Funkenflug beobachtet, der meistens in unsere Richtung tendierte.

Inzwischen hatten die Leute versucht, mit dem Wasser aus dem Bach und aus der eigenen Pumpe eine Eimerkette hinzubekommen, aber bei dieser Riesenscheune war da nicht viel auszurichten.

Dann kamen endlich die Feuerwehrwagen, der aus Niederklingen war eher da als der unsere! Jetzt wurden die Wassereimer in den Spritzenbehälter geschüttet und auf die Dächer der Nebengebäude gepumpt. Wichtig war, den Brand an der Ausbreitung zu hindern und so wurden in der Tat das Nebengebäude und das Wohnhaus gerettet.

Besorgniserregend für uns war der Funkenflug, der den Weg in Richtung Pfarrhaus genommen hatte. Es ist aber nichts passiert. Wir hatten zwar Eimer voller Wasser bereitgestellt, und es wäre bestimmt interessant gewesen zu sehen, wie Rudi den Brand auf dem Dach gelöscht hätte, aber zu diesem Vergnügen sind wir leider nicht gekommen.

Bei Eckbäckers war das Wichtigste, zunächst die Tiere zu retten, die bei Feuer fast wahnsinnig an den Ketten tobten. Die Kühe und die beiden Pferde waren dem Feuer am nächsten und wurden sofort herausgeholt, die Schweine waren in Nebengebäude und blieben erst einmal drin.

Am dümmsten stellten sich die Hühner an: Vielleicht dachten manche, heute geht die Sonne aber schön auf, so kommen wir ihr entgegen und sie flogen vom Hof ins Feuer. Andere saßen wie Krähen beim Nachbarn im Baum und wollten nicht mehr runter.

Alma und ich fanden ein angekokeltes Huhn, fast nackt. Es war die Glucke, ihre Küken waren verbrannt, ihre Füße waren angekohlt. Wir pflegten sie, machten ihr ein weiches Bettchen und gaben ihr Wasser und Würmchen, bis sie starb.

Alma hatte auch ein Lämmchen, das sie noch mit der Flasche fütterte. Beim Rausführen aus dem Stall wurde es nervös und beim

Beruhigen fiel der Helfer auf das Tier und brach ihm ein Bein. Der Tierarzt gipste das Bein später ein und es heilte tatsächlich.
Mit der Scheune sind auch die Geräte vernichtet worden, die in der Tenne gestanden hatten.

Bunte Wolle: dritte Mutation

Hose: selbst gestrickt

Grüne Strümpfe: beachte Faltenwurf

Vor der abgebrannten Scheune im Herbst 1946

Das Stroh kokelte noch tagelang. Wenn ein bestimmter Kokelgeruch in meine Nase kommt, muss ich an dieses Feuer denken und mir stellen sich die Armhaare.

6. Mai 1946, **Rudi** schreibt:
Trotz des nächtlichen Brands, der den meisten Einwohnern den Schlaf geraubt hatte, war das Gotteshaus ganz gut besetzt. Ich predigte über die Frage der durch das Pfingstgeschehen Aufgeschreckten: Was sollen wir tun? Und die Antwort des Apostels: Tut Buße und lasse sich ein Jeglicher taufen, so werdet ihr empfangen die Gabe des Heiligen Geistes...

Mit diesem Rat konnte der Eckbäcker sicher viel anfangen.

Da nach der Taufe von Rosemaria noch eine Trauung folgen sollte, stand das Brautpaar - Georg Fromuth und Frau - im Hintergrund bereit.

Während des Tauflieds kam die Hebamme mit Rosemaria auf dem Arm zur Tür herein, blieb an der Schwelle hängen und stolperte auf die Braut zu.

Sie fing sich und sagte zu ihr: „So sieht so was aus. Mache müsst ihrs selber." Sie wurde auf den Namen Rosemaria, Christraud, Ruth getauft. Die Taufpatin war meine Schwester Erika…

> *Wir Auserwählten Gottes´ mussten Namen haben, aus denen unsere Gottbezogenheit deutlich wird. Jahre später, es muss um die Einschulungszeit meiner Schwester gewesen sein, kam Rudi auf die Idee, uns umzutaufen, soweit die bisherige Namensgebung dazu unzureichend war.*
>
> *Mit dem Namen* **CHRISTHARD** *hatte sich die Umwelt abgefunden und eingerichtet.*
>
> *Bei unserer Schwester ging es gerade noch: Bis zur Einschulung hieß sie Rosemaria, dann Rosemi oder kurz Rosel. Dann kam die glorreiche Idee, den zweiten Namen* **CHRISTRAUD** *zum Rufnamen aufzuwerten. Seitdem heißt unsere Schwester für alle Welt* **CHRISTRAUD**, *für uns in der Familie blieb es bei Rosel.*
>
> *Bei* **Thomas** *hatten sie leider Pech gehabt: Sie hatten ihn Volker, Thomas, Peter getauft und nichts mit Chris… Rudi hatte versucht, ihm nachträglich ein* **CHRISTLOB** *zu verpassen und hatte dazu auch einige Korrekturen in seinen Papieren riskiert, die nach Urkundenfälschung rochen. Gottlob ist aus Christlob nichts geworden. Göttliche Gedanken wollen frühzeitig genug gedacht und bedacht werden.*

Zu Hause gab es ein feines Mittagessen von Oma - *Ruths Mutter* - bereitet…

Leider mussten Liesel und Erika am Pfingstmontag noch weg. Um 5 Uhr gingen wir aus dem Haus, die beiden Buben wollten unbedingt mit. Ich fuhr sie beide, Thomi auf dem Lenker, Christel auf dem Gepäckträger zur Freude vieler Spaziergänger wieder nach Hause. Meine Mutter blieb noch bis Donnerstag…

> *Welch ein idyllisches Bild, aber was in ihren Herzen vor sich geht, sieht man nicht. Bei mir sieht man es eher. Ich weiß nur von Ruth,*

dass Tante Liesel - steht hinter ihrer Mutter - ihr eine Szene gemacht hatte, als sie mit Rosel im Bauch im Bett lag: Sie machte ihr Vorhaltungen, sie sei so fruchtbar und würde ein Kind nach dem anderen machen, die ihren Bruder Rudi völlig für sich vereinnahmen würden und er immer weniger an seine Schwestern und Muttel denken könne.

12. Juni 1946, **Rudi** schreibt:

Ich feierte meinen Heimkehrertag, gestern war es zu regnerisch dazu. Auf der Wiese schlug ich mein Zelt auf, in dem ich mit meinen Buben lag und Märchen erzählte. Davor machte ich ein Loch, wo ich wie im Lager abkochte: Griesbrei mit Kirschen.

20. Juni 1946, **Rudi** schreibt:

„Na so was, koon Mensch seït mer (*sagt mir*), dass der Christel fottgeït", sagte Thomi, als er hörte, dass Christel mit der Oma zum Gottesdienst nach Hering gegangen ist (Fronleichnam.)

Meine Geschichte dazu: siehe **Episoden** *unter* **Oma**

25. Juni 1946, **Rudi** schreibt:

Thomi bekam wieder Haue, weil er ins Bett gemacht hat. Roselchen macht Ruth ganz verrückt, möchte es auffressen vor Liebe: „Gell, Roselchen, du schreist heute Nacht, damit ich zu dir kommen kann, um dich zu küssen", sagte sie beim Trockenlegen.

Sehr kalt und regnerisch die ganze Zeit, immer noch keine Heuernte möglich.

Thomi stand heute am Fenster und lacht die Leute draußen an. Plötzlich schreit er: „Mama, do kimmt e scheï Mädche." Kurz danach brüllt er heraus: „Guden Tach, mein goldiger Schatz" und das zweimal. Wo mag er das herhaben? Der fängt mit dem Poussieren früh an. Das und manch andere Neigungen machen Ruth ernste Sorgen. (*Was soll man dazu sagen?*)

26. Juni 1946

Christel und Thomi sitzen an Rosels Bett. Thomi: „Isch dät des Kind durch der ganzen Welt trache *(tragen)*." Dabei wollte er Rosel bis jetzt gegen junge Hunde oder Katzen eintauschen. Christel: „Och, du. Do kriegste ja Plattfieß bis ruff zu de Knie."

… Christel: „Des is moi Schwesterche, des hot **mir** der liebe

Die kranke Rosemi im August 1946

Gott geschenkt." Thomi: „Na, des hot **mir** der liebe Gott geschenkt." Christel: „Na, **mir**! Isch hab jeden Abend dafier gebetet, aber du hast nur gebetet: Lieber Gott, mach mich fromm, un da dafier kriegt mer kaa Schwesterche."…

Thomi: „Sone Krallberscht *(Krallbürste)*, krallt mir moi gonze Feddern ab", als Rosel ihm in seine roten Haare fasst.

12. Juli 1946, **Rudi** schreibt:

Thomi ist ein ´Gedichter´ (laut Christel).

Er liegt nach dem Beten und redet manchmal stundenlang irgendwelche selbstgebastelten Reime, heute:

„In de Kopp, Haufe Schnopp".

Heute ist Christel rührend hilfsbereit, Mehl und Milch für seinen Geburtstagskuchen zu besorgen. Wir füllten ihm heimlich den Kaufmannsladen auf, alles in Darmstadt und Reinheim erstanden. Dann bekam er eine Torte, auf der kunstvoll mit Himbeeren eine **8** garniert war.

Ruth hat aber ganz andere Sorgen zurzeit: Roselchen ist seit 14 Tagen an einem Durchfall erkrankt und muss nachts oft raus zur schreienden Kleinen. Dr. Braun verordnete 24 Stunden hungern, danach Eledon mit Buttermilch. Als der Durchfall nicht aufhörte, fuhr sie kurz entschlossen mit Auto-Lutz zum Kinderarzt Dr. Sachs nach Bad König. Der verordnete das Gegenteil: Haferschleim mit Aletezucker.

Christel fuhr auch mit.

Frau Lutz -Autohaus und Taxiunternehmen - aus Niederklingen hatte einen umgebauten Mercedes, bei dem der Vergaser in der Rücksitzecke hinter dem Fahrer untergebracht war, der Kofferraum war voller Buchenholzscheite, die ziemlich klein geschnitten waren, damit sie leicht und kompakt entweder unten hinein zum Verbrennen oder oben hinein zum Vergasen geworfen werden konnten. Das Feuerloch unten hatte eine Klappe, die je nach Luftbedarf auf- und zupendelte, die Öffnung oben war fest zu und das erhitzte Holz gab seine Gase frei für den Motor.

Es war eine ökologische Fortbewegungsart, verbrauchte kein Benzin und nahm deshalb dem Krieg nichts weg. Die Leistung war so schwach, dass

Volkswagen mit Holzvergaser

Frau Lutz die Lengfelder Höhe nur hochkam, wenn alle Leute ausgestiegen waren und schieben halfen. So musste Ruth, Elise und sogar ich aussteigen und schieben. Das Gleiche wiederholte sich auf der Fahrt nach Bad König noch ein paar Mal.

14. Juli 1946, **Rudi** schreibt:
„A-Be binke - großer Schinke" reimt Thomi unaufhörlich und erfreut sich sichtlich daran.
Christel hat sich mein Fahrrad geschnappt und selbständig zu fahren probiert. Heute Abend übte er weiter und kann nun schon wie der Deibel fahren, auch Freilauf und schon Rücktritt. Wir staunten, wie der Balg - sagte Ruth etwas neidisch, *weil sie nie Fahrrad fahren konnte* - Gleichgewicht spielend hält, obwohl er nicht auf dem Sattel sitzen kann…

Mehr dazu: siehe **Episoden** *unter* **Spielen**

Christel ist ja sehr ehrgeizig. Jetzt wo er Radfahren kann, sieht er noch andere ersehnenswerte Künste wie Schwimmen, Rudern, Geigen, Motorradfahren, Autofahren.
Als ich ihn neulich in Reinheim im Schwimmbad mit hatte, fand er großen Geschmack am Wasser. Auf meinen Armen machte er die Schwimmbewegungen ganz geschickt.

Hier projiziert Rudi seine Wunschvorstellungen in mich hinein, dass er sie schon erfüllt sieht.
Das stimmt alles nicht. Das fing schon in der Umkleidekabine an. Unsere Eltern hatten sich beim Ausziehen immer 'genant' betragen. Ich kann mich nicht entsinnen, sie bisher nackt gesehen zu haben. Und jetzt ging es darum, auf einem Quadratmeter engstem Raum sich umzuziehen, wobei Rudi mir zwangsweise zumindest den nackten Hintern entgegenstrecken musste.
Und dann diese blöden Schwimmübungen auf seinem Arm:
AAINS-ZWEIDREI, AAINS-ZWEIDREI. Und zwischendurch wollte er mir beweisen, dass ich dadurch schon schwimme und ging mit dem Arm weg. Was macht man dann als Nichtschwimmer, wenn plötzlich der Halt verschwindet? Dann hilft auch nicht die Beteuerung, dass das Wasser den Körper selbst dann tragen würde, wenn man sich nicht bewegt. Zum Beweis legte er sich auf den Rü-

cken und spielte TOTER MANN. „*Versuch's doch mal… Ganz leicht…*"

Und während ich so auf seinem ausgestreckten Arm lag, seinen militärischen Befehlen gehorchte und bei **DREI** *mit den Armen nach vorne stieß, schwamm mir da etwas Hellbraunes entgegen. Ich stieß mit den Fingern dagegen und hatte es an der Hand: Einen Scheißhaufen, innen dunkel, außen hell, wohl vom Chlor gebleicht, ein richtiges Pfund. Er schreibt:* **Er fand großen Geschmack am Wasser**; *mir war danach eher zum Kotzen.*

Meine Bemühungen, mich durch Bewegung über Wasser zu halten, führten erst zehn Jahre danach zu nachweisbaren Ergebnissen: Aufgemuntert von meiner Jugendfreundin schaffte ich es, in der Ostsee dank des besseren Auftriebs durch Salzgehalt, der Wellen und ihrer Mut machenden Worte in der Tat, dem Wasser zuzutrauen, dass es auch bei mir keine Ausnahme macht und mich trägt.

Im Sportabitur gelang es meinen Klassenkameraden, mich 300 m lang von der rettenden Kante abzuhalten, obwohl ich bereits nach 50 m meinte, ertrunken zu sein. (Damit hatten sie mir meine ZWEI *im Sport gesichert.) Bei meinem Langstreckenschwimmen reichten mir 50 Meter völlig. Auf internationale Gewässer rauszuschwimmen wagte ich nie.*

30. Juli 1946, **Rudi** schreibt:

Wir drei Männer waren drei Tage bei Liesel in Frankfurt, ich wegen einer Dekanatsjugendpfarrer-Konferenz.

Das waren in der Tat tolle Tage.

Tante Liesel wohnte seit Jahren mit einer Freundin zusammen und hatte ein Ehebett, in dessen Besucherritze Thomi schlief. Ich schlief auf der Couch und Rudi schlief auf dem Sessel.

Sie wohnte in der Güntersburger Allee und überall waren ausgebrannte Häuser zu sehen. Zwischen den Bäumen der Allee standen große Bassins aus dem Krieg für das Feuerlöschwasser und die Tante erzählte mir, dass brennende Leute da hineingesprungen seien, um sich zu löschen. Aber weil es Phosphor war, brannten sie unter Wasser weiter, eine furchtbare Vorstellung, die mich bis in die Träume verfolgte.

Tante Liesel als Kinderhortleiterin war immer für Überraschungen gut. Abgesehen davon, dass wir immer etwas Besonderes zu Ge-

burtstag oder Weihnachten von ihr bekommen hatten, diesmal hatte sie für jeden ein Umhängetäschchen gemacht, das aus Sperrholz und Leder bestand und bei dem auf der Klappe etwas gemalt war, vielleicht unsere Namen in Blumenmuster.

In diese Täschchen steckten wir unser Frühstücksbrot und dann gingen wir mit der Tante - ohne Rudi - in den Zoo. Für uns Kinder war das 'der absolute Wahnsinn', diese Tiere, die wir nur aus Kinderbüchern kannten, lebendig zu sehen. Der Löwe wird mir unvergessen bleiben, weil er, als ich mit staunend offenem Mund vor dem Gitter stand, sich einfach umdrehte und in das Publikum spritzte. Dabei bekam ich ein paar Tropfen ins Gesicht und auf die Lippe, die der Ekel stundenlang brennen ließ, bis ich mich zu Hause waschen konnte.

Und als wir so schön unsere Jause aus dem Täschchen verzehrt hatten und wieder aufgebrochen waren, stellte Thomi nach einer Weile fest, dass er sein Täschchen hatte stehen lassen. Es war auch nicht mehr zu finden.

*Eine wichtige Entdeckung machte ich noch bei der Tante: In ihrer Bibliothek fand ich **ROBINSON CRUSOE**. Das Jugendbuch verschlang ich an Ort und Stelle. Da konnte mich auch die Störung nicht irritieren, dass Thomi während eines Mittagsschläfchens die Besuchsritze durchfeuchtet hatte und die Frauen in Unterwäsche wie aufgeregte Hühner herumrannten. So etwas hatten sie eben noch nicht erlebt. Ich kannte das schon. Mich irritierten nur die Tanten in der ungewohnten Aufmachung.*

10. August 1946, **Rudi** schreibt:
Heute kam ein Feldpostbrief vom 13.3.45 aus Wittenberg an.
Thomi reimt dauernd: „Ach, Ömchen, bei dir ist's so schön, will zu dir nuffgehn, die Bank, der Schrank, aufm Tisch liegt der Fisch. Ach Muttchen gib mir zum Donk, einen Bonkbonk."

27. August 1946
Als Thomi heute früh meine Milchpumpe liegen sah, sagte er: „Du brauchst doch ka Milch beim Milchfritz hole. Du konnst se doch aus deinem Bauch rauspumpe."

20. September 1946
Thomi stellte sich breitbeinig vor Dr. Schwartzkopf: „Schwazzkopp, waaste was zwa un zwa is? - Vier!"

24. September 1946
Christel betete heute, da er heute Morgen den ersten Schulausflug seines Lebens zum Otzberg gemacht hatte: „Lieber Herr, wir danken dir für den schönen Tag heute und dass wir einen so schönen Ausflug gemacht haben…"

Nun kann ich mich hier überhaupt nicht verstehen, wieso ich mich für den schönen Tag bedankt habe.
Wir hatten einen Ausflug mit dem Lehrer Thierolf unternommen. Er gab uns auf den Weg, dass wir in geschlossenen Reihen rauf- und wieder runterwandern sollten und dass wir ja keine Beeren essen und kein Wasser aus dem Bach trinken dürften.
Den Otzberg mit seinem hohen Turm und seinem tiefen Brunnen kannte ich schon von Ausflügen meiner Eltern, aber die Geschichten drum herum waren anders und alles war toll und interessant.
Auf dem Heimweg kam dann Ludwig und meinte, er habe Durst, ob wir nicht doch am Bach den Mund 'reinhängen' sollten. Wir waren ganz hinten und der Thierolf war ganz vorne außer Sicht. Wir hatten es also getan und nicht damit gerechnet, dass man auch verpetzt werden kann.
Als wir aus dem Wald traten, stand der Lehrer mit seinem Spazierstock schon da und fragte nur: „Wer will zuerst dran?" und legte uns, einer nach dem anderen, übers Knie.

Ich bin mit Rosemi in den Wald, Bucheckern lesen, eine heillose Arbeit, obwohl sie wie gesät liegen.

Noch ein Wort zur Schule: Der Lehrer Thierolf war eigentlich der Lehrer der Großen, der Fünf- bis Achtklässer. Unsere Lehrerin war Fräulein Kloß. Unverheiratete hießen Fräulein und wenn wir Knirpse ihr was sagen wollten, dann war es ganz normal, sie mit FRÄULEIN anzusprechen.
Sie wohnte in einem winzigen Zimmer 'In der Hohl' und hatte keine eigene Küche. Deshalb aß sie reihum zu Mittag, manchmal also auch bei uns, und dann wurde natürlich fast nur über mich

und meine Erscheinung in der Schule gesprochen. Individueller El-
ternsprechtag.

Ich glaube, wir hatten sie alle sehr gern, weil sie auch so anders
hübsch war, nicht bauernhübsch, halt anders. Sie war auch so an-
ders angezogen, war anders gekämmt und hatte eine andere Geh-
weise. Wir waren alle ein bisschen verliebt in sie.

Einmal musste sie eine Jalousie herunterziehen und weil wir dazu
zu klein waren, musste sie es selbst tun. Dazu musste sie sich auf
eine Schulbank schwingen, d.h. sie musste ihren Rock etwas hoch
raffen, sich über den Klappsitz auf mein Schreibpult stellen und
sich hochrecken. Sie spürte die prekäre Situation. So schnell wie
mein reflexartiger Blick nach oben unter ihren Rock war sie wieder
unten. Mir schlug das Herz bis in den Hals hinein, dass mir schier
die Luft wegblieb. Danach war ich ein bisschen aufgeklärter.

Das Einprägsamste, was sie tat und was sich in meine Erinnerung
eingegraben hat, war, wie sie die Schiefertafeln präparierte. Dazu
hatte sie ein Gerät, in das die Tafeln eingespannt wurden und dann
ritzte sie während des Unterrichts die Linien für die Ober- und
Unterlängen der Schreibschrift mit einer schriiiiiillen Reißnadel ein.
Klack - iiiiiii - klack - iiiiii - klack - iiiiii.

Die Rillen waren so tief, dass wir keine runden o oder a schreiben
konnten, sie wurden alle irgendwie eckig, weil wir immer in die Ril-
le reinkamen. Bei einem Mädchen hatte ich viel später - ich weiß
leider nicht mehr, bei wem - die Schrift auf normalem Papier genau-
so eckig wiedergesehen.

Ich hatte für Fräulein Kloß auch eine gewisse Verantwortung ge-
spürt, als eines Tages eine Delegation von Erwachsenen erschien, die
feierlich angezogen war, sich ebenso feierlich betrug und sich ganz
hinten in die Schulbänke klemmte. Fräulein Kloß war ziemlich
nervös und wir spürten, dass es für sie wichtig war.

Ich kann mich nur an ein Thema erinnern, bei dem sie wohl deut-
lich machen wollte, wie wichtig Worte sind und dass es Worte gibt,
die mehrere Bedeutungen haben konnten oder ähnlich klangen und
dass man sie erst aus dem Gesamtzusammenhang interpretieren
kann. So ähnlich musste wohl die Problemstellung gewesen sein,
weil sie in der Vergangenheit immer wieder betonen musste, nicht in

Halbsätzen etwas auszuspucken, sondern im ganzen Satz zu antworten.

Mein Gott, war das für uns schwierig. Ich war dauernd dran, weil mir dauernd etwas Neues einfiel (zum Beispiel: ´Ich gehe auf dem Weg weg´ oder ´Leider ist die Oma von der Leiter gefallen´, oder so ähnlich).

Dann versuchte ich, durch Zuflüstern und Zeichen den anderen Stichworte zu geben, damit die auch was sagen.

Ich weiß noch, dass ich dem Koche-Friedel das Taschenmesser zeigte und mit den Lippen MESSER lautlos sagte. Ich dachte an ´Messer´ und an ´messen´. Er sagte: „Der Metzger hat ein Messer." War auch nicht schlecht, besser als Trumpfellers-Dieter: „Der Eckbäcker wohnt am Eck."

Fräulein Kloß hatte die Prüfung bestanden.

Übrigens hatte Ruth darauf bestanden, dass ich das Schreiben auf der Schiefertafel ersetzen sollte durch Schreiben mit Tinte auf Papier. Sie meinte, die Schiefertafel würde die Entwicklung zu einer vernünftigen Schriftführung verderben.

Durch die Care-Pakete hatten wir stapelweise Papier in Heftform mit feinen Linien mit dem Zweck bekommen, mit Tinte gefüllt zu werden.

Richtig glatt war nur der Umschlag, das Papier selbst war zwar kein Löschpapier, aber nahm ähnliche Eigenschaften an, wenn man es mit der Feder zu stark bearbeitete oder herumradierte.

Ich weiß nur, dass die anderen mit der Schiefertafel besser dran waren: Hatte man sich verschrieben, dann war das Schwämmchen da und weg war der Fehler. Hier auf dem Papier wurde er gnadenlos protokolliert und schwarz auf weiß für die folgenden Generationen festgehalten. Da gab es kein Wischen, kein Ausstreichen, kein Tipp-Ex. Hatte man auf die Feder einen zu starken Druck ausgeübt, dann spreizte sie elegant die beiden Hälften und ließ einen dicken Tintentropfen zwischen die Schenkelchen fallen, der dann wie ein schwarzer Mistkäfer am Wortende saß. Und dann schoben sich ganz langsam Beinchen aus seinem Buckel nach allen Richtungen heraus, verstümmelte das soeben geschriebene Wort unter sich und man konnte nur dasitzen und zugucken; man konnte einfach nichts dagegen tun.

Wenn man die Feder nicht im richtigen Winkel hielt, dann sammelten sich zwischen dem Federspalt Papierfusselchen, die eine immer dicker werdende Tintenlinie hinter sich ließen. Wollte man nun diese festgeklemmten Fusselchen voooorsiiiicht hochziehen, dann gab es wieder unerklärte Zeichen, die wenig mit dem lateinischen Alphabet zu tun hatten...

Hatte man die Feder endlich vom Papier weg und versuchte, die Störungen aus dem Spalt zu entfernen, dann bekam man zumindest die andere Hand voll Tinte und mit etwas Glück bekleckerte man sich auch noch die Kleidung.

Alles in allem führte das bei mir kaum zur Entwicklung eines vernünftigen Schriftbildes und jeder, der mit meinen handgeschriebenen Texten zu tun hat, lobt und preist die Erfindung der maschinellen Textwiedergabe.

25. September 1946

Wir sind nun zum dritten Male Bucheckern lesen gegangen und haben nun neun Pfund. Wir waren alle vier im Wald. Als wir einen Igel fanden, war ich erstaunt, wie genau Christel über ihn Bescheid wusste.

Wahrscheinlich hatte ich in der Bibliothek meiner Eltern inzwischen den SCHMEIL entdeckt, den ich mit der Zeit auswendig kannte, auch die Klassifizierung der Tiere. Besonders die Verweise auf ausgestorbene Tiere hatten es mir angetan und wenn ich zu Bekannten wie den Milchfritz oder Frau Straub kam, dann fragten sie schon: „No, hoste widder paar ausgestorbene Diern gefunne. Wie haaße die noch?" Und dann kam wie geschossen: „Mammut, Mastodon, Dinotherium, Moa, Dronte, das Ur und der Riesenhirsch..."

„Der Igel frisst Käfer, Larven, Engerlinge un uffgeplotztes *(aufgeplatztes)* Obst." Das letztere wollte ich nicht glauben und wir legten ihm zu Hause eine Birne vor, die er dann auch fraß. „Siehste Mamma, mir wolltstes nich glaawe aber du kannst mir alles glauben!"

Heute Morgen nahm Christel den Igel mit in die Schule.

29. September 1946

Thomis Wortschöpfungen: ´anbespaßen´ = Spaß machen;
´ich hab gezornt´ = ich habe Wut.

Thomi: „Christel, ich wollt, ich hätt'n Stecke, sou grouß wie
die gonze Welt. Donn däät isch dem liebe Gott uffn Aasch
haache (... *ich wollte, ich hätte einen Stock so groß wie die ganze
Welt. Dann würde ich dem lieben Gott auf den Arsch hauen)!*"

Christel dichtet, neben Roselchen im Bett liegend:
    Dunkel der Wald und groß mein Schmerz,
    Will niemand kommen zu trösten mein Herz.

Christel: „Mammi, ich glaub immer, dass mein Herz sich
freut, weil ich im Leben bin - mir ist immer so." - „Ach ja,
Christel, hoffentlich geht es dir immer recht gut, besser als
uns, dass du keinen Krieg erleben musst." - „Ach was,
Mammi, mir braucht es nicht besser zu gehen als dir!"

Beim heutigen Bucheckern-Suchen kam Thomi zu mir, als
ich eifrig am Auflesen war, mit seiner leeren Tüte, stellt sich
breitbeinig vor sie hin, deutet auf den halbvollen Korb und
sagt: „So poor erst *(so ein paar erst)*?" Als wir zu Hause waren,
sagte er: „Gut, dass ich koo gelese habb, sonst wär die Tasch
voll."

18. Oktober 1946, Rudi schreibt:

Thomi dichtet unentwegt, während er mit dem Baukasten
spielt: „Der Bos geht zu Hos. Der Schalle geht zu Kalle. Der
Kalle geht zu alle. Der Hampel der muss strampel. Entchen,
Entchen geht mit mir, Entchen, Entchen bring die Schmier.
Der Fritz isst Kartoffelschnitz. Der Fratz isst Kartoffel-
schnatz." Dankeschaan, Lebertran"

*Apropos Lebertran: Wenn Kriegskinder gefragt worden wären, was
das Schlimmste im Krieg sei, dann hätten sie diese Substanz genannt. Die Flasche enthielt gelblich-weißes, zähes Zeug, stank gen
Himmel nach altem Fisch und wir mussten jeden Morgen einen
Esslöffel davon herunterwürgen, weil wir sonst nicht wachsen würden oder aus ähnlich wichtigen Gründen.*
Nur die Wespen fanden diesen Saft unwiderstehlich.

Die Kinder sind so lieb und goldig, unser liebes Christelchen hilft schon so viel, alle Besorgungen erledigt er so selbständig und toll, meist per Rad, besonders gern fährt er abends, weil er dann Licht dabei haben kann. „Ist es schon dunkel genug, dass ich Licht machen kann?" fragt er…

25. November 1946, **Rudi** schreibt:
Nachdem ich Thomi ein paar Klapse zur Aufmunterung gegeben hatte, weil er trotz Zählens bis drei und Drohungen sich nicht zu einem schnelleren Tempo bewegen ließ und seelenruhig langsam weiter aß und ich ihn beim Anziehen zur Rede stellte und sagte, die Haue hättest du nicht gekriegt, wenn du mit Christel fertig geworden wärst: „Ja, kleine Kinder können sich nicht so eilen."

Sagt er doch zur Elli beim Milchfritz, die einen Buckel hat: „Host du en Laib Brot verschluckt un nit dabei gekaut?"

Als Christel die Zahlen hinter dem Namen von M. Arndt (1769-1860) sieht, fragt er nach ihrer Bedeutung. Nach der Erklärung meint er: „Woher hat er denn gewusst, wann er sterbt?"

2. Dezember 1946
Christel: „Ach, ich hab's Roselche lieb bis an das Ende der Zahlen." (Gibt es etwas Begrenzteres des Unendlichen?)

Erwachsene staunen oft, welch Grenzen sprengende Gedanken auch Kinder haben können, selbst wenn sie gerade das Zählen begriffen haben. Eine andere Methode, die Unendlichkeit zu bemühen, ohne sie auszählen zu müssen, wurde beim sich gegenseitigen Beleidigen verwendet. Beispiel:
Thomi sagt zu Christel „Du bist blöd." - Christel antwortet: „Du bist blöder." - Thomi: „Du bist noch blöder."
Christel: „Du bist einmal blöder, als du sagst, ich wär blöd."

Vorhin sang Thomi zum Harmonium, bei den tiefen langsamen Tonreihen sagte er: „Das ist fromm, das is in der Kerch."

15. Dezember 1946, **Rudi** schreibt:
Christel und Thomi unterhalten sich über den lieben Gott.
Thomi: „Naa, der liebe Gott hört einen gar nich. Ich hebb gebet *(habe gebetet)*: Lieber Gott, schick mer Nejel *(Nägel)*, abber er hot mer kaa gewwe."
Thomi ist ein frecher Kerl und lässt sich auch von Christel nichts sagen. Er ist auch anders als er, nicht so empfindlich und übelnehmerisch. Christel, der die Hilfsbereitschaft in Person ist, hat für den Weihnachtsbaum bunte Papierketten gebastelt und sie quer durchs Wohnzimmer gehängt.
„Mammi", sagt er beim Plätzchenbacken unvermittelt, „wo wohnt denn der Parrer Dies (Paradies)?"

24. Dezember 1946, **Rudi** schreibt:
Heiligabend feierten wir mit der Berliner Oma. Unseren Christbaum, eine schöne Edeltanne, holte Christel selbst vom Rathausplatz.

Das dachten sich meine lieben Eltern.
Als Friedel mich fragte, ob ich Lust hätte, mit auf den Acker zu fahren, sie müssten Runkelrüben holen, kam mir sofort die Idee mitzufahren, weil der Acker neben einem Wäldchen lag. Ich nahm mir ein Beil mit der Absicht, die Eltern mit einem eigenen Christbaum zu überraschen. Und ich wollte eine Edeltanne schlagen, denn die behielt die Nadeln bis in den Januar hinein und die war auch nicht so 'pieksig'. Ich kannte mich aus und wusste, was ich wollte. Bloß fand ich diese Tanne nicht. In diesem Wald waren alle Bäume meterhoch und ein kleines, süßes, schnuckeliges Bäumchen meiner Vorstellung war nirgends zu sehen. Und ich konnte ja nicht ewig herumsuchen, denn den Wagen vollzuladen dauerte nicht lange, besonders, wenn die Rüben lediglich aus der Miete ('aus'm Rrieweloch') herauszuholen waren.
- Eine Miete ist ein Zwischenlager auf dem Feld, wenn die Rüben oder Kartoffeln zunächst auf einen Haufen geworfen und mit Stroh zugedeckt werden. -
Ich guckte mir die großen Edeltannen genauer an, suchte mir eine mit einer schönen Spitze aus und fällte sie. Dann nahm ich mir ihre Spitze. Ein wunderschöner Baum. Ruth freute sich sehr und war ganz stolz auf mich, dass ich an so etwas ganz alleine gedacht hatte.

Sie sagte noch Jahre danach, dass diese Edeltanne der schönste Weihnachtsbaum gewesen sei, den sie je gehabt habe und dass sie ihn bis ins Frühjahr hatte stehen lassen.

Ich hatte ihr nie erzählt, welche Knochenarbeit dahinterstand. Auch Eckbäckers haben von meiner Holzfällerei nichts mitbekommen. Nur der Friedel.

… Bescherung… Als die Klingel rief, kamen sie selig rein, Rosemi wanderte von Arm zu Arm und zupfte an den Zweigen und quiekte, als sich die Figürchen bewegten…
Zuerst das Evangelium und Weihnachtslieder, Christels Gedicht: Draußen vom Walde…
Dann das Auspacken: Jubel über den Roller und Christels Freude über die Kasperlefiguren…

Diese Figuren hatte Ruth aus Pappmaché selbst gemacht: Das Kasperle, die Grete, den Teufel und noch eine Figur. Rudi und Ruth gaben mehrere Vorstellungen auch vor meinen Nachbarfreunden, zu deren Anlass die Kinder auch etwas mit nach Hause bekamen, was wir in den Care-Paketen geschickt bekommen hatten: Lutscher, Wachsmalstifte oder einen Streifen Kaugummi.
Das waren wirklich unvergessliche Erlebnisse für uns Kinder. Ich nehme an, dass Ruth das Drehbuch für die verschiedenen Aktionsstücke geschrieben hatte. Während Ruth nur der Liesel ihre Stimmen leihen musste, zeigte Rudi unbekannte theatralische Talente, wie er mit verstellten Stimmen den Kasper, den Schutzmann, den Seppl und schließlich das ´Uaaah´ des Drachen darstellte und unsere Backen zum Glühen brachte. Der Drache war wohl wegen seiner Größe nur ein angemalter und ausgeschnittener Karton, bei dem der Unterkiefer bewegt werden konnte. Das hatte aber der ganzen Veranstaltung keinen Abbruch getan.

Zu Weihnachten konnte ich der Gemeinde mitteilen, dass die Glocken bald wieder zurückkommen.

Im Krieg musste sie von den drei Glocken zwei abgeben, um eingeschmolzen zu werden und um als Granaten andere Dienste für das Vaterland verrichten zu können. Sie lagen aber noch unversehrt in Hamburg.

In diesen Tagen kamen im Abstand von drei Wochen zwei Pakete aus Amerika mit Malstiften, Malbüchern, Süßigkeiten und Kuchen.

Die kamen von Privatpersonen, mit denen die Eltern noch eine jahrelange Korrespondenz aufrechterhielten. Ich besuchte im Jahr 1963 eine dieser Familien in Pittsburgh.

28. Dezember 1946, Rudi schreibt:

Thomi nimmt beileibe kein Stück, was Christel angebissen hatte. Heute bei einem Sweet mit Schokoladenüberzug. Erst lief er zum Taschenmesser und wollte die Hälfte absäbeln. „Dem seine Spucke ist doch durchgesaugt bis halb."

… Thomi kann gar nicht fassen, dass auf einem Kinderfoto das kleine Mädchen seine Mutter ist… Ich erklärte ihm, dass jeder erst ganz klein ist und nach langer Zeit man so groß wird, erst wie Christel, dann wie ich selbst. Er: „Gell, dann habe ich den Nome von Christel, wenn ich so groß bin wie der und wenn ich so groß bin wie du, dann haaß ich wie du."

3. Februar 1947

Wenn Thomi kein Dichter wird, dann weiß ich nicht.

Christel macht mit Rosel Hoppereiter. „Fällt er aufn Hügel, frisst ihn der Igel…" - Thomi: „Des is falsch, Hüügel - Iiigel!" - Christel: „Des reimt sich." - Thomi: „Des rahmt sich nit! Hüügel - Iiigel! - ´Gel´ un ´Schell´ rahmt sich un ´Schatz´ und ´Katz´! Abba Hüügel - Iiigel!"

Er hat auch ein auffallendes Gefühl für Wort-rhythmen.

Wenn er den großen Blödsinn zum Reimen bringt mit Wörtern, die niemand versteht, dann sind die Wortschlangen rhythmisch aufeinander abgestimmt.

20. Februar 1947, **Rudi** schreibt:
Wenn Roselchen quengelt, nennt Christel es ´du ungenügendes Kind´, seine zärtliche Benennung: ´du liebkosendes Kind´.
Am 18. war Fassnacht und die Buben zogen mit feinen Masken, die Ruth gemacht hatte, und umgedrehten Mänteln durchs Dorf. Auch Rosel hatte ein Narrenkäppchen. Dank des Bucheckernöls gab es sogar Kräppel.

21. Februar 1947
Christel macht schon Tauschgeschäfte wie Hans im Glück: Für ein paar Bonbons bekam er kaputte Schlittschuhe, über die er zuerst glücklich war, als er aber feststellte, dass sie kaputt waren, hat er sie gegen eine Ukulele weitergetauscht.

Stimmt nicht ganz: Ich hatte die Schlittschuhe gegen ein Päckchen Kaugummi eingetauscht. Diese Schlittschuhe musste man mit einem Vierkant an die Schuhe klemmen, wobei sich vorne zwei Klammern zangenförmig gegen die Seitenkante der Ledersohle und hinten ähnliche Klemmen am Absatz fest pressten. Wenn die Ledersohle zu dünn war, wurde sie unweigerlich zu einem Halbrund und es wurde ziemlich eng im Schuh. Im schlimmsten Falle gingen dabei die Sohle und der Absatz ab und man stand mit der Brandsohle auf dem Eis.
Ich war ganz stolz auf diesen Tausch, wurde aber deswegen jäh aus dem Schlaf geschüttelt: Die Mutter des Jungen, von dem ich die Schlittschuhe bekommen hatte, beschwerte sich bei Ruth, dass ich ihren Sohn übers Ohr gehauen hätte und ich musste die Schlittschuhe wieder hergeben. Jetzt war ich der Gestrafte. Abgesehen davon, dass ich den Kaugummi nicht auch zurückbekam, weil der schon gegessen war: Ruth machte mir Vorhaltungen, dass ich nie mehr solche betrügerischen Geschäfte machen solle. An das zitierte Ukulele-Geschäft kann ich mich nicht erinnern.

25. Februar 1947
Christel: „Hrrach, Thomi, du ärgerst ahm abber a werklich bis in die Unnerhaut enoi, dorch die Oberhaut in die Unnerhaut, dorch die Unnerhaut ins Flaasch un durch des Flaasch bis ins Herz enoi."

Gestern schnitt sich Thomi ein Büschel seiner Haare von der linken Seite ab und machte sich mit Pelikanol einen Bart. Der sieht aus mit dem Loch, kaum zu reparieren.

Wir haben mit dem Ofen ständig Probleme. „Mamma, schick doch den Ofen nach Gießen", sagt Christel, „da kann er neu gegossen werden."

12. März 1947

Wir drei im März 1947, links **Eckbäcker,** rechts **Trumpfeller,** dann **Schule,** die Straße zielt auf die Scheune und Wohnhaus von **Trabolts**

Christel und Thomi unterhalten sich über das Sterben. Christel legt dann immer eine schulmeisterliche, allwissende und lehrhafte Art an den Tag, während Thomi den dummen August markiert, der dem Lehrenden mit offenem Mund angestrengt zuhört und unverwandt anguckt.

„Thomi, alle Menschen müssen mal sterben und dann kommen sie zum Jesus: Die Beese kumme aber in die Höll." - Thomi: „Werd ich da'n Engel?" - „Ja, da werden wir Engel." - Thomi: „Ich will aber kein Engel wern, ich will Herte (*Hirte*) wern!" - Für Thomi ist eben alles Krippenspiel.

21. März 1947

Rosel ist schon zu Witzchen aufgelegt. Sie hält einem den Schnuller hin und wenn man danach schnappt, zieht sie ihn fort und kullert sich vor Lachen, wenn man dazu ein verdutztes Gesicht macht.

Ich bin beim Großreinemachen und ich habe keine Zeit für sie. Dann ist sie ganz und gar bei der Oma und da lernt sie allerlei, jetzt auch, alles ins Töpfchen zu machen und da freut sie sich, wenn es geklappt hat.

Thomi sagte zur Oma: „Bei Neidigs gibt's Dibbe (*Töpfe*) zu kaafe, abber nur fer die Flichtling. Gell, wenn die Flichtling genuch Dibbe hawwe, dann sin se kaa Flichtling meï?"

Christel zieht morgens Thomi an, der es immer noch nicht alleine kann. Christel: „Hrrach du! Noch nit emol die Strimp konnste alloo (*alleine*) ouziehe. Dich muss mer noch ouziehe, wann de verheiat (*verheiratet*) bist, da muss dich die Fraa aa noch ouziehe oder ich! Aber ich komm dann nit meï, oder denkste, ich komm jedn Moje von Frankfurt oder Offenbach oder wo gefohrn un zieh dich ou? Da bin ich aa verheiat un hebb annerschdes ze dou (*und habe etwas anderes zu tun*)!"

29. März 1947

Thomi: „Waaßte, wie ich ess? Ich beiß e Stick Brot ab un trink glei, dann is es Matsch un man konns schnell esse."

9. April 1947, **Rudi** schreibt:

Zu meinem Geburtstag dichtete mir Christel:

> Pappi ist nun vierzig Jahre
> Und er hat schon graue Haare.
> Jetzt ist er auch schon alt
> Und bald macht das Leben halt.

Sehr liebenswürdig!

10. April 1947, **Rudi** schreibt:
Heute brachte Christel sein erstes Zeugnis zum Ende des 3. Schuljahres nach Hause.

Dass das Schreiben mit 3 benotet worden war, wundert mich nicht. Diese besondere Art, zu einer vernünftigen Schriftführung zu finden, hatte ich bereits beschrieben. Wenn man sich das verzweifelte Bemühen vor Augen hält, zwischen den Klecksen einen zusammenhängenden Text zustande zu bringen, dann war ich mit der 3 noch gut bedient. Ich hatte wahrscheinlich einen Pfarrer-Bonus.

Allerdings hätte ich nicht gedacht, dass ich zum Rechnen angespornt werden musste. Ich hatte zwar regelmäßig von meinen Klassenkameraden meine Keile in der Schule bekommen, aber wenn wir Rechenpäckchen aufbekamen, dann standen sie bei mir Schlange, damit ich ihnen nachträglich die Hausarbeiten machte. Dazu zog ich mich entweder in das Treppenhaus oder in die Besenkammer zurück.

Zur Erklärung: Wir mussten von der Tafel 10er-Päckchen abschreiben und gelöst mitbringen: 3 x _ = 9 ... 81 : 9 = _ ...

Warum mir nicht eingefallen war, ein Tauschgeschäft dergestalt zu machen, dass ich solche Leistungen von einem entsprechenden Wohlverhalten abhängig gemacht hätte, ist mir schleierhaft.

Vorhin, als Thomi sich beim Anziehen von Christel wieder so bocksbeinig an- und krumm hinstellte, sagte Christel: „Guck dir doch mal die Bäume im Wald an, so viele, die haben kein Kopp wie Du. Sie sind ganz dumm. Aber trotzdem stehen sie ganz grad. Schäm dich vor dene."

13. April 1947
Rudi schimpft mit Thomi, weil man so oft und laut nach ihm rufen muss, wenn er so weit weg von zu Hause geht. Als er wieder weg will, sagte Rudi: „Geh aber nicht so weit, damit man sich nicht die Lunge aus dem Hals schreien muss, bis du wiederkommst!" Darauf Thomi: „Ei donn brill se dir doch mol aus'm Hals."

23. April 1947
Christel hat gestern ganz frech und unverschämt die Mammi belogen. Indem er eine Unart bestritt (Bemalen der Trep-

penhauswände), sagte er frech: „Ich war's nit, konnst mer in die Aache gucke - ich lüg nit."

Aber ich nahm doch an, dass er es war und sagte es ihm auf den Kopf zu, behauptete, ich es seinen Augen genau ablesen zu können. Da erst gab er sich geschlagen. Er bekam dolle Schläge.

Am Abend betete er: „… und vergib mir meine Lüge und hilf mir, dass ich kein Verbrecher werde."

Ruth schrieb am 11.3.1974 die Randbemerkung: Wie grausam!

Späte Einsicht.
Meine Sicht dieser Angelegenheit:
siehe **Episoden** *unter* **Christel und die Familie**

9. Mai 1947

Rosemis erster Geburtstag, … Heute Morgen, als alle drei angezogen waren, zündete ich die beiden Lichtchen an…. Dann bewunderte sie, sich am Kindertischchen festhaltend, die beiden Kerzchen. Mit dem linken Zeigefingerchen tippte sie auf die eine Flamme und mit einem Male drückte sie sie auch aus und etwas greinend hielt sie mir das ein wenig verbrannte Fingerchen hin. Es war aber nicht schlimm…

Vorhin musste ich weinen. Hab dem Christel verboten, noch im Bett zu lesen und ging raus, mich waschen. Nach einer ¾ Stunde komme ich wieder und da schreibt der Bengel fast im Dunkeln. Ich schimpfe. Christel: „Aber ich hab doch nicht gelesen, ich habe doch geschrieben, gedichtet!"
Ich ging hin und fand folgendes Gedicht:

Als Jesus am See Genezareth ging,
und schaute über das große Meer dahin,
da sah er Fischer da schwimmen
und die Strahlen, die auf dem Meer glimmen.

Das ist Christels erstes Gedicht, worin er sein Seelchen sprechen lassen wollte.

25. Mai 1947 **(Pfingsten), Rudi** schreibt:
In der ersten Woche nach ihrem Geburtstag kam das erste
Zähnchen durch, … frisst mit Vorliebe Seife…

31. Mai 1947
Thomi: „Mammi, geb mir noch Zucker in die Milch." Christel: „Nich so viel, Thomi, Mammi hat nicht so viel Zucker.
O, die Eckbäckers, die haben viel Zucker, ne ganze Schüssel
voll." Thomi: „Die sind auch reich. Waaßte wos, Mammi, du
sägst *(sagst)* einfach, du wärst reich und dann kriegste aach'n
Haufe Zucker."
Thomi betrachtet beim Baden seinen Bauch. „De Nabbel is
die Nase vom Bauch. De Bauch muss aach e Nase habbe,
der braucht aa Luft. Des sin dann die Pupse."

3. Juni 1947
Christel und Thomi zanken sich, weil Christel dem Thomi
seinen ´Kloube´ *(Pfeife zum Rauchen)* wegnahm. Christel war
am Geschirrabtrocknen. Thomi wird nun wütend und
schimpft mit <u>dem</u> Wort, was Christel am wenigsten leiden
kann: „Du Parrrr!" Christel wird wütend: „Du sollst mich
nicht spotten! Gott lässt sich auch nicht spotten, und was du
gesät hast, wirst du ernten!" Und Klatsch-Klatsch hat Thomi
das nasse Geschirrtuch um die Ohren.

24. Juni 1947
Oma ist gestern auf vier Wochen nach Berlin gefahren. Es
gab viele Vorbereitungen, … Beim letzten gemeinsamen
Mittagessen fragte Christel: „Oma, fährst du über Hamburg?" - "Nee, warum?" - „Ei, dann hättste unsere Glocke
mitbringe kenne."
Da haben wir uns nicht mehr vor Lachen eingeholt. Er
meinte die beiden größten Kirchenglocken, die in Hamburg
im großen Glockenlager auf den Heimtransport warten…

13. Juli 1947
Tante Liesel kam zu Christels Geburtstag. Als sie mit Thomi
Himbeeren pflückte, zerrte er an einer der vielen Winden,
die in der Hecke wucherten. Thomi: „Tante Liesel, guck

Mit Tante Liesel: Sie holte sich Obst und Kartoffeln

emol, die olle Winde! Die hot der liebe Gott gemacht, damit wir schee fleißig sinn."

Christel ist krank, hat einen Mumps-Rückfall mit Fieber, großer Mattigkeit und Appetitlosigkeit. Heute Morgen hatte er 38,8 Fieber. „Wann sterbt mer? Wenn's 42 is? Dann hab ich noch 3 Grad, bis ich sterb! - Ach Mama, ich habb sou Koppweï. Guck, mol, wie dinn moi Händ schon sinn un soo haaß! Roselche hot mehr Kraft im Blut als wie ich!"

18. August 1947

Christel: „Mammi, ich habn Gedicht gemacht:

Der Teufel ist ein böser Mann,

Der schmeißt die Stühl' im Herzen, wie er nur kann."

„Stühl, was für Stühl?" - „Na, die, wo eigentlich der liebe Gott druff sitze soll."

21. August 1947

Am 20. fuhr ich nach Frankfurt, um die Passionsspiele zu sehen. Am 23. fährt Rudi mit den Konfirmanden und Christel hin, vorher in den Zoo. Thomi will sehnlichst auch mit. Er ist für so etwas noch zu klein.

Kann ich bestätigen: Mich hat die Kreuzigung sehr mitgenommen und ich hatte danach Alpträume.

Ich: „Ach, Thomi, bevor du da mitkannst, musst du noch ein paar Mal Bratkartoffeln essen." - Und weil wir gerade Bratkartoffeln essen, sagt er, obwohl er satt ist: „Alla, gib mer noch a poor, dann kumm ich mit."

Christel <u>nach</u> der Vorstellung: „Endlich habb ich mol richtige Speere gesehn."

Etwa um diese Zeit wurde mein Glauben an Gott doch ziemlich erschüttert. Abgesehen davon, dass er in unserer Familie ständig präsent war, wurde sein Wirken durch solche Passionsspiele so intensiv, dass er sich in meine Träume einschlich und ich davon Fieber bekam.

Kein Wunder, dass ich mehr von ihm wissen wollte.

Als über uns ein Unwetter hereinbrach mit Regen, Blitz und Donner, schlich ich mich weg, rannte auf unsere Anhöhe hinter unserem Haus und gab Gott eine Chance, sich zu outen.

Ich schrie zu ihm laut und deutlich hoch, wenn er auf meinen Befehl hin – bei Drei - einen Blitz schicken würde, dann würde ich an ihn glauben.

„Eins – Zwei – DREI! – " und nichts geschah.

Vielleicht hatte er das nicht richtig gehört. Deshalb wiederholte ich noch einmal die Bedingungen und dann:

„Eins – Zwei – DREI! – " nichts…

„Eins – Zwei – DREI! – "

Danach bin ich pudelnass und sehr enttäuscht von ihm nach Hause gerannt.

Auf die Frage, wo um Himmels Willen ich gewesen wäre, so nass und vor Kälte zitternd, antwortete ich: „Isch glaab nit mehr an Gott." Dem Leser erspare ich die anschließende Diskussion.

11. September 1947

Thomi: „Wenn ich sterb, dann ess ich noch schnell viele Bonbons und Schokolad und wenn ich im Sarg bin, dann nemm ich mir en Bohrer mit un dann bohr ich mir unne e Loch, dann hab ich Grundwasser zum Trinke und dann bohr ich mir owwe e Loch, un dann habb ich Worzzele (*Wurzeln*) zum Esse."

Als Rudi mit mir etwas in Französisch sagte, fragte Thomi: „Kannst du auch Katholisch?"

Wenn wir Kinder etwas nicht mitbekommen sollten, sprachen die Eltern kurze Brocken in Französisch. Meistens war es die Sentenz: **PAS EN PRÉSENCE DES ENFANTS!** *(Nicht in Gegenwart der Kinder.) Dann waren sie wieder am Streiten und Ruth versuchte, dies zu unterbinden, weil wir dabei zuhören konnten.*

*Dieser Satz verkümmerte dann zu **EN PRÉSENCE**. Wir Kinder waren ja nicht blöd und wussten bald, wann er zur Geltung kam. Dann haben <u>wir</u> ihn ausgesprochen, wenn sich die beiden stritten, in bestem nasalem Französisch, damit die Streiterei aufhören sollte.*

11. November 1947

An Thomis diesjährigem Geburtstag wunderten wir uns, warum Muttel keinen Gruß geschickt hatte. Wir ahnten nicht, dass sie so schwer krank war und uns bald verlassen würde. Am 25.9. telefonierte Liesel und fragte, ob wir nicht ihr Blitztelegramm erhalten hätten: Muttel sei in das Marburger Krankenhaus eingeliefert worden und würde am 29.9. operiert werden. Sie hätte Verdacht auf Mastdarmkrebs und der Darm solle nach vorne verlegt werden.

Rudi und Christel fuhren sofort mit dem ersten Zug um 4 Uhr ab Lengfeld und waren in den frühen Nachmittagsstunden in Marburg. Muttel war gerade operiert worden und war dabei aufzuwachen. Liesel und Erika waren auch dort. Die Operation war vergeblich, man hat ihren Leib nach der Öffnung gleich wieder geschlossen.

Diese ganze Angelegenheit war schrecklich. Ich lief nur nebenher und wurde kaum wahrgenommen. Das Schlimme aber war, als Rudi in einem Park - wie ich jetzt weiß, war es der Alte Botanische Garten - laut weinend in die Arme von Tante Liesel fiel. Alle liefen mit dicken roten Augen herum und heulten laut, dass sich die Leute herumdrehten. Ich hatte meinen Vater noch nie weinen sehen, zumal er mir dies immer als Schwäche ausgelegt hatte. Und das Geheule war auch noch laut. Mir war das so peinlich, weil sich die Leute herumgedrehten. Ich hätte mich am liebsten weggezaubert. Und dann gingen wir zur Oma, die sich kaum rühren konnte, nur zur Decke blickte und mich nicht direkt anschauen konnte, als ihr gesagt wurde, ich sei auch da. Da sagte sie nur: „Ach, der Christhard." Ich glaube, wenn der Tod einen Geruch hat, dann habe ich ihn dort gerochen.

Am 14. Oktober fuhren wir mit Thomi - Christel war inzwischen in ein Kindererholungsheim nach Mönchbruch gekommen - nach Kirtorf…

Dort begleiteten sie Muttel die letzten Tage zum Sterben und beerdigten sie.

Ich hatte von dem Ableben und der Beerdigung in Wiesbaden-Biebrich nichts mitbekommen: Ich war zu dieser Zeit in Mönchbruch bei Mörfelden in einem Kindererholungsheim.

Es war schrecklich. Da wäre ich lieber auf der Beerdigung gewesen. Das dauert nur eine Stunde und fertig.

Warum ich dahin gekommen war, weiß ich nicht. Ich nehme an, es wurden Erholungsplätze für Kriegskinder von den Amerikanern bezahlt und weil Rudi als Pfarrer ´der erste an der Spritze war´ - die Pfarreien waren ja die ersten Adressen, wenn es darum ging, Care-Pakete zu verteilen oder Adressen für andere Bedürftigkeiten zu bekommen -, hat er sich bestimmt ´in meinem Interesse´ gemeldet.

Wir wohnten in einem finsteren Gemäuer. Nach der spartanischen Ausrüstung zu urteilen musste es ein Kloster und aus dem Mittelalter gewesen sein.

Die Toiletten gab es in diesem Komplex nur an einer einzigen Stelle. Das Licht in den Gängen war auch ganz sparsam gelegt, dass man von Licht zu Licht nicht sehen konnte, wo man hintrat. Deswegen mussten wir nachts in einen großen Marmeladeneimer pinkeln, der mitten im Schlafraum stand.

Wir - nur Jungen - schliefen in mehreren Gruppenräumen mit jeweils etwa acht Stockbetten. Ich schlief oben.

In unserem Raum schlief auch eine junge Frau, die aber erst sehr spät in ihr Bett gekrochen kam. Als erstes - sie glaubte wohl, alle würden schlafen - setzte sie sich auf den Marmeladeneimer und gab dabei ganz andere Geräusche ab als wir Jungen.

Es war kalt und regnerisch, jedenfalls kann ich mich an keinen Sonnentag erinnern. Vielleicht war auch die Situation für mich so traurig, dass ich mich nur an graue Tage erinnere. Tagsüber ging es raus, wo wir Räuber und Gendarm oder Reiterspiele spielten. Ich lernte dabei keinen richtigen Freund kennen. Alle waren so fremd. Einen dicken Jungen fand ich wirklich ekelhaft, weil er Frösche fing und sie aufblies, bis sie platzten. Und dann platzte er vor Freude.

Bei diesen Spaziergängen über die Wiesen schickten uns die Bezugspersonen fächerförmig aus, wir sollten Champignons suchen. Die Pilze haben wir nie zu essen bekommen.

Beim Pilze-Suchen kamen wir an einem Ami-Camp vorbei, das mit Maschendraht eingegrenzt war. Mir hielt ein schwarzer Soldat eine Banane hin wie einem Affen. Als ich danach griff, zog er sie zurück, lachte über 32 Zähne und aß sie selbst. Darüber konnte ich nur über vier Zähne zurücklachen.

Wir bekamen jeden Abend Spinat und Kartoffeln, Kartoffeln und Spinat. Mir ist jedenfalls nichts anderes in Erinnerung.

Am Wochenende gab es Kartoffelpuffer mit Apfelmus und ein Himbeerbonbon. Beim Hinwerfen auf meinen Teller rutschte einmal der Puffer über den Teller auf den geölten Dielenboden. Ich musste ihn aufheben und den Puffer mit dem Öldreck und kleinen Steinchen unter Aufsicht aufessen. Ich schmecke das jetzt noch, wenn ich daran denke.

Den Himbeerbonbon lutschte ich einmal an, damit ich wenigstens den Geschmack davon hatte und schickte ihn eingewickelt zusammen mit dem Brief nach Hause, für meine Rosemi. Gut gemeint. Fertig gelutscht dürfte ihn Thomi haben, Rosemi war ja gerade ein Jahr alt geworden.

Es mag alles zusammengespielt haben: Die ständigen Kartoffeln mit Spinat und auch das Heimweh, dann auch die Scheu, nachts zu diesem Marmeladeneimer zu gehen, in den man nicht ohne Lärm pinkeln konnte: Ich habe wohl jede Nacht ins Bett gemacht. Und weil ich mich schämte, deckte ich das Bett zu und stieg am nächsten Abend ins nasse Bett. Dass das die Bezugspersonen nicht merkten, zeigte, wie sie sich um uns gekümmert hatten.

Sie hatten sich eher umeinander gekümmert.

Die Jungen standen jeden Abend auf dem Stockbett an einer Öffnung für das Ofenrohr. Sie nahmen den Deckel ab und linsten rüber in den Nebenraum, wo sich das Aufsichtspersonal aufhielt. „Jetzt fickense", sagte einer, der sich auskannte und ein Junge nach dem anderen durfte mal reingucken. Da ich nicht wusste, nach was man zu gucken hatte, sah ich auch nichts.

Ich hatte furchtbar Heimweh. Ich hatte mir dann einmal kurz entschlossen meinen Koffer geschnappt und wollte zum Bahnhof in

Mörfelden. Auf halbem Weg holten sie mich mit einem Lastwagen ein und brachten mich zurück.

Irgendwann ging auch dieser Horror vorbei und die Frau, die in unseren Eimer pinkeln durfte, packte mir den Koffer. Jetzt erst fiel ihr auf, was sich in meinem Bett abgespielt hatte. Sie war entsetzt, zog mit spitzen Fingern das Bett ab und ließ die Bettwäsche in den Koffer fallen. Wie schwer nasse Laken werden können, das konnte ich beim Heimschleppen des Koffers schätzen lernen.

Die Frau schärfte mir noch ein, ich solle in <u>LENGFELD</u> aussteigen. „Wenn du Reinheim hörst, die nächste Station." Ich war leider im Abteil eingeschlafen und als ich Lengfeld hörte und aufschreckte, fuhr der Zug schon an. Ich stieg dann bei der nächsten Station aus und erzählte dem Stationsvorsteher mein Pech. Der sprach kurz mit dem Schaffner des Gegenzugs und ich durfte kostenlos zurückfahren.

Von Lengfeld lief ich dann erst einmal die vier Kilometer durch den Ort bis nach Niederklingen, indem ich den Koffer immer zehn Meter weit schleppte, dann abstellte, dann das Gleiche wieder zehn Meter und mit der anderen Hand.

In Niederklingen traf ich Fräulein Koch, die mir dann beim Tragen half.

Ruth erzählte mir später, dass ich Zentimeter lange 'Schippen' (Fingernägel) hatte und 'vor Dreck stand'. Das mit den langen Fingernägeln war sehr hinderlich beim Kofferschleppen. Was in den vier Wochen unbemerkt vor sich hingewachsen war, war beim Umgreifen verbogen worden oder abgebrochen, wobei sie auch eingerissen waren und bluteten.

In diesem 'Erholungsheim' hatte ich auch abgenommen.

21. November 1947, **Rudi** schreibt:

Elise macht Salzheringe ein. Christel belehrt Thomi: „Die Salzhering kumme ausm Tote Meer. Des deweche sin se so salzig." Darauf Thomi: „Ich kennt kaan Fisch tot mache. Waaßte, was ich mache deet, damit se dout (*tot*) gehn. Ich deet se ins Wasser schmeiße."

14. Januar 1948

Man kommt vor lauter Hetze des Alltags nicht mehr zum Eintragen. Die Kinder hatten so schöne Aussprüche, aber wenn man sie nicht sofort einträgt, vergisst man sie. Thomi spricht jetzt oft geschliffenes Hochdeutsch („Ja, immer muss ich es gewesen sein" mit einer bedeutungsschwangeren Pause hinter Ja) und dichtet eben…

… Alles dreht sich um Roselchen. Jeder hat sie gern. Sie guckt so klug mit ihren schwarzen Äugelchen, weiß alles, wenn sie es auch nur in ihrer Sprache beantwortet.

Christel hat mit Alma gebrochen: „Die heia *(heirate)* ich nit meï, konn scheenere krije *(kann Schönere kriegen)*."

Thomi ist in Luise Trabolt verliebt: „Luise, komm, ich will dich küssen! Ach, Luise, du bist mein Schatz!"

5. Februar 1948

Rosemi spricht über Nacht.

Am letzten Sonntag hat sie Schokolade geklaut. Als wir sie fragen, wo die „Lade" sei, breitet sie die Ärmchen bedauernd zur Seite und sagt gleichgültig mit resignierendem Ton: „Gesse." …

Neulich war Thomi mit der Oma mal in Darmstadt bei Rehbeins.

Rehbeins waren die Anlaufstelle von Oma zu Kriegszeiten zum Organisieren und Tauschen. Obwohl deren Haus mitten in Darmstadt stand, hatte es von der Feuersbrunst nichts abbekommen. Wenn sie aber davon erzählten, dann standen mir die Haare zu Berge: Dass Leute im heißen Teer der Straße steckengeblieben und beim lebendigen Leib abgefackelt wurden - sie zeigten mir eine eingeschmolzene Schuhsohle im Teer -, und dass andere vom Feuersturm in die Flammen gezogen wurden.

Ich hatte noch nie einen Gasherd gesehen und drehte an den Knöpfen herum, ohne mir etwas dabei zu denken. Erst als der alte Mann, der Asthma hatte und sich dauernd mit einer Nasenpumpe Luft in die Nase pumpte, einen Anfall bekam, stellte man fest, dass das Gas aus dem Herd strömte: „Willst du, dass wir in die Luft fliegen?" fragten sie mich.

Das wollte ich wirklich nicht. Dazu hatten sie im Krieg Gelegenheit genug.

Dort machte Thomi dauernd ´Stinkbumbesjes´ (Pupse), sodass sich alle die Nase zuhielten und Oma mit dem nächsten Zug wieder abfuhr. Zu Hause bekam er Vorhaltungen wegen seines unmöglichen Verhaltens. Zu mir sagte er nachher: „Wenn die Pauline *(Rehbein)* sich dauernd was vor die Nase hält und die Fenster aufmacht und alle schimpfen mit mir - hach! Da mach ich mir grundsätzlich nix draus!"

Gestern fing er schon zu essen an, bevor das Tischgebet gesprochen worden war. Christel: „Zuerst wird gebetet, dann gegessen!" - Tomi: „Wenn ich Hunger hab, ess ich zuerst!"

Er aß auch immer das Beste zuerst. Wenn in der Suppe etwas Fleisch war, pickte er sich das heraus und dann die Nudeln und Suppe, wenn es Fleisch zu Kartoffeln gab, dann vergaß er auch, sich das Vergnügen zu mischen und verdrückte am Schluss die Kartoffeln, selbst, wenn sie dann kaum herunterrutschten.

Ich war da genau anders herum an das Essen gegangen. Ich aß erst alles Unangenehme und sparte mir das Schönste auf und freute mich bis zum Schluss.

Als es einmal Suppenfleisch zu Gemüse und Kartoffeln gab und ich alles bis auf das Fleisch gegessen hatte, sagte doch Rudi: „Dir scheint das Fleisch nicht zu schmecken." Und zack-zack-zack hatte er meine Fleischstücke aufgepickt und in seinen Mund geschoben.

Abgesehen davon, dass ich mit Sicherheit in Tränen ausbrach: Ich trachtete von diesem Geschehnis danach, möglichst weit weg von Rudi zu sitzen und wenn ich neben ihm saß, dann war ich ständig unter der Spannung, dass seine Hand herüber schießen könnte und legte deshalb meine linke Hand in der Nähe des Tellerrands. Meine Macke, mir das Schönste für später aufzuheben, wollte ich nicht aufgeben und behielt sie auch bei.

Rudi hatte aber noch andere Methoden, sich seinen Vorteil bei der Essensverteilung zu verschaffen und glaubte, die Kinder würden das nicht merken.

Vielleicht waren das Reste aus dem Verhalten, das man sich in dem Kriegsgefangenenlager aneignen musste, um zu überleben:

Er lud zu gerne Lebensmittel um, füllte um und schichtete um:

- *Die Butter in die Butterdose: Dann konnte und durfte er das Papier abkratzen, danach verpasste er der umgefüllten Butter mit dem Messer von Ecke zu Ecke schöne Wellenmuster, damit an der Messerspitze möglichst etwas hängenblieb, das er anschließend ablecken „musste". Und die entstandenen vier Dreiecke zwischen den gewellten Streifen durften auch nicht so glatt bleiben und wurden ebenfalls verwellt mit dem Vorteil, viermal absetzen und das Messer viermal ablecken zu müssen.*
- *Wenn Ruth die Bemerkung „Schööön machste das", fallen ließ, dann hörte er ihren Sarkasmus beflissentlich nicht heraus.*
- *Marmelade oder Honig umfüllen. Die beteiligten Löffel und Gläser wurden so sauber ausgeschleckt, dass man sie nicht mehr abzuwaschen brauchte.*
- *Den Zucker in die Zuckerdose. In der Tüte waren dann noch Zuckerkrümel, die er sich in die hohle Hand schütteln konnte.*
- *Brot schneiden. Die Brotkrümel landeten garantiert in seinem Magen.*

Milchreste gab es bei uns nicht. Im Zweifel wurden sie in Gläser geschüttet und dann standen sie auf dem Fensterbrett zum Dick- und Sauerwerden. Auf dem Fensterbrett stand eine ganze Batterie von Gläsern mit Milch steigenden Alters, das man an der Färbung des Butterrahms ablesen konnte. Rudi arbeitete sich dann durch die Reihe zum niedrigeren Alter hin und kämpfte gegen den Nachschub an. Dabei hatte er immer obsiegt.

15. Februar 1948

Heute machte uns die Oma auf eine merkwürdige Entdeckung bei Rosemi aufmerksam. Beim Bilderbuchangucken - zu dem sie immer die Fußbank und „Bille" *(Brille)* bringt, weiß sie jedes Bild zu erklären. Freut sich über Ri-ra-rutsch und „Storch guter" und „Ringel-Ringel-Reihe, sin Kinder deie" *(sind der Kinder dreie)*.

Bei dem Bild, auf dem ein Kind mit einer Wiege zu sehen ist, ist sie anfangs auch vergnügt, aber wenn der Vers dazu gesagt wird, „Schlaf mein Mäuschen, schlaf ein", fängt sie an, jämmerlich zu weinen, dass dicke Tränchen die Backen herunterlaufen und schluchzen tut sie dabei schrecklich.

Wir fanden heraus, dass sie bei allen Schlafliedchen weint. Sie kann offenbar die etwas wehmütigen Melodien nicht ohne Rührung hören.

… Ich binde mir gerade meine Schürze um. Thomi: „Mammi, jetzt siehst du aus, als ob de hauen dädst." - „Wieso?" - „Ei, so dienstlich!"

24. Februar 1948

Christel, der Fragekasten: „Wie poliert man die Kohlen?" - ??? - „Die (meint Briketts) sind so schön glatt an den Seiten, wie reine Edelsteine." „Und wie haut man sie so schön gleichmäßig aus der Erde?" Da stecke ich wohl wahre Kunstwerke exakter Bildhauerkunst in den Ofen!

7. März 1948

Rosemi lernt jeden Tag neue Wörter dazu. Wir gucken uns oftmals erstaunt an, wenn sie wieder einen Beweis ihrer Intelligenz gegeben hat.

„Wiekebacke is fest", sagte sie heute zu dem harten Zwieback. Sie nahm den Telefonhörer und rief rein „Hallo Fahaus" *(Pfarrhaus)*. Woher hat sie das? Wir melden uns nie so.

Überhaupt hängt sie an viele Wörter die Endsilbe -le: Vogele, Stockele, Dehmle *(Thömchen)*, Bettele, Brotele, Wurstele.

Sie beweist wieder für ihr Alter ein erstaunliches Maß an Gemüt, Mitgefühl, Güte. Gestern weinte Thomi vor Angst vor der Hexe. Sie ging hin und schlang beide Ärmchen um Thomis Hals und sprach mit ganz inniger Stimme: „Liiiebes Dehmle, weine, Angs, liiebes Dehmle", dann hebt sie sein Kinn empor und küsst ihn mitten auf den Mund…

Betet man mit ihr „Lieber Gott, mach mich fromm" oder ähnliche Gebete, dann fängt sie an bitterlich zu weinen und zu schluchzen, gleichgültig, in welcher Tonlage wir das Gebet sprechen.

19. März 1948

Christel protzt beim morgendlichen Anziehen vor Thomi mit seinem zoologischen Wissen. Besondere Spezialität sind die ausgestorbenen Tiere wie Mastodon, Dronte usw. eine ganze Reihe.

„Kennst du denn ausgestorbene Tiern? Nit ohns (eines) kennste." Thomi, die Hose so langsam wie möglich anziehend: „Doch" - „Ha, welches denn?" - „Ei, 'n Käfer!" - Christel: „Ha ha, die Käfer sin doch nich ausgestorben!" - Thomi: „Un wenn ich druffträät *(drauftrete)*?"

27. April 1948

Ich komme erst heute zum Eintragen, die letzten 14 Tage waren sehr bewegt. Am 15. April ging Rudi kurz entschlossen nach Bad König zur Operation in die Klinik von Prof. Zander. Tags zuvor riefen sie an, ob er kommen könne, es sei gerade ein Bett frei. Da man zugreifen muss, wenn man so etwas vorhat, sagte Rudi zu, obwohl ein Freund von ihm an der gleichen Operation *(Magengeschwüre)* vor zwei Wochen gestorben war…

… Rudi wurde 1/3 des Magens und ein Teil des anschließenden Zwölffingerdarms herausgeschnitten… „Sie bekommen einen vollkommen gesunden Mann mit nach Hause, den Sie gar nicht mehr satt kriegen." sagte mir Prof. Zander.

Stimmt. Während Rudi vor der Operation ständig über Sodbrennen und Bauchschmerzen klagte, wenn er zuviel gegessen hatte, konnte er nach der Operation ohne Gewissensbisse zuschlagen. Zunächst mit der Beruhigung, mit dem eingekürzten Magen könne man sowieso nicht zunehmen, langte er jetzt besonders bei den Torten und Kuchen zu, die ihm bei jeder Taufe und Hochzeit angedient wurden. „E Stückche geht doch noch, Herr Parre."
Nach ein paar Jahren hätte er sich wohl gerne eine neue Mageneinkürzung gewünscht.

25. Juni 1948, **Rudi** schreibt:

Rosemi schreit „weh-weh" und bohrt sich in der Nase. Ich sehe ganz hinten im einen Nasenloch etwas Rotes und es gelingt mir, es rauszupopeln: Es war ein Stück Plastilin, das sie sich in die Nase geschoben hatte.

In diesem Zusammenhang fällt mir eine Episode ein, die ich im Tagebuch nicht gefunden habe:
Rosel spielte mit uns Eisenbahn - von Onkel Hämchen - und Ruth fiel durch Zufall auf, dass eine Ösenschraube an einem Wagen fehl-

te, in die man andere Wagen einhaken konnte. *Sie fragte ganz auf-geregt Rosel, wo sie sei. Sie hatte wohl unmissverständlich auf ihren Mund gedeutet, denn Ruth wurde ganz aufgeregt und Rosel musste solange Kartoffelpampe essen, bis das Gestocher in ihren Windeln das gewünschte Resultat zutage brachte.*

7. Juli 1948

Man trägt viel zu wenig ins Tagebuch ein und es geht vieles unwiederbringlich verloren… Die Zeiten sind so unruhig und ohne Frieden, die Tage voller Hetze, Sorge und Arbeit - man reibt sich ganz auf. Nicht mal an Musik habe ich mehr Freude, zu einem guten Buch in Muße fehlt mir die Zeit und die innere Ruhe und Entspannung…

Ruth fehlte nicht nur die Muße, sondern auch die geistige Nahrung. Wie oft stand sie vor ihrem reich bestückten Bücherschrank und sinnierte: Wenn ihr alle mal aus dem Haus seid, dann werde ich endlich einmal mich in Ruhe hinsetzen können und lesen, lesen, le-sen.
Dazu ist es leider nicht mehr gekommen: Sie bekam Zucker und eine dadurch verursachte Netzhautablösung. Nach einer Laserbe-handlung sah sie nur noch durch ein Netz von Laserpunkten und das Lesen von normalen Büchern war nicht mehr möglich.

Viel trägt bei mir dazu bei, dass ich mich im Haus nicht mehr wohlfühle, mich nirgends daheim fühle, wo ich <u>ICH</u> sein kann.
… Will endlich wieder eine Wohnung haben, die für uns ab-geschlossen und für jede Situation überschaubar ist.
Wie oft haben wir uns schon beworben und immer klappt es nicht. Sicher sind andere mehr Liebkind im Landeskirchen-amt als wir.
Zum Beispiel S. *(der DC-Pfarrer aus Heppenheim)*, der am kommenden Montag das dritte Mal in der Spruchkammer verhandelt wird: Dem wird man sicher wieder eine schöne Pfründe zuschanzen, weil der Oberkirchenrat, der darüber zu verfügen hat, sein Bundesbruder ist.

An das Spruchkammergedöns kann ich mich noch erinnern. Es hieß auch Entnazifizierung, so weit ich das mitbekam. Es musste

wohl jeder beweisen, dass man nicht zu den Nazis gehörte. Stan-
dardfrage: „Warst du schon auf der Kammer?"
Auch der Milchfritz musste vorstellig werden und - wenn ich mich
richtig entsinne - zur Spruchkammer nach Dieburg fahren.
Seine „Brotzeit" hatte er sich abends zuvor zurechtgelegt. Um seine
Frau, die Amm, nicht zu wecken, erfühlte er sich im Dunkeln sei-
ne Sachen zusammen, auch die Schuhe.
Für diese etwa 15 km machte er sein kleines Fuhrwerk fertig und
fuhr noch bei Dunkelheit los. Er hatte sich nur gewundert, dass
beim Rumlaufen es so unterschiedlich auf seinem Hofpflaster klap-
perte: Klink - Klong. Klink - Klong. Er dachte zunächst, er habe
ein Eisen verloren, denn die Schuhe waren ja damals beschlagen.
Als er in Dieburg bei Tage vom Fuhrwerk stieg und in das Ge-
bäude klapperte, merkte er erst, dass er zwei völlig verschiedene
Schuhe angezogen hatte. „Dann bin ich wie'n lahme Gaul in die
Kammer gedabbt."
Und danach sei er in eine Wirtschaft gegangen, um seine Brotzeit
zu essen. Da habe der Wirt auf seine Füße gedeutet und gesagt, 'fer
sone Fieß' müsste er zweimal Korkengeld bezahlen.
Ich verstand damals nicht, was Korken mit Füßen zu tun haben
und deshalb behielt ich auch die ganze Geschichte.
(Anmerkung zum 'Korkengeld': Früher konnte man durchaus
sein eigenes Essen und Trinken in einer Wirtschaft verzehren, für
die Benutzung des Tischs und für den Verdienstausfall hatte man
lediglich dieses Korkengeld zu entrichten.)

Vorher waren die Landeskirchenräte seine Parteigenossen
und jetzt zieht er den Nutzen daraus.
Am Montag geht Rudi zur Verhandlung als Zeuge. Am 28.
Mai war ich geladen und lernte einmal solchen Spruchkam-
merbetrieb kennen. So ein Mensch, der sämtliche ihm anvertraute Gemeinden zerteilt und uneinig gemacht hat, bekommt, so sagt Oberkirchenrat Grein, nach Abbüßung seiner „Stufe" wieder eine Pfarrei. Als gäbe es nicht genug andere Berufe für ihn!

Nachträgliche Eintragung unbekannten Datums:
Ja, das war der Fall. Nach so vielen Gemeinheiten bekam er
eine stille, schöne Pfarrei bei vollem Gehalt!

Aber gebe es Gott, dass uns auch mal das Glück kommt, eine schönere, nicht so abgelegene Gemeinde zu bekommen. Was es bedeutet, dauernd hinter dem Mond zu wohnen, erlebte ich jetzt mit den Zahnschmerzen. Vorgestern machte ich mich noch abends um ½ 8 Uhr nach Reinheim auf, trottete im Regen die lange Chaussee runter und watete abends spät durch den Dreck der Felder, um den Weg abzuschneiden, nach Hause.

Für die Kinder ist der Schulweg in eine Höhere Schule Illusion.

Die nächste Höhere Schule war in Groß-Umstadt, etwa 10 km eine Strecke. Ich war damals physisch noch zu zierlich und hätte das wohl nicht geschafft.

Und fort von Oma. Gebe es Gott, dass sie sich nach einer lohnenden Arbeit endlich mal umtut und nicht nur die feine Dame markieren will. Denn nach der Währungsreform jetzt, die uns alle arm wie Mäuse machte, wird sie doch nicht erwarten, dass wir sie auch noch finanzieren, kostenlos sozusagen, denn Hilfe habe ich an ihr kein bisschen...

Die Währungsreform brachte es mit sich, dass wir alle pro Kopf nur 40 DM bekamen. Unser Sparguthaben beträgt jetzt nur noch ganze 6 DM. Alles andere, mit Ausnahme von 300 DM für die Bausparkasse (anstatt 3.000 RM) ist weg. Löhne und Gehälter sind zwar gesichert, sie werden aber eingekürzt. Und da war unser sehnlichster Traum, einmal ein ganz kleines Häuschen für uns zu haben. Das scheint uns in weite Ferne gerückt, weil auch kein Weg zu einem Nebenverdienst vorhanden ist.

Diesem Eigenheim sind sie ihr ganzes Berufsleben nachgerannt. Nach der Währungsreform hatten sie - wenn ich mich richtig erinnere - einen Bausparvertrag über 15.000 DM.

Als der fällig wurde, kostete das Heim inzwischen 30.000 DM und sie schlossen einen weiteren Vertrag über 15.000 DM ab. So ging es bis zu ihrem Häuschen, das sie sich nach der Pensionierung bauten und nach ein paar Jahren überschuldet verkaufen mussten.

Christel und die Währungsreform

Ich widme dem folgenden Ereignis ein eigenes Kapitel, weil es mein Verhältnis zu Rudi nachhaltig beeinflusst hat:

Ich hatte frühzeitig ein ausgenommen gutes Verhältnis zu Geld, aber die Währungsreform führte zu ernsthaften Störungen in der Beziehung zu Geld und zu Rudi.

Im Krieg trug ich Jahr für Jahr Pfennigbeträge in meiner kleinen Schatztruhe zusammen und verbuchte sie feinsäuberlich, nachdem ich die faulen Zwetschgen an den Trinkaus verkauft hatte (siehe **Episoden** unter **Kinderarbeit**). Ich hatte mit Sicherheit noch andere Geldquellen aufgemacht, um meinen Reichtum zu mehren, der sich inzwischen in Markscheinen leichter zusammenzählen ließ.

Als ich im Sommer 1948 im Garten arbeitete, saß da plötzlich mein Vater im Fensterrahmen des ersten Stocks mit einer Klampfe auf dem Schoß, schlug Akkorde an und grinste zu mir runter. Es fehlte nur noch Narrenkappe und Schellenröckchen.

„Rat mal, woher ich die habe?" Nun hatte ich zu Musik und zu den Utensilien, die man zu ihrer Erzeugung benötigt, nicht die innige Beziehung, die meine Eltern von mir erhofften und erwarteten und mir war es insofern wirklich egal, woher er dieses Instrument hatte. „Das ist dein Erspartes."

Mir blieb wohl wirklich die Spucke weg. Ich ließ alles stehen und liegen und rannte zu meiner Schatztruhe, schloss sie auf: Alles weg. Für mich brach meine kleine Welt zusammen.

Mein Vater hatte eine solche Reaktion überhaupt nicht erwartet. Er wollte im Grunde nur das Beste und hatte auch etwas Vernünftiges getan: Da schon die Spatzen auf den Dächern von einer bevorstehenden Währungsreform zwitscherten, war man gut beraten, Geld in Sachwerte zu stecken. Er hatte deshalb alles Geld, was er im Hause finden konnte, zusammengelesen und u.a. diese Klampfe *gekauft. Diese Hintergründe kannte ich nicht. Hätte mein Vater mir erklärt, was er vorhatte und warum, dann hätte ich mein Geld bestimmt freigegeben.*

So aber hatte er, ohne mich gefragt zu haben, sich an meinem Eigentum vergriffen. Er war ein Dieb. Ich verzieh ihm das nie, da konnte er mir soviel erzählen, wie er wollte.

Und der blöden Klampfe ließ ich ihr Teil zukommen, das sie verdiente: Mit einem einzigen Streichholz verhalf ich allen fünf Saiten zu ihrem letzten ZZinnnng. Dann gab es eine Tracht Prügel und damit war das Thema für mich erledigt.

Ich kann doch nicht auch noch schaffen gehen neben meinem Haushalt, den ich schon so nicht bewältige. Die Lebenshaltungskosten sind nach wie vor hoch. Milch und Butter haben sie kurz vor der Währungsreform noch schnell erhöht: Milch -,28 der Liter, Butter 1,28 das halbe Pfund. Dann sind Kleidung und Schuhe nötig und die vielen kleinen Nebenausgaben wie Radio, Strom, die Elise…

Oberklingen hat sein schönes Geläut wieder… Die große Glocke kam am 6. Juni und wurde feierlich im LKW zur Kirche gebracht. Das war Rudis erster Gottesdienst nach seiner Operation. Am Freitag wurden die beiden Glocken in den Turm gehängt und am Sonntag feierlich in vollster Kirche eingeweiht…

Links: Hannelore Schwartzkopf wohnte bei uns. *Sie übernahm zeitweise auch das Orgelspielen.* **Rechts: Kirchendiener Daum (1947)**

15. Juli 1948, **Rudi** schreibt: In allen Gesprächen kommt man auf die Spannungen und der Kriegsgefahr wegen Berlin zu sprechen. Selbst Christel lebt in der Angst vor dem Rückfall und vor den Atombomben. Das erkennen wir an seinen Fragen und an seinen Gebeten.

Thomi: „Sind mir Parrer fer immer? Des is doch nit scheï. *(nicht schön.)* Sag doch dem Milchfritz, dass mer Bauern

227

wern. Dann sin mer reich und dann gibt er uns mehr Butter."

*Während wir nach dem Zusammenbruch in Milch und Butter
schwammen, gab es jetzt selten Butter auf den Tisch. Thomi und
ich malten uns aus, was wir machen würden, wenn wir einmal reich
wären. Das Wichtigste, was uns dazu einfiel und mir noch erinner-
lich ist, war, soviel Butter auf das Brot schmieren zu können, dass
sämtliche Löcher zu sind.*

26. Juli 1948, **Rudi** schreibt:
… Christel ist ein ganz Tapferer. Er verliert kein Wort über
den Biss, den er von Eckbäckers Pferd am Knie bekommen
hat.

(siehe **Episoden** *unter* **Hermann, das fleischfressende
Pferd***)*

Er fuhr sogar mit dem Rad nach Reinheim, um Besorgungen
zu machen und merkte gar nicht, dass sein Knie ange-
schwollen ist, wie wir es heute Abend feststellen mussten.

11. August 1948, (Ruths 35. Geburtstag) **Rudi** schreibt:

Mit Alma im Sommer 1948

Ruth in aller Frühe
mit Liedchen und
Gedichten geweckt.
Rosemi deklamierte
so gut sie konnte:

Ich bin die kleine
Dicke,
ich komme nicht
zurücke.
Ich wünsche dir ein
langes Leben,
musst mir aber ein
Küsschen geben.

Gleich nach dem
Mittagsschläfchen, als ich sie auf dem Kindertischchen an-
zog, hatte Rosemi ein für sie schreckliches Erlebnis:

Sie sah eine scheinbar tote Wespe regungslos liegen und griff danach. Leider lebte sie noch und stach zu. Sie schrie grell auf. Der Ringfinger und dann die rechte Hand schwollen an. Da half auch kein Heftpflaster, um sie zu trösten. Sie brüllte eine Stunde.

15. August 1948

Christels Moritat: „Oma, hast du schon mal die Frau Dietrich gesehn? Soon Bauch hat die! Die trägt! Die treibt sich mit denen Mannskerle herum, geht mit dene raus uff die Äcker und da hat sie einer gedeckt!"

25. August 1948

Nachdem Rosemi 14 Tage lang „Nasern" (Masern) hatte, hat sie jetzt Thomi. Er ist apathisch und Rosemi ist so fürsorglich zu ihm wie eine kleine Krankenschwester. „Haste Nasern? Armes Thömilein! Ach Thömche, ach Thömilein. Dreh dich Seiche, mach Äugle zu, so! Willste esse? Komm, Nissche." (Christel brachte von der Schulspeisung Erdnüsse mit und sie pittelte die braune Schale ab.) „Erste Dreck abmache." Dann steckte sie ihm die Nüsse einzeln in den Mund, der sich das apathisch gefallen ließ. Und streicheln, kosen und küssen, über ihn beugen, kein Wunder, dass Thomi Rosemi dauernd bei sich haben will und ihr Bilderbücher erklärt, damit sie so lange wie möglich bleibt.

Mit was für Gesprächen die Kinder verdorben werden! Gestern ist Christel im Kaufmannsladen und musste etwas anstehen. Dabei überhörte er folgendes Gespräch: „Ich will von meinem Mann nichts mehr wissen, macht er mir schon wieder ein Kind! Von dem lasse ich mich nicht mehr begatten." Das Wort BEGATTEN stammt sicherlich von Christel, es ist sein Wort für diese Tätigkeit. Aber immerhin hat er begriffen, um was es hier ging und ist glücklicherweise auch entsetzt darüber, dass die Weiber so etwas im Laden besprechen.

18. September 1948

Man glaubt es manchmal nicht, dass Rosemi erst zwei Jahre alt ist. Heute bin ich am Einwecken. Als ich die Gläser zum

Saubermachen aus dem Keller hole, kommt sie sofort mit ein paar Äpfeln angerannt, die sie hineintun will.

Beim Birnenschälen klaut sie sich geschickt die schönsten Schnitze, bis das Bäuchlein platzdick ist…

Jetzt ist sie mir wieder vor den Füßen, und ich werde ungeduldig und muss immer wieder mal was verbieten. Schließlich wird auch ihr die Verbieterei zu bunt. Mit unnachahmlichem Tonfall stößt sie hervor: „Hach, Mutti! Mach mich fromm, dass ich in den Himmel komm!"

… Christel ist ein fleißiger Bub. Gestern hat er den hohen Birnbaum ganz alleine abgeerntet. Er ist reingeklettert und pflückte und was er nicht pflücken konnte, das hat er abgeschüttelt.

Auch die Nüsse und Äpfel hat er alle gepflückt. Er ist mir eine große Hilfe. Rudi ist für so etwas nicht zu haben. Er hat auch eine andere Arbeit.

Jetzt wird unser Fortzug von hier immer spruchreifer. Wahrscheinlich kommen wir nach Lampertheim. Wie Gott uns führt, so ist es recht…

29. September 1948, **Rudi** schreibt:

Rosemi schreit wie am Spieß in Thomis Bett. Thomi meinte, er habe ihr einen Kaugummi in die Nase gesteckt. Ich hatte große Mühe, dieses klebrige Ding wieder rauszukriegen.

Sie hatte sich auch einmal eine Erbse in die Nase gesteckt, die wir nicht herausbekamen. Die Eltern dachten schon, nach Lengfeld zum Arzt zu müssen, bevor die Erbse zu quellen begann. Glücklicherweise war der Doktor im Dorf, der schnell helfen konnte.

5. Oktober 1948, **Rudi** schreibt:

Ruth hatte beide Buben zur Kirche mit in die Sakristei – *das war ein vergitterter, abgeschlossener Raum unterhalb der Kanzel, s. Foto bei Weihnachten 1942* - genommen, weil sie zu Hause bei diesem Wetter nur Dummheiten gemacht hätten. Thomi fragte Ruth alle fünf Minuten, ob der Pappi bald fertig sei. Ruth nahm sein Köpfchen in ihren Schoß, damit er Ruhe behielt. Dann ließ er aber dauernd Pupse, die man auch draußen hören konnte und mit jedem Pups musste Christel immer lauter losprusten. Dann machte sich Thomi einen Sport aus dieser Geschichte, die für Ruth unbeherrschbar wurde. Da inzwischen in der Gemeinde auch stellenweise gelacht wurde, musste ich von der Kanzel aus eine laute Ermahnung an meine Kinder richten.

7. Oktober 1948

Thomi sagte, als er sich über die vielen Kränze auf dem Grab wunderte: „Was mache die (Toten) mit den veele Geschenke? Wühle die domit in de Erd rim?"

20. Oktober 1948

… Nachdem am 3. Oktober vier Kirchenvorsteher von Lampertheim sehr auffällig in den Gottesdienst gingen, um Rudi zu hören, und anschließend in unser Haus kamen, weiß der ganze Ort, dass wir uns weggemeldet haben und nach Lampertheim wollen. Nun ist Rudi zu gestern auf eine Kirchenvorstandssitzung nach Lampertheim gebeten worden. Ich fuhr auch mit, um am Nachmittag wieder zurückzufahren. Rudi blieb über Nacht.

In Lampertheim gab es wenige Schäden durch Bomben. Eine Mine musste natürlich den 'Dom des Rieds' samt nebenstehendem Pfarrhaus treffen, einen schönen Backstein-Gotik-Bau. Dabei kam der Kirchdiener, der noch irgendetwas retten wollte, um. Das Schiff brannte aus, der Turm blieb heil.

Schräg gegenüber hat man aber ein Gehöft in ein Gemeindezentrum verwandelt und die Scheune in eine ganz wunderschöne Notkirche umgebaut.

Der Pfarrer Werner - er wird mich einmal konfirmieren - wohnte im Wohnhaus des Gehöfts direkt an der Römerstraße. Über den ehemaligen Stallungen rechts - damals Unterstellräume, später Garagen - war eine zweite Pfarrwohnung funkelnagelneu eingerichtet. Dieser Trakt zwischen dem Wohnhaus und der Kirche war schmal wie ein Handtuch und die Wohnzimmer waren hintereinander an einem gemeinsamen Gang aufgefädelt.

Die Notwohnung ist sehr nett, aber klein. Mir sagt alles sehr zu, diese lebendige Gemeinde…

Diese Wohnung war eine Übergangslösung, bis die eigentliche Wohnung in der Ernst-Ludwigstraße nach etwa zwei Jahren frei wurde. Sie lag in einer Art Ghetto für auswanderungsbereite Juden, die dort gesammelt und zusammen nach Israel expediert werden sollten…

21. Oktober 1948

Rosemi ist ja Rudis ausgemachter Herzensschatz und wir treten nach ihr alle in ihren Schatten. Verliebt und stolz sagte er heute, als sie mit ihm das biblische Bilderbuch betrachtete: „Die Rosel! Ja, die schlägt mal nach <u>mir</u>!" Wobei er natürlich meinte, dass alle seine guten Qualitäten auf sie abgefärbt hätten. Aber Rosel verstand das anders, haute Rudi und sagte: „Ich schlag nach dir."

Und nach wem schlägt Thomi, dieser Balg? … Ob er wohl von selbst jemals nach einem Bilderbuch greifen wird? Nur befehlsweise und dann nur drei Minuten. Dafür stundenlang Puhlwagen fahren, dreckige Rüben abladen und im Mist rumkramen. Und wie sehen seine Kleider aus und die Schuhe und Strümpfe! Rosemi hingegen, wenn sie mal im Garten war und ein wenig Dreck an den Schuhen hat, rennt sie sofort zum Schuhputzkasten und bürstet sich die Schuhe blank.

7. November 1948 (Sonntag)

Tag der Visitation

Eine Delegation des Lampertheimer Kirchenvorstandes hatte dem Gottesdienst beigewohnt und sich die Predigt angehört.

Christel hilft beim Abtrocknen, Thomi macht seinen Quatsch und „Sprüch" dabei. Thomi: „Ich heier *(heirate)* moi Luische un die Schiffschauklern unds Lorche un noch apoor *(ein paar)*." - Christel: „Die willst du alle heiern? Do muss de Parrer aber lange Ärm habbe, wenn euch alle miteinanner segnen soll!" - Nach einer Pause: „Wo willstn hie mit dene all? Du werst dich wunnern, wenn de die all beinanner hast." - Thomi: „Ei, wos denn? Erst heier ich die Luise un die sterbt. Un dann heier ich die Schiffschauklern un dann sterbt die. Un dann heier ich des Lorche, bis se all dout sin!"

9. November 1948

… Gestern kam der Anruf aus Lampertheim, dass Pfarrer Werner den Kirchenvorstand zusammengerufen hätte und dass die Wahl einstimmig auf Rudi gefallen sei.

Ach endlich weg. Eine eigene Wohnung, ohne die Untermieter, fort von Oma… Keine weiten Wege mehr zum Zahnarzt, zur Apotheke oder zu sonstigen Geschäften, zum Bahnhof, zu einem Fluss - den hat Christel sich im Gebet gewünscht…

30. November 1948, **Rudi** schreibt:

Eben um 22 Uhr kommt Christel zu uns noch einmal aus seinem Bett ins Zimmer gesprungen: „Mammi, schnell Papier und Bleistift, ich habe was gedichtet:

Du böser Satan, lass mich jetzt gehen!
Der liebe Gott soll vor mir stehen!
Gott kann mit mir machen, was er will,
Mit dir kommt man schlecht ins Ziel."

Kirche in Oberklingen

inmitten des Friedhofs. Die Toten ruhen hier höher als die Lebenden. Oma meinte, "da haste zum Himmel die halbe Strecke schon hinter dir".

Apropos *letzte Ruhe*: Nachdem der Verstorbene in der Kirche ausgesegnet wurde, musste der Sarg durch ein Seitentürchen 'herausgefädelt' und über Stufen herausbalanciert werden. Wenn es dann rumpelte, wusste man, dass man den Sarg anschließend etwas zurechtschütteln musste, bis jeder der Sargträger das Gefühl hatte, wieder seinen fairen Anteil zurückbekommen zu haben. Es ist nicht anzunehmen, dass der Tote seine letzte Ruhe so haben durfte, wie man ihn gebettet hatte.

11. Unsere neue Heimat: Lampertheim

14. Dezember 1948

Danach war ein irrsinniges Gepacke und Gekrame, so hetzig habe ich auch noch nie einen Umzug empfunden, allerdings hatten wir damals auch nicht so viele Kinder. Am Freitag, den 26. November standen dann drei Möbelwagen der Firma Vogt aus Darmstadt vor der Tür und mit fünf Mann stopften sie sie so voll, dass aber auch keine Stecknadel mehr Platz gefunden hätte.

Vorher kamen noch allerlei Leute, um Abschied zu nehmen, Schulkinder, Nachbarn... Um 1 Uhr wurde Mittag gegessen, um ½ 2 Uhr ging's los.

Wir hatten alle, auch Elise, noch in der Führerkabine des Anhängers Platz gefunden. Noch ein paar wehmütige Blicke zurück durch Niederklingen, Reinheim, Spachbrücken und winke - winke zu einigen Treuen an der Strecke. Über Darmstadt ging es die Autobahn runter immer hinter dem ersten Lastwagen nach, bei dessen Geschwanke hin und her mir angst und bange wurde. Dann kam das Ried, eine ganz andere Landschaft und dann „Lamperte".

Wir fuhren in das große Hoftor hinein und dann begann gleich das große Auspacken.

Wir waren knapp nach ½ 3 Uhr hier und um 6 Uhr war alles runter vom Wagen und in der Wohnung dorthin gestellt, wo es hinsollte.

Die Wohnung war geheizt, der Fußboden geölt und danach war das in eine einzige Schmiere verwandelt, der unsere Teppiche auf ewig versaute.

Ohne die treue Elise wäre das gar nicht gegangen.

Das kann ich mir vorstellen. Das erste, was Rudi während des Einräumens einfiel, war, die Kiste mit den Bildern zu suchen, um diese aufzuhängen. Ruth hatte den Überblick und dirigierte die Packer. Sobald Rudi glaubte, auch ein Wörtchen mitreden zu müssen, gab es Chaos und die Packer rollten vielsagend mit den Augen, wenn sie sich zum Weggehen rumgedreht hatten.

Bei der Amtseinführung - Elise und wir alle saßen ganz vorne in der ersten Bank - betrat Rudi die Kanzel. Kaum hatte er seinen Text verlesen ´Sei getreu bis in den Tod´, als Rosel anfing zu meckern. Ich hielt ihr den Mund zu und schwitzte bereits. Alles war mucksmäuschenstill und das Balg fing an zu sprechen, erst leise, dann immer lauter und dann fing sie zu heulen an. Ich flüsterte Elise zu: „Nichts wie raus, schnell raus!" So nahm Elise die Göre und ging aus der Kirche… Nachher erfuhr ich, warum sie protestierte: „Pappi soll runterkomme, der Mann soll eine Leiter bringe, dass Pappi wieder runter kann." - „Pappi seine Beine sin ab." Weil die Kanzel Rudi nur oben rausgucken ließ.

Die Wohnung war eine Puppenstube und ich nehme an, dass ein Teil der Möbel eingelagert war. Beispielsweise standen hier weder der große Bücherschrank noch das Klavier. Wir mussten eine lange Treppe zu ihr hochsteigen, dann betrat man einen laaangen Flur mit Glasbausteinoberlichtern links, rechts gingen die Türen ab zu den einzelnen Räumen: Zuerst die Küche, das hinterste Zimmer war das Kinderzimmer. Alle Zimmer hatten ein Fenster zum gepflasterten Hof hin. (Früher war das wohl der Viehtrakt: unten die Kühe und Schweine, oben vielleicht Vorratsräume).

In der hintersten Ecke des Flurs stand mein Schreibtisch, in dessen Schubladen allerdings auch Dinge meiner Eltern deponiert waren wie zum Beispiel die letzten noch nicht entwickelten Filmrollen vom Umzug aus Oberklingen, die Zimmer vorher und nachher, die üblichen Abschiedsfotos eben.

Eines Morgens erzitterte die Wohnung von vorne bis hinten durch einen Schrei, ausgestoßen von Rudi. Der stand in seinem weißen Nachthemd und mit noch bleicherem Gesicht vor dem Schreibtisch, in beiden Händen ein ´Geschlingsel´ schwarzer Zelluloidstreifen und schwebte einige Zentimeter über dem Boden vor Wut.

„Weeeer waaaar dasssss???"

Es war Thomi gewesen, der die Filme herausgezogen hatte, weil der die Bildchen sehen wollte. Aber weil die alle schwarz waren, hatte er sie einfach in den Schreibtisch zurückgesteckt.

Was dann mit Thomi passierte, das kann sich jeder ausmalen, der inzwischen das Temperament und Jähzorn von Rudi kennen lernen konnte.

Dass das Kinderzimmer so weit hinten lag, hatte seine Vorteile; dass wir einen so langen Gang hatten auch. Die kleineren Geschwister jedenfalls konnten in diesem Gang jeden Quatsch machen, rennen und sich austoben.

Eine Etage höher - es müssen wohl einmal Vorratsräume des Bauernhauses unter dem Dach gewesen sein - geschah nachts Entsprechendes: Dann tobten die Ratten und machten ihre Ben-Hur-Wagenrennen den Gang rauf und runter und da die Einstiegsluke über unserem Kinderzimmer war, hörte man deren Gequieke und Gepolter dort am intensivsten, und das jede Nacht. Da ich zu Ratten ein entspanntes Verhältnis hatte, machte mir das nichts aus, aber unseren Eltern. Bald kam eine Firma, die sie bekämpfen sollte. Erst kam einer zum Inspizieren. Der sagte: Kein Problem, riss mit einer Hakenstange den Deckel zur Einstiegsluke herunter und schüttete erst einmal einige Handvoll Rattenköttel und Nestmaterial über unsere Kinderbetten. Ruth bekam fast einen Schlaganfall. Danach kamen zwei Mann vermummt und verlegten Rattengift in die obere Etage. Das war sehr wirkungsvoll und die verendeten

Ratten, die sich versteckt hatten, verbreiteten einen infernalischen Gestank.

Thomi und Christel

Mit diesem schönen Mantel musste ich einmal über dieses Hoftor klettern, weil es zugeschlossen war. Beim Runterspringen erst merkte ich, dass sich eine Stakete hinten unter den Mantel geschoben hatte und ich zunächst aufgespießt wie ein Krebs ohne Scheren oben hängenblieb, dann aber sanft mit gespaltenem Mantel herabgelassen wurde.

Kurz, nachdem wir das überlebt hatten, zogen wir in die Ernst-Ludwigstraße um und bewohnten fast ein ganzes Haus. (Im Parterre wohnte eine Familie Schollmeier mit ihrem Sohn - ungefähr in Thomis Alter - sehr zurückgezogen und abgeschlossen für sich, dass Ruth diesmal keine Beeinträchtigungen verspürte.)

Als Abschluss der Kriegsberichterstattung sei noch folgender Nachtrag erlaubt, der mit den Nachwehen eines überstandenen Kriegs zu tun hat:
Hier in Lampertheim musste sich der Dorfbube erst einmal neu zurechtfinden. Neu war nicht nur die schiere Größe des Orts, neu war auch, dass es hier zerbombte Häuser gab. Dort herumzustromern und in den verlassenen Räumen und Kellern herumzusuchen,

ob man etwas Brauchbares findet, war schon abenteuerlich. Es war verboten, es durfte halt nichts passieren. Zumindest fanden wir die sogenannten Buntmetalle wie Bleirohre und Kupferdrähte, für die man beim Metallhändler Geld bekam. Möchte nicht wissen, wie sehr er uns übers Ohr gehauen hatte.

Bei diesen Erkundungstouren kam ich auch selbstverständlich in die Nähe unseres zukünftigen Hauses. Hier wurde ein Stadtviertel für Juden reserviert, die hier zwischenzeitlich wohnen sollten, bis ihre Auswanderung stattfinden konnte. In dieser Ecke spielten sich auch ganz andere Straßenszenen ab: Da liefen Männer in Kaftanen herum und es wurden zum Beispiel Bananen auf der Straße verkauft, Dinge, die es bei uns vielleicht im Delikatessladen gab.

Diese andere Welt in Deutschland wollte auch nichts mit den Deutschen um sie herum zu tun haben. Erwachsene konnten das einordnen, nachdem sie von den Gräueltaten in den KZ erfahren hatten. Wir Kinder waren da lockerer und unverkrampfter.

Und so unbedarft fuhr ich mit dem Fahrrad des Öfteren in dieses Viertel, weil es so anders war. Und locker hatte ich den alten Bananenverkäufer gefragt, was eine Banane kosten würde. Hätte er nicht so viele Bananen am Bauchladen gehabt, er hätte mich eingeholt und mir mit seinem Stecken eine übergebraten.

Nachdem die Juden ausgezogen waren, musste das Haus erst einmal total überholt werden: Man hatte sich in seiner ganzen Wut auf uns Deutsche in dieser Wohnung ausgetobt und auf die Wände mit Scheiße Hakenkreuze gemalt und andere Kunstwerke dieser Art hinterlassen. Die Räume mussten außerdem desinfiziert werden.

Mit dem Wechsel nach Lampertheim möchte ich meine Berichterstattung beschließen. Schließlich ging es um eine Reportage, wie ein Kind den Krieg und seine Auswirkungen erlebt und gesehen hatte. Und die habe ich vor allen Dingen in Oberklingen erfahren.

In der Protokollierung der Alltäglichkeiten dürfte auch deutlich geworden sein, dass die Eltern sich vor der Ehe und für die Ehe viel vorgenommen hatten. Besonders Ruth hatte sich nach einem kuscheligen Zuhause gesehnt, in dem sie mit vielen Kindern um sich herum die ideale Mutter und Ehefrau sein wollte. So im Inneren stark gemacht dachte sie auch, eine geachtete Pfarrfrau sein zu können, die auch für andere da sein konnte zum Wohlgefallen Gottes.

Rudi wollte auch ein guter Pfarrer sein, aber vor allen Dingen geliebt werden, geliebt, geliebt, geliebt. Das forderte er: Liebe mich sofort, sonst werde ich böse. Das wollte er zunächst von Ruth, später auch von seinen Kindern.

Wenn man jung verheiratet ist, mag man das aushalten und sich vielleicht sogar geschmeichelt fühlen, wenn man so innig geliebt werden möchte. Der Krieg schaffte in dieser Hinsicht insofern Erleichterungen, als Rudi zeitweise aus der Familie herausgezogen worden war und die Spannungen über heiße Liebesbriefe abgearbeitet werden konnten. Sein Kriegseinsatz war ja im Grunde nur eine Kette wechselnder Lazarettaufenthalte und Kurzurlaube.

Die Tagebucheintragungen in dieser Zeit waren dann fast nicht auszuhalten, wenn sie auf Knien rutschend Gott anflehten und sich bei ihm beschwerten, falls die Wiedersehensfreude sich nicht nach Wochen sondern nach Monaten bemaß.

Wie unvergleichlich viel schwerer hatten es „normale" Soldaten an der Front. Wann hatten die ähnlich günstige Chancen, zeitweise nach Hause fahren zu können?

Sie sahen sich beide von Gott besonders geschützt, der sie in jedem ihrer Schritte steuerte und nur das Beste für sie aussuchte. Wenn das etwas zu lange dauerte, dann war es eine der Prüfungen, aus der sie umso geläuterter herauskamen. Besonders bei Ruth war diese bigotte Frömmigkeit grenzwertig geworden. Als ich in der Pubertät mein Verhältnis zu Gott auf den Prüfstand stellte, forderte sie von mir: „Christel, du darfst nicht nachdenken, du musst glauben!"

Während des Krieges wurde Ruths Idealismus eher von den häuslichen Umständen abgeschabt und weniger von den Leiden, die ein Krieg so mit sich brachte. Auch das Verhältnis zu Rudi war während des Krieges im Grunde intakt geblieben. Sie hatte zwar immer wieder schreckliche Enttäuschungen abbekommen, wenn Rudi in seinem Jähzorn herumbrüllte, ihr Backpfeifen verpasste und Türen schmiss, aber dann kamen wieder ein paar Wochen der Erholung, in der Rudi sich irgendwo in einem Lazarett pflegen ließ und schon fing die gegenseitige Sehnsucht mit heißen, schriftlichen Liebesbeteuerungen an. Alles war wieder vergessen, was vorher passiert war.

Ruths Nerven wurden trotzdem im Krieg ziemlich strapaziert. Das lag aber auch an ihrer selbstzweiflerischen Einstellung zu ihrem Umfeld. Sie war ja aus einem gut situierten Hause, sehr belesen und begabt mit künstlerischen Fähigkeiten. Sie wollte eigentlich studieren und hätte als Ärztin eher ihr Glück gefunden, denn als Pfarrfrau auf dem Lande. Sie als die Auserwählte Gottes konnte nicht verstehen, dass es Menschen gibt, die möglicherweise nicht diesen guten Draht nach oben haben, aber die sich trotzdem Vorteile verschaffen: Nicht durch Herzensgüte und Fairness, sondern mit Bauernschläue und unsauberen Methoden. Während man normalerweise solche Menschen mit eigenen Mitteln zu Leibe rückt und versucht, seine (gute) Sache durchzusetzen, hielt sie Zwiesprache mit Gott und wenn das nicht half, dann nichts wie weg und neue Bedingungen schaffen. So sind sie umgezogen von Heppenheim nach Oberklingen, nach Lampertheim, nach Bärstadt, nach Rüdesheim, nach Offenbach. Und die Kinder wurden jedes Mal neu umgetopft und mussten sich jedes Mal neu zurechtfinden.

Mein Zuhause ist deshalb Oberklingen geblieben, alle anderen Stationen habe ich nicht in mich aufgenommen.

In Lampertheim wird Ruth sich auch emotional von Rudi wegentwickeln. Es wird noch unser Bruder Michael dazukommen, wenn Ruth fast 39 Jahre alt ist und sie wird endgültig von der Kinderund Hausarbeit aufgefressen werden. Rudi wird eine Pfadfinderschaft gründen, in der ich als Jüngster auch mitmachen werde. In diesem Zusammenhang wird Rudis Wander- und Reiselust geweckt, und er verbringt Jahr für Jahr seine Urlaube in anderen Ländern, fern von zu Hause und fern von Ruth. Sie hütete das Haus, versorgte das Hühnervieh und gab vor, endlich einmal für sich sein und die Ruhe genießen zu können. In Wirklichkeit litt sie sehr unter diesem Liebesentzug, bekommt Nervenzusammenbrüche und entdeckt als Seelentröster den Wermutwein.

Bevor die zerrüttete Familiensituation für die Gemeinde unerträglich wird, wird schnell umgezogen. Aber die Scherben in der Ehe sind nicht mehr zu kitten. Sie werden sich zwar nicht trennen - im Glorienschein, den eine Pfarrfamilie umgibt, UNMÖGLICH -, aber sie werden innerhalb der vier Wände innerhalb ihrer eigenen Sphären wohnen und existieren. Bis dass der Tod sie scheidet.

Ruth hatte sich gewünscht, als Pfarrfrau den Himmel auf Erden zu finden und ist letztlich in eine Hölle geraten. Und mit ihr die Kinder.

Zu mir als dem Erstgeborenen hatte Rudi es nicht vermocht, das Grundvertrauen, das ich mit Sicherheit zu ihm hatte, aufrecht zu erhalten. Für mich war er ein Störenfried und brachte das innige Verhältnis zu Ruth durcheinander. Das ging dann so weit, dass ich mich auch emotional von Ruth ab- und mich meiner Oma zuwandte. Ich nahm die erstmögliche Chance wahr, der Familie zu entspringen, indem ich gleich nach dem Abitur zur Bundeswehr ging und seitdem allenfalls zu Besuch zu Hause aufgekreuzte. Bei der Bundeswehr meldete ich mich zu Weihnachten und Neujahr freiwillig zum Telefondienst, um diesem Brimborium glaubhaft ausweichen zu können. Jedes Mal, wenn ich in die Bannmeile meiner Eltern kam, bekam ich Migräne, ein mir sonst unbekanntes Leiden. Spätestens mit meiner Wahl meines Studienorts und Studienfachs konnte Rudi seine Hoffnungen begraben, mich zum Pfarrer prädestiniert zu haben: Ich studierte Wirtschaftswissenschaften an einer Technischen Hochschule.

Thomi hatten wir im Tagebuch als ein geistreiches Kind voller Witz kennengelernt. Solange ich in der Familie lebte - das ging mir leider zu spät auf -, war ich für ihn eine Art Vaterersatz, denn Rudi wurde auch von ihm nicht als Leitfigur anerkannt. Nach der Pubertät wird aus ihm ein zutiefst verunsicherter, junger Mann, der sich leider die falschen Leitfiguren suchte, weil ich ja nicht mehr da war. Er traf sich regelmäßig in einer Gruppe von Jungen, die mit Mopeds herumkurvten, rauchten und zu viel tranken. Thomi fuhr dabei die Serpentinen vom Niederwalddenkmal an einer Stelle nicht wie vorgegeben und lag danach drei Wochen im Koma, schrie dabei Tag und Nacht „Mutti", dass das ganze Krankenhaus rebellisch wurde und ihm Sedativa gab. Danach war sein Bedürfnis zum Essen und Trinken ungezügelt, was ihm letztlich mit 30 Jahren das Leben kostete.

Rosel fühlte sich von mir am meisten im Stich gelassen. Als ich zur Bundeswehr ging, war sie zwölf. Und wenn Rudi wieder einmal auf seinen Reisen und deshalb weg war, war sie mit Ruth ganz al-

leine gelassen. Und dann drehte Ruth auf und trank alles, was nach Alkohol roch. Rosel leidet jetzt noch an diesem traumatischen Horror.

Summa summarum ist festzustellen:

Der Krieg zwischen unseren Eltern hat uns allen mehr weh getan und geschadet als der große Krieg der Anderen.

Aber so traurig wollte ich das Buch nicht beenden.
Bei aller Traurigkeit, die Kriege - im Kleinen und im Großen - mit sich bringen, sie können auch Anlass zu manch Witzigem und Lustigem sein.
Dazu möge die kommende Episodensammlung dienen, Geschichten, die ich im Tagebuch nicht in einen zeitlichen Kontext bringen konnte.

Episoden aus der Zeit des Krieges und danach

Es gibt Geschichten und Episoden aus dieser Zeit, die sich nicht in ein Tagebuch einordnen lassen. Ich bringe sie deshalb in einem eigenen Kapitel zusammen.

Meine besonderen Erfahrungen mit dem Krieg

Wenn man in einen Krieg hineingeboren wird, dann gehört dieser zum gewöhnlichen Alltag. Dass die Erwachsenen den Kindern so manche Geschichten erzählen, die nur so weit stimmig gemacht werden, dass das Kind endlich mit der Fragerei aufhört, das merkt das Kind im Laufe der Zeit. Oft weiß das Kind in solchen Zeiten mehr, als es wissen darf und dann kommt die dumme Frage des Erwachsenen: „Woher weißt denn du das?" Als ob das erheblich und wichtig wäre, wenn es stimmt. Kinder in solchen Zeiten merken recht bald, dass da mit verschiedenen Wahrheiten jongliert wird und ob das Kind dann wirklich sagt, woher es was weiß oder ob es lieber den Mund hält und dafür eine Backpfeife kassiert, ist eine Sache der persönlichen Stärke. Manchmal sind dann Kinder stärker als Erwachsene.

So wusste ich mit der Zeit, dass Leute nicht nur den Soldatentod sterben, sondern auch so umgebracht wurden.

Als Kind kann man sich nicht vorstellen, was umbringen oder sterben bedeutet. Dass das aber etwas Schreckliches und etwas Unumkehrbares war, das konnte man an dem Verhalten der Erwachsenen ablesen. Wenn wir Kinder auf jemanden sauer waren oder drohen wollten, dann sagten wir manchmal: „Bass uff, wenn de des nochmol machst, dann loss ich disch abhole nach Goddelau."

In Goddelau war eine Irrenanstalt, in der ´Euthanasie gemacht´ wurde. Und gar nicht einmal so weit weg von uns: 30 km Luftlinie.

Wir hatten mehrere Juden im Ort, u.a. eine Familie Isaak, eine Familie Wolf und eine Jüdin, ein verwachsenes altes Frauchen. Es hatte einen Buckel und ich weiß nur, dass es einfach lieb war und immer strickte. Diese Familien wurden eines Tages mit einem Viehwagen abgeholt. Man musste also im Dorf von der ´besonderen Menschenbehandlung´ des Regimes wissen; sogar wir Kinder ahnten etwas.

Alma erzählte mir später, dass ihr Vater, der ´Eckbäcker´, ihnen heimlich Brot gegeben habe, wenn sie bei Dunkelheit ´hintenrum´ her-

einkamen, obwohl ihm ´so Hundertprozentige´ gedroht hatten, sie würden ihn anzeigen wollen. Eckbäckers erhielten sogar einmal eine Postkarte aus einem Lager.

Wir hatten in Oberklingen einige Äbschde (´Dorfheilige´), die im Dorf ihren Platz und Stellung hatten und über die sich keiner lustig machte. Auch die Kinder wussten ihre Eigenheiten zu nehmen und mit ihnen umzugehen:

Da war ´die Emma´. Emma war etwa 20 Jahre alt, hatte das Down-Syndrom, war klein gewachsen, hatte einen kleinen Kopf auf einem kugelrunden Körper und war immer am Lächeln oder Lachen. Wann immer es Gänseblümchen gab - ich glaube, die gibt es in drei Jahreszeiten -, machte sie sich einfache Kränzchen daraus, indem sie das Stängelchen unter der Blüte mit dem Fingernagel aufschlitzte und das nächste Stängelchen hineinsteckte. Dann legte sie sich das Kränzchen auf den Kopf, verdrehte die Augen nach oben, faltete die Hände und sagte lächelnd: „Moije heia isch, moje kimmta." (Morgen heirate ich, morgen kommt er.)

Und wenn man fragte, wer, dann sagte sie: „Werst glei säh" und saß glücklich im Gras und lächelte verträumt.

Das Lichthäuschen. Rechts ist das Pfarrhaus zu sehen. Der große Baum links vom Lichthäuschen war der Baum, hinter dem der Bauer gegen den Tiefflieger Schutz gefunden hatte. (Siehe **Kapitel 8**)

Da war der ´Schepp Kall´ (der schiefe Karl).

Er war als Baby der Mutter beim Windelwickeln vom Bügelbrett gefallen und hatte sich bleibende Schäden an Körper und Geist zugezogen.

Er hinkte jeden Tag von seinem Stammsitzplatz auf dem Brückenstein in der Heinrichstraße zum Lichthäuschen in unserer Nähe, horchte dort, ob es noch brumme, ließ dort sein Häufchen und humpelte wieder durchs Dorf zu seinem Sitzplatz zurück. Jeder, an dem er vorbeikam, fragte ihn: „No, Kall brummt's noch?" - „Es brummt noch."

Und da war ´die Anni´. Anni durfte man nicht zu direkt und zu nahekommen. Sie war auch etwa 20 Jahre alt und fühlte sich verantwortlich für die Gänse des Dorfes. Sie ging morgens durch das Dorf und wenn sie vorbeikam, jagte man die Gänse vom Hof und die gesammelte Herde brachte sie in ein ´Gerems´ (Remise) unmittelbar am stillgelegten Steinbruch. Abends lief die Show andersherum ab. In der Zwischenzeit war Anni unentwegt dabei, am Bach entlang die Brennnesseln abzuschneiden und als Gänsefutter in einem Weidekorb zu sammeln. Wenn man sie ansprach, kam ein stereotypes „Loss-mich-in-Ruh" oder „Hau ab".

Es kam tatsächlich einmal ein Fremder ins Dorf, als die Bauern draußen auf dem Feld und unsere drei Äbschde alleine ´uff de Gass´ waren. Er fragte den Kall und der antwortete: „Loss mer moi Ruh." Dann traf er die Emma und die antwortete: „Moje heirat isch, kimmste aach?" und dann kam er an die Anni und die antwortete auch mit einem unflätigen „Leck mich am Aasch". Der Mann ganz verzweifelt: „Gibt's hier im Dorf denn nur Idioten?"
Geriet ein Auto, das man nicht kannte, in das Dorf, dann waren unsere Dorfheiligen weg. Versteckt. Man wusste ja nie, ob dieses Auto mit denen zu tun hatte, die Leute verschwinden ließen.
Sie wurden in der Tat unbeschadet durch den Krieg gebracht.

Verschwunden war der Bürstenmann, der Philipp aus Mummenroth. Das war so ein langer, schlaksiger Mann, der nur etwas sonderbar war. Er wanderte von Ort zu Ort und hatte Bürsten und Besen aller Art im Rucksack oder am Rucksack baumeln und in allen möglichen Taschen stecken. Er nahm auch Bestellungen auf, schrieb sich nichts auf, aber man konnte sich darauf verlassen, dass er beim nächsten Mal das Gewünschte bei sich hatte.
Er hatte keine Feinde, im Gegenteil: Seine Artikel waren sehr gefragt und plötzlich war er weg. Ein letztes Mal sah ich ihn, als ich mit Oma nach Brensbach über den Berg zum Zahnarzt ging. Unser Weg führte durch einen kleinen Wald und da hörten wir ein Juchzen und Jauchzen. Wir waren beide mucksmäuschenstill und guckten vorsichtig um

die Ecke. Da sahen wir den langen Mann, der alles abgelegt hatte, wie ein Gorilla an einem waagrechten Ast schaukeln und nach Herzenslust fröhliche Töne von sich geben. Als er merkte, dass wir ihn beobachteten, hörte er verlegen auf, nahm seine Ware auf und trollte sich, ohne ein Wort zu hinterlassen.

Verschwunden war auch der 'Saujud'. Der war sonst immer mit einem Pferdewagen gekommen und hatte Ferkelchen verkauft, die in übereinander gestapelten Boxen transportiert wurden.

Meine Beschäftigung mit dem Thema Tod

Das blieb nicht aus, wenn man es mit Erwachsenen zu tun hatte, die sich dauernd mit Krieg beschäftigten. Wann immer sich irgendwelche Köpfe zusammentaten und so geheimnisvoll und leise geredet wurde, dann hatte es mit Sicherheit mit dem Krieg zu tun. Das Schlimmste war ja, wenn unheilvolle Post kam.

Wenn ich zur Post gehen musste, um einen Brief abzugeben oder ein Paket abzuliefern, standen dann oft schon Frauen herum, die nichts anderes zu tun hatten, als auf den Postwagen zu warten und zu fragen, ob nicht ein Brief von ihrem Mann oder Sohn dabei sei. Und furchtbar war, wenn dann eine Nachricht dabei war, er sei im Krieg gefallen. Dann fielen sich alle Frauen dort in die Arme und weinten so laut und herzzerreißend, dass ich auch mitweinen musste, obwohl ich den Mann doch gar nicht kannte.

Das Thema Tod war also allgegenwärtig und auch Kinder konnten sich dem nicht entziehen.

So hatte ich mich recht früh mit dem Tod, mit Abschiednehmen und mit Sterben befasst. Abgesehen davon, dass ich etwa sechs Stallhasen versorgte, um mich zu gegebener Zeit von dem einen oder anderen zu verabschieden, weil er gegessen werden sollte, hatte ich als Junge des Dorfes doch auch dabeigestanden, wenn einem Huhn der Kopf abgehackt oder einem Täubchen desgleichen einfach abgedreht und abgerissen wurde.

Ich war auch dabei, als ein Pferd warmen Klee gefressen hatte und im Hof stundenlang gejagt wurde, damit sich die Gärung verschaffe. Oft reichte es trotzdem nicht, man hörte ein dumpfes 'Wufff' und dem Gaul war der Darm geplatzt, so dass er den Bolzenschuss kriegen musste. Dabei hielt ihm der Tierarzt ein Gerät auf die Stirn und *drückte ab. Dann schnellte ein Bolzen mit einer Spitze heraus, und das Tier war zumindest betäubt und konnte geschächtet werden.*

Wäre der Gaul eine Kuh gewesen, dann hätte man ihn in einem solchen Fall retten können. Bei der Kuh sticht man eine Handbreit neben der untersten Rippe - glaube ich - eine Kanüle in die Bauchdecke zum Magen. Die Kanüle ist eher ein Rohr, aus dem dann mit Pfeifen und Spotzen das Gas entweicht und eine dünne Brühe mit herausspritzt. Das stinkt infernalisch. Ich hatte den Tierarzt immer bewundert, dass er das alles mit offenen Augen machen konnte. Ich wusste schon als Kind, was ich einmal nicht werden wollte.

Dramatisch wurde es, wenn sich die Katze plötzlich mit einem Wurf kleiner Kätzchen in der warmen Bauernküche breitmachen wollte. Da wurde kurzer Prozess gemacht: Bei einer günstigen Gelegenheit wurde mit dem Schürhaken die Herdklappe aufgerissen und die noch blinden Kätzchen reingeworfen. So schrecklich das gewesen sein mag: Die Kätzchen hatten dadurch weniger gelitten, als wenn man sie später hätte erschlagen oder ertränken müssen. Schon als Kind war mir recht bald klar geworden, dass ein Bauernhof nur eine gewisse Anzahl Katzen verträgt.

Ich weiß noch, wie ich hinter dem Lichthäuschen so im Gras lag und einfach das beobachtete, was sich um mich herum ereignete. Ich guckte so Richtung Otzberg durch die Halme und beobachtete einen Halm

Blick zur Veste Otzberg von Niederklingen

Zittergras, wie er sich so groß gegenüber dem kleinen Otzberg ausnahm und im Winde wedelte. Und da dachte ich mir: Wenn ich jetzt aufstehe und weggehe, dann werde ich dieses Hälmchen nie mehr in meinem Leben sehen. Nie mehr. Das Hälmchen wird abgemäht werden und sterben müssen. Aber selbst, wenn ich jetzt nur aufstehe: Dieses Hälmchen werde ich nie mehr ausmachen können. Es bedurfte einer gewissen Willensanstrengung, die Trennung zu vollziehen und den Abschied unwiderruflich zu machen.

Meine ganz anderen Erfahrungen mit Erwachsenen

Krankenbesuche

Als Pfarrerssohn musste ich alle möglichen Laufbesorgungen für die Kirche machen. Es konnte sein, dass ich in Niederklingen eine Bekanntmachung an die Wand pinnen musste und dafür auch Reißzwecken mitbekam, leider ohne Hammer. Wenn mein kleiner Daumen versagte oder der Nagel gar durch das Plättchen kam und mir im Daumen steckte, dann suchte ich vielleicht einen Stein dazu... Aber das wollte ich gar nicht erzählen.

In Niederklingen war ein TBC-kranker, junger Mann, der nur noch im Bett lag und Blut in ein Handtuch hustete. Zu ihm kam kein normaler Mensch mehr, weil man Angst hatte, von ihm angesteckt zu werden. Ruth besuchte und tröstete ihn und ich brachte ihm ab und zu etwas zum Lesen. Ich durfte mich nur nicht von ihm anhauchen lassen und durfte ihm keine Hand geben. Ich sollte immer nur am Fußende bleiben. Das hatte ich gemacht, bis er meinte, es habe keinen Zweck mehr, er könne nicht mehr lesen, weil er das Buch nicht mehr halten könne und er zu müde sei. Er war auch bald danach gestorben und ich brauchte den langen Weg nach Niederklingen nicht mehr zu gehen, höchstens zum Anpinnen.

Der Schreiner Vetter

Am anderen Dorfende Richtung Schmelzmühle gab es den Schreiner Vetter. Bei ihm standen lange Bretter an der Hauswand angelehnt, sodass man vom Haus fast nichts mehr sah, und zu seiner Werkstatt musste man eine lange Holztreppe hoch.
Dem Schreiner schaute ich zu gerne zu, zumal das Holz so toll nach Wald roch.

Als ich ihm eine Nachricht überbringen sollte, rannte ich die Treppe hoch, guckte rum, sah ihn nicht und rannte deshalb wieder runter zu seiner Frau. „Der is owwe in de Werkstatt", sagte sie. Also hastete ich noch einmal hoch und stand da spähend herum, denn so groß war die Werkstatt nun auch wieder nicht. Da rutschte ein Brett von einem frischen Sargkasten, der gerade geschreinert worden war, auf die Seite und Herr Vetter richtete sich auf. Ich war so erschrocken, weil ich gegen das Fenster guckte und ihn nur schemenhaft sah. Er saß in dem Sarg wie wieder auferstanden von den Toten.

„Is schei kiehl do drin", sagte er. In der Sommerhitze hatte er hier drin sein Mittagsschläfchen gehalten. „Legg disch mo noi", und als ich das getan hatte, sagte er: „Gell, schei kiehl?" Es war in der Tat ein schönes kühles Plätzchen inmitten der frisch geschnittenen Bretter.

„Fer disch blouß e bissje zu grouß." Gott sei Dank. So weit war ich ja noch nicht.

Der Bäcker Erhard

Der Eckbäcker machte die besten Brötchen und das beste Brot der Welt.

Der Backofen wurde jeden Morgen in aller Frühe mit Reiser und Holz erst einmal heiß gemacht. Ich bekam das nie mit, weil das einfach zu früh für uns Kinder war. Erst, wenn er schon die glühende Asche herauskratzte. In der Zwischenzeit hatte er mit Sauerteig, der über dem Ofen an einer warmen Stelle in einer Schüssel stand und wohin nach dem Teigmachen wieder eine neue Schüssel für den nächsten Tag hingestellt wurde, den Teig mit einer großen Rührmaschine hergestellt, die Brotlaibe abgewogen und in Weidenkörbchen ´zum Gehen´ weggestellt. Bevor die Laibe in die Hitze geschoben wurden, wurden sie noch angepiekst oder angeritzt, damit sie auseinandergehen konnten und später ein schönes Muster bekamen. Wenn die Brote fertig waren, wurden sie mit einem nassen Handfeger überpinselt, sodass sie davon eine glänzende Kruste bekamen.

Eine Scheibe von dem ofenwarmen Brot schmeckte ohne ´was drauf´ und war das Beste, was einem passieren konnte.

Die Brötchen waren so geritzt, dass man sie gut in zwei Hälften brechen konnte und so groß, dass sie vielleicht von zwei Erwachsenenhänden umfasst werden konnten. Ein Brötchen kostete zehn Pfennig und war genug zum Sattwerden.

Christel und die Milch
(Das hat verdammt viel mit Erwachsenen zu tun)

Als wieder Kirchennachrichten zu verteilen waren, musste ich zum Eck-Hanickel.

„Wo issn der Hoiner?" fragte ich in die Küche. „Der is im Stall melke." Ich ging rüber zum Stall und stand in der Türfüllung. Ich war noch von der hellen Sonne geblendet und als ich in den dunklen Stall guckte, sah ich gar nichts.

„Wo issn der Hoiner?" wiederholte ich meine Frage. „Ei doo", und ein Strahl Milch traf mich am Kopf, Mund, Hals und 'alles, was Sein ist'. Diese fettige Kuhmilch lief an mir herunter und in meine Augen. Sowieso noch von der Sonne blind, waren sie nun von dem Saft verkleistert. Ich sah nichts, aber hörte das schallende, schadenfrohe Gelächter aus dem Stall.

Seitdem ekelt es mich vor Milch und besonders vor dem Häutchen auf Milch und Kakao. Mein Ekel vor süßer Milch wurde noch dadurch verstärkt, dass Rudi mich eine Zeitlang zwang, sie zu trinken und auch die Kakaohaut zu essen, weil er meinen plötzlichen Sinneswandel nicht nachvollziehen konnte. Erst nachdem ich mich über den Tisch hinweg erbrochen hatte, gab er auf, mich weiterhin zum Milchgenuss zu überzeugen.

Christel und die Dreschmaschine
(Das hat mit vielen Erwachsenen zu tun)

Wenn das Korn reif ist, guckt der Bauer dauernd in den Himmel, 'soll isch oder soll isch nit'. Wenn das Korn erst geschnitten ist und es regnet danach, dann dauert das Trocknen in den zusammengestellten Haufen länger, als wenn das Korn noch im Halm stehen gelassen wurde. Das Korn darf nur trocken in die Scheune.

Und hat er das geschafft, dann fängt die Dreschzeit an.

Das war eine Gemeinschaftsarbeit, deren Logik uns Kindern von den Erwachsenen nicht vermittelt worden war.

Wir hatten in der Dreschhalle des Dorfes eine Dreschmaschine stehen, zu der zuerst die kleineren Bauern in einer vorher ausgemachten Reihenfolge ihr Getreide hinbrachten und nach dem Drusch die Getreidesäcke und Strohballen wieder zurückfuhren. Das war ein ständiges Kommen und Gehen vom Bauernhof hin und zurück. Und weil das die Bauernfamilie nicht allein machen konnte, halfen die anderen mit.

Die Dreschmaschine war ein Riesenkasten von etwa drei Meter Höhe, an den das Fuhrwerk mit dem Getreide herangefahren und von wo aus eine Garbe nach der anderen mit einer Mistgabel herübergereicht wurde. Dort stand ein Mann oder eine Frau, die mit einem scharfen Messer die Bindung der Garbe auseinanderschnitt und die gelösten Halme in eine Öffnung schob und dann kam die nächste und die nächste. Die Garben liefen durch diesen Kasten und wurden fürchterlich verdroschen, sodass sie ihre Körner frei ließen. Diese wurden ausgesiebt und landeten in einem Behälter, unter dem wieder zwei Personen standen, die einen Jutesack nach dem anderen darunter klemmten. Hinten kam das leere Stroh gebündelt heraus, die ´Bouze´ (Strohballen), die auf ein anderes Fuhrwerk geladen und weggefahren wurden.

An der Seite kam die Spreu heraus, die wieder von einer anderen Person abgesackt und zum Abtransport bereitgestellt wurde. Die Spreu wurde später an das Vieh verfüttert.

Die Leute, die hier schufteten, waren für Alma und mich die Helden der Arbeit.

War das eine Drecksarbeit! Hier wurde ja nicht nur das Korn ausgeschüttelt, sondern all der Staub, der sich über das Jahr am Halm festgesetzt hatte. Abgesehen von dem ohrenbetäubenden Lärm der Maschine, - das war ein so auf- und abschwellender Ton, wenn eine neue Garbe verdroschen wurde, wurde der Ton dunkler, dann wieder hell - es staubte so stark, dass man nach zwei Metern keinen mehr erkannte. Zur Hitze des Sommers kam noch die Hitze der anstrengenden Arbeit hinzu. Dennoch waren alle von oben bis unten bekleidet, einen Mundschutz gab es nicht, denn der hatte sich nicht bewährt. Man sah jede Pore als schwarzen Punkt, wo man schwitzte, lief die schwarze Soße herunter, unter und in der Nase, die Augen, um den Mund herum, alles schwarz vor Dreck. Ein Taschentuch war fehl am Platz, da half nur die einfachste und natürlichste Befreiung, die man sich denken kann. Die Dreschmaschine blieb davon nicht stehen.

Hier wurde also jede freie Hand gebraucht. Das meiste wurde durch gegenseitige Hilfe abgedeckt, es gab aber auch Tagelöhner, die mit der Dreschmaschine mitgingen wie zum Beispiel der Spreuabfüller und der Maschinist, der für die Dreschmaschine verantwortlich war und aufpasste, dass wir nicht in die Nähe der riesigen Transmissionsbänder kamen.

Weil der Dreck überall durchkam, musste man sich regelmäßig ausziehen und trocken abklopfen. Dabei sah ich staunend diese nackten Oberkörper der jungen Männer - die vielleicht Sonderurlaub bekommen hatten -, wie sich deren Muskeln abbildeten. Der scharfe Geruch von ehrlich erarbeitetem Schweiß stößt mich überhaupt nicht ab, weil ich ihn mit diesen Menschen und dieser Arbeit verbinde.

Wie ich später erfahren habe, war es verboten, den Dreck kalt abzuwaschen, weil man sonst das sogenannte Dreschmaschinenfieber bekommen konnte. Es war sehr gefürchtet und hatte wohl auch damit zu tun, dass mit dem vielen Staub auch viele Sporen von Schimmelpilzen freigesetzt worden waren.

Man hatte noch tagelang gefärbten Ausstoß, wenn man hustete.

Waren die Kleinbauern fertig, kamen die Großbauern dran und jetzt wurde die Dreschmaschine aus ihrer Halle geholt. Sie rollte auf breiten Eisenrädern wie ein Dinosaurier durch den Ort, auch zu Eckbäckers. Dann waren alle freien Hände willkommen. Vorne zogen die Leute an zwei Seilen mit ´Hau-ruck´, ´Hau-ruck´, auch Kinder zerrten ganz vorne mit. Der Maschinist hatte eine lange Hebelstange, mit der er unter das hintere Rad fuhr, entweder um dem Riesenteil den letzten Schubs zu geben oder um ein Zurückrollen zu verhindern.

Christel und der Schuster

Der ´Wennel-Schuster´ in Niederklingen war ein Künstler und wenn er einen zweiten Stuhl gehabt hätte, dann hätte ich ihm viel länger zugucken dürfen. Er saß nämlich auf dem einzigen niedrigen dreibeinigen Schemel und hatte eine abgeschirmte Lampe fast vor der Nase, so ´friemelig´ war seine Arbeit.

Wenn ich zu lange da herumstand, sagte er: „Du steihster jo die Soule blatt", ein indirekter Hinweis, dass ich mich wohl lang genug in seiner kleinen Werkstatt aufgehalten hatte.

Er hatte eine große Glaskugel auf dem Tischchen liegen, die alles, was er darunterlegte, vergrößerte. Heutzutage sieht man solche Kugeln bei Wahrsagern, die darin nur die Zukunft sehen.

Es roch einfach so gut nach Pech und Leder. Wenn er Schuhe neu besohlte, dann hatte er entweder eine Nähmaschine dafür, aber in den Ecken, in die keine Maschine hinkam, nähte er per Hand. Schon den Faden zurechtmachen war interessant. Da wurde der Faden durch einen hellen und durch einen schwarzen Stein gezogen, bis er so steif war, dass er wie eine Nadel durch das Loch durchgefädelt werden konnte, welches er vorher mit einem Priem in die Lederstapel gebohrt hatte. Er nähte dann mit zwei Fäden gegenläufig. Davon bekam er so narbige und schwielige Hände hart wie das Oberleder seiner Bauernschuhe.

Es konnte sein, dass er fünf Schweineborsten zwischen Brand- und Schuhsohle steckte, bevor er die Sohle endgültig vernähte. Das machte er bei Bauern, die er als schlechte Zahler kannte. Dann knarrten die Schuhe so lange, bis die Rechnung bezahlt war, eine peinliche Einrichtung, weil sie permanent mit Bemerkungen zu rechnen hatten: „Ach, hoste koo Geld, doi Schuh ze bezaahle?" War bezahlt, machte er sie wieder raus. Sofort und unentgeltlich.

Die Innensohle (Brandsohle) wurde mit vielen Holznägelchen befestigt, die in vorgepriemte Löchelchen gesteckt, reingehauen und anschließend abgeraspelt wurden.

Arbeitsschuhe wurden noch auf der ganzen Fläche mit vierkantigen Nägeln bestückt und vorne sowie hinten mit Rundeisen beschlagen.

Wenn dann der Bauer mit solchen Schuhen angetrabt kam, klang das wie ein Pferd auf zwei Füßen.

Christel und der Sattler

Der Sattler Lehr hatte seine Werkstatt nicht weit vom Milchfritz. Er sprach anders als wir, weil er aus Groß-Gerau kam, also von ganz weit weg (40 Kilometer).

Herr Lehr war ein Tausendsassa, sagen wir mal, ein Vierfachsassa:

Zum einen war er der Wiegemeister des Ortes. Hundert Meter weiter stand die Waage, auf die die Bauern ihr Fuhrwerk stellen konnten, wenn etwas zu wiegen war, das weiterverkauft werden sollte, wie Zuckerrüben oder Kartoffeln. An der Waage konnte ein Kind nicht vorbeigehen, ohne nicht versucht zu haben, die Wiegefläche zum Wackeln zu bringen.

Zum anderen hatte er ein klitzekleines Geschäft, heute würde man sagen: Nonfood-Geschäft, weil er wohl nur Seifen, Wasch- und Putzmittel verkaufte, soweit ich mich noch erinnere. So roch es auch dort.

Außerdem hatte er eine kleine Wirtschaft. Ich kann mich aber nicht erinnern, dass in der Gaststube jemals einer gesessen hätte.

Und vor allen Dingen hatte er die Sattlerei. Das Haus war eigentlich für eine Sattlerei nicht gemacht. Aber Gastwirtschaften hatten wir ge-

nug im Dorf und da richtete er sich sein Untergeschoss als Werkstatt ein.

Wenn er eine Matratze herstellte, dann wurde es eng da unten. Aber so etwas konnte er machen: Sprungfedermatratzen mit Kabok ausgestopft. (Das ist eine Pflanze aus Marokko, deren Produkt der Baumwolle ähnelt.)

Als Sattler machte er vor allen Dingen das Zuggeschirr für Pferde und Kühe, die so genannten Krupp. Diese Arbeit war so ähnlich wie beim Schuster, nur komplizierter. Und alles mit der Hand. Das Lederzeug wurde auch mit Kabok ausgestopft.

Unser Nachbar, Herr Stumpf, der Kappenmacher

Herr Stumpf wohnte mit seiner Lies uns genau gegenüber. Er hatte sich erfolgreich vor dem Wehrdienst des 1.Weltkriegs drücken können, indem er ein Beinleiden vortäuschte und humpelte. So humpelte er vier Jahre lang herum, denn so lange hatte der Krieg ja gedauert und dann konnte er es nicht mehr lassen. Er war Kappenmacher und ich konnte ihm stundenlang beim Zurechtschneiden des Stoffs und der Kartons, die dem Schild der Schildmütze die Steifigkeit gaben, zugucken. Der Stumpf rauchte dabei eine Pfeife, die er oben mit einem Gummiring zwischen den Zähnen festhielt. So konnte er gleichzeitig rauchen, reden und arbeiten. Ab und zu drückte er den glühenden Tabak im Pfeifenkopf zurecht, manchmal mit der Scherenspitze, manchmal mit seinem Zeigefinger. Das machte ihm überhaupt nichts aus, nur einmal blieb ihm dabei ein glühender Stängel unter dem Fingernagel hängen. Beim Wegschnicken fiel diese Glut auch prompt der Katze auf das Fell. Die Aufregung im Haus kann man sich vorstellen.

Normalerweise rauchte er selbstgemachten Tabak, einen ´Scheierbombel´ (Scheunen-Baumler, wo die Tabakbündel getrocknet wurden). Die Tabakblätter trocknete er in seinem Schuppen und zerkleinerte sie mit einer einarmigen Schneidemaschine. Dabei wurden auch die dicken Stängel, so weit es ging, mit zerhackt. Hauptsache, sie ließen sich noch im ‚Glouwe' (Pfeifenkloben) verglimmen. Wie sie schmeckten, war werktags egal. Dem Geruch nach zu urteilen, rauchte er ab und zu auch eine seiner gebrauchten Kappen.

Sonntags leistete er sich eine Delikatesse: Er schnitt sich mit diesem Gerät von einer Zigarre, die er vielleicht zum Geburtstag geschenkt bekommen hatte, ein passendes Stück ab, steckte es in die Pfeife, setzte sich ans Fenster und genoss das Leben. Sonntags durfte sowieso nicht gearbeitet werden und seine Zunge wurde wieder eingenordet, wie Ta-

bak eigentlich zu schmecken hatte.

Auch für die Zunge war einmal Sonntag. Das Gummi, mit dem die Zähne die Pfeife festhielten, war vom Rauch richtig schwarz und die Zähne waren da, wo die Pfeife eingehängt war, schwarz bis gelb. Ich dachte mir, wenn ich die Lies wäre, dann bekäme der von mir keinen Kuss. Aber die Lies

Herr Stumpf mit seiner Lies,
darunter **Christel** mit seinem Roller, **ganz** rechts **Alma**

hätte ich auch nicht geküsst. Sie keifte immer so rum und kochen konnte sie auch nicht. Einmal kam ich zu ihnen herüber und es war keiner im Haus, wahrscheinlich waren sie im Garten. Auf dem Herd stand ein hoher Topf, in dem etwas kochte. Auf einmal klapperte der Deckel, dann ging er laaangsaam hoch und der Kopf eines Hasen mit leeren Augenhöhlen kam herausgelugt. Ich erschrak fürchterlich.

Herr Stumpf schlachtete auch meine Hasen und zog sie ab. Die Bälge wurden linksherum gedreht, mit Stroh ausgestopft und zum Trocknen aufgehängt.

Oma machte daraus Muffs, Paspel und andere kuschelige Sachen: In Muffs steckte man im Winter seine Hände hinein, die Paspel waren Ärmel und Mantelkanten, um die Klamotte etwas aufzuwerten.

Herr Stumpf spannte mir auch die Laubsäge neu auf, wenn das dünne Sägeblatt zum x-ten Mal durchgeknallt war.

'Der Stump' hatte eine Ziege - eine so genannte Gaaß oder Hewwes -, für die er ab und zu Gras mit der Sense mähen musste. Nach dem Mähen wurde ein kleiner Amboss, ein Dengelhammer und ein Stuhl

*hervorgeholt und die Sense 'bing-bing-bing' über eine Stunde lang wie-
der so scharf gedengelt, dass eine Feder in zwei Teilen heruntergefallen
wäre, wäre sie auf der Schneide gelandet. Das glaube ich jedenfalls.
Und weil er selbst Angst vor dieser Schärfe hatte, wurde die Sense danach sofort in ein Futteral gesteckt. Mit Sensen war nicht zu spaßen.
Weil er das so gut konnte, dengelte er für andere die Sensen auch.
Dann hörte man das helle 'Bing-bing-bing' über mehrere Tage.
Ich kann mich nicht entsinnen, dass Herr Stumpf einen Satz mit einem Komma drin gesprochen hätte. Er hörte sich an, was man wollte,
brummte etwas durch sein Pfeifenrohr und machte es. Er war ein stiller
Alleskönner und was er machte, hatte ein unsichtbares Qualitätssiegel.*

Christel und der Friseur

*War man noch klein, wurde man von seiner Mutter zurechtgeschnitten
und das sah auch meist danach aus. Solange alle Kinder Haarformati-
onen zeigten, die gleichermaßen verschnitten waren, ging das ja noch.
Und solange wir keinen Friseur im Ort und deswegen auch keine Alternative und Vergleichsmöglichkeiten zu höheren Kunstfertigkeiten
hatten, ging das auch noch.*

*Vor dem Krieg gab es den Friseur Scheuer. Er war eingezogen worden
und ich weiß nicht, wie die Erwachsenen damit fertig wurden und ob
die sich dann gegenseitig die Köpfe verunstalteten.*

*Jedenfalls bekam die Mutter Scheuer eines Tages einen Brief aus dem
Krieg und danach weinte sie furchtbar. Ich überhörte, was die Erwachsenen darüber sprachen und erfuhr, warum: Ihr Sohn hatte ein Bein
weggeschossen bekommen und musste jetzt heim.*

*Ich konnte damals nicht verstehen, warum sie wegen eines Beines so
herumheulte und nicht froh war, dass er deswegen nach Hause durfte.*

*Herr Scheuer kam dann auch mit einem Bein und zwei Krücken und
ich fand das toll, wie er das eine Bein so weit nach vorne schlenkern
konnte und dann eine Geschwindigkeit draufhatte, dass man mit Mühe Schritt halten konnte.*

*Zu seinem Friseurladen musste man eine steile Treppe hoch und dort
saßen meines Wissens nur Männer und vielleicht ein Junge wie ich herum, die sich die Haare schneiden und die sich oft auch rasieren ließen.*

*Dann tanzte Herr Scheuer um den Stuhl herum, indem er seinen
Oberschenkelstumpen auf die Hantel der Krücke legte und so einen*

zweibeinigen Stand fand, die Gesichter einseifte, ab und zu an einem Lederriemen das Messer wetzte, und dann die Stoppeln abraspelte.

Im Krieg war er sehr abgemagert und dementsprechend war seine Hose zu weit geworden. So band er sie anstatt mit einem Gürtel mit einer Rosshaarkordel mit einer weiten Schleife oben fest. Sie rutschte nicht herunter, weil seine Beckenknochen so weit herausragten, aber wenn ich an seiner Kordelschleife gezogen hätte, dann hätte er blöd dagestanden. Gejuckt hatte es mich jedes Mal, wenn er so vor mir stand und herumschnippelte, aber dann wären auch die Geräte, die er sich hinter den Hosenbund gesteckt hatte, wie Rasiermesser und Kämme, auf den Boden gefallen.

Wenn Kinder wie ich drankamen, dann legte er ein Brett quer über die Armlehnen des Friseurstuhls, setzte uns darauf und zackerte mit einer Auslichtungszange durch die Haare, was immer unangenehm ziepte, weil das Ding stumpf war.

Ich fand das erhöhende Brett jedes Mal als eine Erniedrigung, weil es deutlich machte, dass ich immer noch zu klein und immer noch nicht in der Riege der Männer aufgenommen worden war.

Christel und die Kriegsgefangenen

Oma und ich mussten nach Brensbach. Das ist ein Ort ´überm Berg´, den man über Feldwege zu Fuß erreichen konnte. Die normale Straße dahin machte damals einen Riesenumweg über Niederklingen, die ´Unneetisch´ (Unnötig), und weiter über Reinheim. (Siehe **Karte** im **Anhang**)

Die ´Unneetisch´ war eine Gastwirtschaft, einsam und allein im Feld und an der Kreuzung Reinheim-Lengfeld (jetzt Otzberg) bzw. Niederklingen-Habitzheim. Als die Wirtschaft dort gebaut wurde, meinte man, sie sei unnötig, weil ´so weit weg von überall´´. Das Gegenteil war der Fall: Wenn der Bauer sagte: „Ich bin mol korz fort" oder „Ich geï in die Kersch", konnte es sein, dass er in Wirklichkeit in der ´Unneetisch´ sein Bierchen trinken und einen Skat kloppen wollte, ohne sich von seiner Frau beobachtet zu fühlen. In dieser Hinsicht waren sich die Bauern der Orte um die ´Unneetisch´ herum alle einig und für ein kurzes Bierchen war dieser lange Anmarsch relativ kurz (gefühlt).

Der Pfarrer von Lengfeld hatte sich einmal den Spaß erlaubt, kurz vor dem Gottesdienst den Weg von der ´Unneetisch´ zur Kirche zu gehen und die entgegenkommenden Bauern zu begrüßen: „Na, geht ihr in die Kirche?" Die fühlten sich ertappt und folgten mit hochrotem Kopf ihrem Pfarrer in die Kirche und fehlten diesmal wohl in der Skatrunde.

Warum wir nach Brensbach mussten, weiß ich nicht mehr genau. Ich nehme an, dass Oma ihre Zähne hatte nachsehen lassen und weil ich schon immer mit Karies zu tun hatte, ging ich wohl aus dem gleichen Grunde mit.

In Brensbach gab es einen Bader, das war ein Bauer, der eine besondere Lizenz als Schmalspur-Zahnarzt erworben haben musste. Ich kann mich an eine Situation erinnern, als er gerade den Stall ausmistete und wir im Hof ankamen. Er steckte die Mistgabel in den Misthaufen, wischte sich die Hand an der Hose ab und gab uns die Hand zur Begrüßung.

Oma meinte dann, dass er doch hoffentlich seine Hände richtig wasche, bevor er ihr im Mund herumfummele.

Oma musste sich an einiges gewöhnen, was die Zahnpflege anging. In Berlin hatte sie fast jeden Zahn mit Gold überkronen lassen und kam damit auch gut durch den Krieg. Auf diese für damalige Verhältnisse luxuriöse Mundausstattung war sie mächtig stolz und zeigte sie jedem, der sich dafür interessierte, alle Zähne bis zum hintersten Backenzahn. Im Gegensatz zu so manchem Bauern brauchte sie dazu die Zähne nicht extra herauszunehmen.

Der Bader war auch so etwas wie ein Schmalspur-Doktor: Er hatte Blutegel, die er bei Geschwüren und eitrigen Verletzungen ansetzte, er behandelte eingewachsene Fußnägel, er hatte auch Pülverchen und Tees und er hatte einen Folterstuhl zur Zahnbehandlung. Dem Stuhl fehlten nur noch Fixierungsfesseln für Arme und Beine. Da der Stuhl nicht wie heutzutage bis zur Liegeposition geneigt wurde, musste man den Kopf entsprechend verbiegen, damit der Bader als Zahnarzt in den Mund hineingucken konnte. Nach der Zahnbehandlung war man reif für einen Orthopäden.

Die Zahnbehandlung des Baders beschränkte sich auf Zähnebohren und Zähneziehen. Das Bohren war eine Tätigkeit, die den gesamten Körper des Baders beanspruchte: In der einen Hand hielt er den Bohrer, die andere Hand drückte die Weichteile des Mundes zur Seite, der rechte Fuß trampelte eine Kurbel, die über eine Transmission den Boh-

259

rer in Rotation versetzte, welche dem Trampeln entsprechend mal schneller, mal langsamer wurde. Das andere Bein diente dem festen Stand.

Zum Zähneziehen kann ich keinen Erlebnisbericht geben, aber den Instrumenten, die da herumlagen, konnte man ansehen, dass auch sie den ganzen Körpereinsatz des Baders abverlangten.

Dieser Bader nun hatte sein Gehöft samt Praxis direkt an der B38, eine schon damals stark befahrene Bundesstraße zwischen Reinheim, Reichelsheim und Lindenfels.

Nun waren Oma und ich im Sommer 1945 in dieser Praxis. Plötzlich kamen ein paar Frauen in das Zimmer gestürzt, ziemlich aufgelöst und nervös und sie rangen die Hände: „Was könne mer mache, was könne mer blouß mache?"

Der Grund war, dass eine amerikanische LKW-Kolonne Richtung Reinheim durchfuhr, die mit deutschen Kriegsgefangenen vollgepackt war. Diese standen auf den offenen Ladeflächen, eng eingepfercht wie Spargel nebeneinander. Die äußerste Reihe hielt sich oben an Querstangen fest, um nicht hinausgedrückt zu werden.

Die Frauen füllten in Windeseile Spankörbchen mit Äpfeln, deckelten sie oben mit Zeitungspapier zu und verschnürten sie mit Kordel zu wurffähigen Paketen. Das machten sie in Fließarbeit, während draußen ein Armeefahrzeug nach dem anderen vorbeirauschte.

Draußen standen nun die Frauen, die es sich zutrauten, diese 3- bis 5-Kilo-Pakete so hoch werfen zu können. Doch wie werfen, damit sie bei den Gefangenen landen? Die ersten Sendungen waren auch prompt zwischen den Autos auf der Straße gelandet, waren aufgeplatzt und zermatscht worden. Die Frauen weinten verzweifelt und wussten für die Werferin zeternd neue Ratschläge. Wie oft war der Korb über den Köpfen der Gefangenen angelangt, aber die vielen grabschenden Hände ließen den Korb wie auf einem Fließband wieder über die Kante plumpsen. Mit jedem Fehlpass ein erneuter Aufschrei bei den Frauen und bei den Männern auf dem Wagen, es war furchtbar.

Ich musste mitweinen und wenn ich an diese Situation denke, schießen mir jetzt noch die Tränen in die Augen.

Für jede Frau kam ja noch der Gedanke hinzu, dass ihr Liebster möglicherweise gerade jetzt auf diesem Wagen stehen und vorbeifahren könnte und er von ihrer Bemühung nichts abbekäme.

Aber mit der Zeit kam Übung rein und man wusste, wann in welche Richtung mit welchem Winkel am günstigsten zu werfen war, damit der Korb über der Führerhaus Hinterkante landete. Welch ein Jubel jedes Mal. Wie ein Tor nach einem Elfmeter.

Episoden mit meinen Spielgefährten

Das Geheimnis im Abort

Almas Bruder, der Friedel, kam schon im Kindesalter darauf, in die hintere Mauer des Aborts ganz unten ein Guckloch zu bohren. Eines Tages kam er geheimnisvoll und ziemlich aufgeregt zu mir, er wolle mir etwas zeigen und wir gingen zu diesem Guckloch, weil seine Tante - zu Besuch und deshalb etwas ganz Seltenes - gerade drauf saß. Ich sah überhaupt nichts. Wahrscheinlich war ich einfach noch zu unreif dazu zu wissen, wonach man da hätte Ausschau halten können. Friedel
war ja zwei Jahre älter.
Später, im reiferen Alter, als das Loch kein Geheimnis mehr war, kitzelten wir von da aus den Leuten mit Strohhalmen am Po.

Friedel, der Eierdieb

Friedels liebste Beschäftigung war, Vogelnester auszuheben. Die Eier blies er aus und machte sich ein Omelettchen oder schluckte den Dotter gleich so. Aus den leeren Eiern machte er sich 'Ehrenketten', indem er sie auffädelte und sie dann wie Jagdtrophäen in seinem Zimmer an die Wand hängte.
Alma und ich fanden das überhaupt nicht gut, weil wir Mitleid mit der Vogelmutter hatten. Anderen Leuten gefiel das auch nicht.
Einmal war er auf dem Baum und hatte zwei kleine Eierchen erbeutet. Da kamen größere Jungs unten vorbei und fragten, ob er wieder das Nest ausgehoben habe. Er stritt das ab. Dann sagten sie, er solle runterkommen. Er steckte sich beim Runterklettern die Eier heimlich in seine Backentaschen und als sie ihn säckelten, fanden sie auch nichts. Da patschten sie ihm versöhnlich auf die Backen und meinten: „Glück

gehabt, sonst hättste was kriecht (gekriegt)." Und er musste die Eier samt Schale runterschlucken.

Die polnische Backpfeife

Eckbäckers hatten mehrmals unterschiedliche Fremdarbeiter als Helfer zugeteilt bekommen. Einer davon war der Pole Walter. Er sprach nur wenige Wörter deutsch. Eigentlich kannte ich ihn nur mürrisch, aber er hatte dem Friedel ein Flugzeug geschnitzt mit Propeller, die sich drehten, wenn man das Flugzeug schnell durch die Luft wedelte. Eines heißen Sommertages suchte ich die Alma oder den Friedel bei Eckbäckers, aber das Haus war wie ausgestorben. Vielleicht waren die Leute auf dem Feld. Da sah ich dieses Flugzeug in der Scheune auf der Pritsche eines Leiterwagens liegen. Ich wusste ja, wie so ein Flugzeug zu fliegen hatte. Und so flog es auch. Dabei zerschellte es auf dem Boden und die schönen Propeller waren kaputt. Ich hatte gar keine Zeit zu staunen, schon griff mich eine Eisenhand von hinten am Kragen, und ich sah in das wutverzerrte Gesicht dieses Polen. Ich konnte mich losreißen und unter den Wagen durch auf die andere Seite rennen. In der Tenne der Scheune standen allerlei Geräte herum, die so ein reicher Bauer wie der Eckbäcker eben hatte und jetzt fing der Tanz an. Ich versuchte immer ein Gerät zwischen uns zu bekommen, aber irgendwann erwischte er mich. Ich bekam eine Backpfeife, dass ich auf die Erde fiel und für einen Moment meine Besinnung verlor. Zu meinem Glück kam Frau Eckbäcker zum Tor herein und schrie, er solle sofort aufhören.

Ich bekam heftiges Nasenbluten und eine dicke Backe.

Seitdem machte ich einen weiten Bogen um ihn. Nach dem Ernteeinsatz wurde er mit einem Viehwagen abgeholt, ohne Eckbäckers gefragt zu haben, ob sie ihn nicht weiter brauchen könnten.

Als der Krieg zu Ende war, nahmen sich die Fremdarbeiter die deutschen Bauern vor. Diejenigen, die sie schlecht behandelt hatten, wurden windelweich geprügelt, Eckbäckers geschah kein Leid.

Schweinchen schlachten

Alma und ich hatten selbstverständlich das jährliche Ritual des Schweineschlachtens miterlebt. Im Dritten Reich mussten die Bauern angeben, wieviel Vieh sie von welcher Sorte hatten, durften aber auch für sich selbst schlachten. Und das war immer ein Fest für Kinder.

Das mussten wir beide dann auch nachspielen. Wir liefen wie zwei Schweine über den Hof von Eckbäckers auf allen Vieren herum, grunzten und quiekten.

Wenn ein Schwein zum Schlachten an den Ohren und am Schwanz aus dem Koben gezogen wird, dann quiekt es herzerbärmlich zum Himmel. Und das taten wir auch.

Am Kesselhaus neben der Backstube hingen Gartengeräte wie Hacken und Rechen, die man einfach am Wellblechdach eingehakt hatte und deren Stiele aufgereiht nebeneinander herunterhingen.

Die beiden Schweinchen mussten ja - geschlachtet - schließlich an der Wand kopfüber herunterhängen.

Und so nahmen wir uns jeder einen Stiel und kletterten mit den Füßen die Wand hoch.

Das eine Schweinchen hatte dabei nicht bedacht, dass dabei der Stiel von der Wand weggedrückt wurde. Ich hing noch nicht richtig an der Wand zum Ausbluten, da bekam ich dazu eine abrupte Gelegenheit: Die Hacke, an der ich hing, rutschte vom Dach ab und ich knallte kopfüber auf das Pflaster und die Hacke hinterher.

Danach hatte ich wenig mitbekommen. Alma erzählte mir, dass mich ihre Mutter vom Boden aufgeklaubt hatte. Alle Welt um mich war aus dem Häuschen, weil ich wirklich schlimm ausgesehen haben musste. Über meiner linken Augenbraue war eine klaffende Wunde, die stark blutete. Wahrscheinlich konnte man nicht sehen, wie es um mein linkes Auge bestellt war. Ich kam zu mir, als mich jemand nach Hause trug und meiner Mutter übergab.

Zufälligerweise war Doktor Braun im Ort - seine Praxis war in Lengfeld und er fuhr mit seinem Auto die Orte ab - und er nähte mir die Wunde zu. Im Nachhinein war alles halb so schlimm, aber jetzt wusste ich, wie es einem Schweinchen so geht.

Hermann, das fleischfressende Pferd
(lt. Tagebuch am 26. 07.1948 geschehen)

Eckbäckers hatten zwei Pferde, den Hermann und die Lissa. Ich war oft mit auf dem Feld, barfuß. Wir hatten kein Problem, barfuß über Stock und Stein zu laufen. Selbst auf dem Stoppelfeld machten wir uns einen Spaß daraus, die Stoppelreihen entlang zu laufen. Man musste nur die Stoppeln von hinten nach vorne angehen und sie im Lauf flach getreten haben. Nun wollte ich zu gern einmal auf dem Gaul sitzen und mit reiten, als beide nebeneinander vor dem Wagen angeschirrt waren. Der Eckbäcker setzte mich auf die Lissa, weil die als gutmütig galt. Ich saß also ganz stolz hoch zu Ross, als sich der Hermann zu mir herumdrehte und mich zunächst drohend und böse anguckte. Ich war irgendwie und zu meinem Glück vorgewarnt, denn plötzlich warf Hermann seinen Kopf zurück und hätte ich mich nicht gleichzeitig vom Pferd geworfen, der Hermann hätte mein rechtes Knie erwischt. So traf er nur das Bein an der Seite und mir wurden etwa zehn Zentimeter Haut abgeschunden. Schlimmer als die Wunde war der Schreck, der besonders mir durch die Glieder gefahren war. Nach dem Sprung bzw. Fall aus dieser Höhe auf den Acker hatte ich eher meine Rippen als das Bein gespürt. Und weil der Eckbäcker dem Gaul sofort ins Geschirr gesprungen kam, da beide Pferde aufgescheucht worden waren und beruhigt werden mussten, hatte sich die Aufmerksamkeit auf die Verwundung zunächst verflüchtigt. Erst als dann der Eckbäcker zu mir kam, mir über den Kopf streichelte und die Alma und die anderen dazukamen, sich diese Wunde anguckten und mich trösteten, kam der Schmerz angekrochen. Aber geweint hatte ich nicht. Glaube ich.

Der Überschlag mit Folgen

Der Eckbäcker wurde fuchsteufelwild, wenn wir Kinder an der Deichsel unsere Überschläge machten, weil sie abbrechen konnte, wenn wir sie zu weit vorne oder gar zu zweit um die Wette an derselben Deichsel machten. Und trotzdem machten wir sie, wenn keiner guckte. Es war ja bisher auch keine Deichsel abgebrochen. Welche Variationen gibt es bei dieser Sportart? Am schnellsten, die meisten, einmal rum, ohne sich am Boden abzustoßen, dann war Schluss.
Nein, ich kam auf eine neue Variation: Freihändig.
Ich war mit dem Rücken auf den Boden geknallt, dass mir die Luft wegblieb.
Das hatte ich dann auch nur einmal gemacht.

Die Freuden am Schlittenberg

Der Spaß mit dem Schnee bestand zunächst im Schlittenfahren. Das Dorf lag in einem Bachgrund und rundherum waren Hügel. Der Buckel Nummer Eins und erste Anlaufstelle war direkt hinter Eckbäckers. Der Höhenunterschied dürfte höchstens vier Meter betragen haben. Im Sommer galt der Weg als Abkürzung vom Schulgebäude durch ein Schilfgebiet zur Milchstraße. Der Hang - und das war das besondere Handicap der Rodelstrecke - war mit Pflaumenbäumen bestückt. War man oben mit dem Schlitten angekommen, schrie man „Baaaahn frei" und fuhr los. Normalerweise war die Bahn von zurückkommenden Rodlern frei, denn die hatten rechts und links genug Platz, sich durch die Bäume nach oben zu schlängeln. Die Bäume scherte diese Warnung wenig. Besonders ein Baum, obwohl recht schmächtig in Umfang und Wuchs, der ganz unten und ziemlich mittig positioniert war, hatte eine magische Anziehungskraft. Er bekam auch jeden Winter die meisten Schrammen ab und war wohl deshalb so schmächtig geblieben. Er war aber mehr gefürchtet als jeder andere Baum.

Ich weiß noch, wie wir auf meinem Schlitten zu dritt saßen, ganz hinten der Friedel, und vor mir der Thomi als passiver Mitfahrer, sozusagen im Loch. „Baaaahn frei" und los. Wir hatten vorher leider nicht abgesprochen, wie wir am Baum vorbeifahren wollten, rechts vorbei oder links. So lenkte Friedel für rechtsrum, ich lenkte für linksrum und so kamen wir direkt auf den Baum zu und der arme Thomi sah sein Unheil auf sich zukommen, ohne etwas dagegen tun zu können: Er knallte mit seinem dicken Schädel an den Baum, und wir verstärkten diesen Effekt noch, weil wir dazu auf den kleinen Thomi fielen. Ich hatte mir gerade an diesem Baum schon etliche Beulen geholt, aber gegen seine neuerworbene waren sie nicht vergleichbar.

Es blieb jedoch nicht bei dieser Riesenbeule: Ich knallte ja gegen seinen Kopf hinten und der Friedel auf meinen Kopf hinten, sodass Thomis und mein Kopf sich an beiden Stellen länglich verformten. Beim Friedel kam zu seiner Beule noch ein Umstand hinzu, der ihm mehr weh tat: Seine Brille ging entzwei und das eine Brillenglas fanden wir nie.

Der Buckel Nummer Zwei war einfach die Verlängerung von Nummer Eins. Dazu mussten wir am Schulhaus vorbei den Berg hoch. Wenn wir da herunterdonnerten, fuhren wir neben der Schule über die Hauptstraße, ohne vorher sehen zu können, ob da etwas kam. Glücklicherweise gab es kaum Autos, die wir hätten zu Schrott fahren können.

Andere Kontakte mit Nachbarskindern

Die Familie Trabolt hatte fünf Kinder. Der Schorsch (Georg) war ein Jahr jünger als Alma und ich und räumlich gesehen ein entfernterer Spielkamerad, weil er zwei weitere Häuser zum Ort hin wohnte. Seine

Schwester Luise war wohl in unserem Alter. Beim Krippenspiel war sie Maria, ich der Josef.

Mit Trabolts war ich manchmal mit auf dem Feld. Der Schorsch hatte noch einen älteren Bruder Richard von vielleicht 16 Jahren. Als dieser mit uns auf dem Feld war und seinem Vater nicht parierte, ihm sogar Widerworte gab, riss seinem Vater ´die Hutschnur´: Er nahm die Gaaschel (Peitsche) und zog sie dem Richard über, dass sich der Riemen um den Körper wickelte und um die Arme und dann wieder um die Beine, bis Richard um Einhalt flehte. Wenn bei der Leidensgeschichte Christi von ´der Geißelung´ gesprochen wurde, hatte ich immer diese Episode vor Augen.

Dann gab es eine Flüchtlingsfamilie, die Froschhäusers, die beim Stumpf einquartiert war: Hannelore, ein Mädchen meines Alters und ihre Mutter. Komisch für mich war der Name: Wie kann man Froschhäuser heißen. Aber mein Bruder Thomi wollte sie trotzdem heiraten, allerdings zusammen mit einigen anderen.

Mein Lieblingsplatz

Wenn es Streit mit Alma gab, dann schimpfte ich von hier aus: „Alma-wa-Balma“ und sie blaffte zurück: „Christatt-wa-schistatt.“

Christel und sein Streben nach Glück

Christel und sein liebster Platz

Dass ich zu meinem Glück gefunden hatte, bevor ich meine Kontakte nach draußen gesucht und geknüpft hatte, habe ich bereits im Tagebuch geschildert: Wann immer ich nach innerem Gleichgewicht suchte oder mit der Welt im Allgemeinen und Ruth im Besonderen haderte, zog ich mich auf mein Mäuerchen zurück und unterhielt mich mit meinen Ameisen.

Christel und sein zweitliebster Platz

Mein zweitliebster Platz war auf dem Kutscherbock hinter einer Kuh. Ich fuhr zu gerne mit dem Bauer aufs Feld. Dann saß ich neben ihm, er nahm die beiden Zügel in die Hand, vielleicht einmal die Peitsche, die in einem Rohr neben ihm hochsteckte, aber nicht zum Schlagen, sondern nur, um mit ihr über den Tieren zu schnalzen. Damit es möglichst laut knallte, bekam der Riemen am Ende einen Knoten.

Hinter Pferden zu sitzen war nicht so interessant wie hinter einer Kuh, noch besser hinter zwei Kühen.

Bauern mit Pferden hatten es immer eilig. Und die Pferde hatten es auch viel eiliger als Kühe. Deswegen hatten die Pferdebauern auch mehr Acker unter dem Pflug, weil sie mehr am Tag schafften als die Kuhbauern.

Die Kühe waren eigentlich gar nicht für das Wagenziehen gebaut. Die hatten genug damit zu tun, ihre Euter herumzutragen und dann sollten sie auch noch ziehen. Man hatte es ihnen angesehen, dass sie dafür kein Verständnis aufbrachten. Die Arbeit im Geschirr machten sie sichtbar unwillig und dann nur, damit der Bauer sie nicht weiter störte. Sie hörten während der Zieherei auch nicht mit dem Fressen auf, genauer gesagt, sie waren in der beneidenswerten Lage, einfach dasselbe noch einmal fressen zu dürfen, weil es so gut geschmeckt hatte, indem sie einen Brocken hoch rülpsten und kauten, mahlten und herunterschluckten, und dann kam der nächste Brocken.

Das eigentlich Schöne an dem Mitfahren war die herrliche Ruhe, die die Kühe mit ihrer Art auf uns Lenker ausstrahlten. Sie machten einen Schritt vor den anderen mit einer Vorsichtigkeit, damit ihren dicken Eutern ja nichts passierte, weil an ihnen die beiden Hinterläufe ständig vorbeiratschen mussten. O-Beine wären hier günstiger gewesen.

Und mit jedem Schritt machten sie deutlich, dass auf sie eigentlich andere Aufgaben warteten: Die Herstellung von Milch. Dass die Zieherei nicht besonders förderlich für die Milchproduktion war, kann sich jeder vorstellen. Und damit sich der Gewinn, die Kuh als Zugtier zu verwenden mit dem Verlust an Milch in einem erträglichen Rahmen hielt, ging der Bauer sehr behutsam mit seiner Liese und Emma um. Die Peitsche pendelte eigentlich nur über ihren Rücken, wobei sie das Ende ab und zu berührte, um ihnen zu vergegenwärtigen, dass wir immer noch da waren und gezogen werden wollten. Wenn der Bauer das Gefühl bekam, sowohl er wie auch die Kühe könnten gleich einschlafen, riss er sich zu einem Peitschenknall auf, und dann ging es gemächlich weiter so.

Die Kühe - auch die Pferde - verstanden ein Grunddeutsch. ´Har´ hieß links, ´heut´ hieß rechts und ´hari -heut´ hieß rechts+links, also geradeaus. Um sie immer wieder an diese Vokabeln zu erinnern, wurden diese Worte mit dem ´Zubbeln´ der Zügel in die gewünschte Richtung unterstützt.

Saß man so hinter den Kühen, wurde der Blick magisch auf ihre Hinterteile gezogen. Zwischen den spitzig hervorstehenden Beckenknochen und dem leicht gebogenen Schwanz darüber bebten sie mit jedem Schritt wie Puddinge. Da man weiß, was in gewissen Abständen so hervorquillt, ist es erstaunenswert, wie sauber sie sind, wenn man bedenkt, dass sie nie in der Lage sind, Toilettenpapier zu verwenden. Dafür sorgen eine klug abgestimmte Abfolge von Schwanzlüften, Hoch- und Abdrücken der Aftermuskulatur und eine nach unten gerichtete Behaarung.

Während man so langsam durch die schöne Landschaft zuckelte, nahm man sie gar nicht wahr, sondern

> Man verzeihe jetzt die sehr deutliche Ausdrucksweise, aber wir sind auf dem Lande und auf einem Kuhgespann. Zu oft habe ich mich dem Druck gebeugt, aus Gründen der Etikette mir nette Umschreibungen auszudenken, die eigentlich nicht aus dem Wortschatz eines Dorfjungen stammen. Hier eine Euphemisierung dieser normalen Vorgänge würde mein damaliges Lebensgefühl nicht beschreiben.

man starrte nur auf diese Arschlöcher und man wartete darauf, welche Kuh sich als nächste entleeren würde.

Solches meldete sich an, indem der Schwanz etwas gelüftet wurde, auf dass er nichts abbekäme, dann wurde der Pudding hart, kam nach oben und füllte die Delle zwischen den Beckenknochen. Dann öffnete sich das Loch und der Spinat klatschte in Schüben heraus, wobei die Breimengen pro Klatsch immer weniger wurden. Wenn es sich zum Drücken nicht mehr lohnte, hörte die Kuh damit auf.

Weil sich jetzt die Chance erhöhte, dass sich die andere Kuh zu gleichen Anstrengungen bemühen würde, konzentrierte sich jetzt unsere Aufmerksamkeit mehr auf deren Hinterteil.

Ging dann allerdings das Loch nur auf und es kam nichts Festes heraus, dann konnte man sich zu den Glücklichen der Welt rechnen, wenn der Wind im Rücken stand.

Die schrittweise Form der Erleichterung führte nie dazu, dass die Kuh zu einer beschleunigten Gangart gefunden hätte.

Das ultimative Glück

Es ist so leicht, das ultimative Glück auf Erden zu finden. Kostenlos. Das Glück auf Erden liegt nicht auf den Rücken von Pferden - man denke nur an den Herrmann - es befindet sich auf dem Walnussbaum. Alma und ich kannten jeden Baum im Umkreis einer Kindermeile und eines Herbsttages hatte es uns ein Nussbaum angetan. Er stand in einer Heckenschonung und breitete mächtig seine Äste auseinander. Das Schöne war, dass man mit der Gaunerleiter die untersten davon erreichen und sich hochschwingen konnte. Alma machte mir die Leiter und ich war im Baum. Nun war ich damals wirklich ein Hänfling und um irgendwelche Äste bewegen zu können, musste ich ganz hochklettern, bis die Äste dünner wurden. Und dann fing ich an zu schütteln.

Und wie das prasselte. Und schütteln. Und prasseln. Welch ein herrliches Gefühl, wie ich diesem mächtigen Baum seine Schätze entreißen konnte. Alma kam mit dem Aufklauben kaum mit. Irgendwie hatten wir etwas planlos diese Angelegenheit angegangen, jedenfalls hatten wir keine Behältnisse für diesen Goldregen mitgebracht. Ich weiß nicht, in was sie die Nüsse aufnahm, vielleicht in ihre Schürze, vielleicht in den aufgeschürzten Rock. Plötzlich rief sie so etwas Ähnliches wie: „Kumm erunna, der Baua kimmt" und weg war sie mit ihren Nüssen.

Und dann kam der Bauer, dem der Baum wohl gehörte und rief hoch, ich solle herunterkommen. Das verneinte ich und vergrößerte den Abstand zu ihm. Er wird wohl gesagt haben, dass er hochkomme, wenn ich nicht runterkäme. Möglicherweise hatte ich ihm geantwortet, dass er dann hochkommen möge. Schließlich war er für eine Gaunerleiter einer zu wenig und da konnte man getrost etwas frech werden.

Dann sagte er, er würde eben warten, bis ich herunterkomme. Und so saß er da unten und ich da oben und wir warteten. Gegen Abend stand er auf, drohte mit einem Knüppel nach oben und haute ab. Weil ich oben saß und weit gucken konnte, beobachtete ich ihn, bis er weit genug weg war und ich endlich nach unten klettern konnte. Ich zog dann mein Hemd aus, machte Knoten in die Ärmel und suchte mir einen dicken Beutel voll Nüsse zusammen.

Ich machte einen weiten Bogen und kam hintenrum ins Haus. Ruth freute sich sehr über die Nüsse, aber über die Flecken im Hemd wohl weniger. Die schwarzen Hände waren tagelang verräterisch.

Die Alma sagte mir auch, dass sie sich mit einem weiten Bogen durch das Feld nach Hause gestohlen und keinem erzählt habe, woher die Nüsse stammten.

Das Prasseln und das Glücksgefühl dabei vergaß ich nie und wenn ich einen Nussbaum voller Nüsse sehe, dann juckt es mich in allen Fasern des Körpers, eine Leiter zu holen, hochzuklettern und ihn zu schütteln. Dann müsste ich aber sicher sein, dass mir nicht der Bauer nachgestiegen käme.

Frühkindliche Experimente

Wir Kinder brauchten nicht unbedingt die Schule, um uns einen Reim daraus zu machen, ´was die Welt im Innersten zusammenhält´. Das Faustische war in uns. Täglich. Wir waren täglich draußen und machten unsere Beobachtungen, die erklärt werden mussten. Das fing mit unserem Körper an und mündete in Erfindungen aller Art. Um den Überblick über die mannigfaltigen Ansätze nicht zu verlieren, versuche ich die wesentlichsten Beobachtungen und Lösungen in logische Kategorien zu ordnen.

Biologische Beobachtungen

Eigene Anatomie

Es lag nahe, dass für Alma und für mich der eigene Körper schon genug Rätsel aufgab. Der anatomische Unterschied war schon interessant, aber nicht das eigentlich Rätselhafte. Der grundsätzliche Unterschied zwischen uns beiden war eben, dass sie ein Mädchen und ich ein Junge war. Dazu brauchte man keine weiteren Erklärungen.

Da war die prinzipielle Beobachtung, dass die rechte Seite und die linke Seite gleich waren und deshalb alles zweimal vertreten war: Die Füße, die Arme, die Brustwarzen. Am Kopf kam noch dazu, dass die Augen doppelt sind und sie gucken _und_ schlafen können. Die Nase hat zwei Löcher und mit der Nase kann man schnaufen _und_ die Luft anhalten. Der Mund ist eigentlich auch aus zwei Teilen, denn wenn man die Zunge hochstellt, sieht man eine Naht. Und der Mund kann reden _und_ essen.

Überhaupt Naht: Die Menschen haben deshalb gleiche Seiten, weil sie zusammengenäht sind. Beim Bub ist die Naht auch unterm Pimmel und zwischen den Beinen zu sehen und die Mädchen haben sowieso einen Ritz.

Bloß bei den Ohren taten wir uns schwer: Die sind zwar zu zweit, aber sie können nur hören und uns ist sonst nichts eingefallen. Sie können auch die Brille festhalten wie beim Friedel und bei Ruth. Aber irgendwie war das nicht die eigentliche Funktion. Wir überließen die Problemlösung weitergehender Forschung.

Vergleichende Anatomie

Die ganze Welt um uns herum lieferte genügend Veranlassungen, Vergleiche anzustellen.

Wir hoppelten wie Häschen durch die Gegend und mümmelten mit angespitzten Lippen und mit den Nasenflügeln, fletschten die Vorderzähne möglichst so, dass man nur die zwei Vorderzähne sah und wenn die Futterrüben geerntet wurden, hoppelten wir zwischen den Reihen durch und knabberten an den Blättern und direkt an den Rüben herum. Um dahin zu kommen, mussten wir ziemlich weit unten direkt über der Erdkrume drankommen. Dass wir dabei auch Dreck fraßen, war Häschenschicksal.

Wir trabten wie Pferde, scharrten, wieherten und ließen die Lippen so geräuschvoll flattern, dass die Spucke flog. Das tut es beim Pferd ja auch.

Und mit den Ohren konnten wir auch wackeln. Inzwischen kann ich das nur noch mit dem linken Ohr, zum rechten Ohr finde ich nicht mehr hin.

Wir piepsten wie kleine Vögelchen im Nest und fütterten uns gegenseitig von Mund zu Mund oder wie Küken, die hinter der Glucke herrennen und dort picken, wo die Glucke frei gescharrt hat und mit ihrem Schnabel hindeutet.

Wir gluckten wie eine Glucke, rannten wie Gänse mit gestreckten Hälsen und gespreizten Armen, guckten blöde wie eine Kuh und muhten, sabberten und versuchten, mit der Zunge das Nasenloch zu erreichen... Es gab kein Tier, das wir nicht zu imitieren versuchten. Selbst zu fliegen haben wir versucht:

In der Scheune von Eckbäckers lief ein dicker Längsbalken über die Tenne und über das gestapelte Stroh. Das war zwar verboten, weil ja eine Gabel im Stroh vergessen hätte sein können - sagten die Erwachsenen - aber wir machten es trotzdem: Wir balancierten über den Balken hinüber, wo das Stroh war und dort hüpften wir runter oder wir flatterten auch... Da die Stroh-´Bouze´ gestapelt waren, konnte man mehrere Meter in den Spalten zwischen ihnen durchrutschen und sich einen Weg nach draußen suchen. Und wenn wir Glück hatten, dann fanden wir das versteckte Nest eines Huhns. In einem Gehöft wie diesem kann man zwar versuchen, die Hühner mit Gipseiern zu animieren, bestimmte Legeplätze aufzusuchen, aber die halten sich nicht immer dran. Wie oft meldet ein Huhn die Geburt eines Eis und man findet es nicht. Dann ist der Bauer froh, wenn er das Gelege findet, bevor das Huhn zum Glucken kommt und Küken hinter sich herzieht. Es gab eben schon damals Geburtenkontrolle.

Tintenherstellung

Wir beobachteten, dass man die Blütenblätter des Klatschmohns nicht nur so wunderbar auf die Nasenlöcher legen und ansaugen konnte. Die roten Blätter verfärbten sich an den Knickstellen blau, wenn man sie faltete oder zusammenrubbelte. Das brachte mich auf die Idee, Tinte zu produzieren. Wir sammelten die Blätter und zerstampften sie zu Brei und versetzten sie mit Wasser. Ruth hatte Schreibfedern aller Art. Je länger dieser Sud stand, desto besser konnten wir mit dem Sud schreiben. Wenn die Tinte getrocknet war, war allerdings kaum etwas von den Linien zu sehen. Vielleicht eine verschenkte Chance, eine Geheimtinte erfunden zu haben.

Verhaltensforschung

Der Schlaf ist nicht nur für Erwachsene eine Phase voller Rätsel. Für mich auch. Schon die Tatsache, dass ich machen konnte, was ich wollte: Irgendwann fielen die Augen zu.
Einmal versuchte ich, mit hoch in die Luft gestrecktem Arm in den Schlaf zu sinken. Ich wurde jäh aus selbigem gerissen, als mir meine Hand auf das Gesicht fiel.

Chemie

Die ´Pinkel´ war für uns ein ganz besonderer Saft, der seinem Ruf, anrüchig oder gar eklig zu sein, überhaupt nicht entsprach.
Wären wir nicht so vornehm geworden, ich hätte statt Pinkel ´Pisse´ gesagt. Auf dem Dorf ist man direkt und macht kein Aufhebens wegen

irgendwelcher Bezeichnungen, zumal Abfälle wie diese wichtig waren und sogar den dörflichen Lebensrhythmus bestimmten. Wenn man bedenkt, wie viel Zeit investiert werden musste, um sich mit Gülle und Mist zu beschäftigen, sei es das Ausmisten, das Zwischenlagern auf dem Misthaufen, das Verwalten des Strohs, das ja als Träger des Kots unentbehrlich war, das Wegbringen von Gülle und des Mists auf die weit verstreuten Äcker und dann das Unterpflügen, dann sollten wir nicht so pingelig sein und ab und zu diese wichtigen Bestandteile des Lebens beim ihrem Namen nennen dürfen: Pinkel hieß bei uns 'Pisse' oder 'Brunse' und Kot hieß 'Scheiße' oder 'Knoddel'. Die durchgegorenen Abfälle hießen 'Puhl', wenn sie in pumpfähiger Konsistenz in den 'Puhlwagen' abgefüllt werden konnten und den Mist kennt jeder und ist kein anrüchiges Wort mehr, obwohl er auch stinkt. Aber längst nicht so wie faule Kartoffeln.

Zurück zur Forschung und dies in unserer vornehmen Ausdrucksweise:
Unsere eigene 'Pinkel' brauchten wir auch zum Sandkuchenbacken, denn das Wasserholen vom Bach war meistens zu umständlich und langwierig, es sei denn, ich war gerade vom Milchholen zurückgekommen. Dann nahmen wir die Milch.
Es lag auf der Hand, dass wir auch in Behältnissen gewisse Vorräte hielten, man kann schließlich nicht immer bei Bedarf pinkeln.
Ich nehme an, dass ich dadurch zu folgender Versuchsreihe angeregt wurde:
Vielleicht hatte ich beobachtet, dass sich die 'Pinkel' veränderte, wenn man die Vorratshaltung übertrieb. Jedenfalls hatte ich auf unserem Dachboden Weckgläser - sie standen in der Waschküche zuhauf herum - unter der Dachschräge versteckt, in die ich zu verschiedenen Tagen hineingepinkelt hatte, um die Veränderungen zu beobachten.
Dann kamen die deutschen Soldaten, danach die Amerikaner und ich hatte die Versuchsanordnung völlig vergessen.
Das Komische an der ganzen Geschichte war, dass von den etwa vier Gläsern nur noch zwei Gläser dastanden. Die waren aber fein säuberlich abgewaschen und wie zum Trocknen umgestürzt an derselben Stelle hingestellt.
Was hatten die Soldaten mit meiner Pinkel gemacht?

Wespologie

Wespen gab es bei uns von jeder Sorte in Mengen, ob im Ackerboden, im Dachboden oder im Baum oder als Hornissen in vergrößerter Ausführung. Der Unterschied zwischen Wespen und Hornissen war für uns vor allen Dingen, dass man von den Hornissen eher totgestochen werden konnte. Insofern hielten wir uns mehr an die Wespen und bekämpften sie, wo immer wir sie sahen. Warum, weiß ich nicht mehr. Der Friedel wahrscheinlich auch nicht. Aber er war auch immer dabei. Die Wespen gewannen immer, weil sie so viele waren.

Da war zum Beispiel ein Wespennest im Boden zwischen dem Lichthäuschen und unserem Haus.

> *Das war auf dem Acker, auf dem sich der Bauer hinter dem Baum versteckte, als er von dem Tiefflieger angegriffen wurde. (Siehe Tagebuch Kapitel 8)*

Friedel und ich zählten bei dem Nest vier Ausgänge. Solange wir friedlich davorstanden, passierte uns nichts. Wir dachten, wenn wir mit matschigen Erdschollen die Löcher zuschmissen, dann wäre das Problem gelöst.

Bloß mit dem Matsch war das so eine Sache: Es war ein heißer Sommertag und der Bach war nicht so leicht zu erreichen, weil wir nicht einfach über die Wiese hätten laufen dürfen, das war verboten, sondern über die Milchstraße. Wir wollten uns deshalb mit normalen Erdklumpen begnügen, die zudem bröselig waren und mit beiden Händen gehalten werden mussten. Wir konnten gleichzeitig zunächst also gerade mal zwei Löcher zupflastern. Und weg.

Als wir mit zwei weiteren Erdklumpen anrückten, waren die Wespen außer Rand und Band und wir dachten, aus der Entfernung zunächst deren Beruhigung abzuwarten. Wir schwankten zwischen Geduld und Wunsch zur Auftragserfüllung. Letzterer obsiegte. Wir versuchten zu den früheren Positionen vorzudringen, um die beiden anderen Löcher abzudichten. Darauf hatten die Wespen nur gewartet. Bevor wir auch nur drei Schritte nach vorne machen konnten, kamen sie auf uns zugestürzt und wir rannten so schnell wir konnten Richtung Heimat und schrieen, weil die Wespen wieder schneller waren und sich insbesondere in den Haaren verfingen und zustachen. Wir hatten an mehreren Stellen Stiche abbekommen, am meisten im Nacken und auf der Kopfhaut.

Bei solchen Vorkommnissen pflegten wir wenig herumzujammern, sondern wir waren aufeinander stolz, leckten unsere Wunden und überlegten, wie wir es das nächste Mal besser machen würden:

Wie bei dem Wespennest, das am Goldberg in den Büschen hing, gleich an meinem Obstgrundstück. An dieser papierenen Hülle konnte kein vernünftiger Junge vorbeigegangen sein, ohne überlegt zu haben, wie er mit diesem Volk fertig werden könnte. Erwachsene halten da einfach eine Lunte darunter, dann macht es ´schschschhh´ und die Sache ist erledigt. Aber Kinder durften nicht mit dem Feuer... und außerdem war das Nest zu hoch für uns. Uns, das hieß wieder für Friedel und für mich.

Was ich damals nicht konnte - und jetzt immer noch nicht kann - ist, mit einem Stein genau zu treffen. Friedel konnte das. Wir waren öfter auf dem Feld, Karnickel jagen. Das hieß einfach, dass Friedel mit einer Erdscholle auf aufgeschreckte Kaninchen oder Feldhasen warf und oft auch traf. Die drehten dann einen Salto, waren etwas konsterniert und rannten weiter.

Und so standen wir vor dem Gebüsch und warfen nach dem Nest. Friedel traf und das Nest bekam ein Loch, durch das man hätte durchgucken können, wenn da nicht die Wespen in dunklen Massen herausgeströmt wären und uns als die Missetäter erkannt hätten. Dann wiederholte sich die Verfolgungsjagd wie schon beschrieben, nur von einer anderen Richtung.

Wie aus den Erlebnissen deutlich wird, hatte ich zu Wespen ein recht entspanntes Verhältnis. Das hatte auch damit zu tun, dass ich zu Zeiten der Obsternte mit ihnen Hand in Hand arbeiten musste und es selten zum Streit kam, wer sich welches Obst aneignen durfte. Im Zweifel wartete ich einfach ab, bis die Matschpflaume von den Wespen freigegeben war und weg war sie im Eimer, ein reines Geduldspiel, bei dem Zeit keine Rolle spielte. Auf beiden Seiten nicht.

(Siehe **Episoden** unter **Kinderarbeit**)

Für Wespen waren die Fliegen eine sehr praktische Mahlzeit. Wenn die Wespe eine Fliege am Wickel hatte, dann ging das ratsch-ratsch - zwei Flügel weg, ratsch-ratsch-ratsch, ratsch-ratsch-ratsch - sechs Beinchen flogen runter, knabber-knabber - Kopf ab und fertig war das Paket für den Abflug.

Mit der Wespologie deckte ich auch die Erforschung der Hornissen ab. Die Warnung, dass drei Stiche einen Menschen und fünf Stiche ein Pferd töten könnten, nötigte mir keine Furcht, sondern nur Respekt ab. Und als wir über der Veranda ein Hornissennest hatten, konnte ich einige Exemplare nach geschicktem Herunterschlagen zunächst mit einem Küchenmesser am dünnen Verbindungsstück zwischen Ober- und Unterleib durchschneiden. Das obere Ende schien ziemlich schnell wegzusterben, jedenfalls gingen die Zangen immer weniger oft zu. Am gefährlichsten war aber der dicke Unterleib. Mit einer Stecknadel piekste ich einige Unterleiber an unseren Holzschuppen an. Wenn man den Leib streichelte, dann zuckte hinten der lange Stachel heraus. Das konnte man tagelang machen. Man konnte dann auch Fliegen dranhalten…

Fliegologie

Heutzutage kann man sich überhaupt nicht vorstellen, wie viele Fliegen es in einem Dorf geben konnte, wenn es so ökologisch betrieben wurde wie damals, als Kühe und Schweine nebeneinander lebten und eine Mistkaute in jedem Bauernhof die krönende Mitte bildete.

Fliegen waren überall, ob man auf dem Fuhrwerk hinter den Kühen auf dem Kutschbock saß, im Kuhstall am Melkeimer, im Schweinestall beim Füttern war, ob man im Hof am Misthaufen vorbeiging oder auf dem Plumpsklo saß, überall Fliegen. Auch in der Küche und beim Essen. In der Futterküche war es ja nicht so tragisch, wenn sie ins Fressen gerieten. Aber in der Küche… Wenn man zu Tisch saß und sich die Suppe auftat, dann war die typische Handbewegung zunächst, mit dem Löffel über die Suppenoberfläche zu streichen, um die Fliegen einzusammeln und auf den Boden zu schnicken. Und dabei dachte man sich nichts Besonderes. Es war eben so und das überall. Mit Sicherheit machte man sich keinen Kopf darüber, wo die Fliegen vor dem Mittagessen gewesen waren: auf dem Misthaufen draußen. Da schwiegen sie sich aus. Alle. Auch die Fliegen.

Und überall hingen die Fliegenfänger; an jeder Hängelampe überm Tisch hingen oft mehrere nebeneinander und wo immer sich eine Aufhängemöglichkeit bot, hing so ein Ding. Es war ein schmaler Streifen, den man aus einer Pappdose herausziehen konnte und der spiralig mit seiner klebrigen, nach Honig schmeckenden Beschichtung die Fliegen *anlockte. Selbstverständlich auch Kinder, die sich mit der Fliegologie befassten.*

Da wurden Fliegen beobachtet, die sich zunächst mit zwei Beinchen ihrem Unglück genähert hatten und verzweifelt versuchten, davon wegzukommen. Kinder sind dann gnadenlos und sehen zu, wie sich ein Bein nach dem anderen verfängt und schließlich drücken sie der Fliege noch die Flügel in den Kleister. Dann werden anderen Fliegen gezeigt, wo man schön landen kann. Man konnte Stunden der Betrachtung hier verbringen und über Tod und Vergänglichkeit nachdenken.

Geografie

Meine Mutter versuchte recht frühzeitig, aus mir ein Genie zu machen. Noch vor der Schule zeigte sie mir den Globus und erklärte mir, dass die Erde rund sei, wo wir uns befänden und welche Länder es sonst noch gab. Sie hörte mich beim Wäscheaufhängen beispielsweise ab, wie die Hauptstädte von Italien, Schweden etc. hießen, dass es Bäche gäbe, die so breit sind, dass man nicht einfach drüber springen könne, dass es in Italien sogar einen Fluss gäbe, der Po hieße und Ähnliches mehr.

Ich hatte also schon eine Vorstellung, dass die Welt nicht hinter Lengfeld oder Reinheim aufhörte.

Als ich eines Sommers vor dem Birnenspalier stand und absichtsvoll zu den Birnen hochschaute, kam Oma gerade aus dem Haus und sah das. Sie musste zur Bahn nach Lengfeld und war dementsprechend ´schnieke´. Da drohte sie mir: „Dass du mir ja nicht an die Birnen gehst. Ich guck zurück und seh´ dich. Und wenn ich auf der Lengfelder Höh' bin und seh', dass da eine Birne fehlt, dann setzt es was."

Mir war damals nicht bewusst, dass sie bereits nach 30 Metern nicht hätte sehen können, was ich mit den Birnen machte, weil da die Mauer stand, geschweige denn von der Lengfelder Höhe in drei Kilometer Entfernung.

Ich weiß nur, dass ich seitdem einen unwiderstehlichen Drang verspürte, zu dieser Höhe hinzuschauen, sobald ich aus dem Hof auf die Straße trat.

Und irgendwann dachte ich: Wenn ich, so schnell wie ich diese Höhe sehe, dort stände und von dort aus die nächste Höhe angucken würde und ebenso schnell wieder dort wäre und so weiter, dann müsste ich mich schließlich von hinten sehen, wie ich hier stehe.

Meteorologie

Kinder lieben klare Verhältnisse. Was Sommer ist, ist klar und was Winter ist, ist klar, und Frühling und Herbst auch. Aber diese Übergänge können an den Nerven zerren.

Wenn sich der Winter anschickt, dann kommen erst die Stürme und schütteln die Bäume leer und mit jedem Blatt, das runterfällt, kommt umso eher der heiß ersehnte Schnee. Winter mit Blättern gab es nicht, Winter ohne Schnee gab es auch nicht. Und Weihnachten ohne Schnee: undenkbar.

Und damit das alles ein bisschen schneller ging, wurden die Bäume, die sich durch mein Gezerre bewegen ließen, solange geschüttelt, bis das letzte Blatt unten war.

Ich weiß nun nicht mehr, welche Triebfeder ausschlaggebend für meine Winterbeschleunigung war: Weihnachten mit dem Christbaum und dem schönen Drumherum oder das Schlittenfahren, aber dass beides kam, hatten die Oberklinger mir zu verdanken, ohne es zu wissen.

Wenn wir vom Winter genug hatten und sich die ersten Vögelchen meldeten, dann ging ich im Garten umher und half den Schneeglöckchen auf die Sprünge, indem ich ihnen mögliche Hindernisse beiseite räumte.

Selbstversuche

Ernährungswissenschaftliche Versuche

Die Erwachsenen gaben uns viele Regeln auf, die uns nicht einleuchteten und die wir einer Prüfung unterzogen.

So sagten sie uns, wir dürften keine unreifen Äpfel essen, es gäbe Durchfall. Das konnten wir bestätigen. Bei unreifen Johannisbeeren kam es auf die Dosierung an.

Dass wir Bauchweh bekämen, wenn wir nach dem Kirschenessen Wasser trinken würden, konnten wir nicht feststellen.

Dass Erbsenschoten giftig seien und uns sogar blind machen würden, hatten wir als eine Zwecklüge entlarvt. Man wollte uns nur von den Erbsensträuchern fernhalten, damit wir nicht die Schoten schon vor der Reifung entkernten oder auskauten. Wir verhielten uns dementsprechend.

Technische Versuche

Die Physik von Ruths Frisierspiegel galt schon sehr früh, von mir verstanden worden zu sein, (s. meinen Kommentar im **Tagebuch** *vom 26. Oktober 1939) die von Omas Reisefrisierspiegel, dessen Rückseite ein Hohlspiegel war und der das Gesicht bis zur Unkenntlichkeit vergrößern konnte, gab mir für Jahre Rätsel auf, die mir auch niemand auflösen konnte.*

Im Zuge der Untersuchungen fiel er mir zu Boden und bekam einen Sprung. Oma schenkte ihn mir und besorgte sich einen neuen.

Als ich das Fahrradfahren beherrschte, kam ich auf die Idee, die Straße nach Niederklingen zu fahren, indem ich mich nur nach dem Frisierspiegel richtete. Mein damaliger Wissensstand war, dass es Rückspiegel für Autos und Motorräder gab, aber keine für Fahrräder.

Die Fahrt nach Niederklingen war nach etwa zwanzig Metern zu Ende: Ich geriet über die Straßenböschung und stürzte mit Überschlag in die Wiese. Die musste ich im Spiegel völlig übersehen haben.

Ruth warnte mich früh, ja nicht an die Steckdose zu gehen, davon könne man sterben. Ich konnte mir die Augen ausgucken, ich hatte in den Löchern nie etwas Gefährliches erkennen können. Auch als ich mit einer Stricknadel in eines der Löcher hineinfuhr, tat sich überhaupt nichts.

Erst als ich deren zwei nahm und sie beide - gottlob überkreuz - hineinsteckte, gab es einen Blitz ohne Donner und die Stricknadeln waren miteinander verschmolzen. Ich bekam einen Riesenschreck, aber sonst war mir nichts passiert. Wie Ruth den Verlust der Stricknadeln verarbeitet hatte, weiß ich nicht.

Ich hatte eine heilsame Lehre erfahren und die Erkenntnis: Wo nichts ist, kann sehr viel sein.

Spielen und andere wichtige Beschäftigungen

Wir hatten nie Langeweile. Wir hatten immer etwas zu tun. Im Nachhinein betrachtet gab es schon Unterschiede, wie sich die Jungen und wie sich die Mädchen beschäftigten. Es gab vieles, was wir gemeinsam spielten, mit Sicherheit aber machten die Jungen keine Ballspiele an der Wand. Die Mädchen konnten stundenlang an der Wand verbringen und entweder allein in sich versonnen den Ball an die Wand werfen, irgendetwas abzählen und dabei unterschiedliche, sich steigernde

*Schwierigkeitsprü-
fungen absolvieren
oder das Gleiche im
Wettbewerb mit an-
deren Mädchen tun.*

Christel, Hannelore, Alma und Thomi

*Für die Nachwelt,
weil man das heut-
zutage selten zu se-
hen bekommt: ein
Beispiel dazu.
Es fing mit der El-
fer-Probe an:*

> *11-mal den Ball
> an die Wand nur
> mit der rechten
> Hand ´hinditschen´*
> *10-mal mit beiden Händen flach nach unten*
> *9-mal mit einer Hand, dabei die drei äußeren Finger zur Faust
> eingeklappt*
> *8-mal mit zwei Händen, dann rasch die Hände hinterm
> Rücken ´katholisch beten´*
> *7-mal gefaustet*
> *6-mal mit Ellenbogen schnipsen (Ball fällt in die Armkehle)*
> *5-mal den Ball hinten herum Rücken rum an die Wand schmeißen*
> *4-mal unterm rechten Knie durch*
> *3-mal unterm linken Knie durch*
> *2-mal mit Faustrücken*
> *1-mal nacheinander ohne Bodenberührung Kopf-Brust-Knie*

*Fiel der Ball zu Boden, war die Nächste dran. Wer zuerst das Pen-
sum erledigt hatte, hatte gewonnen.*
*Wir Jungen hätten dazu überhaupt nicht das Durchhaltevermögen auf-
gebracht. Und da die Mädchen das Tag für Tag übten, waren Versuche unsererseits, es doch einmal zu probieren und mitzumachen, Anlass
zu Spott und erniedrigenden Hilfestellungen und letztlich entmutigend.
Auch heimliche Übungen hinter unserem Haus brachten meine Fertig-
keit im Vergleich zu der von Alma nicht auf ein vorzeigbares Niveau,*

so dass ich das sehr bald aufgab. Ich hatte mein Bedürfnis für Koordi-
nationsübungen anders gestillt, zum Beispiel:

Durch Reefeln

Eine Radfelge ohne Speichen wurde mithilfe eines Stöckchens die Stra-
ßen hoch und runter getrieben Und immer hinterher. Und nebenher.
Und überholen und kommen lassen…

Durch Drieseln

Hier wurde ein Holzkegel (der Dobsch) mit einem Peitschenriemen
umwickelt, auf die Straße gesetzt und fest aufgedrückt. Wenn man den
Riemen jetzt rasch abzog, kam der Dobsch zum Kreiseln. Und nun
wurde er mit der Peitsche durch die Straße getrieben.

Durch Seilhüpfen

Das machten eigentlich auch nur die Mädchen. Das konnten sie alleine
mit verschiedenen Geschwindigkeiten, überkreuz oder zu mehreren,
auch mit zwei Seilen gleichzeitig, wobei sie allerlei Zauberformeln san-
gen. Die kannten wir Jungs natürlich nicht.

Durch Hickeln

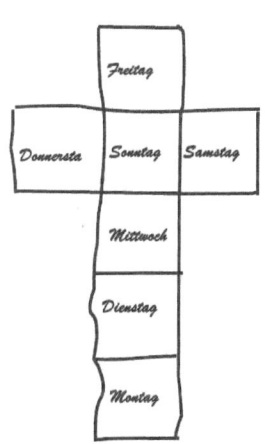

Dabei wird im Dreck ein kreuzförmiges
Feld eingekratzt, das aus sieben Quadra-
ten für die Wochentage bestand, Mo-Di-
Mi vorne, dann Do-Fr-Sa um den Sonn-
tag herum. Die Felder waren von Un-
ebenheiten befreit.
Jetzt warf man einen Stein in das erste
Montag-Feld und hickelte auf einem Bein
die Wochentage ab. Das Feld mit dem
Stein drin wurde übersprungen. Im Sonn-
tag durfte man stehen bleiben und sich
ausruhen. Wichtig war, dass weder der
geworfene Stein noch der Fuß irgendeine
Linie berührte. Beim Zurückkommen
musste man sich bücken und den Stein aufnehmen. Dann warf man in
den Dienstag, und so weiter. Wenn man mit dem linken Fuß durch
war, kam der rechte und dann beide dran.

Es gibt dazu auch Abwandlungen, z.B. eine, bei der man mit ge-spreizten Beinen im Donnerstag- und Samstagfeld landen musste und dann hochsprang, sich in der Luft um 180 Grad drehte und wieder auf diesen Feldern zum festen Stand kommen musste. Und wehe, eine Li-nie wurde beim Steinreinschmeißen oder beim Hickeln 'BERÜÜÜHRTT'.

Fahrradfahren (siehe **Tagebuch** vom 14. Juli 1946)

Bei einer günstigen Gelegenheit versuchte ich es mit dem Fahrrad. Rudi musste wohl wieder zu Hause gewesen sein, jedenfalls stand sein schwarzes Fahrrad in unserem Hof angelehnt. Die Hoftür stand offen und ich schaffte es auf Anhieb, das Rad zum Laufen zu kriegen, in-dem ich mich unter der Querstange hindurch zum anderen Pedal durchfummelte und - mit dem Körper neben der Querstange - den Len-ker bediente. Mit einer glücklichen, beherzt geführten Kurve kam ich aus der Tür heraus und strampelte mit wackligen, raumgreifenden Kurven in den Ort, weil ich auch nicht wusste, wie ich von diesem Stahlross herunterkommen konnte, ohne mir wehzutun. Ich fuhr bis zu Trabolts, kriegte dort tatsächlich eine Kehre hin, die aber so knapp an der Scheuneneinfahrt vorbeiging, dass ich mir den rechten kleinen Zeh an dem Stellstein anratschte. (Stellsteine sind die schrägen Steine an Toreinfahrten, damit das Fuhrwerk mit seinen Rädern richtig herum-kommt.) Ich rief um Hilfe und irgendein Erwachsener erkannte meine Notlage und fing mich und das Fahrrad auf.

Von nun an zählte Fahrradfahren auch zu meinen Betätigungen, d.h. das Rad wurde nicht mehr in den Keller gestellt, wenn Rudi wegfuhr, sondern stand im Holzschuppen parat. Für beide.

Spielen mit Selbstgebasteltem

Je nach Jahreszeit gab es mannigfaltige Möglichkeiten, sich Spielsachen zu basteln. Absolut notwendig dazu war ein Taschenmesser. Wie oft verletzte man sich dabei, weil man beispielsweise nicht bedacht hatte, dass ein Taschenmesser nur in einer Richtung schneidet und bei einer falschen Bewegung zuklappen konnte. Dabei nahm es keine Rücksicht auf einen Finger, der möglicherweise dazwischen lag. Nach vielem Blut-vergießen und etlichen Narben hatten wir es mit der Zeit heraus.

Das Wichtigste an dem gebastelten Spielzeug war eigentlich nicht das Spielzeug selbst, sondern der Weg dorthin. Denn kaum hatten wir es fertig und es funktionierte im beabsichtigten Sinne, hatte es seinen Sinn schon erfüllt und wurde weggeworfen. Dann machten wir unter Umständen das Gleiche noch einmal.

So entstanden Musikinstrumente jeglicher Art, je nach Jahreszeit und Laune:

- Tröte aus normalem Gras im Frühling, Sommer und Herbst,
- Tröte aus frischem Schilfgras nur im Sommer,
- Tröte aus reifem Schilf im Herbst oder
- eine Flöte aus Weide im Frühling, wenn der Zweig noch schön saftig war.

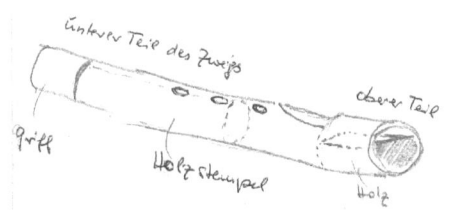

Für so etwas brachten wir mehr Geduld auf als Erwachsene. Eine solche Flöte herzustellen dauert mindestens eine, wenn nicht zwei Stunden.

Man kann sich so zwei Sorten machen: Mit Löchern, dann ist es eine Flöte oder mit einem Stempel, den man raus- und reinschiebt, dann ist es eine Posaune.

Absolut wichtig ist **die Flotsch (hochdeutsch: die Zwille)**
Y-förmige Astgabeln gibt es überall und Weckringe auch. Friedel hatte immer eine Flotsch bei sich und er traf verdammt gut. Ich hatte mir auch so ein Ding gebastelt und gleich beim ersten Mal den linken Daumen getroffen. Wenn Flotsch-Zeit war, zielte Friedel auf alles, was sich bewegte oder auch nicht: Spatzen, Dahlien, Wespennester, Nüsse und wenn niemand guckte Äpfel am Baum. Besonders die 'Atzele', die Elstern, waren ihm verhasst und ein willkommenes Ziel.

Vor unserem Haus stand ein Telegrafenmast und die Drähte schlugen von hier einen Haken ins Dorf, weil die Straße eine Linkskurve machte. Ein verlockendes Ziel waren die weißen Isolatoren, die die Drähte festhielten. Friedel zielte auf einen und traf. Es machte so ein zartes Geräusch, zinnnnng, und der Draht schwebte langsam herunter und hing quer über der Straße. Jeder musste darübersteigen und jedes Fuhrwerk fuhr darüber weg. Man sah ihn ja kaum. Wir zogen beide die Köpfe ein, verkrümelten uns und hatten schreckliche Angst, dass die Polizei oder die Gestapo käme. Es war aber nichts passiert, es hat-

te auch keiner etwas gesehen. Irgendwann kamen zwei Männer, vielleicht, weil das Schmidts-Marieche keine Telefonverbindung hinkriegte, kletterten mit Steigeisen auf die Telegrafenmasten und weil wir dabeistanden und zuguckten und keiner von denen uns fragte, wussten wir, dass wir nicht abgeholt werden.

Der Bach

Ach, der Bach. Welch eine herrliche Einrichtung ist ein Bach für Kinder. Egal zu welcher Jahreszeit: Der Bach hatte immer etwas zu bieten. Der Hasselbach musste zwar im Dorf durch eine Schleuse Wasser für die Mühlen in Niederklingen und dahinter abgeben, aber er hatte immer noch Wasser genug für uns übrig.

Im Sommer konnte man durch ihn waten und versuchen, unter dem überhängenden Wurzelwerk Forellen zu finden. Man musste sich nur leise heranpirschen, darunter grapschen und wenn man was zu fassen kriegte, packen und rausschmeißen. Das war mir einmal gelungen, als ich mit Friedel und einem halb vollen Eimer Wasser unterwegs war. Als diese Forelle dann draußen auf dem Weg ihren Veitstanz aufführte, wusste ich natürlich nicht weiter. Mir tat das Vieh schon leid und gerne hätte ich das alles rückgängig gemacht. Aber der Friedel schnappte sie und riss ihr die Kiemen mit dem Zeigefinger heraus.

Den Bach konnte man auch aufstauen. Die Brücke des Milchwegs war betoniert und hatte schöne glatte Flanken rechts und links. Wir brauchten nur Planken von den angrenzenden Umzäunungen abzureißen und querzulegen. Als ich bei dieser Aktion so im Wasser stand, zwickte mich etwas unten am Fuß: Es war ein Flusskrebs. Und als wir den Bach endlich so hoch gestaut hatten, dass wir bis zur Brust drin stehen konnten, kamen uneinsichtige Erwachsene, die den Spaß überhaupt nicht verstanden, weil wir ihren Zaun dazu gebraucht hatten. Wir mussten den schönen Staudamm wieder kaputt machen.

Und da war die Brücke. Wenn man auf der einen Seite etwas reingeschmissen hatte, was schwamm, dann warteten wir so lange auf der anderen Seite, bis es hervorkam. Wir konnten Stunden damit verbringen. Im Winter konnte man auf ihm oder auf den überschwemmten Wiesen Schlittschuh fahren oder beim Rodeln am Steinbruch den Weg verpassen und im Mühlbach landen. Aber das wäre eine andere Geschichte.

Maikäfer

Im Jahr 1948 kamen die Maikäfer in solchen Massen über Deutschland, als wollten sie alles Grün vernichten. Man konnte die Wälder kaum betreten, weil es Exkremente und Blattkrümel regnete, die den Maikäfern vom Tisch gefallen waren und weil man dann auf Maikäferleichen herumlief, was auch kein Vergnügen bereitete. Der Wald schien zu weinen: Das allgemeine Fressen führte zu einem konstanten Knistern und Rauschen, selbst bei Windstille.

Die Amis fackelten nicht lange und schickten ihre Flugzeuge aus, um tonnenweise DDT zu sprühen. Und danach konnte man bis zu den Knöcheln in den Käferleichen einsinken.

Die Bäume erholten sich danach wieder, indem sie alle noch einmal austrieben.

Wir Kinder sammelten die Käfer in Kartons und sortierten sie nach Farbe, Größe und Beruf. Da gab es Müller, weil sie puderige Deckflügel hatten, Soldaten, die besonders kämpferisch daherkamen, Liliputaner, Schornsteinfeger, Füchse u.a.m. Es gab auch Pärchen, die ganz kompliziert kopulierten: Sie hingen mit dem Hinterteil so zusammen, dass jeder in eine andere Richtung guckte.

Die Käfer wurden getauscht, gefüttert, zur Kopulation gezwungen oder ´abgedatscht´ - also runtergeschlagen -, wenn wir ihnen einen eingeschränkten Freiflug gegönnt hatten. Viele wurden an die Hühner verfüttert. Damit sich die Beine nicht im Hals verhaken konnten - so dachten wir Kinder, weil die Füße sehr hakelig waren - hatten wir die Beine durch Rückwärtsbiegen abgeknipst und den Hühnern hingeworfen. Wie scharf die auf diese Leckerbissen waren, ist kaum zu beschreiben. Sie hatten sie heruntergeschlungen, selbst als der Kropf zum Bersten voll war.

Kinderarbeit

Kinder möchten gerne mithelfen und gerne arbeiten, wenn die Arbeit kindgerecht bleibt. Wenn die Kinder merken, dass die Erwachsenen diese Bemühungen unterstützen und auch einmal ein Lob aussprechen, dann fühlen sie, wie wertvoll sie sind. Von meiner Arbeit als Einkäufer und als Hasenpfleger habe ich schon geschrieben. Weil ich spürte, dass ich damit Ruth helfen konnte und dass andere Leute meine Arbeit wertschätzten, tat ich das auch gerne.

Mit Thomi vor einem der Hasenställe

Man kannte und man grüßte mich, von verschiedenen Bauern bekam ich etwas für meine Hasen, man stellte mir einfach einen Teller zum Mitessen hin, beim Metzger bekam ich immer eine Scheibe Wurst und bei der Frau Lohnes mit dem Kolonialwarenladen ´e Guutzje´.

Es gab aber noch andere Arbeiten, die für Kinder geeignet waren:

Meine Arbeit mit den vielen Obstbäumen

Wir hatten einen großen Garten mit einem Pflaumen- und zwei großen Süßkirschbäumen und einen noch größeren Obstgarten dahinter mit schätzungsweise 16 Obstbäumen. Die meisten davon waren Zwetschgenbäume, es waren aber auch Reineclauden und Mirabellen dabei und ganz oben rechts hatte Ruth, wie ich dem Tagebuch entnehmen konnte, anlässlich des Zuzugs nach Oberklingen einen Walnussbaum gepflanzt.

Einmal stieg ich mit einer Stehleiter auf den Pflaumenbaum im Garten, um mit einem Besenstiel die Pflaumen herunterzuhauen. Oma kam dazu und befahl mir, sofort herunterzukommen. Da rutschte mir der Stiel so elegant schräg durch die Äste, dass das stumpfe Ende des Stiels an ihre Stirn knallte. Es sah wie Absicht aus, war aber keine. Sie heulte wie ein kleines Kind und weil sie mir mit ´Senge´, also einer Tracht Prügel drohte, blieb ich solange da oben, bis Ruth versprach, dass mir nichts geschehe.

Die Kirschbäume waren für mich zu hoch, wahrscheinlich hatte der Stumpf sie immer abgeerntet, bis Rudi aus dem Krieg kam.
Im Sommer lieh sich Rudi dann auch eine lange Leiter aus und kletterte hoch. Ich stand unten und guckte von unten zu. Plötzlich krachte es so komisch und Rudi schrie: „Hacke weg.“ Ich kapierte gar nicht, was er wollte und da war er schon unten. Der dicke Ast war abgebrochen, an dem die Leiter angelehnt war und Rudi fiel unten auf die wei-

che Erde, die vorher - in weiser Vorsehung? - schön locker geharkt worden war. Die Hacke lag mit der Hackseite nach oben noch da, und Rudi war knapp daneben aufgeschlagen. Ihm war außer dem Schrecken nichts passiert, aber mir klebte er in seiner Aufregung eine, weil ich die Hacke nicht schnell genug weggerissen hatte.

Meine Obstbäume standen hinter dem Gemüsegarten. Es waren meine Bäume, besonders der erste rechts an der Ecke. Die Astkonstellationen könnte ich noch heute beschreiben, weil ich so oft da hoch geturnt war, um in seinem dichten Laub unerkannt die Leute zu beobachten.

Im Sommer hatten wir sehr viel Obst, mehr als wir verbrauchen konnten. Mich interessierten vor allen Dingen die Pflaumen und Zwetschgen, die heruntergefallen und matschig waren. Die sammelte ich, indem ich mit der linken Hand die Wespen wegwedelte und mit der rechten die Pflaumen und Zwetschgen in den Eimer warf.

Im Ort lebte nämlich ein Mann, der seinem Namen ´Trinkaus´ verpflichtet war und der sich aus solchen Früchten seinen eigenen Schnaps brannte. Und zu ihm brachte ich täglich eimerweise diese matschige Fracht. Er wog sie und bezahlte mich. Ich legte diese Pfennige stolz in mein kleines Holzkästchen und trug den Betrag in ein kleines Büchlein ein, das ich mir selbst mit Faden und Nadel gebastelt und so zurechtgeschnitten hatte, dass es oben in den Deckel passte.

Ich fühlte mich sehr reich, zählte immer wieder die Pfennige und freute mich, wie sich deren Anzahl von Tag zu Tag erhöhte und die Schatztruhe immer schwerer wurde.

Kartoffellesen

Das war eine harte Arbeit. Es gab Bauern - und Eckbäckers waren solche - die eine Kartoffelmaschine besaßen. Die wurde über die Kartoffelfurchen gezogen, wodurch hinten ein Rad mit mehreren Zinkenschaufeln zum Rotieren gebracht wurde, die Kartoffeln aus dem Boden kratzte und sie zusammen mit der Erde durch die Gegend schmiss. Das sah aus, als würde ein Riesenhuhn im Dreck kratzen.

Bauern, die sich dieses Gerät nicht leisten konnten, mussten die Kartoffeln Strauch für Strauch mit einer ´Koasch´ - eine Hacke mit Zinken - ausgraben. Wie auch immer die Kartoffeln ans Tageslicht gebracht wurden: Den Bauern blieb die Bückerei nach den einzelnen Kartoffeln nicht erspart. Sie wurden Stück für Stück in Jutesäcke aufgesammelt. Die Kinder halfen selbstverständlich mit, sie brauchten sich auch nicht so tief zu bücken und sie sammelten eher die kleinen Kartoffeln für die Schweine.

Beim Kartoffellesen gab es zwei Höhepunkte:

Einmal, wenn der Herr Daum die 12-Uhr-Glocke läutete und die Frau Eckbäcker mit Korb und Kaffeekanne den Berg hochkam. Dann war Mittagpause, Kartoffelsäcke wurden zu einer Runde gelegt und sich draufgesetzt. Frau Eckbäcker schenkte Lindes-Kaffee und Milch aus. Danach nahm sie einen runden Laib Brot aus dem Korb, klemmte ihn zwischen ihren üppigen Busen und schnitt jedem eine kräftige Schnitte ab. Sie machte das alles für uns, weil sie als Einzige saubere Hände hatte. Ihre Schnitten waren immer keilförmig, weil der Laib so groß war und sie von außen zur Mitte schnitt. Auf das Brot schmierten wir Latwerge - eine Marmelade aus Zuckerrüben und Birnen - und Schmand oder Ähnliches, alles selbstgemacht und köstlich. Wir Kinder fanden das Gefühl, wie die Erwachsenen bedient und behandelt zu werden, einfach toll.

Der zweite unvergessliche Moment dabei war, wenn wir uns abends wieder zusammensetzten, das Kartoffelkraut anzündeten und dicke Kartoffeln darin gar werden ließen. Die schmeckten auch ohne Salz.

Ähren-Nachlese

War der Getreideacker abgeerntet, lieh man sich beim Bauern einen Kartoffelsack aus, band ihn sich mit der Öffnung nach vorne um den Bauch und las die Ähren nach, die noch auf dem Boden lagen. Wir Kinder hatten dann einen Korb, weil der Maltersack für ein Kind zu groß gewesen wäre.

Eigentlich war das auch so eine typische Kinderarbeit, weil sich die Erwachsenen tiefer bücken mussten und nach einer Weile über Rückenschmerzen klagten.

Wir machten kleine Ährensträußchen, bis die Hand voll war und lieferten sie ab, entweder in den Sack oder ins Körbchen.

Zuhause wurden die Ähren abgeschnitten; wenn man das Stroh nicht brauchte, machte man das gleich auf dem Feld. Ich brauchte das Stroh für meine Hasen. Die Ernte gab man dann bei der Dreschmaschine ab oder bei unseren Mühlen und bekam dafür die Körner bzw. das Mehl.

Kartoffelkäfer lesen

Im Sommer hatten wir an manchen Tagen keinen Unterricht. Dann

befahl der Lehrer Thierolf, am nächsten Tag Marmeladengläser mit-
zubringen: „Wir gehen in die Kartoffeln.“

Daraufhin wurden alle Klassen auf die umliegenden Felder verteilt, um
Kartoffelkäfer zu sammeln. Wohl dem Bauer, dessen Kartoffelfeld in
Schulnähe lag. Vielleicht hatte er in seiner Fruchtfolge diesen Aspekt
mit einfließen lassen.

Im Grunde war das eine eklige Angelegenheit, aber im Wettstreit, wer
die meisten einsammelte, verschwendeten wir keinen Gedanken darüber, wessen Hände danach am meisten stanken und mit dem Insek-
tensekret verkleistert waren.

Der Kartoffelkäfer war überhaupt nicht mit dem majestätischen Maikäfer zu vergleichen. Der Maikäfer kommt nur in einer sauberen und
bespielbaren Formation zutage und seine eklige Variante bleibt in
Form des Engerlings in der Erde. Aber wenn man zufälligerweise einen Engerling zu Gesicht bekam, weil zum Beispiel der Salatkopf so
komisch wackelte und dieser dann einfach ohne seine Wurzeln abgeho-
ben werden konnte, weil der Engerling unten alles weggefressen hatte,
dann wurde er mit tausend Spatenstichen zu Matschepampe verwandelt. Dann war der weg. Oder er wurde vor die Hühner geworfen. Die
waren ganz wild auf so etwas.

Beim Kartoffelkäfer ist das anders.

Der fängt mit den Eiern an, die unter den Kartoffelblättern feinsäuberlich und gelb in Batterien aufgereiht sind. Da faltete man das Blatt
und quetschte sie platt. Weil die aber unten dran klebten, musste man
jedes Blatt einer Kartoffelpflanze wenden und drunter schauen, eine
langwierige Bückarbeit: eine ideale Kinderarbeit.

Aus den Eiern schlüpfen orangefarbene Larven, die in jeder Größe
zwischen Stecknadelkopf- und Daumenkopfgröße zu finden sind und
ununterbrochen fressen und fressen und fressen.

Sogar im Dunkeln. Das hatte ich ausprobiert: Ich stellte sie über
Nacht in einem Marmeladenglas samt Kartoffelkraut in die Waschküche. Am nächsten Tag war alles weggefressen.

Die Larven sind das eigentlich Eklige, weil man sie anfassen und in
das Glas stecken musste und weil sie dabei abfärbten. Wenn man sie
zu fest anfasste, liefen sie aus. Die ganz kleinen konnten die Erwachsenen mit ihren schwieligen dicken Fingern gar nicht erwischen und
deshalb waren wir Kinder dafür am besten geeignet.

Und dann waren da die schwarz-weiß gestreiften Käfer selbst, die auch fraßen und fraßen und dazu noch die Eier legten. Man musste sie auch in das Glas stecken und immer den Deckel drauflassen, sonst flogen sie weg.

Waren die Schulstunden abgearbeitet, durften wir nach Hause. Dort füllten wir das Glas mit Wasser auf. Nachdem die Tiere tot waren, schütteten wir sie auf den Komposthaufen. Wenn man das nicht tat, stank die Soße so schlimm, das kann man sich gar nicht vorstellen.

Bucheckern lesen

Als der Krieg zu Ende war, hatten viele Menschen größere Probleme, etwas zum Essen zu finden als während des Krieges. Das Geld war nicht mehr viel wert, bzw. die Händler trauten sich nicht, in diese Währung zu investieren. Man tauschte lieber und die Zigarette war eine Ersatzwährung geworden.

Wir auf dem Dorf waren in der glücklichen Lage, bei den Bauern meistens das zu bekommen, was wir brauchten, entweder bekamen wir es geschenkt oder wir verdienten es uns. Was es bei Schmidts Marie-chen - dem Lebensmittelgeschäft - gegen Lebensmittelmarken zu kaufen gab, weiß ich nicht mehr. Ich weiß nur noch, dass nach der Währungs-reform im Sommer 1948 bei ihr der Laden voller Artikel war, die es vorher angeblich nicht mehr gegeben hatte.

Nicht so ohne weiteres bekam man Speiseöl. Hier kam uns 1947 die Natur mit einem traumhaften Bucheckernjahr entgegen.

Es soll ja nicht so abwegig sein, dass Pflanzen spüren, was auf sie zu-kommt und daraus leiten sich ja auch Bauernsprüche ab, wie ´viele Ei-cheln bedeuten einen harten Winter´. Vielleicht hatten die Buchen an-hand der vielen Engerlinge, die an ihren Wurzeln knabberten, sich ausgerechnet, dass sie nächstes Jahr kahlgefressen würden und hatten sicherheitshalber mit extra vielen Früchten ihren Fortbestand absichern wollen. Könnte doch sein.

Jedenfalls hatten wir 1947 ein Bucheckernjahr, wie wir es danach wohl nicht mehr bekamen. Es lockte die Leute, die es zeitlich erübrigen konnten, in den Wald, so auch meine Oma und mich. Ich kann mich nur an die wunderschönen goldenen Herbsttage erinnern, an denen wir frühmorgens Richtung Otzburg hinausgingen und das Lied trällerten:

Hinaus in die Ferne
mit Butter, Milch und Speck,
*(ich hatte immer ʹ***Buttermilch***ʹ verstanden)*
die hab ich so gerne,
die nimmt mir keener weg.
Und wer das tut,
dem hau ick uffn Hut,
dem hau ick uff die Kilpe,
dasse bluut.

Stundenlang ʹschergeltenʹ wir dann im Unterholz die Blätter auf die Seite, um an die Lage Bucheckern zu kommen. Und wenn Brotzeit war, dann suchten wir uns ein Plätzchen, nämlich einen Baumstamm oder -stumpf für die Oma und für mich möglichst einen Moosflecken, der in meiner Fantasie mit Sicherheit nächtens das Lager von Gnomen oder wenigstens eines Rehleins gewesen war. Dann kam das Köstlichste, das für die bisherige Arbeit der Lohn war: ein Eckbäcker-Weck mit Butter und Camembert belegt.

Wir arbeiteten im Akkord und das Maß des Erfolgs war die Kaffeetasse. Wir zählten uns gegenseitig die Anzahl der Tassen auf, die wir in den gemeinsamen Beutel schütteten und abends kamen wir ʹschlagkaputtʹ nach Hause, freuten uns aber schon auf den nächsten Tag.

Wir fanden es eine Unverschämtheit und einen Bruch der guten Sitten, dass es Leute gab, die sich mit Sieb, Schippe und Rechen den Bucheckersegen einsackten und unter den Bäumen die Flächen kahl fegten. Aber auch so haben wir beide über 50 Kilogramm Bucheckern Kern für Kern zusammengeklaubt. Diese wurden in einer Ölmühle abgeliefert und wir bekamen, wenn ich mich richtig entsinne, fünf Liter Bucheckernöl.

Freiwilliges Helfen bei der Eigenproduktion

Es gab viele Sachen, die die Erwachsenen damals selbst herstellten. Diese Arbeiten waren so interessant, dass wir Kinder uns dazu gesellten und, wenn es ging, auch mithalfen. Dabei bekam man das eine oder andere davon ab. Und wenn es nur ein Lob war.

Schwein schlachten

Normalerweise konnte man das Schwein im Stall herumbugsieren und es grunzte höchstens, etwas indigniert und mit verhaltenem Protest.

Wenn aber der Tag für sein letztes Stündchen gekommen war, dann wusste das Schwein Bescheid und es schrie um Hilfe. Vielleicht lag es am Geruch des Metzgers, vielleicht an der frühen Stunde: Das Schwein schrie so herzerbärmlich, dass wir Kinder schon deswegen nicht dabei waren und uns erst einfanden, wenn es tot an der Leiter hing.

Wir Kinder standen meist im Weg. Wenn wir aber in die Schlachtgemeinde aufgenommen werden wollten, mussten wir erst die Schlachtertaufe absolvieren: Mit dem abgezapften Blut, das später für die Blutwurst benötigt wurde, zog mir der Metzger seinen blutgetränkten Zeigefinger durch den Mund und malte dann ein Blutkreuz auf die Stirn. Dann erst durfte ich mitmachen:

Holz für den Kessel holen, das Blut ohne Unterbrechung rühren, damit es nicht gerinnt und kleine Botengänge. Dafür bekam man am Abend eine Milchkanne mit der köstlichen 'Worschdsupp' und ein paar Würstchen und vielleicht sogar ein Stück Wellfleisch mit nach Hause.

Überhaupt war der Schlachttag ein besonderes Ereignis, an dem die Nachbarschaft zumindest an der 'Worschdsupp' beteiligt wurde. Der Lehrer und der Pfarrer bekamen sowieso eine Kanne vorbeigebracht.

Sirup und Latwerge herstellen

Auch das waren Aktivitäten, bei denen wir Kinder zwar dabei sein durften, aber wenig helfen konnten.

Dazu lieh man sich gegenseitig einen Kupferkessel aus, der vor Sauberkeit glänzte. Er wurde gegen den Waschkessel ausgetauscht. Es wurden Zuckerrüben sauber geschrubbt, ausgeschnitten und in kleine Würfel zerhackt und in dem Kessel mit Wasser den ganzen Tag gekocht. Dabei musste ununterbrochen gerührt werden, eine harte Knochenarbeit, bei der man sich immer öfter ablösen musste, weil die Pampe immer zäher wurde. Die Zuckerrüben zerkochten zu einer zähen Masse, die köstlich nach Karamell roch und schon deshalb Kinder anlockte. Man konnte immer etwas vom Kesselrand abkratzen, das verkleckert und hart geworden war.

Der Sirup wurde dann abgeschöpft und in Blecheimer zum Auskühlen weggebracht.

In der Zwischenzeit hatten andere Erwachsene Birnen geschält und 'geschnippelt', die dem restlichen Rübenbrei zugegeben und verkocht wurden. Wir nannten das „Latwerge".

Ein Stück Brot mit Quark und Latwerge: Herrlich. Noch herrlicher, wenn wir vorher schwer gearbeitet hatten. Oder gespielt.

Die schwierigste Arbeit kam dann: Den Kessel so sauber zu kriegen, damit der Nächste nichts zu meckern hatte. Wer einen schlampig gesäuberten Kessel weitergab, konnte sicher sein, diesen nicht mehr ausgeliehen zu bekommen.

Bonbons herstellen

Wenn man in ein Sirupglas eine oder mehrere Kordeln hängt, die man mit einer Schraubenmutter beschwert hat, damit sie auch bis zum Boden reicht und nicht wieder hoch schwimmt, dann kristallisiert sich der Zucker daran und mit der Zeit wachsen sich die Kristalle zu Zuckerstangen aus: unsere selbst gemachten Bonbons. Die Zuckerstange wird zu Klumpen. - Deswegen hießen unsere Bonbons ´Klumpe´, auch normale Bonbons, die man im Lebensmittelladen kaufen konnte. - Die Zuckerstange wird zerbröselt und die Kordel zerstückelt.

Die Brocken wurden so lange gelutscht, bis nur noch das Kordelstück auf der Zunge lag.

Kaffee herstellen

Supersimpel: Gerste wird auf ein Blech verteilt und auf die heiße Ofenplatte gelegt, ab und zu werden die Körner umgerührt, damit sie von allen Seiten schwarz werden. Sie dürfen nicht verkohlen. Danach mahlen. Wir vermengten das Pulver mit Lindes-Kaffee.

Stärke herstellen

Wer etwas auf sich hielt, der ging mit einem gestärkten Hemd in die Kirche. Normalerweise hatten die Männer aber nur gestärkte Manschetten und Kragen - wenn überhaupt -, die man mit speziellen Knöpfen an das Hemd anbringen musste. Ohne Kragen und Manschetten sahen sie aus wie Nachthemden.

Kurz vor einem Gottesdienst wurden mehr Flüche gen Himmel geschickt als an einem normalen Werktag, weil beim Anbringen der gestärkten Teile an das Hemd diese Knöpfe die Eigenschaft hatten, irgendwo hinzuspringen, wo man sie nicht mehr fand. Das war bei Rudi nicht anders, bloß noch wichtiger. Ob er als Pfarrer weniger geflucht hatte, weiß ich nicht, weil ich bei den anderen nicht dabeigestanden hatte.

Je eiliger man es hatte, zum Beispiel weil die Glocken schon läuteten und man in die Kirche musste, desto eher weigerten sich diese Knöpfe, sich in die gestärkten Löcher stecken zu lassen.

Der Fußboden in einem Bauernhaus ist meist ein bisschen schief und man hatte dann eine gute Chance, sie gesammelt in einer Ecke zu finden.

Unser Haus hatte aber gerade Fußböden und wir fanden unsere Kragen- und Manschettenknöpfe bei Umzügen. Das war jedes Mal eine Wiedersehensfreude, die bei dem Stress eines Umzugs guttat.

Ein Pfarrer braucht besonders viel Stärke für seine Kragen, Manschetten und für das so genannte Beffchen, diese zwei weißen Stoffstreifen, die Rudi zu seinem schwarzen Talar trug.

Zur Stärkeherstellung wurden Kartoffeln gewaschen, geschält und roh durch den Fleischwolf gedreht. Da konnten auch Kinder mitmachen. Die Pampe wurden dann mit viel Wasser verrührt und stehen gelassen. Das zuerst trübe Wasser wurde immer klarer. Wenn man dann vorsichtig die Kartoffelflocken auf die Seite schob, konnte man die blütenweiße Stärke als Bodensatz herauskratzen und in weiteren Waschgängen von den letzten ungewünschten Beimengungen befreien.

Christel und die Familie

Aus dem Tagebuch meiner Eltern kann man nicht so ohne weiteres herauslesen, wie ich meine Familie wirklich einschätzte und liebhatte.

Als Rudi nach der Kriegsgefangenschaft wieder zu Hause war und als vollwertiger Vater in der Familie agieren sollte und durfte, ging unser Familienleben den Bach runter. Das lag mitunter daran, dass er meine Liebe und Zuneigung suchte - ja, einforderte - und sie nicht in dem Maße erwidert bekam, wie er sie gerne gehabt hätte.

Meine Beziehungen zum Vater waren skeptischer, als er es wahrhaben wollte. Die überschwänglichen Beschreibungen meiner Zuneigung zu ihm kann ich nicht bestätigen.

Auch kann ich die innige und heiß liebende Sehnsucht von Ruth zu ihrem Rudi, so wie sie im Tagebuch festgehalten ist, kaum nachvollziehen. Allzu oft hatte ich beobachten müssen, wie mein Vater meine Mutter ohrfeigte. Einmal flog ihre Brille in hohem Bogen in die Ecke und war dabei zerbrochen. Was das zu Kriegszeiten bedeutete, kann man sich vorstellen: Ruth war ohne Brille fast blind und der nächste Optiker war in Reinheim.

Was Rudi mit diesen Ohrfeigen in mir angerichtet hatte, konnte er in den Zeiten danach nicht mehr reparieren.

Ruth war ständig bemüht, innerhalb der Familie und auch innerhalb des Hauses auszugleichen und hatte sich dabei zerschlissen, weil Rudi ihr in keiner Weise behilflich war. Im Gegenteil.

Er reagierte zunehmend wie ein kleines Kind.

Er ließ sich bemuttern, zog sich in seine Amtsstube zurück und wenn etwas nicht nach seinem Sinn ging, dann schmollte er, schmiss die Türen und schloss sich sogar ein.

Die Türen wurden so oft zugeknallt, dass ihre Füllung riss und weil wir ja inzwischen von den Amis Kaugummi hatten, verschmierte Ruth diese Ritzen kunstvoll mit Kaugummi, damit niemand ins Zimmer gucken konnte. Vom vielen Türenschmeißen lockerten sich sogar die Türrahmen im Mauerwerk.

Rudi hatte sich normalerweise, wenn es das Wetter zuließ, den Talar schon in der Wohnung angezogen und lief dann durchs Dorf zur Kirche, das war ein Weg von etwa 15 Minuten. Eines Sonntagmorgens kurz vorm Gottesdienst gab es Streit und Rudi knallte wieder Türen und schloss sich ein. Von innen tönte er, er würde den Gottesdienst nicht halten.

Welcher Demütigung sich Ruth aussetzte, indem sie vor der Tür auf den Knien flehte, er möge ihr verzeihen, aber um Gotteswillen dürfe er doch nicht diese Schmach öffentlich machen.

Er ließ sich erbarmen, aber die christlichen Überlegungen, die er anschließend von der Kanzel predigte, nicht an sein Herz kommen: Solche Kräche zogen sich gewöhnlich über mehrere Tage und verfärbten unser Familienleben.

Mit jedem Kind, das sie in die Familie einbrachten, wurde immer mehr offenbar, dass sie von Erziehung keine Ahnung hatten. Sie hatten einmal hehre Ziele, aber der Alltag und die täglichen Zänkereien zermahlten sie zur Unkenntlichkeit.

Mein Verhältnis zu Thomi

Ich hatte so viel am Tage zu tun, er war mir lästig. Das hatte unsere Mutter in ihrer religiösen Beseeltheit nie erkannt. Sie erwartete von mir, dass ich mich aus dem Gefühl von Bruder- und Nächstenliebe um

den hilflosen kleinen Kerl zu kümmern habe und ständig wurde her-
ausgestrichen, dass ich der ´große Bruder´ sei mit entsprechenden Pflichten, die wie unsichtbare Medaillen an meiner Brust klebten. Das sah
ich nicht so.

Thomi auf der anderen Seite wurde mit zunehmender Reifung gewahr,
wie er mir mit dem perfiden Intellekt des Unterlegenen daraus Fallen
stellen konnte, in die ich wieder und immer wieder tappen musste.

Das fing ganz einfach damit an, dass er schrie, wenn ich ihm eine aus-
wischte. Dann kam Ruth und ´tachtelte´ mir eine, sagte was von
´großem Bruder´ und ´schäme dich´ und verschwand wieder.

Die nächste Phase war, dass er schon schrie, wenn ich ihm gar nichts
gemacht hatte und behauptete, ich hätte ihn geschlagen.

Und ich kam letztlich in die Lage, wo er mich erpressen konnte: Wenn
du nicht das oder jenes für mich machst, dann schreie ich…

Ist es ein Wunder, dass ich mir dann allerlei fiese Dinge ausdachte?
Da höhlte ich zum Beispiel einen Apfel so kunstvoll aus, dass ich die
beiden äußeren Griebsch-Enden wie Stöpsel so aufstecken konnte, und
man dem Apfel von außen nichts mehr ansah. Dann entfernte ich das
Innengehäuse und füllte den Apfel mit meiner Pinkel. Und gab ihm
den Apfel zu essen.

Ein anderes Mal, als Thomi mir und Alma dauernd ´auf der Pelle
saß´ und mitspielen wollte, heckte ich einen teuflischen Plan aus. Alma
und ich hatten im Vorgarten eine Hütte gebaut. Wir nutzten eine Ni-
sche hinter dem Geländer des Kellerabgangs und dem Haus, wobei die
Dachlatten auf einem etwa einen Meter hohen Sims des Hauses lagen.
Auf der anderen Seite hatte ich ein Gerüst gebastelt und die Latten
lagen auf einem runden Besenstiel, der aus zwei verklebten Hälften bestand. Das Häuschen war fix und fertig, hatte eine Tür und Wände
aus Kartons mit ausgeschnittenen Fenstern. Sogar eine Lampe hing von
der Decke, nicht an einer Kordel, sondern an richtigem Draht, wie es
sich für ein elektrisches Gerät gehört.

Das Teuflische war, wie ich mir eine Lösung ausdachte, aus dem ferti-
gen Bauwerk das tragende Element Besenstiel herausziehen zu können,
ohne dass das ganze Bauwerk in sich zusammenfiel. Dann zerlegte ich
den Besenstiel in seine beiden Hälften und schob sie wieder so hinein,
dass die Hälften mit ihren runden Rücken zueinander lagen. Dann
lockte ich Thomi in die Hütte und ´knipste´ die beiden Hälften vonei-

nander weg. Die Idee war, die Bude über ihn zusammenkrachen zu lassen. Gottlob hat das überhaupt nicht funktioniert; es hat nur einen kleinen Ruck gegeben.

Später, als Thomi in einem Alter war, von ihm etwas mehr verlangen zu können, war mein Grips schon stärker gefordert.

Ich habe immer gerne gearbeitet, aber das freiwillig. Sobald man von mir etwas verlangte oder erwartete, verlor ich schnell die Lust dazu.

Zum Geschirrabwaschen hatten wir einen Küchentisch, den man ausziehen konnte und zwei eingehängte Schüsseln zugänglich machte. In die eine landete das schmutzige Geschirr und Besteck, in die andere das Abgewaschene. Wenn Ruth ihren Abwasch machte, übernahm ich freiwillig das Abtrocknen, sobald ich einen Teller dafür halten konnte.

Als Thomi in dieses Alter kam, konnte ich nicht einsehen, dass ich weiterhin diese Arbeit alleine machen sollte und er faul herumsitzen durfte. Ich begann herumzumaulen, um hier eine faire Arbeitsteilung zu erwirken. Ruth ließ sich überreden, dass wir abwechselnd abtrocknen sollten.

Als Thomi an der Reihe und Ruth mit Abwaschen beschäftigt war, schubste Thomi mich an, grinste, hob den Teller, den er abtrocknen sollte, über Kopf und ließ ihn einfach fallen. Ruth fuhr herum, sah die Bescherung und fing nun ihrerseits an zu zetern: „Du siehst doch, dass Thomi dafür zu klein ist" und schon hatte ich die Arbeit wieder ʼvoll an der Backeʼ. Und das Schlimme dabei: Thomi feixte im Hintergrund und ließ seiner Schadenfreude seinen Lauf so, dass nur ich das mitbekam. Kein Wunder, dass ich ständig auf Rache sann. Das war zum Beispiel:

Die Sache mit der Butter

Wenn ich vom Milchfritz auch Butter mitbringen sollte, dann war das etwas Schönes. Dann konnte ich ein kleines Loch in die Ecke machen und Butter ʼherauszuzelnʼ. Danach haute ich die Ecke ein bisschen an und man sah nichts mehr von dem Löchelchen.

Bis ich dem Thomi eine auswischen wollte. Für ihn war mir nichts zu schade: Ich machte einen tüchtigen Biss hinein in Papier und Butter und legte die Butter scheinheilig in die Küche. Als Ruth fragte, was da passiert sei, sagte ich, der Thomi sei das gewesen. Da meinte sie: „Dann hast du auch einen Bissen verdient" und befahl mir, daneben reinzubeißen.

„Und was siehst du da? Das sind doch dieselben Zahnspuren! Oder soll der Thomi auch noch reinbeißen?" Ich muss puderrot geworden sein und habe kleinlaut meine Lüge zugegeben.

Bei Lüge konnte ich mit einem Standgericht rechnen, das vollzogen wurde, sobald Rudi zu Hause war.

Ein anderes Beispiel war:

Die Sache mit der Flurbemalung,

die bereits aus Ruths Sicht (im **Tagebuch** 23. April 1947) beschrieben wurde.

Wir hatten in den Care-Paketen aus Amerika auch Wachsmalstifte geschickt bekommen. Um Thomi etwas intelligenter eine Falle zu stellen, zog ich mit einem Wachsmalstift einen Strich entlang der Wand des Treppenhauses, unten angefangen bis obenhin. Als Ruth nachforschte, wer das getan habe, war das selbstverständlich der Thomi. Da bat Ruth Thomi, einen Stift zu nehmen und zu zeigen, wie hoch er damit käme. Leider hatte ich den Strich viel zu hoch angesetzt und ich war wieder reif für ein Standgericht.

Zu einem Standgericht wurde ich oben im Kinderzimmer eingesperrt. Dann wurde unten im Amtszimmer mein Vergehen besprochen und festgestellt, welche Strafe ich verdient hätte. Ich konnte das über den Heizungsschacht des Zentralofens mithören. Mein lieber Bruder saß wahrscheinlich dabei und verfolgte das Palaver der Erwachsenen genüsslich.

Jedenfalls wurde er damit beauftragt, den Teppichklopfer zu holen.

Wir hatten zwei Klopfer aus Bambusrohr: Einen mit fünf Ohren. Das war der große Klopfer, ziemlich starr und tat nicht so weh wie der mit den drei Ohren. Dieser kleinere war elastisch, schmiegte sich an den Körper und tat höllisch weh.

Ich hörte, wie sie den lieben Bruder beauftragten, den Klopfer zu holen. Die feinen Unterschiede zwischen den beiden schienen die Eltern nicht zu kennen, weil sie ihn noch nie zu spüren bekommen hatten, jedenfalls hatten sie hier keine Präferenzen geäußert. Und was machte dieser Fiesling? Er holte den leichten Klopfer und schleifte ihn schön hinter sich her, sodass ich am Klang hören konnte, dass er von sich aus den kleinen ausgewählt hatte. Er machte dafür einen Extra-Umweg über die Treppe des ersten Stocks, damit mir ja nichts entging.

Die Oma

Die Oma ist ein eigenes Kapitel wert.

Die Oma war ein Filou. Was Ruth zu wenig hatte, hatte sie reichlich: Die Bauernschläue und die Bodenbezogenheit, die in diesen Kriegstagen überlebensnotwendig waren. Ruth betrachtete sich von Gott beschützt, Oma nahm das lieber selbst in die Hand.

Als Berlinerin hatte sie ihren Humor nie verloren und während Ruth sich immer sorgte, hatte Oma ihre flotten Sprüche drauf. Oma war die Grille, Ruth die Ameise.

Schon deswegen hatte ich mich bei Oma immer wohler gefühlt als bei der geschäftigen Ruth. Das mag zwar undankbar klingen und so empfand Ruth das wohl auch. Aber für mich war es bei Oma einfach schöner.

In ihrer Wohnung oben unter dem Dach war man weg von dem 'Gezergel' der vielen Bewohner des Hauses. Sie konnte so gut kochen und auf ihrer Elektrokochplatte zauberte sie alles mögliche: Kräppel, 'Himmel und Hölle', Sauerbraten oder Sonstiges aus ihrer Schlesischen Küche.

Oma las mir nicht nur vor, sondern erzählte mir von Berlin, dieser wundervollen Stadt, in der es Geschäfte gab, in denen man alle Sorten Eier kaufen konnte, vom kleinen Wachtelei bis zum Straußenei, einer Stadt, in der die Eisenbahn ohne Rauch zu produzieren unter der Er-

1942

de fahren kann. Sie erzählte von Paul Linke, Zarah Leander und Otto Reutter und dann stellte sie das Grammophon an, was ja auch etwas Besonderes war.

Oma hatte sich die wertvollsten Sachen mit einer Spedition aus Berlin gerettet. Glücklicherweise wurden weder ihre eigene Mietwohnung noch ihr Mietshaus auf dem Prenzlauer Berg von Bomben getroffen.

Man lief in ihrer Wohnung auf zwei oder drei übereinandergelegten Teppichen und man musste deshalb vorher Hausschuhe anziehen, bevor man in ihren Teppichen versank.

Mit ihren 'Schmückern' sicherte sie sich in der Kriegszeit ein gewisses Niveau an Luxus. Dann verschwand sie kurz nach Darmstadt und hatte danach ihren Bohnenkaffee oder vernünftige Zigaretten oder ein Stück Stoff zum Schneidern.

Mit Schneidern von Kleidern und Schürzen hatte sie sich im Dorf ein Renommee geschaffen und sich ohne Probleme mit Eiern, Fleisch und Speck den Küchenzettel ergänzt.

Eigentlich brauchte sie Lebensmittelkarten nicht. Sie hatte diese aber gleich als eine zusätzliche Einnahmequelle entdeckt und sich bei dem Lebensmittelgeschäft, beim 'Schmidts-Marieche', angeboten, die Lebensmittelmarken zu sortieren und zusammenzukleben. So mussten sie an die Kontrollbehörde zurückgegeben werden.

Das hatte sie solange gemacht, bis das Marieche merkte, wie sie sich Lebensmittelmarken in die Strümpfe steckte. Sie kündigte ihr den Job sofort auf, machte daraus aber kein Aufhebens und sagte das im Vertrauen nur Ruth. Wir können getrost annehmen, dass diese Geschichte Ruth mehr ans Herz ging als Oma. Für Ruth war es eine Sünde und eine Ehrverletzung, für Oma war es nur ärgerlich, erwischt worden zu sein.

Ruth sah es schon aus solchen Gründen nicht gerne, dass ich so eng mit Oma verbandelt war, konnte aber nichts dagegen tun. Sie befürchtete, dass Oma Einfluss auf meine christlichen Moralvorstellungen hätte.

Ich sah das nicht so, im Gegenteil: Weil Oma so etwas Spitzbübisches hatte, war sie näher an dem Verständnisniveau von Kindern als Ruth, die bei jeder Aktivität die Zustimmung Gottes abfragte.

In solchen Zeiten, in denen jeder seinen Vorteil zu finden suchte, kam man mit Nächstenliebe und Rücksichtnahme nicht weit.

Wäre Ruth keine Pfarrfrau gewesen und hätte sie nicht so ein Dörfchen gefunden, in dem die Leute generell keine Not hatten und gerne abgeben konnten, ohne selbst dadurch darben zu müssen, sie wäre in diesen Zeiten mit ihrer aufopferungswilligen Nächstenliebe und Gottseligkeit nicht weit gekommen.

Oma war dagegen pragmatisch und geschäftstüchtig. Wenn sie etwas brauchte, dann bekam sie es auch über ihre Beziehungskanäle, die bis nach Darmstadt reichten. Und wenn nicht durch Geld, dann mit

Tausch. Dass sie dabei rechnen musste, selbst 'behumbst' zu werden, das wusste sie.

Es kamen jeden Tag Städter mit Rucksack auf dem Buckel und Taschen in den Händen, meist Leute aus Darmstadt, die außer den Lebensmitteln über die Karte nichts Essbares hatten, es sei denn, sie fanden in ihren Beständen etwas Wertvolles zum Tauschen: Tafelsilber, Porzellan usw.

Oma interessierte sich vor allen Dingen für Nähgarn und Stoffe.

Oma hatte sich nämlich „ne neue Existentzzz uffjebaut": Schneidern.

Das Wort 'Existenz' wurde von ihr oft verwendet und je nach Bezug und Inhalt verschieden betont und ausgesprochen. Hier wurde es mit sprühendem Stolz vorgebracht, wobei sie oben lächelte, unten aber Zähne zeigte.

Wir hatten zwar einen Schneider, aber im Vergleich zu Oma war er doch eher ein Flickschneider. Abgesehen von den vielen Kittelschürzen, die in den Bauernhaushalten zerschlissen wurden: Wenn für eine Hochzeit oder für sonntags etwas Besonderes benötigt wurde, war Oma die richtige Adresse. Dann wurde mit Zeitungspapier, Schere, Heftfaden und einer Menge Stecknadeln erst einmal der Person ein Papiermodell auf den Leib gesteckt. Wenn sich die Frauen bis auf den Unterrock ausziehen mussten, dann musste ich meistens 'raus aus der Bude'.

Nachdem sie in ihrem Traummodell aus Papier eingekleidet waren, wurden die Papierteile vorsichtig abgenommen und auf eine Stoffbahn gelegt und so lange herumgeschoben, bis der Verschnitt möglichst klein war. Schließlich wurden die Papierkonturen mit Schneiderkreide nachgezogen bzw. mit eingekreidetem Faden auf den Stoff als Pünktchenmuster übertragen. Das durfte ich wieder übernehmen.

Die Modelle mussten zum Anprobieren öfter mal 'antanzen', wie Oma sich ausdrückte, und brachten jedes Mal etwas für die Küche mit. Oma hatte immer etwas Besonderes, was die Geberfreudigkeit bei der Premiere ungemein erhöhte: Eine besondere Knopfleiste aus ihrem unendlichen Knöpfereservoir, eine Paspel hier, ein Krägelchen dort. Oma brauchte kein Geld, sie war mit Naturalien glücklich zu stellen.

301

Eines Tages kam auch jemand, der im Rucksack Garnrollen in allen möglichen Farben hatte, und Oma tauschte mit ihm, sagen wir mal, eine Seite Speck gegen eine Garnrolle.

Als sie wieder mal ans Schneidern ging, zückte sie die Garnrolle, machte sich den Daumen und Zeigefinger spuckefeucht, um das Garnende zu erwischen, spulte sich mit ausholender Geste eine Armspanne Garn zum Nähen ab und hatte einen Meter Garn in der einen Hand und ein dickes Stück Holz in der anderen.

Und was machte Oma? Nach einer Sekunde der Sprachlosigkeit und Erstaunens brach sie in ein Lachen aus, dass ihr die Tränen kamen: „Hat det Aas mir reinjelegt. Guck dir det ma an, uff wat fer Ideen die schon komm…"

Ein ähnliches Beispiel: Oma war ganz stolz, einem Städter ein komplettes Steingut-Service abgehandelt zu haben und es sollte gleich eingeweiht werden. Es war ein Kaffeeservice mit mindestens vier Gedecken und eine Kaffeekanne war auch dabei. Wir hatten im Garten schön gedeckt und Oma kam mit der Kaffeekanne und setzte sie auf den Tisch. Wir hatten uns gerade hingesetzt, als die Kanne so merkwürdige Geräusche abgab. Oma nahm den Henkel zum Eingießen und hatte dann nur diesen in der Hand, der Rest lag wie aufgeweichter Lehm auf der Tischdecke. Die Einzige, die sich vor Lachen kugelte, war Oma.

Bei Oma gab es immer etwas zu lachen und deshalb war ich gerne bei ihr oben in ihrer ´Kamurke´. Dazu hatte sie die Regel postuliert: Nie mit leeren Händen. Wenn sie oder ich also den weiten Weg nach oben ging, nahmen wir immer etwas mit und wenn es im Sommer Brennscheite für den Winter waren. Ging einer von uns nach unten, guckte er immer, ob es Abfall oder sonst etwas gab, das nach unten zu wandern hatte. Das war schon ein geflügeltes Wort. „Ich muss mal runter. Muss was nach unten wandern?"

In den Wald nahmen wir immer mehrere Taschen oder einen Korb mit. Sollten wir kein Obst oder keine Pilze gefunden haben, dann brachten wir wenigstens Brennholz mit, so viel wir konnten.

Zur Obstzeit kein Obst zu finden, war unmöglich. Da wurde erst gespitzt, ob niemand in der Nähe war und dann kamen solche Rechtfertigungen: „Ick weeß nich, warum det Fallobst noch am Boome hängt" oder „Wieviel Äppel is noch Mundraub?" oder „Guck dir mal den

Ast an, der bricht ja gleich" und dann brachten wir immer genug für einen Apfelkuchen mit nach Hause.

Nach dem Krieg bekam sie von der Gemeinde eine kleine Parzelle als Gärtchen zugewiesen. Sie lag am Hasselbach Richtung Schmelzmühle. Um dahin zu kommen, mussten wir uns durch andere Parzellen durchschlängeln. Zwischen den Parzellen waren die Wege so eng wie zwischen den Gräbern auf dem Friedhof. Oma wusste, wann sie dorthin gehen konnte, ohne dass eine Menschenseele zu sehen war und dann wurde ein bisschen die Gartenkultur der anderen korrigiert: „Also Christel, du musst doch zugeben, dass die Radieschen hier viel zu eng stehen." Und dass die Erdbeeren verfaulen, wenn sie weiter so am Boden hängen, war auch einzusehen. Und so viel Schnittlauch und Petersilie kann man doch unmöglich alleine verbrauchen.

Von Oma lernte ich aber auch ehrlichere Sachen: Schneidern und alle möglichen Nähvarianten: den Börtelstich, den Hexenstich, das Heften, das Sticken wie Kreuzstich, Hohlsaum… und vor allen Dingen mit der Nähmaschine umzugehen. Aus Stoffresten versorgte ich wohl jeden Haushalt des Dorfs mit Topflappen, die alle individuell verschieden waren.

Oma war peinlich reinlich. Bei ihr lernte ich, dass man seinen Körper zu pflegen hat. Während wir zu Hause immer Wasser aus der Leitung hatten, musste sie sich - als sie später bei Eckbäckers im 1. Stock wohnte - jeden Tropfen Wasser von der Pumpe ´hochpuckeln´. Trotzdem gab es bei ihr keine Katzenwäsche: Jeden Morgen und jeden Abend wurden Zähne geputzt mit Lakalut-Zahnpulver und das Gurgelwasser war mit einem Odol-Tropfen verfeinert. Auch im Krieg.
Bei uns zu Hause gab es am Samstag ein Vollbad in der Badewanne, dazwischen begnügten wir uns oft mit einer sehr oberflächlichen Katzenwäsche, weil das Wasser so kalt war.
Oma hatte eine große Waschschüssel, in die man sich hineinstellte. Auf der Kommode daneben stand eine kleinere Schüssel mit warmem Wasser. Man seifte sich von oben bis unten ein, spülte sich mit warmem Wasser den Schaum ´schluckweise´ ab und leerte danach die Schüssel auf dem Misthaufen.
Wenn ich bei Oma zu Besuch war, machte sie das auch bei mir, bis ich zu Beginn meiner Pubertät Ruth ganz stolz zeigte, dass mir unten lan-

ge schwarze Härchen gewachsen waren. Als ich wieder einmal zur Oma wollte, sagte sie mir, ich solle mich ja nicht mehr von Oma waschen lassen. Ich sei dazu schon zu groß. Als ich Oma das sagte, war sie sehr betroffen.

Oma hatte ganz einfache Regeln, die sie für sich abarbeitete und die sie mir selbstverständlich mit auf den Weg gab. Beispiele:
Die Füße sind so wichtig wie die Hände.
Und so wurden sie täglich gewaschen und - da Oma Ballen und Hühneraugen hatte - gewalkt und eingecremt.
In der Familie unten hatten wir uns auch die Hände vor dem Essen gewaschen, aber um den Dreck unter den Fingernägeln hatte man sich weniger geschert. Bei Oma ging das auf keinen Fall. Wenn man bei ihr zu Tisch war, dann musste ich mir mit dem Bimsstein die Hände schruppen und mit ihrem Pedikür-Instrumentarium die Nägel putzen. Vorher gab es kein Essen.
Oder: Das Bett muss ausruhen, wenn du ausgeruht hast.
Bei ihr wurden deshalb jeden Morgen die Betten auseinandergenommen und aufgestellt, möglichst im Fenster, auch die Matratzen. Dann wurden die drei Matratzenteile jedes Mal nicht nur gewendet zurückgelegt, sondern die unteren beiden bekamen immer neue Positionen, damit sie sich nicht durchliegen.
Kurz: Oma hatte mir Regeln auf den Weg gegeben, die ich immer noch bedenke.
Manchmal waren sie auf der Kante des Gesetzmäßigen angesiedelt, aber sie brachten die ideellen Vorstellungen von Ruth bei mir zu einem vernünftigen Mix. Denke ich jedenfalls.

So hatte Oma auch die christliche Moral etwas pragmatischer interpretiert. Was heißt pragmatisch: In ihrem Kopf war auch ein Sammelsurium von Verhaltensmustern, die zum Aberglauben gehören:
In jeder Tasche war eine Rosskastanie, damit das Geld nie ausgehen möge. In jeder Tasche war irgend so ein Blechheiliger, der griffbereit sein musste, wenn ein Unheil abzuwenden war. Wenn der Kuckuck schrie, griff sie gleich nach der Geldbörse.
Oma war katholisch und wir waren evangelisch. Katholisch sein hieß anders sein. Ursprünglich verband ich mit evangelisch: In die Kirche gehen und an den lieben Gott glauben, Oma brauchte deshalb nicht unbedingt in die Kirche und das nutzte sie auch aus. Wir im Dorf wa-

ren evangelisch, aber durch die Flüchtlinge kam ´diese andere Sorte Leute´ ins Dorf. Diese mussten dann den weiten Weg zum Otzberg nach Hering gehen, wenn sie zu ihrem Gott wollten, weil es dort eine katholische Kirche - die einzige weit und breit - gab.

Oma war also auch von der anderen Sorte. Das hatte ihr aber wenig ausgemacht, als sie noch alleine war und noch keine Verstärkung durch die Flüchtlinge hatte. Sie ging, wenn sie Lust dazu hatte, einfach zu uns in die Kirche und sang dort mit.

Mit dem lieben Gott hatte sie es nicht so wie Ruth. Wenn wir uns zum Essen an den Tisch setzten, dann beteten wir erst laut und sagten dann „Amen", bei der Oma musste ich sie daran erinnern, sonst wäre sie nie darauf gekommen. An den lieben Gott erinnerte sie sich nur, wenn sie etwas verloren hatte. Dann rief sie: „Lieber Gott, hilf mir suchen", dann appellierte sie auch noch an den Heiligen Christophorus, beim Suchen mit zu helfen und kramte diesen Heiligen in Form eines Blechbildchens aus der Handtasche.

Wie ich jetzt in Erfahrung bringen konnte, wird sich der Hl. Christopherus sehr gewundert haben, zu neuen Aufgaben verpflichtet worden zu sein, denn er ist vor allem Schutzheiliger der Reisenden. Das Auffinden verlorener Sachen ist eigentlich das Ressort des Antonius von Padua.

Dann hielt sie das Blech mit der Linken fest umklammert und mit der Rechten suchte sie. Hatte sie ihren Schlüssel oder etwas anderes gefunden, dann richtete sie einen seligen Blick nach oben, bekreuzigte sich - das ist der Unterschied zu uns normalen Menschen - und sagte „Danke, Christophorus". Ich fragte sie einmal, warum sie Gott fragt und dem Christophorus dankt. Da sagte sie, dass Gott bei Suchproblemen den Heiligen Christophorus losschickt und der findet es dann.

Dann ruhte die Korrespondenz nach oben wieder für eine Weile.

Ab und zu, wenn das Wetter schön war oder Ostern, machte sie sich von selbst ´auf den Hering´. Einmal ging ich mit. (Siehe **Tagebuch** vom 20.Juni 1946.)

Hering ist der Ort unmittelbar bei der Veste Otzberg. Wenn man dorthin wollte, sagte man nicht ´nach Hering´, sondern ´auf den Hering´, weil der Ort so hoch lag.

Den Weg den Berg hinauf kannte ich schon vom Pilze suchen. Er ging durch einen herrlichen Buchenwald und immer bergauf, für gläubige

Katholiken jedes Mal ein Bußgang, ein Kalvarienberg ohne die 14 Stationen, die durch 14 Verschnaufpausen ersetzt wurden.

Gleich am Eingang der Kirche machte sich Oma die rechte Hand nass und dann damit das Katholikenkreuz. Und ich sollte das auch machen. Das machte ich aber nicht, so sehr die Oma herumzischte, weil die Leute gucken würden. Wir gingen in die Bänke, die auch ganz anders aussahen als bei uns. Ich dachte, die kleine Bank da unten wäre die für Kinder, aber dann hätte ich anders herum sitzen müssen. Ich sollte oben sitzen und die Beine baumeln lassen.

Und dann ging das hin und her. Der Pfarrer vorne sang etwas vor, danach sang die Gemeinde und das immer wieder. Dauernd mussten wir von den Bänken runter und sollten auf dem kleinen Bänkchen knien und wieder zurück. Das machte ich nicht mit. Wenn die Leute knieten, dann blieb ich stehen, da konnte die Oma noch so herumzischen.

Sie nahm mich auch nie mehr mit. Mit mir würde man sich ja nur blamieren.

Ferien bei Oma

1948 sind wir von Oberklingen nach Lampertheim gezogen, weil wir Kinder in die Höhere Schule gehen sollten und das ging von Oberklingen aus nicht so ohne weiteres.

Nachdem wir umgezogen waren, hatte ich furchtbares Heimweh nach Oberklingen im Allgemeinen und zur Oma im ganz Besonderen.

Im Pfarrhaus hatte sich ein neuer Pfarrer (Pfarrer Wolf mit seiner Gattin und Kind) breitgemacht, breitgemacht insofern, als sie auch das Zimmerchen von Oma unter dem Dach beanspruchten. Oma musste deshalb ausziehen.

Sie zog zu Eckbäckers in die erste Etage über der ´Guud Stubb´.

Wann immer ich konnte, fuhr ich mit dem Fahrrad von Lampertheim zu meiner Oma.

Zu keiner Fahrt hatte ich eine Tourenkarte. Zur ersten Fahrt bekam ich von dem Kirchendiener den Tipp, ich solle zur Bergstraße rüberfahren und mich Richtung Darmstadt halten, in Darmstadt nach der Rosenhöhe fragen und dann über Rossdorf fahren. Danach wüsste jeder, wie es weitergehen würde. Ich solle halt fragen.

Ruth war schon immer eifersüchtig auf Oma und war jedes Mal sauer, wenn ich wieder zur Oma fahren wollte. Und zu dieser ersten Fahrt rieten mir beide Eltern ab, das würde ich nicht schaffen. (Ich habe einmal nachgerechnet: Für eine Strecke waren es etwa 70 km.)

Ich ließ mich jedoch nicht beirren, packte meinen Gepäckträger voll und fuhr los. Als ich Richtung Bürstadt auf der Landstraße war, pfiff mir ein Gegenwind um die Ohren, dass ich kaum vorwärtskam. In Bürstadt war ich schon so fertig, dass ich am liebsten umgekehrt wäre. Das ließ mein Ego nicht zu.

Ich tröstete mich, dass ich schon fünf Kilometer geschafft hätte, jetzt kämen die nächsten 5 km dran und so hatte ich Lorsch, dann Bensheim geschafft und irgendwann war ich in Darmstadt angekommen.

Doch was heißt hier Rosenhöhe? In Darmstadt stand kein Haus mehr und die Behausungen, die ich in meinem inneren Auge noch sehe, waren Schuttberge, die auf Kellerfenstern aufgetürmt waren, aus denen Ofenrohre ragten und qualmten. Ich musste mich durch diesen Schutt nach Rossdorf durchfragen. Ab Reinheim kannte ich mich wieder aus.

Mein Besuch war ja spontan entstanden und ich hatte ihn meiner Oma nicht angekündigt. Als ich ankam, war niemand da: Oma war nicht da und Eckbäckers waren auf dem Feld. Ich werde mich wohl an der Wasserpumpe erfrischt haben. So setzte ich mich auf die Treppenstufen und ruhte mich aus.

Da kam die Eckbäckern vom Feld. Wahrscheinlich hatte sie die Brotzeit hochgebracht. „Ei, wer issen doo? De Christatt!" „Wo issn die Oomaa?" „Die werdd fortt soi. Alla, kumm doch roi. Du willst bestimmt was trinke. Sou wiede aussiehst, hosste bestimmt Dorschd."

So gelangten wir in die Küche und sie holte eine große Tasse ('n Kumbe), füllte ihn zur Hälfte mit Lindes-Kaffee und bevor ich sie davon abhalten konnte, füllte sie ihn mit Kuhmilch auf, wobei der dicke Rahm in mächtigen Klumpen dazu platschte. Mir wurde schon beim Einschenken schlecht.

Glücklicherweise ging sie kurz hinaus und ich hatte die Gelegenheit, das Küchenfenster rasch zu öffnen und den Kumpen auf den Kompost auszuschütten. Kaum hatte ich das Fenster zu, kam sie. „Gell, des waa guud? Kumm, do hoste noch n Kumbe voll" und schenkte mir wieder ein. Diesmal konnte ich aber die Milchzugabe rechtzeitig abwehren.

Dann setzte sich die Frau auf den Stuhl, schürzte ihren Rock hoch, zog die schwarzen Strümpfe aus, die sie mit Weckringen befestigt hatte und stieg in einen Sauerkrautbottich. Sie warf händeweise das frisch geschnittene Weißkraut in den Bottich, streute Salz darüber und stampfte es mit den nackten Füßen fest, füllte weiter auf, stampfte... solange, bis der Bottich voll war. Dann wurde ein Holzdeckel draufgelegt und mit einem dicken Stein beschwert.

Mir war schon damals der Gedanke gekommen, dass diese Methode etwas unappetitlich sei, da ich nicht gesehen hatte, ob sie die Füße vorher gewaschen hatte. Oma meinte aber, dass der Schweiß und die Bakterien für das bodenständige Aroma sorgen würden. Das würde sich alles ausgären...

Dann kam Oma und die Freude war wie immer groß.

Wie es sich später herausstellte, war die Strecke über Darmstadt ein Riesenumweg.

In Zukunft fuhr ich über Lindenfels nach Oberklingen und die Tour verkürzte sich auf etwa 50 km. Das hieß aber, dass es von Heppenheim aus über 20 Kilometer nur bergauf ging. Ich hatte keine Gangschaltung und hatte mir verboten, abzusteigen und zu schieben. Ich glaube, ich weinte manchmal aus Verzweiflung, besonders, wenn am Ortseingang stand, nach Lindenfels - sagen wir mal - 15 Kilometer und nach dem elendlangen Ort stand dasselbe noch einmal.

Hatte ich dieses quälende Stück durch den Ort umsonst gestrampelt? Da war niemand, der mich getröstet hätte, außer ich mich selber.

Aber von Lindenfels ging es im Prinzip nur noch runter und dann flach weiter, der Lohn der Strapazen.

Ich hatte mir aber noch einen anderen Trost für die Strapazen aufgehoben.

Sobald ich Lampertheim strampelnd den Rücken zeigen konnte, hielt ich die Nase in die Richtung meiner grenzenlos gefühlten Freiheit. Am langweiligsten fand ich die elend lange schnurgerade Strecke nach Bürstadt. Hinter Bürstadt winkten schon die Berge als sichtbares Zwischenziel, aber bis nach Bürstadt hatte ich immer Gegenwind und nichts zum Gucken, da musste eine Belohnung her. Die holte ich mir immer am selben Kiosk: Ein Micky-Maus-Heftchen. Das hob ich mir als spätere Belohnung auf, nachdem ich die Berge geschafft hatte. Wenn immer dieselbe Enttäuschung kam, dass der Berg kein Ende finden wollte, eine Verheißung schwebte mir vorweg wie die Wurst vor der Nase des Terriers: Das Heftchen.

Und wenn ich von Lindenfels heruntersauste, dann durfte das Glück nicht am Stück genossen werden: Ich machte auf halber Strecke an einer Quelle halt, setzte mich auf eine Bank und dann wurde das Heftchen studiert. War das herrlich: Ganz alleine, niemand schaute mir über die Schulter und rümpfte die Nase, weil ich 'Schund' las. Ab und zu ging ich zur Quelle, trank vom kühlen Wasser und las, bis ich zu Ende damit war. Dann konnte es durchaus sein, dass ich mich einfach auf die Bank setzte und eine Zeitlang die Vögelchen und den vorbeifahrenden Leuten nachschaute. Diese Momente, die ich unbeobachtet von keinem Menschen auf dieser Welt mir sozusagen auf die Seite gelegt hatte wie ein kleines Sparguthaben, genoss ich auch wie einen kleinen Schatz. Ich hatte niemandem davon erzählt und mich jedes Mal schon darauf gefreut, nachdem ich mich wieder einmal den Berg hoch gequält hatte.

Ich weiß nicht, wie oft ich zu Oma fuhr, jedenfalls zum Ärger meiner Eltern mehrmals im Jahr. Dadurch, dass ich in Lampertheim bei den Pfadfindern war und als Jüngster durch die Radtouren meiner Gruppe stärker gefordert war als die anderen, wurde ich auch physisch immer kräftiger und es machte mir jetzt auch Spaß, gegen persönliche Zeiten zu fahren und ich war auf mich stolz, wenn ich meine Bestmarke wieder um ein paar Minuten nach unten schrauben konnte. Ich hatte ja inzwischen eine Armbanduhr, meine Auszeit an der Quelle sorgsam herausgerechnet und in einem selbstgemachten Logbuch festgehalten.

Das Geschäft im Wald

Für Oma war der Umzug zu Eckbäckers nicht leichtgefallen. Im Pfarrhaus war es schon schöner und bequemer. Abgesehen davon, dass sie jetzt akustisch in den Lebensrhythmus eines Bauernbetriebes eingebunden wurde: Die eigene Toilette im Haus war ein Luxus, den sie schon immer gewöhnt und der hier nicht gegeben war.

„Uff det Klo kriejen mich keene zehn Pferde", sagte sie und deutete auf den ABE, dem Plumpsklo von Eckbäckers. Und so war es für sie eine tägliche Routine, die Tasche zu nehmen, in die sie für 'hinzus' Klopapier steckte. Wenn ich bei ihr auf Besuch war, gingen wir gemeinsam quer durchs Dorf in den Wald. Dort hatten wir mehrere Forst-Hochsitze zur Auswahl, die wir als 'Geschäfts'-Mittelpunkt nahmen. Erst sicherte der eine und die andere setzte sich ins Gebüsch, dann sicherte sie und ich erklomm den Hochsitz. Das machten wir zu jedem Wetter, was uns in ständigem Kontakt zur Natur hielt.

So wussten wir auch immer, was zurzeit ´angesagt´ war, welche Früchte und welches Gemüse, welche Pilze oder diesmal nur Holz, in der Tasche für ´rückzus´ mitzunehmen waren.

Einmal trafen wir auf einer Waldwiese auf ein Feld voller Champignons, Champignons so weit das Auge reichte. Oma wurde fast närrisch vor Freude. Ich musste ´stante pede´ nach Hause rennen, um einen Koffer zu holen. Sie passte inzwischen auf bzw. fing schon einmal an, die Pilze zusammenzuklauben.

Als ich zurückkam, hatte sie schon die Hälfte ´abgemäht´. Ich hatte zwei Küchenmesser mitgebracht und wir schnitten erst einmal alles zusammen, was wir finden konnten, luden die Pilze in den Koffer, suchten uns ein schönes Plätzchen im Wald und putzen sie noch dort.

Als wir gegen Abend nach Hause gingen, umgab uns beide ein unsichtbares Leuchten des Glücks. Wir erzählten niemandem davon, es blieb unser Geheimnis.

Die Ratte im Kasten

Kein Geheimnis indes ist, dass es in einem Bauernhaus Mäuse und Ratten gibt, erst recht bei Eckbäckers, wo das Korn bergeweise und das Mehl sackweise herumstand.

Zum Verständnis der weiteren Geschichte: Oma hatte vor ihrer Wohnung im Flur eine Holzkiste mit ihrem Brennmaterial stehen.

Die Kiste hatte einen Deckel und neben der Kiste stand ein Beil, falls man zum Feueranmachen ´Schliwwer´ (Holzspäne) brauchte.

Als ich bei meiner Oma wieder einmal wohnte und die Treppe hinaufsprang, musste ich eine Ratte überrascht haben, die wohl den Weg nach unten zu schreiten vorhatte.

Ich jagte sie ungewollt vor mir her und in ihrer Not raste sie diese Holzkiste hoch, stupste den Deckel mit ihrer Schnauze auf und war drin und weg.

Was tun?

Vor Ratten hatte ich einen Heidenrespekt, aber auf der anderen Seite wäre meine Oma ausgeflippt, hätte sie erfahren, was sich in ihrer Kiste verbarg. Ich war ja auch immer bemüht gewesen, sie in ihrer Angst vor Ratten zu beschwichtigen und wenn es irgendwo im Haus raschelte oder trappelte, dann waren das ´Mäuschen´, obwohl ich es besser wusste.

Ich lüftete nun leise und vorsichtig den Deckel und hob nun ebenso vorsichtig ein Holzscheit nach dem anderen heraus. Bis ich unten ankam.

Nun hatte die ordentliche Oma die Kiste mit Papier ausgelegt.

Alles wurde mit Papier ausgelegt, der Geschirrschrank, der Kleiderschrank, warum nicht die Holzkiste auch?

Die Ratte hatte sich unter diesem Papier verkrochen, lediglich der lange Schwanz schaute heraus und machte mir deutlich, wo bei der Ausbeulung des Papiers vorne und hinten war.

Mein Herz raste bis zum Hals hoch vor Aufregung, weil ich auch nicht wusste, wie ich mit der Situation am besten fertig werden sollte.

Ich nahm das Beil in die Rechte und erfasste mit beherztem Griff die Ausbeulung mit der Linken. Die Ratte begann sich heftig zu bewegen und weil die Kiste so eng war, konnte ich mit dem Beil da drin auch nicht viel anrichten: Ich traf zunächst den Schwanz und die restliche Ratte fiepte und zappelte noch mehr. Loslassen durfte ich aber auf keinen Fall. Deswegen klopfte ich mit dem stumpfen Ende des Beils auf dem anderen Ende der Ratte so lange herum, bis sie Ruhe gab.

Ich nahm sie - noch in dem Papier - und das Schwanzende und warf sie auf den Misthaufen.

Es ist sehenswert, was die sonst ängstlichen Hühner mit einer Ratte machen, wenn sie so da liegt und sich nicht mehr wehren kann: Da scheinen sie sich den ganzen Frust früherer Rattenerlebnisse abzureagieren. Da wird sie gepickt und herumgeschleudert und stirbt einen zweiten Tod.

Christel in der Schule

Christel und das Kirchenlied

Meine Eltern hatten für mich schon beschlossen, was ich einmal werden würde, bevor ich aus den Windeln war: Pfarrer.

So ist auch zu verstehen, dass sie jubelnd feststellen durften, dass zu den ersten Wörtern, die zu formen ich in der Lage war, 'Jesus' gehörte. Sie erwarteten von mir, dass ich auch als solcher auf Erden wandelte, in der Schule mich nicht prügelte und dass ich mich als zukünftiger Geistlicher in der Bibel und Liturgie auskennen würde.

Damit ich bei Rudi im Religionsunterricht glänzen konnte, sollte ich Kirchenlieder auswendig können und mit dem Lied von Paul Gerhardt 'Befiehl du deine Wege' den Anfang machen.

Das waren zwölf Strophen! Mit je acht Zeilen. Ich wollte lieber drau-
ßen spielen. Aber Rudi sagte mir, erst lernen, dann spielen.

Da saß ich nun in meinem Zimmer, draußen schien die Sonne und ich
hörte die Alma und andere Kinder unten spielen.

Ich lernte die ersten beiden Zeilen von jeder Strophe und sagte ihm, dass
ich zu mehr keine Lust hätte.

Er sagte, ich käme erst davon weg, wenn ich das Lied könne.

Ich sagte dann überhaupt nichts mehr, saß den ganzen Tag auf dem
Zimmer herum und verplemperte die Zeit durch Nichtstun.

Daraufhin bekam ich Ohrfeigen und ich sagte ihm, dass ich nie mehr
ein Gedicht lernen werde.

Da ließ er einen Schrei los und prügelte auf mich mit bloßen Händen
ein, ohne zu gucken wohin. Ich hatte mich wie ein Igel zusammengerollt
und es über mich ergehen lassen. Ich konnte mich ganz woanders hin-
denken und dann hat das längst nicht so weh getan, wie Rudi dachte,
dass es täte.

Es muss ihm aber selbst weh getan haben, weil er sich die Handkanten
rieb, nachdem er endlich von mir abgelassen hatte.

Von diesem Zeitpunkt an hatte ich eine lebenslange Blockade, was das
Gedichte-Lernen anging: In der Schule war ich nicht in der Lage, ein
einziges Gedicht über die dritte Zeile hinaus frei aufzusagen und
´kassierte´ dementsprechend eine schlechte Note dafür.

Christel als Jesus

Eigentlich hätte ich 1944 in die Schule gemusst, aber Ruth vermochte
es, das zu verhindern, weil der Lehrer ein Nazi war. Sie unterrichtete
mich stattdessen und ich kam erst mit sieben nach dem Krieg die Schule
in eine Klasse mit Kindern, von denen ich viele nicht kannte. Was
heißt Klasse. Es war ein Klassenzimmer für die Schulklassen 1 bis 4.
Die Kinder waren nur nach Klassen sortiert, die hinteren Bänke waren
etwas größer als die vorderen. Vorne saßen die Erstklässler, hinten die
Viertklässler.

Kaum in der Schule steckte man mich also in die ´zweite Klasse´.

Die Kinder hatten sich in den Jahren zuvor nach der Hackordnung
sortiert und jetzt kam ich als Quereinsteiger da rein. Ich hatte von
Gruppendynamik und Koalitionsvereinbarungen noch keine Ahnung.
Ich kannte nur die Alma und den Friedel und noch ein paar aus der

Nachbarschaft, aber jeden für sich und nicht in der Gruppe. Außer-
dem war ich im Vergleich zu den Bauernjungs ziemlich schmächtig.

Alma linke Bank, 4. von hinten, rechts; **neben ihr** die blonde **Emma**; ganz vorne links **Gerda**, die Enkelin von Luise; **Christel** ganz
vorne rechte Bank; neben mir **Hans Friedrich**, der mich nur Par-
resäckel nannte, den ich aber dessen ungeachtet als Jesus-auf-Erden
abschreiben ließ; hinter diesem **der Rommel** und hinter Rommel
Ludwig Frohmut, die mich regelmäßig vermöbelten.

Ich bekam es gleich in der nächsten Pause mit dem Rommel zu tun.
Er hieß eigentlich Armin Klotz, weil er aber so ein Draufgänger war,
hatte er diesen Beinamen bekommen. Er baute sich mit einem Kopf
größer vor mich auf und wusste den Ludwig Frohmuth hinter sich. Ich
weiß nicht mehr, was der Anlass war, vielleicht war er meiner Wortge
wandtheit nicht gewachsen, jedenfalls hatte ich eine blutende Nase, be-
vor ich begriff, woher die Faust kam.
Als ich nach Hause kam und Ruth mich fragte, wie der erste Schultag
gewesen sei, konnte ich nur sagen: „Der Rommel hott misch ge-
schlaache."
Ruth meinte: „Mach dir nichts draus. Jesus hat gesagt, wenn dir je-
mand auf die rechte Backe schlägt, so halte ihm auch die linke hin."

Das hatte ich auch eine Zeitlang gemacht und die Einladung dazu wurde auch tatkräftig angenommen.

Bis es der Alma zu bunt wurde. Sie nahm sich den Rommel zur Brust, verdrosch ihn und drohte: „Wenn du dich noch oomol am Christatt vergreifst!"

Das taten sie aber trotzdem, wenn sie mich allein auf weiter Flur erwischten. Eine dieser weiten Fluren bot sich auch zwischen Ober- und Niederklingen an:

Ich kam gerade von Niederklingen von einer Besorgungstour zurück und ging auf dem Feldweg hinter der Niederklinger Mühle am Mühlbach entlang nach Hause. Da kamen diese beiden auf der Landstraße in entgegengesetzter Richtung geschlendert und sahen mich da drüben auf der anderen Seite. Zu zweit mich in die Zange nehmen zu können, zumal ich mir nicht die Blöße geben wollte zu kneifen, war keine Kunst.

Sie warfen mich auf der Wiese zu Boden, Rommel kniete sich auf meine Arme und dann konnte er mir lustig rechts und links Backpfeifen geben, bis seine Hände weh taten. Dann fragte er den Ludwig: „Willste aach emol?" und dann tobte sich der Ludwig aus.

Ich weiß nicht einmal, ob mir das alles weh getan hatte. Irgendwie schaltet man in solch einer Situation ab. Ich bekam auch kaum mit, wann sie fertig damit waren und wie ich nach Hause geriet. Das war alles wie ein Traum. Ich muss nur ziemlich schlimm ausgesehen haben, weil Ruth mich fragte: „Was ist denn mit dir passiert?" und ich nur antwortete: „Ich habe auch die linke Backe hingehalten."

Alma sagte mir kürzlich, dass es für sie verdammt schwer gewesen war, mich in Schutz halten zu können, weil ich immer das letzte Wort haben musste.

Christel und die Schulspeisung

Die Amis hatten sich wohl gesagt, dass die Liebe durch den Magen ginge und damit hatten sie recht. Die Schulspeisung beeinflusste die Einstellung dieser Generation zu unserer Besatzungsmacht außerordentlich günstig.

Man musste nur ein Essensgeschirr mitbringen, also einen Topf und einen Löffel. Am besten eignete sich das nierenförmige Geschirr von der Wehrmacht, weil es auch kleinere Behälter enthielt, falls es einmal Nachtisch geben sollte. Diejenigen, die nur einen Topf mitgebracht hatten, bekamen den Nachtisch in denselben Topf, im dem vorher die Suppe schon gewesen war. Hatte man gute Beziehungen zu den Preziosen des Dritten Reichs, dann war man da besser dran. Außerdem konnte man das Kochgeschirr besser am Schulranzen unten anhängen.

Wenn gegen Mittag der Duft der kochenden Suppe durch die Schule zog, dann hörte die Konzentration auf die Lehrerin Klooß ziemlich schnell auf.

In einem ehemaligen Holzschuppen wurde in einem großen Kessel jeden Tag eine andere Suppe gekocht, eine köstlicher als die andere. Es gab auch Zitronensaft und Kakao.

Es kam manchmal vor, dass ältere Schüler kleinere zwangen, ihre Schulspeisung mit ihnen zu teilen oder ganz abzugeben. Mir passierte das ein einziges Mal. Ich fragte den Jungen dann, wo er es hinhaben wolle und als er seine Schüssel hinhielt, schüttete ich ihm die Erbsensuppe ins Gesicht. Er sah nichts mehr und alle lachten ihn aus. Als der Lehrer Thierolf herbeikam und fragte, was los sei, erzählte ich ihm die Geschichte. Dadurch wurde alles so öffentlich, dass er daraus ein Thema für seine Fünft- bis Achtklässer machte. Seitdem gab es keine solchen Erpressungen mehr.

Ich hatte bloß einen Feind mehr, dem ich beflissentlich aus dem Weg zu gehen trachtete.

Christel ganz links, im Hintergrund das Gehöft von **Frau Straub**. bei der Ruth seelischen Trost fand.

315

Anhang

Thema: Bekennende Kirche (aus Wikipedia, verkürzt)

Als Reaktion auf die Übernahme des staatlichen Arierparagraphen, mit dem getaufte Juden als „Nichtarier" aus der
Evangelischen Kirche ausgeschlossen werden sollten, grün-
deten einige Berliner Pfarrer, darunter Martin Niemöller und
Dietrich Bonhoeffer, im September 1933 den Pfarrernot-
bund. Dieser erklärte die Unvereinbarkeit des kirchlichen
Arierparagraphen mit dem christlichen Glaubensbekenntnis
und organisierte Hilfe für die Betroffenen.

Damit wurde er mit anderen Gruppen wie der Jungreforma-
torischen Bewegung zu einem Vorläufer der Bekennenden
Kirche. Diese gründete sich auf der ersten Bekenntnissyno-
de vom 29. bis zum 31. Mai 1934 in Wuppertal-Barmen und
verabschiedete dort die „Barmer Theologische Erklärung"
als ihr theologisches Fundament. Die Erklärung stellte Jesus
Christus als einzigen Glaubensgrund der Kirche gegen frem-
de Kriterien und Instanzen und wies damit auch den Totali-
tätsanspruch des Staates und die Vereinnahmung des Evan-
geliums für sachfremde politische Zwecke zurück. Diese
Auseinandersetzung um den wahren Glauben innerhalb der
Kirche und um sein Verhältnis zur Staatspolitik im „Dritten
Reich" bezeichnet man als Kirchenkampf.

Nach dieser Synode bildeten sich viele sogenannte Bekennt-
nisgemeinden. Sie lehnten die offizielle Kirchenleitung ab
und wandten sich damit auch gegen den nationalsozialistischen Staat, dem gemäß These 5 der Barmer Erklärung der
Anspruch bestritten wurde, „die einzige und totale Ordnung
menschlichen Lebens [zu] werden und also auch die Bestimmung der Kirche [zu] erfüllen." Dieser Widerstand war aber
zunächst kaum oder gar nicht politisch begründet, sondern
richtete sich gegen die von den Deutschen Christen be-
herrschten Kirchenleitungen.

Thema: Deutsche Christen (aus Wikipedia, verkürzt)

Die Vorläufer der DC-Ideologie waren verschiedene protestantische Gruppen im Kaiserreich, die völkisches, nationalistisches und rassistisches Gedankengut in das herkömmliche konfessionelle Christentum einbrachten, um dieses im Sinne einer „arteigenen" Volksreligion zu reformieren. Sie fanden ihr Vorbild etwa in dem Berliner Hofprediger Adolf Stoecker, der Arbeiterschaft und christliches Kleinbürgertum in den 1880er Jahren gegen angeblich jüdische „Überfrem-dung" zu positionieren versuchte und dazu auch parteipolitisch tätig wurde.

Arthur Bonus propagierte 1896 eine „Germanisierung des Christentums." Max Bewer behauptete in *Der deutsche Christus* 1907, Jesus stamme von deutschen Söldnern im römischen Heer in Galiläa ab und seine Verkündigung sei von „deutschem Blut" beeinflusst. Er folgerte daraus, die Deutschen seien die besten Christen unter den Völkern, die nur durch das materialistische Judentum an der Entfaltung ihrer Geisteskräfte gehindert seien. Julius Bode dagegen sah die Christianisierung der Germanen als Aufzwingen einer „undeutschen" Verstandesreligion, die dem germanischen Fühlen wesensfremd geblieben sei und von der es sich befreien müsse.

Der Flensburger Pastor Friedrich Andersen wurde durch Houston Stewart Chamberlain zum Rasse-Antisemiten und forderte seit 1904 die Abschaffung des Alten Testaments und „aller jüdischen Trübungen der reinen Jesuslehre." In den dadurch ausgelösten Konflikten mit Kirchenbehörden berief er sich auf Adolf von Harnacks Buch über *Marcion*. Zum 400-jährigen Jubiläum der Reformation 1917 gaben Andersen, der Schriftsteller Adolf Bartels, der Kirchenrat Ernst Katzer und Hans Paul Freiherr von Wolzogen *95 Thesen* heraus, um ein „Deutschchristentum auf evangelischer Grundlage" zu begründen. Darin hieß es:
„Die neuere Rassenforschung endlich hat uns die Augen geöffnet für die verderblichen Wirkungen der Blutsmischung zwischen germanischen und nichtgermanischen Volksange-

hörigen und mahnt uns, mit allen Kräften dahin zu streben, unser Volkstum möglichst rein und in sich geschlossen zu halten…"

1927 reagierte der Evangelische Kirchenbund auf die zunehmende Radikalisierung der deutschchristlichen Gruppen mit einem Kirchentag in Königsberg, wo das Verhältnis des Christentums zu „Vaterland", „Nation", „Volkstum", „Blut", „Rasse" geklärt werden sollte. Viele dortige Referenten versuchten, sich vom Rassismus abzugrenzen, zeigten aber nur, wie weit dieser schon in ihr Denken eingedrungen war. Paul Althaus z.B. erklärte:

„Volkstum ist eine geistige Wirklichkeit… niemals freilich wird ein Volkstum ohne die Voraussetzung z.B. der Blutseinheit. Ist aber das Volkstum einmal gezeugt, so kann es als geistige Wirklichkeit… auch fremdes Blut sich an[zu]eignen. Wie groß immer die Bedeutung des Blutes in der Geistesgeschichte sein mag, das Herrschende ist doch, wenn einmal zum Volkstum geboren, der Geist und nicht das Blut."

Auf dieser Basis ließ sich das Sendungsbewusstsein der radikaleren Deutschchristen kaum bremsen. 1928 sammelten sie sich in Thüringen, um die *Thüringer Kirchenbewegung Deutsche Christen* zu gründen. Diese suchte den Kontakt zur NSDAP, für die Andersen seit 1928 als Redner auftrat. Ihr Mitteilungsblatt trug den Namen *Briefe an Deutsche Christen*.

Alfred Rosenbergs Buch *Der Mythus des 20. Jahrhunderts* fand in diesen Kreisen große Zustimmung und gab ihnen neuen Aufschwung. Seine Polemik gegen alles „Undeutsche" und „Artfremde" im Christentum richtete sich gegen dessen Glaubensgrundlagen und seine konfessionellen Organisationen zugleich. Marxistischer und katholischer Internationalismus wurden als zwei Facetten desselben jüdischen Geistes angegriffen. Eine erneuerte Nationalreligion wurde als Vollendung der Reformation ausgegeben.

Am 6. Juni 1932 gründete der Berliner Pfarrer Joachim Hossenfelder die *Glaubensbewegung Deutsche Christen* als innerevangelische Kirchenpartei für das ganze Reich. In ihren „Richtlinien" vom selben Tag hieß es:

„Wir sehen in Rasse, Volkstum und Nation uns von Gott geschenkte und anvertraute Lebensordnungen. [...] Daher ist der Rassenvermischung entgegenzutreten. [...] In der Judenmission sehen wir eine schwere Gefahr für unser Volkstum. Sie ist das Eingangstor fremden Blutes in unseren Volkskörper. [...] Insbesondere ist die Eheschließung zwischen Deutschen und Juden zu verbieten."

Zu diesem Programm gehörte ferner

- die Auflösung der von Synoden regierten 29 Landeskirchen, die in ihrem Bekenntnis frei waren, und Schaffung einer nach dem Führerprinzip strukturierten „Reichskirche"
- der Ausschluss der Judenchristen
- die „Entjudung" der kirchlichen Botschaft durch Abkehr vom Alten Testament, Reduktion und Umdeutung des Neuen Testaments
- die „Reinhaltung der germanischen Rasse" durch „Schutz vor Untüchtigen" und „Minderwertigen"
- die Vernichtung des „volksfeindlichen Marxismus."

Feier des *Luthertags* durch die Deutschen Christen 1933 in Berlin

Am 9. September 1932 erkannte der Berliner Oberkirchenrat die Deutschen Christen mitsamt ihrem Programm als Kirchenpartei an. Bei den folgenden Kirchenwahlen am 13. November 1932 traten sie erstmals mit eigenen Listen an und erreichten durchschnittlich ein Drittel aller Sitze in den Presbyterien der Preußischen Landeskirche. Sie waren dort nicht die einzige rechtsgerichtete Gruppe, sondern standen vor allem mit der deutschnationalen *Liste der Rechtsgruppen* und der Gruppe *Positives Christentum*, die sich an Punkt 24 des 25-Punkte-Programms der NSDAP anlehnte, im Konkurrenzkampf. In anderen Landeskirchen gelang es ihnen damals noch nicht, wesentliche Erfolge zu erzielen.

Thema: C-Ration 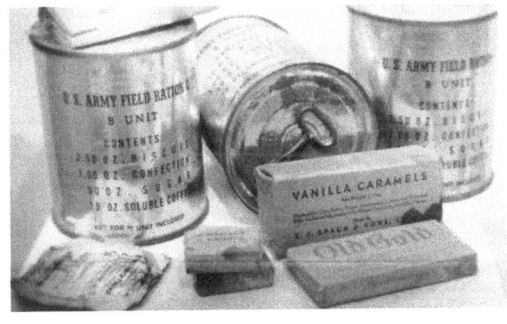 aus Wikipedia, verkürzt, sinngemäß übersetzt)

Die US-Army konnte im Kriegseinsatz auf Dosenverpflegung zurückgreifen. Eine Dose enthielt etwa 500 Gramm (16 oz) Verpflegung unterschiedlicher Zusammensetzung, die nahrhaft, schmackhaft und haltbar sein sollte. Um Eintönigkeit zu vermeiden, wurden die Zuteilungen variiert:

Es gab **M-Units**, die Menüs auf Fleischbasis (**M**eat) enthielten: Hackfleisch + Spagetti, Schwein + Reis, Hammel + Gemüse u.ä.

Es gab **B-Units,** deren Basis eher das Brot (**B**read) oder für das Frühstück (**B**reakfast) war: Sie enthielten beispielsweise 5 Hartkekse, 3 Zucker-Tabletten, 3 Dextrose-Energy-Tabletten und Instant Drinks (Kaffee, Zitronenpulver) oder Bouillon-Suppen-pulver, dazu Süßigkeiten.

Als dritte Sorte gab es die Zusatz-Einheit (**Accessory Pack**) für Gewürze, Kaugummi, Zigaretten, Zucker, wasserfeste Streichhölzer, Toilettenpapier, Wasserreinigungstabletten u.ä.

Die **C-Rationen** waren für den heißen Kampfeinsatz (**C**ombat) gedacht, wenn man keine Zeit für Essensvorbereitungen hat, aber trotzdem schnell etwas zur Befriedigung des momentanen Bedürfnisses braucht: gegen Hunger, Rauchen, Toilettengang. Deshalb enthielten diese Dosen von jedem etwas: Etwas aus der M-Unit, etwas aus der B-Unit und etwas aus der Zusatz-Einheit, z.B. Zigaretten.

Im Jahr 1945 wurden die Zigaretten samt Streichhölzern in Short Pack ausgegliedert, um der Unsitte zu begegnen, dass wegen ein paar Zigaretten der Rest eines Doseninhalts weggeworfen wurde.

… Die Lage verschlimmerte sich, als den Alliierten beim Einmarsch in den Westen Deutschlands (Februar bis Mai 1945) innerhalb weniger Tage Millionen deutsche Soldaten und deren Verbündete in die Hände fielen. Links des Rheins wurden Massenlager eingerichtet: In Sinzig, Remagen, Kreuznach, Bretzenheim, Dietersheim, Heidesheim und an vielen anderen Orten. Es wurden auf freiem Feld große Areale mit Stacheldraht eingezäunt und die Gefangenen zu Tausenden hineingetrieben. Bei der Gefangennahme wurden die Soldaten ihrer wenigen Habe beraubt. Armbanduhren und Eheringe der Landser waren die begehrtesten Objekte. Es gab GIs, die ihre Arme vom Handgelenk bis zum Ellenbogen mit Uhren „schmückten". Andere hatten Bindfäden an ihren Uniformen angebracht, an denen 30 bis 40 erbeutete Eheringe baumelten. Jeder der Uniform trug oder sich irgendwie verdächtig machte - Soldaten, Zivilisten, Frauen, selbst Kinder, Kriegsversehrte, Amputierte, Greise - alle wurden in die Lager gebracht. Manche von ihnen wurden geschlagen und getreten. Es wird berichtet (PAUL CARELL und GÜNTER BÖDEKKER "Die Gefangenen", S.147-158), dass man einem beinamputierten Gefangenen die Prothese wegriss und ihn damit zu Boden knüppelte.

Die Gefangenen mussten im Freien lagern, dicht zusammengedrängt. Sie waren schutzlos Kälte, Nässe oder Hitze ausgesetzt. Sie gruben sich Erdlöcher, die sie mit "organisierten" Pappkartons gegen die Unbilden der Witterung abdeckten. Die ausgeteilte Verpflegung war so minimal, dass sich innerhalb weniger Wochen die Folgen der Unterernährung zeigten. Die hygienischen Verhältnisse stanken buchstäblich zum Himmel und lassen sich kaum beschreiben.

Viele Menschen sind in diesen Erdlöchern umgekommen. Zuerst fiel Schnee, dann kam eine lange Regenperiode. Die Erdlöcher stürzten zum Teil ein und begruben die Schutzsuchenden im Schlamm. Die Gefangenen aßen Blätter von Bäumen und Weinstöcken. Die Tagesration betrug z.B. im

Mai 1945 in Kreuznach: 3 Esslöffel Gemüse, 1 Esslöffel Fisch, 1 - 2 Dörrpflaumen, 1 Löffel Marmelade, 4 - 6 Kekse.

Worin lag die Ursache für das Elend der deutschen Kriegsgefangenen? Waren die Amerikaner bei der Masse der Gefangenen überfordert oder unfähig, sie einigermaßen zu versorgen? Oder war es teilweise geplant? Darüber wurde viel diskutiert. Der Journalist JAMES BACQUE räumt in seinem erwähnten Buch die Möglichkeit ein, die Amerikaner hätten diese Verhältnisse in den Lagern wissentlich so entstehen lassen. Er schildert unter anderem, dass es Frauen verwehrt wurde, den Männern ins Lager Essen zu bringen. Die hungernden Gefangenen in dem US-Lager bei Dietersheim seien nie aus lokalen Beständen der US-Armee - zu dieser Zeit angeblich reichlich vorhanden - verpflegt worden. Auch die Versendung von Paketen an die Gefangenen durch das Rote Kreuz sei verboten gewesen.

Den Wahrheitsgehalt aller dieser Aussagen heute zu überprüfen dürfte unmöglich sein, obschon vieles durch Hinweise in Briefen belegt ist.

JAMES BACQUE weist in seinem Buch "Der geplante Tod" (S. 41 und 210) auf eine mit den Initialen Eisenhowers abgezeichnete Botschaft an die Vereinigten Stabschefs (CCS) vom 10.03.1945 hin, in der die Schaffung einer neuen Klasse von Gefangenen empfohlen wird.

... Die Genfer Konvention legt in drei Punkten die Rechte der Gefangenen fest:
- Sie müssen nach denselben Maßstäben wie die regulären oder Depot-Truppen der gefangennehmenden Macht ernährt und untergebracht werden.
- Sie dürfen Post senden und empfangen.
- Sie haben das Recht, von Delegierten des Internationalen Komitees von Roten Kreuz besucht zu werden, die dann der Schutzmacht Bericht erstatten würden.

Der von den Amerikanern eingeführte DEF (DISARMED ENEMY Forces)-Status widersprach eindeutig den Bestimmungen der Genfer Konvention.

Meine Wohnorte
Übersicht

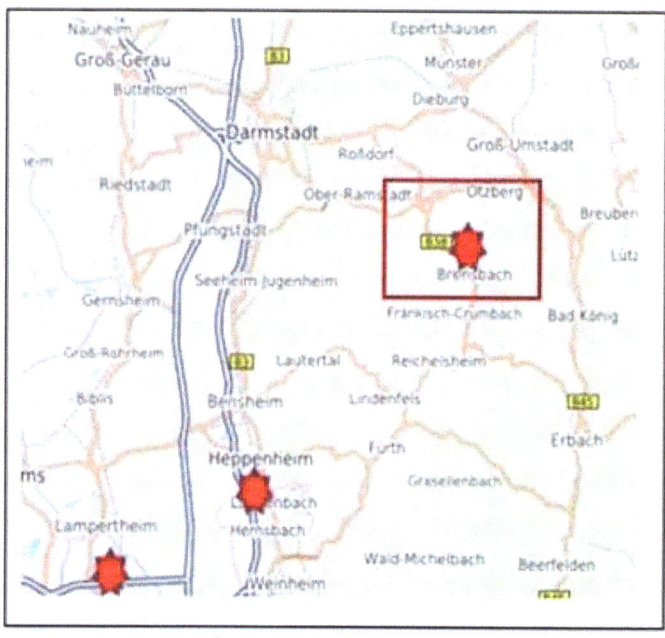

unsere Wohnorte

Oberklingen und Umgebung

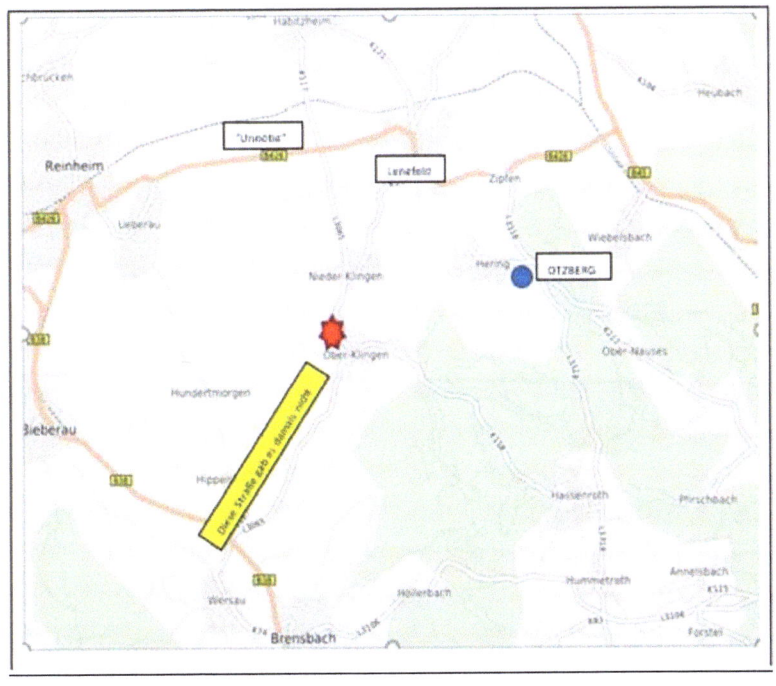